华章经典·金融投资

驾驭交易

·原书第3版·

MASTERING THE TRADE

Proven Techniques for Profiting from Intraday
and Swing Trading Setups (3rd Edition)

[美] 约翰·F.卡特 著　文成建 张明晶 丛志君 等译
JOHN F.CARTER

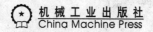

图书在版编目（CIP）数据

驾驭交易（原书第3版）/（美）约翰·F.卡特（John F. Carter）著；文成建等译. —北京：机械工业出版社，2020.4

（华章经典·金融投资）

书名原文：Mastering the Trade: Proven Techniques for Profiting from Intrady and Swing Trading Setups

ISBN 978-7-111-65175-8

I. 驾… II. ①约… ②文… III. 金融交易 IV. F830.9

中国版本图书馆CIP数据核字（2020）第051589号

本书版权登记号：图字 01-2020-0204

John F. Carter. Mastering the Trade: Proven Techniques for Profiting from Intrady and Swing Trading Setups, 3rd Edition.

ISBN 978-1-260-12159-9

Copyright © 2019 by McGraw-Hill Education.

All Rights reserved. No part of this publication may be reproduced or transmitted in any form or by any means, electronic or mechanical, including without limitation photocopying, recording, taping, or any database, information or retrieval system, without the prior written permission of the publisher.

This authorized Chinese translation edition is jointly published by McGraw-Hill Education and China Machine Press. This edition is authorized for sale in the People's Republic of China only, excluding Hong Kong, Macao SAR and Taiwan.

Translation copyright © 2020 by McGraw-Hill Education and China Machine Press.

版权所有。未经出版人事先书面许可，对本出版物的任何部分不得以任何方式或途径复制或传播，包括但不限于复印、录制、录音，或通过任何数据库、信息或可检索的系统。

本授权中文简体字翻译版由麦格劳-希尔（亚洲）教育出版公司和机械工业出版社合作出版。此版本经授权仅限在中华人民共和国境内（不包括香港、澳门特别行政区及台湾地区）销售。

版权 © 2020 由麦格劳-希尔（亚洲）教育出版公司与机械工业出版社所有。

本书封面贴有McGraw-Hill Education公司防伪标签，无标签者不得销售。

驾驭交易（原书第3版）

出版发行：机械工业出版社（北京市西城区百万庄大街22号 邮政编码：100037）

责任编辑：李晓敏   责任校对：殷 虹

印　　刷：三河市宏图印务有限公司   版　　次：2020年5月第1版第1次印刷

开　　本：185mm×260mm 1/16   印　　张：33.5

书　　号：ISBN 978-7-111-65175-8   定　　价：129.00元

客服电话：（010）88361066   88379833   68326294   投稿热线：（010）88379007

华章网站：www.hzbook.com   读者信箱：hzjg@hzbook.com

版权所有·侵权必究
封底无防伪标均为盗版
本书法律顾问：北京大成律师事务所 韩光/邹晓东

谨将此书献给打算尝试以交易为生的每个人。

致敬勇气。勇于承担损失，才有机会留住部分利润。

| 致 谢 |

写作和交易有很多共通之处。它们本质上都是孤独的工作,如果有人愿意伸出援手,那工作就变得有趣得多。自 2006 年 1 月第 1 版和 2012 年第 2 版《驾驭交易》出版以来,很多事都变了,但是也有很多事维持原状。我们经历了闪崩、信用泡沫、大规模去杠杆化、房地产崩溃、房地产热潮、虚拟货币狂热。在整个过程中,我和我的交易团队,还有我的爱人 Maria,以及我的孩子 James、Avery 和 Dylan 共享旅程,乐在其中。这是一场我不会拿来跟任何东西"交易"的冒险之旅。

| 推荐序 |

2003年年初，我参加了一个在线交易会议，向活跃的交易员介绍一种名为"证券期货"的新产品。在从事管理货币业务20多年后，我加入了芝加哥单一股票期货交易所（OneChicago），因为我相信这些产品将加强现金、期货和期权市场的股票交易。多年来，我一直避免参加这些会议，但当我有幸听到一位能言善辩、善于思考的人讲话时，我感到很惊讶。我对自己说："他真的懂。"他就是约翰·卡特。

约翰·卡特说的不是证券期货，相反，他是在展示自己的知识框架和交易方法。这是一种让我有强烈共鸣的方法，所以我向他做了自我介绍。我们详细讨论了许多话题，包括他的方法可以应用于证券、期货交易，以及成功的交易是一个漫长的旅程而不是终点。约翰成为OneChicago的早期支持者和交易员。这是他勇于创新的又一个表现。之后，我们也持续交流观点，因此当约翰请我为《驾驭交易》作推荐序时，我深感荣幸。

对于交易方面的书，我判断其好坏基于一个简单的标准：我从中学到新东西了吗？《驾驭交易》不仅引入了新的概念，而且很有见地，很容易读懂。这在关于交易的书中是少见的。此外，约翰还强调，成功的交易既没有单一的方法，也没有单一的答案。事实上，他强调，一个人在成为一个盈利的交易者之前，必须完全了解自己的个性。每一个决定，从一笔交易的持仓期到每笔交易的资金规模，都反映了交易者固有的偏好曲线。事实上，《驾驭交易》在开始讨论交易方法之前，开篇就先强调了正确的交易定式的重要性。

当这本书将注意力转向交易过程时，它再次焕发光彩。不管在交易市场待了多久，本书总有让我觉得受益的新定式或对现有定式的加强。例如，作为股票指数期货市场的积极参与者，约翰对极端tick读数的应用非常有见地。此后我可以决定是将它应用到我自己的交易中，还是进一步测试它，或者完全忽略它。交易的美妙之处在于，没有一个定式适用于所有人。约翰并没有试图把他的想法强加于任何人。这些想法被提出、讨论，然后展示。虽然约翰的定式令人叹服，但并不保证每一笔交易都能盈利。交易定式是一个概率结果，随着时间的推移，应该会促进交易成功。这是约翰反复强调的关键信息。糟糕的交易一直都在发生，而怎样对待这些糟糕的交易决定了一个人将来能否成功。

《驾驭交易》讲述的另一个观点，是对于应该做多还是做空市场没有一个单一的答案。不管哪个方向都有有效的理由。市场给出一些线索，剩下的就取决于一个人的交易风格了。这就是为什么约翰展示了从月线图到1分钟枢纽的所有方法。一个全职交易者和一个仅在盘前盘后查看市场的人应该会设置不同的波动率和风险参数。

交易是一项谨慎动用情绪的活动。一个人总能完美地解释昨天发生的事情。一个每周交易的交易者表示："如果我关注了1分钟图，我就不会陷入这种境地。"而一个使用1分钟图的日内交易者表示："如果我学会了对抗这种枢纽，那我就不会被止损出局，我将获利丰厚。"约翰从不玩这种游戏。对于交易，他使用一种理性诚实的流程，建议进行风险收益比设置，然后让市场来做剩下的事情。记住，市场永远是对的，错误的是分析或定式。

《驾驭交易》强调成功的交易者本能地每次都做的事情：他们买入头寸，做小规模交易，坚持下去，试着让时间成为自己的盟友。连败是必然会发生的，但知道它们会发生和经历它们是两回事。交易者可以在多个市场投资。一些定式在一个市场奏效后就不再有效了。市场没有改变，定式也没失败。机会越多，成功的可能性就越大。但是，如果交易规模过大，那么，交易者在遭受一系列损失后，就可能无法投入下一笔交易。约翰在交易规模的大小方面非常有见地。

我建议研究一下约翰在书中推荐的市场清单，并准备参与其中的许多市场。

我们都倾向于在那些我们偏爱的市场上挑选交易定式。《驾驭交易》给出的建议是，定式是客观的，可以帮助消除惯常存在的情绪上的较量。今时一个单股票期货也许从图表看很好，但定式显示最好把它卖出。如果你找借口不遵循这个信号，那就别买《驾驭交易》这本书。然而，如果你说，"够了，我知道会这样的"，但是没有这方面的知识，那么就绝对可以选择约翰·卡特的《驾驭交易》，用书中实用的定式和方法来开启驾驭交易之旅。

彼得·鲍里什（Peter Borish）
芝加哥单一股票期货交易所主席
保罗·都铎·琼斯公司前研究主管

| 译者序 |

在成熟的金融市场，个体交易者的比例远远低于机构交易者，因为散兵游勇在长期的战斗中慢慢清楚自己难以和训练有素、分工严密的团队抗衡，要么退出交易，要么加入团队或者组建交易团队成为机构交易者。几年之后能够剩下来的个体交易者要么是把交易当成爱好，并且有其他收入来源补贴交易，要么是脱胎换骨后的稳定盈利的交易者，而这些稳定盈利的交易者靠不断收割新手和有其他收入来源补贴交易的老手来获得收入，有时候盈利源于在机构寡头相争时，选对了更强势的一方。

虽然大多数人经历几个月或者几年的尝试后都会最终退出，但每天还是会有新的个体交易者飞蛾扑火般前仆后继地进入金融市场开始交易，因为里面有快钱，有大钱，还可以不受工作地点的限制，时间也是相对自由的。大多数人可能在不了解投资、投机、交易之间的区别和联系等基本常识时，就开始孤注一掷地重仓交易。想着做投资，实际上是在投机；想着做投机，实际上做交易；想着做交易，可严重亏损后持仓不动装死，自己欺骗自己，摇身一变说服自己是一个价值投资者。

刚刚进入美股市场时，译者完全靠直觉交易。刚开始开盘的动能交易经常是有效的，但市场环境稍有变化，作为新手不懂得及时止损，加上仓位过重，损失就会比较惨重。看书是疗伤的好办法。从技术分析到交易系统，再到交易心理等方面的书，译者都会选择几本仔细阅读。此后，译者陆续开始交易股票、交易所交易基金（exchange traded funds, ETF）、期权、期货等品种，并逐渐找到适合自己性格和偏好的交易系统。

在交易的过程中，译者认识了美国、加拿大等地的华人以及港澳台同胞。交易的世界更像是江湖，有各大门派、各个山头，里面有大佬，有山大王，也有众多的小喽啰。与交易有关的各种各样的YouTube频道、微博大V、微信群、付费群，数不胜数。面对金融市场的不确定性，人们渴望依靠，渴望靠山。

金融市场就像是一面镜子，可以迅速把人的各种缺陷展现出来。金融市场也是一个戏剧舞台，让普通人可以像专业演员一样淋漓尽致地本色演绎人性。最终稳定盈利的交易者大致都如第19章和第20章的作者（也是本书作者的学生）所述，意识到了要完全依靠自己，以自己为中心成长。第19章和第20章也是作者苦心善意的设计，是第3版的亮点之一。

我们经常可以听到一句话：如果阅读交易书籍可以挣钱，大家就都去阅读了，都可以挣钱，那谁还会赔钱呢？由此引出的问题是：读书对能在金融市场稳定盈利有没有作用呢？如果有作用，该如何阅读才有效呢？

回答上述问题时，可以把交易知识类比为一个课程或一项技能。比如数学分析，只看大学课本能学好数学分析吗？显然不能，因为还要做大量的练习，才能理解书上的内容，再加上章节之间存在依赖关系，有时必须通过练习掌握了前面的内容，才能看懂后面的内容。那如果不看大学教材，能学好数学分析吗？答案很可能是门儿都没有。而你可能也没有那么幸运，有个真正的一流交易者在身边手把手教你。优秀的交易书籍或视频可能是普通交易者可以用来自渡的最佳资源了。不同于交易知识，交易经验和能力并不像一个单纯的、客观不变的知识系统，而是一个动态博弈系统，从这点来说，更像是乒乓球、羽毛球、网球等对抗性运动。在掌握了基础的动作和战术套路之后，需要在对抗实战中获得进一步的成长，在你进步的过程中，你的对手可能正以更快的速度进步。

本书作者是世界著名交易平台thinkorswim上几个内建技术指标（ttm_squeeze等）的发明者，具有丰富的实际交易经验。本书包含了一个初学者进入职业交易生涯并取得成功的方方面面。比如第24章有关交易者天生性格的测试，交易者之间这些本源性的区别常常被忽视，而作者对此做了详细分析。

交易心理、仓位管理、止损、交易者成长历程等影响交易的核心因素在文中都一一展开论述。第3版又加入了几个跟着作者从新手成长为职业交易员的交易者的现身说法。

整体市场的观察方法和工具是本书自第1版开始就有的特色。在交易所提供的实时数据中，选择哪些指标作为重点观察工具，以及如何基于这些基础指标加工得到自己的指标，交易者之间千差万别。本书给出的市场观察方法是特别有效的，对于短线股指交易有重要的参考价值。

本书蕴含了量化交易的思想和系统交易的方法，第二部分各个章节围绕一个核心策略，但是各章包含了各种异常处理，就像一个完整的程序一样，有核心算法，也有各种异常情况下的退出方法。关于本书的更宏观特征，可以参考芝加哥单一股票期货交易所主席所作的推荐序。

本书的深度和广度足够吸引普通交易者反复阅读几遍，而且阅读一遍大概率是读不懂的，随着交易经验的积累，再次阅读可能会有更多的理解和感悟。因此，建议读者对金融市场里真正优秀的学习资源善加利用，反复研究实践，慢就是快。

感谢美股实战的孙炎在股指期货交易中使用 $tick/$add/$vold 等市场深度指标让我了解了观察市场的一个维度，感谢台湾同胞 ML 让我知道这本书的存在。ML 是我认识的交易者中完全基于本书策略进行日内股指交易稳定盈利的，他自己在 thinkorswim 交易平台上实现了书中大多数的指标（indicator）和定式（setup）。也感谢 ML 提供的交流平台，让我们了解使用 PriceAction 等其他方法稳定盈利的职业交易员 JC 等。最感谢的是欧阳莉静博士，作为职业经济学家和研究人员，她的鼓励和无私帮助使我们的团队有勇气承担本书的翻译工作。感谢穆义芬博士出资出力对团队交易给予大力支持，受过的严格数学训练使得她交易期权时更有理性和耐心，更遵守纪律。感谢交易之路上国海涛、魏华、袁诗瑶、侯蓓的陪伴。特别感谢薛顿以及机械工业出版社华章公司编辑顾煦的信任和帮助。

由于译者水平所限，书中错漏之处在所难免，欢迎读者指正。

文成建

| 前 言 |

关于短线交易，我学到的最好一课发生在一次激浪漂流中。我们一行八人坐在皮划艇上，突然，皮划艇撞上一块岩石翻转过来，它像弹射器一样把我们抛入空中，然后每个人头朝下扎入冰冷的水中。我们中有一半人还记得在这种翻倒的情形下需要保持冷静，并且调整到仰卧姿势，双脚对着下游。我们在岩石之间蜿蜒而行，穿过层层小瀑布，最后总算安全回到岸边。一个小时之后我们才得知其他成员的情况：营救行动拯救了他们。最后的结果是一个人被划伤腿，一个人脑震荡，还有一个人差点儿被淹死。后来，我从和他们的交谈中得知，他们所有人都经历了某种大脑空白。他们能看到周围的危险，知道自己处于困境之中，他们甚至知道需要行动起来，做些事情。但是实际上他们就是无法决定采取何种行动。于是，他们选择了剩下的唯一一个选项：就像谚语中的"被车头灯照到的鹿"那样，他们僵在那儿，什么也没做。在缺乏确定的行动计划的情况下，河水抓住他们的衣领，像是讨要欠款的愤怒的"皮条客"，把他们抽打到不省人事。

我记得一个成员说："那条河要抓住我！"抛开极端妄想和自我关注的情形，那条河不会去抓任何人。它只是在做它应该做的：迅速穿过峡谷，奔向大海。那些认识到河流本质的漂流者做好准备在过山车般的旅途中前行，而那些和这一趋势作对的漂流者被反复拍打。

这个事件和一个典型的交易日何其相似。没有准备的交易者（新手）和没有准备的漂流者处境相似。在极端情形下，他们都束手无策，能存活下来只是因为幸运。一次失败的交易能抹去几个月甚至是几年的利润。

职业交易者能获利不是因为他们大多时候是正确的，而是因为他们知道怎样从所有市场新手中取利。这些新手可以是业余交易者，可以是没有准备的交易者——新手一词指任何交易少于十年的所有人。然而，很多交易者从来就没有完成这个飞跃，在交易生涯中始终处于受害者的状态。少数交易者能经受住考验并加入那些能持续盈利的交易者的行列。他们学习到了如下真理：

- 金融市场在本质上就是设定为要利用人性获利。因此，市场在开启主要的日内和波段行情时都只有尽量少的参与者。一个不理解市场如何运作的交易者是注定要亏损的。
- 交易者能够比世界上其他任何人都更了解市场。但是，如果他们在交易定式中运用错误的方法体系，他们就会亏损。
- 交易者能够比世界上其他任何人都更了解一个或一组指标，但如果他们对指标运用了错误的方法体系，他们就会亏损。
- 交易者能够确切知道他们在干什么，但是如果他们在不适合他们个性的市场交易，他们就会亏损。
- 交易者能够确切知道他们在干什么，但是如果他们在市场上运用他们在生活中其他领域的成功策略，他们就会亏损。

没有这些知识，交易者就像被围在狮群中间的受伤的羚羊：问题不是它"是否"会被撕碎和吞噬，而是它会在"何时"被撕碎和吞噬。没有这些知识，交易者遭遇财务毁灭不是一个"是否"的问题，而只是一个"何时"的问题。

即使成功概率如此之低，但每年仍有成千上万毫无准备的交易者就像从众的旅鼠奔赴大海一样向股市蜂拥而来。他们的头脑里充斥着快钱、头等舱，甚至解雇老板这样的幻想。当可以帮助他们理解交易如何运行的理念在他们大多数人的脑海里闪现的时候，他们已经像旅鼠一样纵身跃下悬崖，重重跌向崖底的岩石。他们用辛苦工作挣来的钱在交易市场搏杀，最后换来的只是一次又一次的挫折和绝望，也许还有一个暴怒的伴侣，以及一个被职业交易者掠夺殆尽的交易账户。

加密货币市场的发展让这种现象达到顶峰，早期交易者靠交易加密货币积累了大量财富。但是一旦类似比特币的市场膨胀后又归于平静，它们就会像其他市场一样运行。记住，你不是在交易比特币或者奈飞公司股票，而是在和某个个人或者机构交易，他们认为你错了而他们是对的。

交易不是每个人手牵手、大声唱着约翰·列侬的《想象》一起挣钱。金融市场的确是地球上最民主的地方。不管交易者是男是女，是白人还是黑人，是美国人还是伊拉克人，是共和党人还是民主党人，市场都是基于技巧的。

成为职业交易者的唯一途径是获得一种优势，即一个能把你和其他从众的交易者区分开来的武器。这种优势可以通过运用特定的图形定式和交易方法获得，将以上讨论的5个真理与考虑了交易对手思维的交易心理学融合起来。如果没有这一优势，那么当你充满兴奋和期待地进入金融市场的旋转门时，大鳄们只会舔着嘴唇，因为他们看到的是一块厚厚的刚腌好的肉，而他们会饱食一顿。

谁应该读这本书

这本书讨论了一种独特的应对市场的方法，它关注那些真正导致市场价格运行的内在原因。这种方法适用于交易股票、期权、期货、外汇和加密货币。事实上，市场运行不是因为它们想要这样，而是因为它们不得不这样。追加保证金通知、止损出逃以及心理上的投降都迫使市场在极短时间内迅速下达一系列交易指令。这些会产生剧烈的日内波动，从几分钟持续到几小时，而更大范围的波动会持续几天到几周。这些行情给很多不理解市场运作的交易者带来痛苦。然而，总有一群交易者可以从这些行情中获利。这本书就是讨论有哪些特定的方法能让交易者"站到交易的另一方"，通过对许多传统技术分析和图形模式的独特解读去利用这些行情获利。

具体而言，在讨论策略的时候，这本书给出日内交易股票、期权、ETF市场，各种期货和商品市场及外汇市场精确的入场价、出场价和止损位。贯穿全书的还有作者交易时使用的网站所提供的关于虚拟货币的交易更新和最新的交易策略。策略集中于各种市场和资产的日内、波段以及头寸交易。

我希望所有经验层次的交易者都乐于接受这本书广阔的市场视角和具体的交易策略。新手交易者将直面市场如何运行，毫不夸张地说，将了解清晰的概念和交易定式，将理解为什么新入市的交易者在他们掌握了交易背后不断发生的基本市场机制之前必将遭遇损失。新手交易者也将理解他们是怎样被市场反复利用的。

我的目标是让中级交易者能领会这本书里的知识，帮助他们在交易中更上一层楼。此外，我希望职业交易者和其他市场内部人士能发现本书有助于他们厘清通过直觉发现的一些真相，并能提供一些新鲜观点来改善他们的基本利润。

日内交易者将学习到为什么仅仅依赖指标是在玩一场必输的游戏，他们会发现那些能及早进入交易的特定策略，学会区别何时止损出场，何时该顺势而为。波段交易者和纯粹的股票选择者将学习怎样解读市场的起伏，知道是否应该把注意力集中在多头或者空头一方。那些管理退休账户的投资者将发现能在月度或者季度基础上把握交易时机的特定方法，从而提高收益率。虽然这本书针对全职交易者，但是全书各处都有特定的内容针对那些只能兼职交易的人。如果执行正确，兼职交易也是有其优势的。

虽然我觉得这本书对于任何对金融市场感兴趣的人都会有所助益，但也需要认识到这本书假定读者具有一定的基础知识，我会在第 3 章讲述一些入门的市场概念。虽然我用一章来讲期权，也详述了一些基本的期权策略，但是我的目的不是讲所有可能的期权运用方法。换言之，如果这个主题已经被写成书，或者能被谷歌搜索到，那么这里就不再赘述。这本书侧重于以前从来没有被写过的新概念。我也会讨论能让你了解到最新知识、顺利进入交易正轨的网站和其他图书。

除了具体的交易定式，这本书还讨论了交易的实际操作层面，比如使用的硬件、软件的类型，资金管理的分配，以及制订适合交易者个性的交易计划。最后，书中着重讨论了那些可以用于第二天交易的具体信息。

关于第 3 版的几点说明

我初次写这本书是在 2005 年，然后在 2012 年进行了更新。尽管仍然使用了第 1 版中的很多技巧，但是在新版里我对其中一些内容进行了更新，把另外一些内容删除，并增加了全新的技巧、章节和案例。我是第一个承认对更新这本书感到情绪复杂的人。我收到的常见问题是这样的："如果这些交易技巧对你行之有效，那么究竟为什么你要分享？难道你不担心一旦所有人运用这些技巧，它们就没那么有效了吗？"这是值得回答的问题。

写作本书的一个牺牲品是"3：52 交易"定式，这曾经是我在很长一段时间内最喜欢的交易定式之一。当越来越多的读者开始这样交易时，这个定式就渐渐失效了。失效的主要原因在于这是一个在特定交易时间低成交量的定式，所以使它失效甚至并不需要大量新增的交易。我不得不删除这个定式，而用更多基于市场内部状况的定式"一天结束时的交易"来取代它。然而我还是把这一章保留在书里，因为它很清晰地表明了交易的对手是谁。理解这一点能引导你发现在其他市场接近收盘时类似的情形。剩余的定式并没有受到影响，大致上可以归因于我交易的市场流动性很高。对冲基金的资金规模太大，无法在日内使用这些交易定式；而市场上的个体交易者又没有多到可以推动市场并抵消对冲基金的影响。此外，多年来和交易者一起工作让我了解到，即使你为交易者演示了一个成功的定式，他们也会在大约使用了 7 次定式后就开始根据自己的个性来修改定式参数，尤其是当他们连续两次在这个定式上亏损的时候（嘿，我可以稍稍修改参数，这样亏损就不会再发生了）。总体的结果就是每次当我的某个定式发出信号的时候，并没有大群体遵循定式一起行动。

至于"究竟为什么我愿意分享这些定式"，我也不是完全肯定。虽然我喜欢写作，但完成一本书非常折磨人，它需要大量的时间和精力，并且要心无旁骛。我遇到的很多人都告诉我他们也想写书，然而大多数人都还没开始。我一点儿也不责怪他们，即使有外力帮助，写书也需要投入大量的时间。在和其他各个领域出书的作家的交谈中，我发现这样一个趋势：当你痴迷到必须把一本书从身体里赶出来的时候，这本书才能被真正写出来。不管出于什么原因，当我第一次写这本书的时候，我就感到不得不把这本书从我的脑子里赶出来；6年后，同样的感觉又让我意识到我必须出第2版，第3版也是一样。就好像我的脑子里出现了这些信息泡泡，我不得不赶它们出去，这样我才能头脑清晰地继续前行。短期内这样做也有实际用途，如当有人问"你最喜欢的定式是什么"时，我只需要递给他们这本书，就可以帮我节省大量时间了。

从长远来看，我充分意识到有一天我会死去，这一天悄然而至，会比我希望的更早（嘿，我觉得自己不久前还是个少年呢）。也许这是一个能在我死后让我的一部分继续长久活着的办法：我对于自己的曾祖父一无所知，也许这本书是一个让我的后辈子孙了解我的工具。如果他们决定做金融交易，我希望我的书能帮助我分享给他们足够多的信息，帮助他们减少学习成本，尽快走上正轨。交易会带来痛苦的教训，如果我的后辈子孙能读到这本书，汲取一些知识并走向交易的成功之路（将在电脑前的沮丧吼叫声降到最低），那么我就达到了我写作的目的。

我感激每一位阅读这本书又真真切切从书中和我自己的经验中学到知识的读者。在交易者展会和其他场合，我遇到过很多读过这本书的人，我也签过名，听过各种故事。这本书不是写给那些寻找交易"圣杯"或是寻找可以机械地运用一辈子的交易策略的人。它是写给那些决意在市场中测试交易技巧和性格的人。交易是一个日积月累的过程，正是这一点使得以交易为生那么有趣，因为每一天的交易都是不同的。最后，我很荣幸人们认为这本书值得一读。

交易和生活息息相关。你越了解你自己，就越有可能找到最适合自己个性的市场、策略和交易哲学。让我们开始交易之旅吧！

| 目录 |

致　谢
推荐序
译者序
前　言

第一部分　交易新兵训练营
市场怎样运作？为成功交易与投资做好心理准备的最好方法是什么？

第1章　推动市场的真正力量 / 2

第2章　心理学101：学校里不传授的交易和投资知识 / 33

第3章　市场波动的节奏或原因 / 80

第4章　弄懂了市场后要交易什么 / 98

第5章　股票市场现在开盘：预测市场走势最好的工具 / 119

第6章　一个初学者的旅程 / 170

第二部分　期货、股票、期权、外汇、加密货币的日内交易和波段交易的最好定式

第7章　开盘跳空：当天第一个和胜率最高的定式 / 190

第 8 章 枢纽位：趋势交易日的暂停点，震荡交易日的反向交易点 / 213

第 9 章 tick 对赌：并非从新手那里赚钱的最好方式 / 248

第 10 章 均值回归：获利了结的最佳时机 / 270

第 11 章 挤牌：参与市场大行情的最好方法是什么 / 282

第 12 章 抓住波浪：跟对趋势的最简单方法 / 322

第 13 章 帮助交易者避免过早离场的最佳工具 / 331

第 14 章 抢帽子警报：并非快速确认价格趋势反转的最佳工具 / 336

第 15 章 砖块交易：市场在交易日中间趋势反转 / 357

第 16 章 3：52 定式：点一支上等雪茄，结束交易日 / 366

第 17 章 HOLP 和 LOHP：抓住趋势反转而不被市场碾压 / 376

第 18 章 推进器交易：应用股票、个股期货和股票期权来做波段交易 / 389

第三部分　返回真实的交易世界

第 19 章 我的交易旅程和策略 / 422

第 20 章 对我来说最好用的交易定式 / 443

第 21 章 一笔赚了 140 万美元的交易 / 463

第 22 章 正确的技术对交易非常重要 / 484

第 23 章 当你怎么做都不对时能用到的窍门和手段 / 494

第 24 章 驾驭交易 / 507

第一部分

交易新兵训练营

市场怎样运作？为成功交易与投资做好心理准备的最好方法是什么？

· · · · · · · · · · · · · · · · · · ·

我不要奶酪，我只想逃出陷阱。

——西班牙谚语

有人认为坚持让我们强大，但有时是放手让我们强大。

——赫尔曼·黑塞

第 1 章

推动市场的真正力量

你知道大多数在市场上亏损的人
都是因为如下四件事情导致亏损的吗

　　散户的生存状态就是处在不停的买入卖出中，但被卡在两个世界中间，而这两个世界结合了交易一定会带来的最好和最坏结果。一方面，他们进出市场轻松高效，这对于大型基金而言简直不可想象。你设想过抛售 2 亿股苹果公司股票（AAPL），还能不引人注意，会是什么样吗？这就像一个人试图向其父母掩饰怀孕一样困难。它是一个过程，而不是点击一下鼠标就能完成的。另一方面，你瞬间就可以买卖 1000 股苹果公司股票或者 10 张迷你标准普尔 500 的股指期货合约，这在当天的交易活动中连一个小的跳动都算不上。换句话说，一个散户交易者能够毫不引人注意地买卖——这是一个巨大的优势。基金经理为了不暴露意图，需要几天，有时候几个星期甚至几个月来买卖大的仓位。一旦他们的意图暴露，其他基金经理就会预先交易（抢在他们前面下订单），如果有可能还要彻底打败他们。这就是在市场上赚钱的方法——从其他交易者手里抢过来。如果你觉得这听起来很无情，那就对了，市场就是这么无情。市场不是一群志趣相投的人聚集在一起点着香烛庆祝生活的意义，市场就是交易。

那么，为什么这个职业如此吸引人呢？它让人兴奋，绝对令人着迷，让人有一个赚大钱的机会。如果只用一个词描述它，就是自由。在生活中的方方面面，我们总是被告知该怎么做，有些人不喜欢这样。交易者拥有自由，可以为自己打造特定的空间，这是世界上其他任何职业永远也无法获得和复制的。大多数百万富翁没有自由，尤其是那些开办公司的人。他们有义务、有需求，每天还要到处灭火。为了拥有坐头等舱的能力，这种对自由的牺牲是否值得呢？退休者大概有自由，但代价是什么？Strategic Coach 的老板丹·苏利万，一个75岁仍然魅力四射的人，对退休有不同的看法："退休是让死亡来找你的导航信号。时刻参与一个有趣的未来很重要。"家庭主妇是世界上最难的工作（和嫁给有钱人一样）。

独立合同性质的工作拥有大量自由，且能获取薪水，比如 Uber 司机或者是通过 Upwork⊖给屋顶盖瓦。但是，这类工作薪水不高，所以为了满足每月所需，还是不得不工作很多时间。而交易如果做得正确，工作少量时间就能获得大量收入。交易者，至少那些掌握了持续盈利技巧的交易者，有机会去创造一种从日常烦琐事务中解脱出来的独立生活。交易的这些优势非常具有吸引力，是其他许多职业无法效仿的。

进行全职交易或者业余交易的原因有很多，比如：渴望改变职业，希望更加独立，渴望从经营大公司分部或个人企业的责任中解脱出来，或者选择成为留守在家的家长。我碰到过很多想成为交易者的人，他们在生活中的其他领域已经成功了，他们只是厌倦了原来的生活。我把这些人叫作"寻找刺激的医生"，实际上这可以指任何高薪职业人员。他们喜欢现在的收入和地位，但是不喜欢他们所陷入的肥皂泡。其他一些人曾在金融市场上输得很惨，现在他们想掌控自己的财务未来。还有很多人筹措了一小笔资金，想试一试，追逐他们成为交易者的梦想。我在办公室里亲眼看到像亨利·甘博这样的人经历从"发现交易的兴奋"到"哇，

⊖ 自由职业网络平台，为远程工作提供机会。

我不敢相信这个期权分文不值地过期了"的痛苦循环。然而,几年的沉浮之后,他终于找到节奏。看着亨利成为持续稳定盈利的交易者真是很有趣。这是世界上最难做的容易事。

交易是一份能提供可观收入的"工作",而且它比其他任何职业都更加有趣。当然,成为摇滚歌星除外。但是,对大多数人而言,和 U2 乐队同台演出有点儿遥不可及,这样来看,交易就是一个很好的备选项。

交易可以在任何有可靠互联网的地方完成,在我更新这个章节的 2018 年,这几乎意味着任何地方,我甚至在飞机上交易过。此外,成为全职交易者有很多好处。交易者再也不用面对既狂躁又抑郁的老板,以及他们发出的不断变化又相互矛盾的疯狂命令。之前,交易者一直在这个系统里挣扎着谋求升职,直到超出自己的能力。对一些人来说,为公司工作是一个获得权力的途径,权力对他们来说比财务独立更重要,而为一些小丑工作足以让他们在试图突破公司障碍的过程中被逼到怀疑人生。

另外,交易不一定需要雇员,尽管在某些时候,如你决定交易多个市场并且观察多个不同时段的时候,雇员会很有帮助(比如,我喜欢交易欧洲股市,但有时我不得不睡觉,这时我就可以雇人帮我交易)。我们中那些在职场生存下来的人,在这个世界上再也找不到比不用管理一大群没有热情的人更自由美好的事情了:"我假装赞扬你,你假装热爱工作。"好消息是,如果你雇人协助你交易,他通常会和你一样对这个冒险充满激情、兴奋不已。

由于计算机价格的不断下降,以及像戴尔这样的公司推行的租赁计划,交易的启动成本微乎其微。穿着睡袍可以交易,或者什么都不穿也完全可以交易。交易最大的好处,是交易者可以选择自己的工作时间。这里列举一些和我一起工作的成功交易者的日程安排:从 10 月到 4 月积极交易,余下的 5 个月放假;只在市场开盘的前两个小时交易,然后当天其余时间放假;一直交易到盈利达到本金的 50%,然后当年余下的时间放假。这样的例子还可以一直列下去。顺便说一下,一个常见的关于交易的错误观点是"为了赚更多的钱,我需要更多地交易"。没有什么比这更不符合事实的了。聪明地交易、降低交易频率是以交易为生的秘诀之一。没有必要抓住每个行情。当交易者发现他们只要每周从事两笔经过深思熟虑和精心计划的交易就能很好地维持生活时，我感到高兴，因为我知道他们触到了真正的自由。

交易具有如此多的优势，无怪乎成千上万的人加入其中，试图在这个最吸引人的职业里有所作为，全世界的交易者都在跃跃欲试。自从2006年本书第一次上架，我就有机会与来自美国各地，以及中国大陆和中国台湾、印度、瑞典、澳大利亚、英国、法国、新加坡、阿根廷，以及其他很多国家和地区的交易者对话。最重要的是，当与交易者对话的时候，他们抛开了政治和理念上的分歧。世界各地的交易者都通过一个想法联系在一起——用头脑创造财富，然后收获财富带来的好处，即自由。这是一件美好的事情。我喜欢交易者以及他们表现出来的所有疯狂行为。

当我用"疯狂"一词时，我可没有开玩笑。瑞士圣加仑大学（University of St. Gallen）发表了一项将交易者与精神病患者进行比较的研究。这项研究回顾了之前关于德国一家高级别安保医院中24名精神病患者与由27个"正常人"组成的控制组/对照组（control group）之间的比较结果。有趣的是，对照组中的"正常人"原来是交易者。股票交易员、货币和大宗商品交易员以及衍生品交易员恰好组成了"正常"的对照组，和那些被高级别安保、带倒刺的铁丝网包围的精神病患者进行比较。结果，交易者那一组的表现比精神病患者的表现更糟糕。这项研究表明，交易者"有巨大的破坏倾向"，他们的思维会导致他们得出"只是为了让自己拥有附近最漂亮的车，就用棒球棍砸烂邻居的一辆豪车"的逻辑结论。

换句话说，交易者必须时刻和要做得正确或者证明自己世界观的渴望做斗争，因为那样做完全不能帮助他们稳定盈利。实际上，如果你查找教科书中关于精神病患者的定义，你就会发现一些有趣的现象：反社会行为，判断力差，不能从经验中学习，不能像他人一样看待自我，无法解释的冲动……这些特质听起来就像是一个典型的交易者不停地和市场对着干却不知道为什么这么做。

吸引交易者的是自由（和兴奋）。令许多交易者遭到毁灭的也是自由，因为太多的自由伴随着残酷的代价。简单地说，市场不能保护交易者免遭自身伤害。和基金经理（至少大多数）不同，散户交易者不受监督，可以在不受约束的情况下选择任意方式行动。对许多交易者来说，这意味着他们的生活离灾难只有点击一次鼠标的距离。市场引诱着他们，鼓励甚至强化他们的坏习惯。你曾经撤销过止损单并让交易一直持续到目标价格吗？好吧，市场刚刚教会你这样做似乎完全没问题，至少可以偶尔为之。这样做也许可以连续999次奏效。但正是失败的那一次会把你之前所有的利润一扫而空，甚至可能完全摧毁你的账户。这正是你在一个低点买入了黄金，撤销了止损单，随后它每盎司①暴跌了80美元的那一天。"哇，"你想，"我不敢相信会跌这么多！"

正是这样。摧毁我们的是那些我们没有看到的、像失控的货运火车一样朝我们驶来的东西，是一些典型的坏习惯，如追涨杀跌，交易规模相对于账户规模过大，对于亏损限额没有明确的概念，等等，造就了市场，并以一种阻止尽可能多的人持续盈利的方式运行和繁荣。还记得精神病患者的特征吗？"不能从经验中学习。"为什么呢？为什么交易者如此擅长毁灭自己呢？毕竟，没有人，没有任何人，是抱着赔钱的想法开始某笔交易的。简单地说，这些行为与交易者是世界上最好的"推销员"有关。也许交易者内向，但他们仍然是"推销员"。

尽管二手车推销员承受着过度推销和不诚实的坏名声，但他们还是比不过普通交易者。交易者一旦持有仓位，就会骗自己相信任何能够帮助证明自己正确的事情，或者至少证明这次的交易想法"没有错"。没有人喜欢犯错。在工作中一个人做错了事通常还能把责任推给别人，"都是因为那些愚蠢的送货员，"他会说，"是他们把事情搞砸了。"但是在交易中，除了自己，你没有人可以责怪。而人类非常难以接受他们可能真的错了。因此有个笑话说："如果一个丈夫独自在树林里表达了自己的想法（没有旁人听到），他还是有错的吗？"如果是交易者，那么大概率是有错的。

---

① 1盎司 = 28.35克。

当面对亏损的时候，普通交易者乔会看着图表告诉任何一个在旁边的人："看到这个成交量放大了吗？这是对冲基金在止损。"然后他带着胸有成竹的微笑说，"看着吧，一旦他们完成，市场就会迅速上涨。"最后结果是：他没有平仓，亏损继续增加。当面对盈利的时候，普通交易者乔安妮犹豫着没有采取行动，她对自己的猫说："市场现在的走势太好了。CNBC（美国全国广播公司财经频道）上有不少好消息。我赌它还会接着涨很多。"结果是：她没有平仓，盈利变成亏损。这些交易者犯的错误既常见又致命，让市场上大多数交易者为此感到苦恼：**他们不知道市场天然地引导他们的反应，将他们导向失败交易者的思维心态。**他们也不知道真正驱动市场的关键因素。最终的结果就是交易者"赚小钱亏大钱"。显然，任何一个账户都不能承受这种情况。更糟的是，这个被情绪左右的循环不会停止，除非交易者正面应对它，（从循环中）"探出头来"并意识到交易和世界上的任何其他活动都不同。与其说交易是努力赚大钱，还不如说交易是反复承认自己的错误（并接受这个事实）。不幸的是，职业交易者对这一切了如指掌，他们设定了自动交易系统（算法）来利用这些情形，专门劫掠那些还没想明白自己为什么亏损的交易者。一个交易者的灾难就是另一个交易者的面包和黄油。

以下四点导致了交易者亏钱：

1. 任何对交易股票有兴趣的人都和精神病患者有共同的特点。

2. 交易内在的自由具有破坏性。毕竟，我们在生命中的前18年一直在学习一件事，即最好是遵守规则，按照别人告诉我们的去做。

3. 市场实际上鼓励并强化坏习惯。

4. 交易者被诱惑着利用每一个机会向自己兜售"自己正确"的观念。

你的每一笔交易都有一个对手方，从成为对手方开始你的交易。不要做追逐市场的人，而要做那个知道别人正在追逐的人。不要做撤销止损的人，而要做那个知道别的交易者正准备撤销止损的人。不要做相对于账户规模来说太大的交易，而要做恰当规模的交易，或者更小规模的交易。不要做那个疯狂地想参与每个行情的人，而要做那个因为耐心等待符合自己交易计划的定式出现而感到满足的人，即使这样意味着当天不交易。长远来讲，小规模、持续地交易能比大规模、无计划地交易赚到更多的钱。做一个想要长期赚钱的交易者，而不是做一个想要证明自己正确的交易者。现在就开始吧。

一旦我们理解了市场上个体交易者的痛苦和挣扎，我们成功的概率会怎样提高呢

问题很简单，分为两个方面。第一，尽管交易者肯定知道不是所有的交易都能成功，但他们在下订单之后会立刻产生一种**这笔交易将会盈利**的清晰感觉。两位加拿大心理学家的研究记录了人类行为的这种奇特性。在赛马场下注以后，人们立即感到对看好的马获胜概率的信心比下注前一刻要大。很显然，那匹马没有发生任何改变，但是在那些下注者的心里，一旦他们下了注拿到马票，这匹马获胜的希望就显著增加了。

我们不必用心理学的长篇大论去解释人类为何有这样的行为；这种心理与一种强大的、潜在的社会影响相关，而这种影响要与我们的选择看起来一致。一旦我们做出选择，我们就通过证明之前决策正当性的方式来应对来自外部和内部的压力。如果我们做了一个好的选择，那么这一过程对我们来讲会很顺畅，而我们也会在这个正确的选择基础上继续发展。

但是，如果我们做出了错误的选择（无论它是关于交易、工作、伴侣的，还是关于商业交易的），则我们在上述心理过程中不仅会采取这一错误选择，还会因为试图挖掘出什么东西来证明该选择的正确性而导致这一选择的后果明显变得更糟。由于我们更关注试着让行动与早先的决策保持一致，因此我们通常拒绝放下过去继续前行。

人们可能浪费一辈子的时间去证明一个错误选择的合理性：试着让它奏效，试着亲切友好、让自己看起来很好并且不伤害任何人的感情，试着让它们看起来

好像是对的。这个过程很痛苦，会让一个人成为他过去的自己的一个影子。

如果你说话做事只是为了向别人证明自己的选择正确，那么你就身处在一个对自己不诚实的光滑下坡上。如果对自己不诚实，那么你会自然地遭受挫折，某些东西就会像无端出现的满脸粉刺一样爆发。你曾经有没有只是因为妈妈让你多吃点儿蔬菜就对她生气？对了，就是这样的事儿。就是这样，有些事情正在发生。不管你信不信，它会影响你作为交易者的业绩。你不是对妈妈生气，而是对自己生气。

此外，你的个人生活也可以验证这一点（人们渴望证明自己的决策正确），这比用你的交易账户来验证要便宜得多，只要开始注意是什么让你困扰、什么激发了你的情绪。

早在2005年，我和我妻子的妹妹罗莎一起为我们的网站工作了一段时间，她为人不错。我们像亲兄妹一样关系密切，从她7岁起我们就认识了。但是我们一起工作的时候总是会争论，我基本上会冷静下来试图向她解释为什么我是对的、她是错的。我没有想太多（因为我是对的），但是最终我们的工作关系让我们两人都非常沮丧，以至于她离开去"寻找其他机会"。

我完全不知道为什么会这样。我只知道虽然我们在工作之外相处融洽，但我无法和她一起工作。我和一些朋友谈到这个问题，他们指出我那种"必须在任何时候都表现得像是知道自己在做什么"的做法才是真正的问题。如果我想进一步了解这个问题，我应该去参加一个叫作地标论坛（Landmark Forum）的研讨会。我用谷歌搜索了这个研讨会，一开始并不想去参加，它看起来像一个邪教。但随后我看到它在一份周末冒险榜单上名列前十，这激发了我的兴趣。同时我看到我的好朋友迈克尔·帕尔米耶里和汤姆·图伊发生了积极的改变。他们在自己选择的工作领域变得更有效率，而且他们也更快乐、更有魅力了。他们指出，我对罗莎感到的沮丧其实反映了我自己正在经历的事情。如果我想找到它是什么，我应该勇敢地去参加课程。好吧。虽然我去参加的时候没有又踢又喊，但我还是非常怀疑的。

我参加了课程，而且我可以诚实地说我很高兴这么做。在那之前，我从来没有意识到我们对自我暗示的故事是如此深信不疑，以及一旦我们知道了方法，要脱离这些论断又是多么容易。最终结果是我们摆脱了过去这个巨大的锚对我们的束缚，从而得到了最好的自由。

一年以后，我的妻子也去参加了课程，我们的生活因此变得更好。她更自信了，我们的沟通更顺畅了，对彼此更坦诚了，不再担心"伤害彼此的感情"或者任何事情。如果她生我的气，她就会有话直说让我知道，而不是在心里憋上几天。换句话说，我们可以坦诚以待，这是更简单愉快的生活方式。对我自己的交易而言，它促使我对失败的交易保持冷静，更积极地"及早"止损，甚至不考虑我是否应该给这些交易更多时间或空间来奏效。它让我的自主交易更加简单，让我有能力迅速做决定并且不加自我评判地继续前行。

像制订稳妥的交易计划一样，我吸取地标论坛课程中对我有用的内容而忽略其余的。我也送罗莎去参加课程，她的生活也因此改变。现在我们的关系更加坦诚，我们讨论问题时不再试图证明自己是对的。我们只说需要说的话，而不担心会伤害对方的感情。这太好了。交易之旅也是这样——寻找对你来说有意义的点点滴滴，然后把它们综合成适合你和你的个性的交易计划。我见过很多在个人问题中挣扎的交易者，他们试图在市场里"除掉或者解决"这些问题。参加地标论坛课程是试图让你在这些问题影响你的账户之前，用交易系统之外的方式解决它们。

我认为做一个好交易者和过好的生活有许多共同点。市场确实是终极心理学家。为了成为一个快乐的交易者，你必须把失败的交易拦腰斩断并扔进垃圾堆。为了证明自己正确而在失败的交易上纠缠不休，就会像中国成语所说的"削足适履"，得不偿失。

很多交易者觉得当他们处于交易中的时候可以依赖自己的判断。理论上这很有道理。毕竟，在下单前，交易者是最客观的。但是，一旦交易开始，客观度立刻降低，并和交易的股票或合约数目在账户中所占的份额直接成比例。你可以这样思考：如果一个交易者在 1 万美元的账户里，用日内交易保证金做多 10 份 ES 合约，而另一个交易者在 10 万美元的账户里做多 1 份 ES 合约，谁会对着价格的每个跳动汗流如注呢？第一个交易者不光产生了"这个交易将会盈利"的感觉，而且现在他陷入更大的压力之中：必须管理一个随着价格的每次跳动都导致巨大的资产百分比波动的仓位。一个交易者因仓位太大而导致极端情绪在头脑里翻腾且试图依靠自己的判断来交易，就像企图用一片瑞士奶酪逆流划船，这根本是螳臂当车。而且，不管你怎么紧张地盯着电脑屏幕上的价格图表，都不会影响市场的下一步走向。市场不会跟着你的意愿走。

这些因素造成了一个恶性循环，最终结果是交易者像糟糕的二手车销售员一样不断地向自己兜售一系列错误信念，这些信念让他们注定被市场屠杀。处在这种困境中的交易者不会遵照交易计划来止损平仓，却去花时间证明为什么自己是正确的（如果你已经结婚，你就会明白为何这是浪费时间），最终他们只会因为下面两个原因中的某一个而平仓。

第一个原因：持仓的痛苦变得太大了，大到交易者再也不能"忍受"。一旦到了这个"投降"点，他们就开始疯狂地敲击键盘，用"市价"（at-the-market，ATM）卖出（或者回补）来缓解痛苦。

第二个原因：他们的经纪人打来电话礼貌地提出可以帮助他们退出交易，委婉地提醒他们该平仓了。这也被称为"追加保证金"。这种情况下交易也是以"市价"来完成的。这时，交易中没有计划，没有思考，没有客观性，有的只是大量的被迫卖单，或者在交易者做空的情形下大量的被迫买单，也叫空头回补（covering）。这样的投降行为（交易者因为迫不得已退出交易，而不是因为他们想这么做）是最典型的基于情绪的交易，它也造成了可供交易的最好的市场波动。不论是连续投降性地抛售所引起的持续数月的下跌，还是空头被迫回补引起的 10 分钟快速反弹，这些行动造成了所有时间段上所有市场的主要行情。最后，市场运动并不是因为市场想要运动，而是因为市场不得不运动。

来自那些努力"与最初选择保持一致"的交易者的压力，再加上那些交易规模相对于账户过大的交易者的压力，比其他任何事情都会导致交易中出现更多的灾难。但是，灾难的对面就是机遇。每当有20个交易者爆仓，总会有1个交易者在爆仓者的对面大赚一笔。毕竟，钱不会凭空消失。它只是流入了另一个账户——使用那些利用人性来获利的定式的账户。一个交易者在恐慌的情况下追加的保证金仓正是另一个交易者达到的盈利目标。不要让市场引诱你陷入"自己一定要正确"的状态中。

你在哈佛商学院永远不会读到的案例分析：
这曾经发生在你或者你的伴侣身上吗

我想过在新版本里更新这个例子，但它真的很经典，同样适用于交易今天的热门股，如NFLX、TSLA，或者其他任何波动剧烈、交易活跃的标的。我通读、更新并扩展了这部分文字。让我们来看一看吧。

图1-1显示的是一只交易活跃的股票，这里我故意先隐去股票名称。在2004年，市场里的一方在积极做多这只股票，而另一方在积极卖空。双方都有大量盈利机会。2004年12月29日，该股创出52周新高，在下一个交易日达到33.45美元。在接下来的5个交易日里，它回调到点3处的支撑位——27.62美元，它代表了一个稳妥的买进机会，并复制了在点1处发生过的买入时机，而随机指标的超卖读数和点2处一样。

这张图描绘了拐点的一个经典案例：在这个点上一群交易者不得不做出决定。在股票突破新高时买入的交易者会感到痛苦，而在高位卖空的交易者则狂喜不已。很早以前从10美元就开始买入的交易者会感到兴奋，考虑是不是应该在这次回调中加仓。踏空了这只股票的交易者很焦虑，不想再错过下一轮行情了，在股票这次回调到支撑位时他们会寻求买入。花时间看一下这张图，你在这时候会怎么操作？你想卖空还是买入？你愿意承担什么风险？这些问题是所有交易者在真正开始交易前需要知道的。

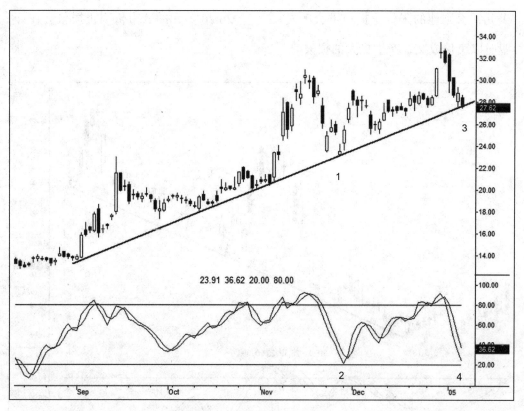

图 1-1

让我们看看交易者乔的操作。乔已经交易了一段时间,学到了很多关于风险收益比的知识,而且知道要保持耐心,等待成功率高的定式。他从图上看到这只股票有一个买入良机。他有一个10万美元的账户。接近收盘时,他在27.80美元的价位买进2000股,用掉大约一半的现金购买力,还远远不需要使用保证金。他在26.20美元设置了限价止损单,然后在最近高点的下方32.60美元价位设置了长效(good till cancelled,GTC)卖出指令。他的风险是每股1.6美元(3200美元),潜在收益是每股4.8美元(合计9600美元),这是一个非常舒适的1:3的风险收益比。如果他被止损出局,他将损失账户价值的3.2%,相对于这笔交易9.6%的潜在收益,他认为这是可以接受的风险。

第二天,2005年1月7日,股票在23.78美元跳空低开,比乔的限价止损价位低得多(见图1-2)。这使得乔仍然持有这只股票,因为除非股价反弹到26.20

美元,否则他的限价止损单不会触发。(一个 26.20 美元的"市价"止损单会在开盘时以市价成交,产生更大的损失。)

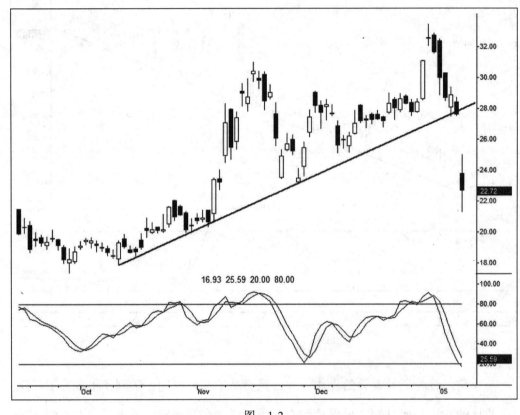

图 1-2

乔并不惊慌。他以前也经历过这种情况。这笔交易对他不利,但这也不是世界末日。他知道这笔交易要亏钱,他不准备做任何类似三次向下买入平摊成本的傻事。他准备遵循计划,像个男人那样勇敢接受止损。他试图从容地退场。"我是现在抛掉这只股票呢?"他想,"还是等一个小反弹?"他知道股价崩溃时,几乎总是会在最终下跌前先回调部分走势。他甚至有可能以最初的止损价位离场。他查看了日线图,看到随机指标显示超卖,这会使股票反弹,即使只是一次死猫跳。他决定保留限价止损单,等待最终发生的回调。他还计划观察一下股价收盘前会在什么位置。

收盘前15分钟，乔查看了股票，发现它没有到达限价止损单的价位，不过也反弹脱离了当天的最低点。他认为下一个交易日股票很有可能开始反弹部分跌幅。他冷静客观分析后决定继续坚持。他不过是在合理的计划中处理路上的一个颠簸。

不幸的是，下一个交易日要等到星期一。周末的大部分时间乔都在思考股票，对周围的一切都无动于衷。星期天，他的妻子注意到他整个周末都很安静、无精打采，而且一直盯着电脑屏幕上的图表。她匆匆翻过最新一期《时尚》（Cosmopolitan）杂志，想看看能不能找到让他开心起来或者让夫妻生活焕发激情的方法。但当她读完那些很有见解的文章时，她思考的反而是如果当初接受了盖瑞的求婚她的生活会是什么样子。到了周日夜里上床睡觉的时候，她生气了，大声喊道："亲爱的，你还不睡觉吗？"

乔还在熬夜看图表，对周遭丝毫没有留意。"还在做研究呢，宝贝儿！"他回答道。

星期一的早晨终于来了。在辗转难眠的一夜之后，乔早早地从床上跳下来，正好赶上时间看到在盘前交易中股价下跌。当正常交易时段开盘的时候，股价跳空低开差不多3美元。乔看着这个局面直摇头。他知道自己有麻烦了。这一切怎么能这样发生（见图1-3）？

乔一边麻木地抿着咖啡，一边"客观地"看着图表，他看到的全是股票应该反弹的原因。仅仅7个交易日，股价已经从历史高点下跌超过40%。它已经接近日线图上的关键支撑位。日线的随机指标现在也已经严重超卖。他很现实。他知道这只股票已经没希望了，他知道他会亏钱，但他也知道股票在某个时刻至少会回调一点，他将把损失降到最低点，从容退场。他全天都在观察股票，咬自己的脏指甲，啜吸着冷咖啡和温红牛，忽略了生活中的其他所有事情。股票在他的止损价下方6美元多的地方收盘。他被吓得呆若木鸡，他从没想过这种局面会发生在这只股票或这笔交易上。现在他不能卖这只股票。损失实在是太大了。他决定再坚持一天，等待反弹，尽管股票的反弹早就该到了。

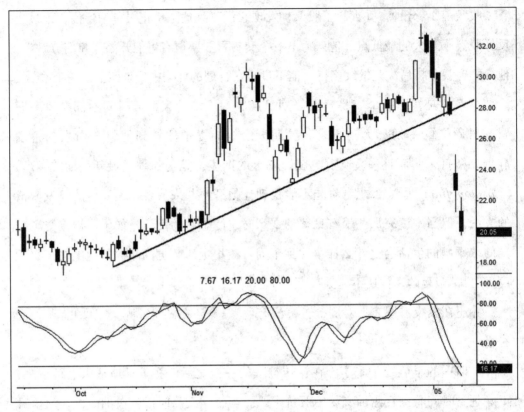

图 1-3

直到听到楼下车库门打开的声音,乔才记起他应该把妻子的一堆衣服送去洗衣店。他抓起衣物,在门厅里停了一下,然后冲出前门,完美地算好时间不让妻子看到他。

1月11日星期二,这只股票(好吧,它是TASR——塔色公司)又向下跳空3个点,开盘在17.01美元(见图1-4)。乔深深地吸了一口气,咬紧牙关。他的一部分身体好像已经死了,但是却有种奇怪的轻松感。毕竟,这不是他的错,市场非要这样对他,他不该受到责备。

由于昨天晚上睡不着,此刻乔非常困倦,更糟的是妻子突然表现得极端不友好。他猜想她是不是在电脑屏幕上看到了自己的盈亏结算表,但他自信一直都掩饰得很好,每次离开房间前都把交易平台最小化,而且他一直表现正常,她不可能知道发生什么坏事了。他知道应该和她谈谈,于是决定一退出这个头寸就去谈。

毕竟，正是因为她能保住一份真正的工作，他才可以追求自己的梦想去成为一个交易者。他不想令她失望，否则他会感到尴尬甚至羞耻。

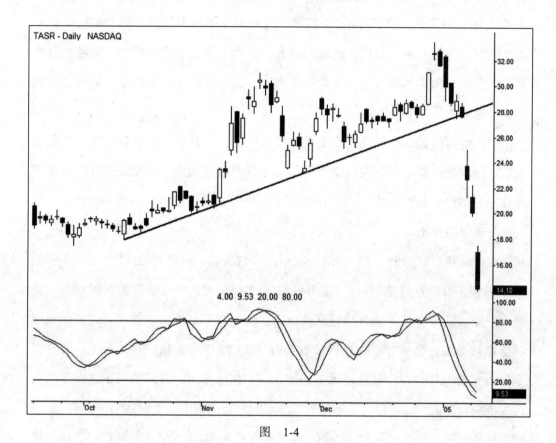

图 1-4

他集中注意力看着图表，告诉自己不要像一个笨拙的新手那样惊慌，而要像一个职业交易者那样应对。他知道他永远不会再让自己陷入这样的困境。但此时，他必须保持清醒的头脑从困境中解脱。他乞求上帝的帮助，虽然过去的经验让他怀疑上帝并不关心金融市场。

乔回想了过去的4个月，他已经能利用自己的交易账户每个月平均赚到5000美元。如果他现在在17美元的价位平仓TASR，仅这一笔交易就将让他亏损21 600美元。仅仅为了重建股本，就需要再花4个多月时间。他自言自语："好吧，忘掉你最初下的订单。假设你刚刚在这个价位入场，合理的目标价是什么？"他快速地在自己的图表上设定好一系列斐波纳契回调线，看看整个跌幅中50%回调价位在哪里。那个值是 22.79 美元，远低于他原来的止损价位，但如果股价反弹到那个水平，就意味着可以减少 11 580 美元的浮动亏损，只剩下 10 020 美元而不是 21 600 美元的"事实亏损"。好吧，这听起来有点儿道理。他开始感觉好一点儿，下了新的卖单，自信这次能行得通。他坐下来看着股价变动。他考虑要不要加倍买入摊薄成本并且差点儿就这么做了，但曾经惨痛的教训让他知道这么做不对。他忍住了，继续等待。

令人惊讶的是，股价在这个交易日里继续滑落。乔凑近屏幕目不转睛地盯着图表。他现在在 7 个不同时间周期的图表上观察这只股票，不断提醒自己要保持冷静，股票已经极度超卖，很快就会反弹。耐心一点儿，等待回调，不要像白痴一样在最低点卖出。

在市场接近收盘时，TASR 再一次创出日内新低，跌破每股 14 美元。乔一把推开桌子，难以置信地怒吼："这不可能！" TASR 在 8 个交易日暴跌近 60%。他怒火中烧，感到自己没法再应付这种局面。他的神经系统似乎被摧毁，颈部肌肉感觉像被夹板夹住一样。他在接近收盘时以 14.02 美元卖出，27 560 美元的亏损令他的大脑一片空白。他还是无法相信 TASR 在这么短的时间里跌了这么多。它还能再跌到多低？这家公司是不是要破产了？它会变成下一个安然吗？

冲动之下，乔看了一眼周线图，注意到在股价 10 美元之上没有任何支撑。他马上抢在收盘前几分钟反手在 14.04 美元卖空 4000 股。尽管他对自己很厌恶，但现在他因为采取了行动而感觉好多了，至少他不会错过这只股票剩下的下跌行情。他很期待看到第二天 TASR 会在什么价位开盘。也许它会公布一个财务丑闻？在那种情况下，他一天之内就能收复失地了！

乔决定不告诉妻子关于这次交易的任何事情。他在电脑屏幕上贴了个便笺，提醒自己第二天要去洗衣店取回衣物。迟疑了一下，他又草草写下一句："买花。"

第二天 TASR 平开，然后开始稳步反弹（见图 1-5）。乔坚信这次反弹不会持久。然而，他还是在昨天高点的上方设置了止损单。这次他提交了一个市价止损单，因为当初正是限价止损单让他惹上麻烦。他非常自信这次交易将会成功。这是一只潜力股！

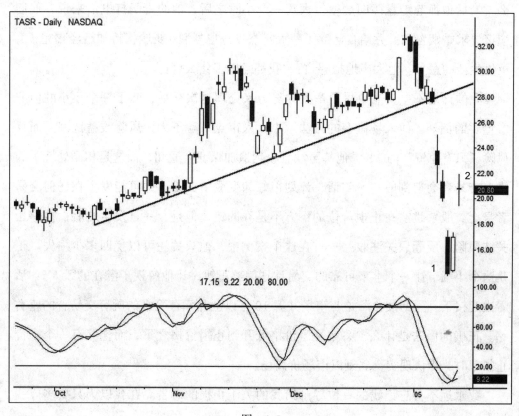

图 1-5

TASR 在 1 月 12 日于当日高点附近收盘，但它没有超过前一日的高点，所以乔的止损没有被触发。他无法相信自己运气这么差，仍然乐观地认为这将是一次成功的交易。他当然希望下一个交易日股票跳空低开。他的妻子打电话回来说要和女友们一起出去玩。他从冰箱里抓起一瓶灰雁伏特加，打开 HBO 频道，看看托尼·瑟普拉诺⊖如何应对生活中的问题。

第二天开盘时，股票跳空高开了将近 4 美元。乔的止损指令使他以开盘价退出了市场，因为当股票价格高于止损价位时，止损单就会变成市价单，即以 20.83 美元成交。这次交易使乔每股亏损 6.79 美元，4000 股就是 27 160 美元，几乎与

⊖ 托尼·瑟普拉诺是美剧《黑道家族》(The Sopranos) 的主角。

他第一笔交易的亏损相等。他的 10 万美元的交易账户现在减少到 45 280 美元。仅仅是让本金回到初始额度就需要 121% 的盈利。他太愤怒了，都不知道该做什么，最后他抓起键盘摔向墙壁。大约一个小时之后，他的妻子打电话来说，他们应该寻求婚姻咨询。乔给自己灌了一大杯杰克丹尼烈酒（灰雁伏特加已经喝完了），沉思生活的意义。他大声地抱怨道："我都经历了什么啊！"

乔的计划不差，他也尽了最大的努力来处理这次交易，除了一个小小的但非常重要的例外。他入场做多的方法可靠，入市点风险不大，风险收益比好，而且风险额只有总资产的 3%。他甚至没有收到追加保证金通知，而这是相同处境下的许多交易者会遇到的。一句话，计划很好却变成了灾难。这可能发生在任何交易者身上。股票跳空在止损价位的下方不是乔的错。但是，一旦发生之后，**他停止关注风险，反而只关注收益**——在这个案例中，他只关注可以挽回多少损失。正是这个小细节让一个本来可靠的交易计划偏离正轨，让他忽视了潜在的毁灭。"活着去迎接下一天的战斗"是与市场共舞 10 年以上并幸存下来的所有交易者的座右铭。正确的做法是什么？答案是当价格低开到止损价格之下，而你又有一个限价止损单时，承认现实，立刻以市场价离场。

我永远不会忘记我的一位导师给我的关于止损的忠告。在我以为只要多等一会儿就可以只是以损失皮毛离场而不愿意止损的时候，他说："约翰，学会根据你的账户余额来管理交易吧。浮动亏损和实际亏损都是一样的。"

我太太的笔记：嫁给交易者约翰的我是如何生活的

和交易者一起生活

玛丽亚·M. 卡特

如果你们是在伴侣的支持下开始交易之旅或者已经在交易之路上，我建议你们和伴侣一起阅读这一章。

约翰和我已经结婚20年了，我们一起生活了25年。我几乎可以根据约翰交易历程中的水平来绘制出自己从约会到婚姻的生活。多年以来，在他交易的艰难时刻，我都期待着得到一块"贤内助"的奖牌。现在我认识到，正是他在交易生涯中坚持历练学习，才创造出我们今天所拥有的生活和自由。希望新手交易者能从我们的共同经验中受到启发，冷静地对待新手交易者试着以交易为生的旅程。

夫妻的交易试金石

每个交易者都会有失败的交易，而且多数情况下，他们至少会有一次**真正惨痛**的损失。如果你和一个持续失败了一段时间的交易者在一起，忽略他并不现实，坦白地说也是不负责任的。你们可以一起讨论以下这些领域，以帮助你们渡过难关，并且看看你的伴侣是不是仍然有正确的理由走交易这条路。在你因为非常愤怒（pissed off）感到巨大痛苦之前，先试试下面的"3P"。

热情（passion） 想要在任何领域成为职业者，你必须热爱你所做的事情。如果你交易的目的是摆脱债务或者赚一笔快钱，那么你将亏损。从我认识约翰的第一天起，他就对市场很着迷。那时候我19岁，在读大学，他就教我怎样把一部分助学金投资到一只叫作艾美加（Iomega）的小股票上。（他让我对艾美加着迷了。）

有抱负的交易者应该是对市场非常着迷的，他们享受学习市场的过程，而且能够认识到交易者的生活方式以及他们交易的市场是否适合他们的个性。我认识很多潜在的客户和朋友，他们也许不应该进行交易，因为交易不适合他们的个性或者他们想创造的生活。如果你害怕交易日，或者变得遮遮掩掩，如果你的肠胃或者健康困扰着你，这些大概都说明有哪里不对，或者你追求的不是能让你在今后许多年里都充满热情的东西。

眼界（perspective） 情绪管理对交易者至关重要。拥有交易以外的活动和兴趣爱好会让一个交易者开阔眼界并减少压力。你的交易伴侣除了交易以外还有没有其他发泄途径？他怎样减压？对约翰来说，减压方法包括花时间和我们的孩子在一起，锻炼，跑步，去有异域风情的地方旅行，和并不都由交易者构成的商业网络群保持联系，当然，还有和我约会。交易者要留出节假日和休息日，这和其他任何职业一样。有时候，非交易者需要把交易者从电脑屏幕前拉开，把他推去减压。在我们家，我把这叫作"咕噜"（the gollum）。如果你的伴侣看起来像《指环王》里的咕噜（Gollum）一样，在电脑前弓着背，深情地敲打着键盘，像面对着"他的宝贝"，那么该帮他拔电源了。所有我认识的那些已经成为职业交易者的成功交易者，都找到了方法给自己的交易带来新的视角。在交易之外找到热情，对人生中重要的事情有更全局的认识从而使交易受到控制是让交易生活长期可行的唯一方法。

计划（plan） 我可能对市场的技术面知道得不多，但多年来我听到的所有爆仓故事让我学到一点：交易者只能和他的交易计划一样好。每个人都会偶尔偏离计划，但如果没有计划，你就注定会失败。约翰有成箱的交易记录，不仅记录了他的交易计划，还记录了计划成功或失败时他的情绪状态。通过回顾自己的操作和行为，他可以重新设置行动路线，避免犯同样的错误。我相信这也帮助他在市场中找到最适合自己个性的位置。现在，一天的亏损不会让我担心，而没看到约翰写交易日志，我会感到担心。

旅途规则

和交易者一起生活很像随着市场的上下而起伏。实际上，市场的表现常常是晚餐桌前交易者情绪状态的晴雨表。如果你和一个交易者一起生活，这里有一些让你也让他"旅途"愉快的规则。

这有 25 美分硬币，给感兴趣的人打电话吧

交易者们，当你从封闭的交易世界回到家或者下楼去，渴望和一个人讲讲你的交易冒险时，请记住：你的伴侣并不一定像你那样对市场有热情，而这可能是一件好事情。互补对一段关系是有益的。当你喋喋不休地讲着你的交易日细节时，不要总是期望你的伴侣能听你说每一个词。就像约翰不想听我谈论我为新窗帘准备的20种布料样品一样，在约会的晚上如果我正准备品一小口灰皮诺葡萄酒时却听到期权履约、ES和斐波纳契数列，我可能会翻白眼。实际上，我们有一个暗号——"窗帘"，用来停止我们对自己着迷的爱好滔滔不绝。倾听彼此甚是温馨，但具体讨论细节还是留给交易伙伴们吧。所以，放过你的伴侣吧，她也许不会成为下一个玛丽亚·巴蒂罗姆㊀，但这并不意味着她不在乎你。

痛苦准则

有一种痛苦指数和交易经验值成反比。似乎交易者的经验越少，在亏损的交易日中痛苦就越深。我们结婚后早期的交易日里，我真希望有一张贺曼（Hallmark）卡片上面写着："对你的损失我很难过，挂念你。"在一天亏损500美元甚至5000美元之后，没有什么语言能够让一个交易者感觉好一点儿。但是营造某种夫妻关系，让你的伴侣即使在因为损失巨大而感到痛苦时也能来到你身边，而不必担心亏损会带来地狱烈火般的愤怒和如诅咒一样的评判，这些对于塑造一个交易者的性格和自信至关重要。让交易成败始终保持一定的透明度可以促使交易者制订计划重新开始，因为他们知道自己不是孤身奋战。如果对每一次亏损都进行攻击，交易者就会为了尽快挽回损失以安抚自己或者周围的人而在匆忙中做出鲁莽的决定并进入愚蠢的交易。更好的做法是好好吸取经验教训，带着计划回到市场。

闲人免入地带

交易者的工作日可能很不稳定，充满起伏。但是某些时段尤其关键，最关键的大概是市场开盘和收盘的时候。在这些时段要把交易者的交易空间当成哈

㊀ 玛丽亚·巴蒂罗姆（Maria Bartiromo），CNBC财经王牌女主播，其节目成为全美国8500万投资者的重要参考，是华尔街最具影响力的声音之一。

利·波特的密室。不要进去。我是吃过苦头才学到这一点的。约翰的业务伙伴为了交易特意在家里装修了一个隔音的可以反锁的房间。虽然这有点儿极端，但也可以大致让你了解对有些交易者而言专注程度有多么重要。

如果你想看到一个恼怒的交易者，或者更糟糕的，一个消极对抗的恼怒交易者，那么你就在他的关键交易时段反复打电话直到他接听，或者冲进他的交易室。如果你每天都这么做，那不仅导致他有挫败感，也让他完全感受不到被尊重。把你的伴侣想象成一位心脏手术医生，而你在他的手术进行到一半时闯进去，这没有任何好处。当开盘钟声和收盘钟声响起时，交易者会非常专注，他们就像手术台上的病人一样，心脏和灵魂都被剖开，准备着被市场践踏。

驯服你的"交易野兽"

在家里"养育"一个交易者有点儿像驯养一只"交易野兽"。在早期的交易生活里，他野性十足，未经打磨，有时对失败的交易特别愤怒，甚至在长时间交易里会出现不讲究卫生的情况。

要有信心，如果你的交易者始终坚持前面所说的3P，他会逐渐变得成熟。我亲爱的"交易野兽"约翰是这样进化的。

1～5年：新手交易者

发展里程碑：新手交易者对于他们能接触到的每个交易策略都狼吞虎咽并机械重复。你将经常听到他们发现的"下一个新东西"。这个阶段交易者的作息很不规律。交易者烦躁、易怒，还夹杂着欣喜若狂，可能出现自以为了不起的错觉。

配偶得以发展的技能：容忍。

5～10年：中级交易者

发展里程碑：这个阶段的交易者作息较规律，偶尔不规律；可能发展出新的兴趣爱好；可能需要与其他交易者交流；对于输赢的情绪极端化不如以前明显；记录的习惯和做功课的技能增强。

配偶得以发展的技能：接受。

10～15年：成功的职业交易者

发展里程碑：交易者又一次恢复人类的"面貌"，他们可以去公众场合和社交场所；他们像成功者那样对待亏损；他们身体运转最佳；他们的银行账户运转最佳。

配偶得以发展的技能：愉快。

全面审视

交易的很大部分归根到底是承担风险和管理风险。在我们的例子中，约翰在我们交往的早期就冒过巨大的风险，承受过沉重的打击。这对我们的关系绝对是一个考验，也是他性格的一个证明。约翰承担风险的时候，我们能失去的真的只是钱。在我20多岁的时候，如果迫不得已，我可以连续几个星期靠吃快餐面过日子。如果有需要，我也可以推迟拥有我们的第一套房子。

但是，如果你有3个孩子，工资刚刚能付得起房租，而且债台高筑，那你玩交易这个游戏的代价就太大了。如果你的交易蚕食了你和你周围人的生活，同时你没有诚实地追随你的热情，没有保持眼界开阔，没有制订计划，那么结果不会好看。如果你和伴侣对于生活方式、物质享受、人生计划时间表的想法差距很大，那么你在开始追求作为交易者的人生之前（或者开始求婚之前）需要仔细审视这些问题。

要在人生中一展身手有很多种方式，交易是很好的一种。但是你要统观全局，弄清楚对你来说交易是不是合适的道路以及开始交易的时机是否合适，然后你要确定你愿意承担的风险水平并制订相应的计划。

我还能说什么

好吧，约翰又回来了。我不知道我可爱的太太玛丽亚这些年一直在关注我的交易呢！这的确表明交易是一个团队努力的过程，而且团队成员可以和实际交易没有任何关系。交易是一个团队在一场叫作生活的游戏中一起努力。

玛丽亚写得内容详尽，阅读的时候我的眼前仿佛闪现出我作为一个交易者的生活。我既忍住了呕吐，也忍住了眼泪。玛丽亚不做交易，也对交易没有任何兴趣，就像我对窗帘布料的颜色没有兴趣一样。但是这种情形让我们的关系实现了健康的平衡。我们有很多共同的兴趣，比如旅行、阅读、探险、孩子和人生哲学。尽管如此，我还是在交易生涯早期就学会了"信息公开"，当我度过了一个很糟糕的交易日时，我会让她知道。"糟糕"不是指一般的损失，而是指失控的交易，比如期权交易的价格巨幅跳空。这样她就知道我不是对她生气，我只是想头脑冷静下来，然后重上战马。交易是真正的探险。如果你喜欢玛丽亚的见解，你可以在她的博客（www.thisonelife.com）中看到更多内容，它们涉及不同背景下有趣的主题。

当我到了玛丽亚所说的"中级交易者"阶段时，我终于意识到一件事情，那就是：每当我的交易发生重大错误，我会想到某个人正因为从我这里赚走了所有的钱而兴高采烈。里面是不是有什么机制被我完全忽略了？

我们已经看到普通交易者乔是怎样一步步陷入交易灾难的。但对另一个交易者来说，这是一次很好的交易机会。TASR的这张图表展示了另一个视角（见图1-6）。这是一个大基金想从一只股票出逃而采用的常见定式。他们把股价推向新高，吸引散户入场，然后开始出货。他们知道散户会在新高买进，他们也知道散户很乐意随着股价下跌一路买到支撑位。这给了机构充足的时间卖出仓位。通过让一只实际上不好的股票看起来很好，机构愚弄了大众。我把这个定式叫作"假装高潮"——实际上，真没有什么值得兴奋的。

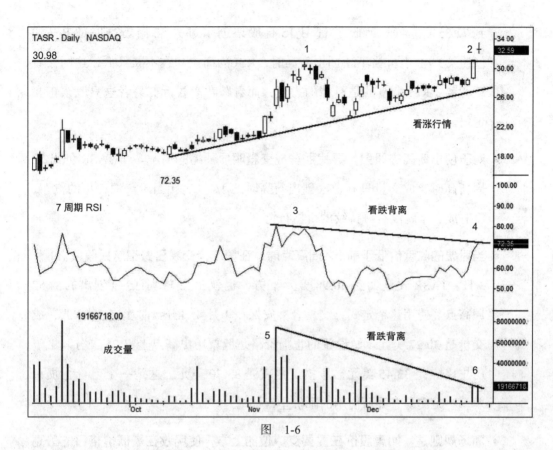

图 1-6

我在股票的波段交易中使用这个定式进行对赌交易（"和市场对赌"的意思是进行与市场运动方向相反的交易）。换句话说，如果一只股票在价格上涨过程中出现了这个定式，那么我会找机会卖空它。

怎样从"假装高潮"的定式赚钱

下面是我使用"假装高潮"定式的交易规则。我把这个定式用于个股交易。

卖出/做空的交易准则（买进的准则与之相反）

- 关注创出 52 周新高的股票。12 月 30 日，已经在头一天点 1 处创出 52 周新高后，TASR 跳空高开，创出历史新高价位——33.45 美元（点 2）。
- 对于创出新高的股票，使用 7 周期 RSI（relative-strength index，相对强弱指数）寻找看跌背离。当 TASR 在 12 月 30 日创出新高时，RSI 达到 72.35（点 4），远低于 11 月 15 日股票创出过去 52 周新高时的 RSI 的值（点 3）。当价格不断创出新高时，RSI 的高点却在不断降低，这叫作看跌背离。RSI 衡量的是行情的力度，而看跌背离告诉交易者这只股票正在走弱。

- 对于创出新高的股票，寻找那些成交量明显萎缩的情况。当 TASR 创出 52 周新高时，成交量只有上次创出新高时的 1/4。这相当于汽油耗尽的汽车。没有成交量就没有可持续的价格行情。

- 当股票的收盘价低于前 52 周高点时，在第二个交易日做空这只股票。1 月 3 日，TASR 收盘回到 30.98 美元下方，也就是在 11 月 15 日创出的前 52 周高点。使用这个定式，交易者乔安妮在 1 月 4 日开盘时卖空 2000 股，成交价是 30.27 美元。她设置的止损价格是股票历史高点上方 25 美分。由于历史高点是 33.45 美元，止损价格就是 33.70 美元。这是一个市价止损订单，不是交易者乔所使用的限价止损订单。

- 离场规则是，如果股价在重要支撑位的上方，使用收在最低价格日的最高点上方的收盘价格离场。如果重要支撑位被突破，那就等待并使用 60 分钟图上出现的收在最低小时柱状线最高点上方的收盘价离场。这里我只是大致介绍一下，本书后面的部分将会详细阐述这个概念。

- 不要使用跟进移动止损。价格反转信号就是离场点。

现在我们看一看乔安妮的交易，她的交易方向和乔的交易方向相反，即站在了乔的交易的对面。当她做空 TASR 以后，股票从来没有反弹到收盘价超过前一日的高点。一旦股票跌破日线图上关键支撑位（关键上升趋势线），乔安妮将一直持有做空仓位。一旦跌破了这个关键支撑位，抛售的局面将势不可当。

图 1-7 所示是一张 60 分钟图，它显示了 TASR 一旦突破日线图上点 1 处的关键支撑位，成交量即放大。

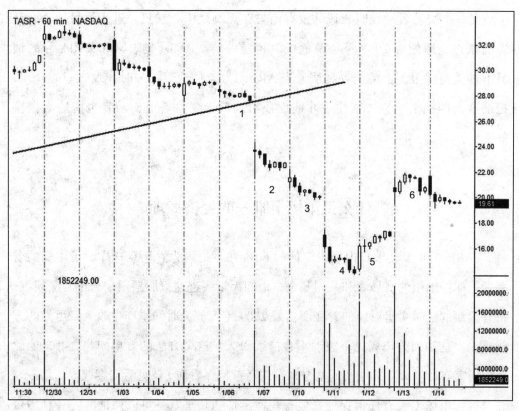

图 1-7

在点2、点3和点4处的3个大幅下跌交易日，市场任何时候的反弹都没有让收盘价高于60分钟柱状线中最低价格柱状线的最高点。第二天，在点5处，TASR获得了足够反弹，收盘价高于前一根60分钟柱状线的最高点，而这根柱状线是整个下跌中最低的一根。这个收盘价是平仓的信号，下一根柱状线一开始，乔安妮就平仓了她的2000股TASR股票，成交价是16.17美元，获利28 200美元。她还在同一价位反手做多，买入4000股，止损价位是这次下跌行情的最低点。

乔安妮的交易一直持续到60分钟价格图上收盘价低于最高的一根60分钟柱状线的最低点。这发生在第二天点6处，乔安妮以20.54美元了结了多头仓位，盈利17 480美元。当乔批评自己是一个愚蠢的傻瓜并且耐着性子完成第一天的婚姻咨询时，乔安妮却在计算着她的盈利，一共45 680美元，而且把其中一部分划出账户去支付毛伊岛一周的度假费。

当一个交易者亏钱时，钱并没有消失在黑洞之中，它只是进入了另一个交易者的账户，即使在2008年金融危机时也是一样。AIG（美国国际集团）亏的钱只不过是高盛报表上的交易利润。当AIG无力支付这笔损失时，政府好心介入，把纳税人的钱借给它，这样它才能偿还给高盛。要是普通交易者也能这么做就好了！

什么是市场上唯一的经济原理

TASR在8个交易日内损失市值的60%并不是因为它愿意这样。最主要的受害者是那些绝望的交易者和共同基金，他们大量买进这只股票用来出售看涨期权。持有股票的同时卖出对应的看涨期权是2004年大部分时间里产生收入最可靠的方法之一。这是因为市场上下波动不会持续很久。这个方法的效果如此之好，因此华尔街宣布计划成立几家共同基金来专门经营持保看涨/备兑看涨期权。

尽管市场上没有任何保证，但有一件事情"几乎"是可以保证的：一旦华尔街宣布交易某种市场或策略的特定途径，那么这个市场或策略要么会很快失效，要么即将像泡沫一样破灭。当持保看涨期权基金开始运作时，市场在2004年的最后两个月里不断飙升，让这个本来是利用当前市场条件最佳途径的策略完全失效。

再举一个例子。当华尔街推动住房贷款抵押的抵押担保债券（CMO）转变为次级贷款来满足房屋市场需求时，就给出了房屋市场将要崩溃的明确信号。故事的主旨是什么？一旦华尔街决定把某个东西包装起来，扎上蝴蝶结出售给公众，那么行情就快结束了。不过这里我跑题了。

TASR损失60%的市值是因为太多人像交易者乔那样被套在多头一方，然后不知所措。他们中很多人没有有意识地做出决策来卖出股票。他们坚持到再也无法承受痛苦才卖出，或者因为收到追加保证金通知而被交易商勒令离场。正是追加保证金通知导致了TASR最猛烈的抛售，收盘在每股14美元附近。这些被强制执行的市场指令像水中激起的波纹那样造成股价的连锁反应，导致像乔一样的交易者以更低的市场价格成交，而他们本来正试图用自己的技能从交易中脱身。

这些交易的受害者对自己无比失望，他们面红耳赤、怒气冲冲地离开市场，思考这个世界的不可思议。与此同时，我们也看到，另一群交易者站在"投降式抛售"的另一面，赚取了丰厚的利润。交易者怎样才能站到交易胜利的一面呢？为了充分理解如何做到这一点，我们必须首先理解市场到底怎样运作，以及为什么交易者从一开始就持续、本能地伤害自己。

市场没有那么复杂，它的运作很简单。市场每日上涨是因为当前需求超过当前供给。答案就这么简单。这与市场处于长期熊市、周期性牛市、高市盈率（P/E），或者玛丽亚·巴蒂罗姆对项链的选择都毫无关系（对在网络泡沫期间积极交易过的人来说，当玛丽亚戴上珍珠项链时，交易者会期待一次反弹。当然，这非常有道理）。它只与交易者今天愿意以什么价格支付给某个特定的市场或者某只股票息息相关。

需求是否真实并不重要。无论是对冲基金"横扫华尔街"（大量买进某只股票，抽干做市商的存货，迫使它用更高的价格买回股票），还是逼仓行动迫使空头平仓，或者谣传一只对冲基金正在购买一只在市场上失宠的股票，都不重要。需求就是需求，正是它驱动市场走高。

反过来同样正确：如果市场中有过多供给，价格就会下跌。那些冲击市场的"过多供给"的方式一般有追加保证金通知、市场上过多的跟进止损单（它们有连锁效应）以及能够在同一时间冲击市场的其他方式的被迫抛售，比如像乔这样的交易者同时认输，抛售他们的仓位。这就是市场能快速抹平盈利的原因；他们拾级而上，却坐电梯下来。交易者需要牢记这一点。是的，股票也许表现优秀，前景光明，但如果同时有150万股待售，而同一时刻买家只寻求买入5万股，那么这只股票就会崩盘。这不是高科技，这就是极致的供给和需求。

在交易中做多或者做空都很容易，只要交易者学会忽视自己的个人观点，放弃试图证明自己是正确的或者试图赚钱。这才是难点所在。这意味着要抛开对市场的任何成见，集中关注当前市场的供需状况。当你和市场跳舞时，最好让市场领舞。一旦交易者明白了这一点，他们所需要做的下一件事情是磨炼自己的交易心理以及他们处理这些信息的方式，并且充分理解人的大脑自然、强烈地促使交易者去做那些让他们亏钱的事情。这可能是像交易者乔那样一次巨大的失败交易，也可能是慢慢磨损掉交易账户的一系列小的错误交易——千刀万剐的死亡。不管是哪种失败，都是大脑让它发生的。要想在交易中成功，必须充分理解这个观念：你的大脑天生就是要破坏你成为交易者的梦想。讽刺的是，它这么做是因为它觉得在保护你。理解了这一点你就具有了优势，这也是我们在下一章将讨论的内容。

胜能坦然，败亦欣然。

——汤米·希区柯克，马球运动员

当你抓住了大象的后腿，而它又试图逃跑，最好是让它跑。

——亚伯拉罕·林肯

人类的痛苦在于把上帝的玩笑当真了。

——艾伦·瓦特

第 2 章

心理学 101

学校里不传授的交易和投资知识

> 只有傻瓜才会用两只脚去试探水的深度。
> ——非洲谚语

> 尊重你的局限,你的局限不会去尊重你。
> ——瑞典谚语

婚礼和葬礼上可以有情绪,为什么在交易和投资中不能有情绪

交易是世界上最具欺骗性的职业。你知道有谁最近走进机场,跳进一架满载乘客的大型喷气式飞机的驾驶舱,未经任何训练就操作飞机从跑道上起飞吗?然而,人们通常会在没有任何指导的情况下开立账户并开始交易。这两种做法是同等疯狂的。他们不知道,从交易铃声一响起,他们的情绪和大脑的自然功能就与他们作对。他们成为待宰的羔羊。

正如啰里啰唆的按摩师是做 SPA 时的敌人一样,情绪也是成功交易的敌人。记住,市场天生就是为了利用和掠夺人性而建立的,只有当足够多的人落入交易

错误的陷阱时，市场才会急剧波动。这将把恐惧、沮丧和愤怒带进市场——为有准备的交易者创造极好的交易机会。如果你不了解人类情绪如何影响市场，以及人类情绪如何破坏自己的交易，就进入这个叫作交易的冒险（注意它被称为"交易"，而不是"保证收益"）中，就像在曼哈顿的雷雨天试图叫到一辆出租车一样。换句话说，赔率对你有压倒性的不利。

本章主要是为本书后面讨论的定式奠定基础。有了这个基础，交易者就能够理解如何控制他们交易时的"心魔"。心魔一旦进入交易，就会在心理上阻止交易者遵循特定定式的参数。它非常类似于在前言中讨论的漂流事件中发生的大脑空白，以及第 1 章 TASR 交易例子中交易者乔的情况。同样重要的是要记住，每个交易者都有不同的主导人格特征，交易者利用这些特征来接收信息并与周围的世界建立联系。有些交易者更注重视觉，有些更注重听觉，还有一些更注重感觉——他们与世界的联系建立在事件给他们的内心感觉上。这三个特点对一个人的交易有很大的影响。

感觉主导型交易者从一开始就注定要失败，直到他们意识到这就是他们与世界的联系方式以及这对他们的交易的影响。如果你只有在对一只股票感觉好的时候才会买它，那么你就是一个感觉主导型交易者。你最好的入市时机应该是那些使你感到害怕和紧张的时刻。如果你只在感觉良好的时候买入，那么这只股票可能已经接近行情的顶部了。

在本书接近结尾处，有一章是关于当你的交易不奏效时的提示的。在这一章中，有一个人格测试可以帮助你确定你是哪种类型的人格，以及每种人格特征的优缺点。缺点会在交易者不知情的情况下与他作对，直到他了解了这些缺点并意识到这些缺点是怎样发挥作用的。

此外，交易者需要认识到为每种定式使用一个特定方法的重要性，因为每一种定式都利用了人类情感的不同方面。

一个交易者不能对所有定式应用相同的交易规则。

这是我见过的新手交易者最大的错误之一。在 E 迷你标准普尔（ES）上 2 个点的止损对于一种定式很管用，但对另一种定式来说，10个点更管用。事实上，实现最大赢率的最快方法之一是将止损翻倍，并将仓位减半。你仍然拿同样的钱冒险，但是你给了交易足够的空间来解决问题。将20%的资金投入一种期权交易，在一种定式和策略下可以很好地工作，但在另一种定式和策略下可能是毁灭性的。了解交易背后的心理学能够帮助交易者了解每种定式使用的正确参数和正确场合。每一种定式都是独一无二的，必须被区别对待。

这一章的目的是让你养成"职业交易心态"。虽然本书的大部分内容都在讨论定式，但交易者必须掌握交易心理学，否则他们的交易经历将是短暂而痛苦的。当然，另一个选择是用一个纯粹机械化的系统，让电脑为你交易。虽然这听起来是个好主意，但是我发现，每当出现亏损的交易时，那些不了解交易心理学的交易者就会开始调整系统，从而否定了自动化系统的整个想法。如果你了解交易心理学，你就比以下人或组织有明显的优势：①不了解交易心理学的个人；②那些被困在更大头寸中的大型基金，它们需要数天甚至数周才能结清头寸。

为什么有一套系统方法的人在赌场中总是很受欢迎

有一套系统方法的人在赌场中总是很受欢迎。这是拉斯维加斯的一句老话，同样适用于金融市场。一套系统方法能带给人们安全感，根本不会出什么差错。每当我走进曼德勒海湾酒店或拉斯维加斯的贝拉吉奥酒店，我就会想起所有这些富丽堂皇的建筑都是由那些自以为可以在赌桌上胜出的人出资建造的。金字塔酒店由其所有者在20年里借债5.5亿美元建成，而他们在不到3年的时间里就还清了债务。告诉前台工作人员你有一套系统方法，你很可能会得到一间总统套房和一张私人牌桌。

为什么系统方法在拉斯维加斯失效？原因是：赌场在胜率百分比方面比系统方法有优势，一旦系统方法出现几次错误，人类的大脑就会开始试图调整它，使之完美，这最终会搞砸整个系统交易过程。在赌场就像在交易中一样，只要下一个愚蠢的赌注，你就会输得精光。赌场老板知道这一点，所以他们会在赌场里出售战略方面的图书，展示在他们的礼品店里显眼的地方。这把狐狸守卫鸡舍的概念提升到了一个全新的高度。

掷骰子赌博是一个研究交易心态的好游戏。随着游戏的进行，这个游戏的设置鼓励更多"愚蠢的下注"。玩家不再仅仅关注高概率通关和不通关的投注，而是陷入赌局，开始投注于艰难的以及所有其他令人兴奋的低概率赌法。一个从众心理的案例就呈现在你眼前。猜猜谁总是最后的赢家？这就是为什么赌场的饮料是免费的。

市场也是如此。交易者生存下来的可能性很小是由于市场具有一个优势——它没有任何情绪。就像河流流向大海一样，市场的涨落完全无视那些随着市场浪潮漂浮的人有什么目标。人类总是试图将自己的意愿强加给市场。这就像试图对着龙卷风大喊大叫来让它改变方向，或者试图让你的妻子相信去百货商店退货和存钱是不一样的。

什么是面对市场的正确心态？为什么没有正确心态就不应该打开电脑？

隐瞒病情的人不能指望被治愈。

——埃塞俄比亚谚语

因昨日的成功而自满，会成为失败的根源。

——奥格·曼狄诺

首先，交易者必须理解心理学，然后才能学习定式。新手交易者最初并不关心心理学。"给我看定式就行了。"他们急切地说。然后，在市场给了他们下马威之后，如果他们有足够的财力和心理承受力再试一次，他们就会回到市场开始钻研心理学。心理学和定式就像拼图的两块，这两块必须紧紧地拼在一起，才能让交易者期待以交易为生，而不重复犯同样的错误。我已经向很多交易者展示了定式的有效性，但是那些不懂心理学的人最终总是把定式搞砸。记住，这个过程是有欺骗性的，因为并不是每一笔交易都是一团糟。远非如此。然而，交易者只需要经历一次糟糕的心理螺旋式下行，有效定式就会被彻底放弃。这通常发生在他们第一次遭遇交易三连败之后。"我想知道如果我添加一个MACD（指数平滑异同移动平均线）过滤器，并修改这个移动平均线的设置会发生什么。我打赌如果我那样做，我就不会被止损出局。"当交易者沿着大多数人走过的老路——不停地调整，寻找不存在的魔法药剂时，一个好端端的定式就夭折了。

在我的职业生涯中，我花了很多时间研究交易者心理，不仅仅是我自己研究，而且我面对面地和成百上千的交易者研究，还通过网络和研讨会与成千上万的交易者一起研究。在大型交易室里，我长时间与对冲基金交易者和自营交易者在一起，与数百名其他交易者一起执行指令。我看到恐惧、兴奋和贪婪像疾病一样弥漫在坐满交易者的房间。由于每一组交易者专注于不同的定式和参数，我真切地看到钱从房间一边的账户流向房间另一边的账户。

此外，数百名交易者曾来到我的办公室，坐在我旁边看着我交易，他们交易的时候也让我监督。首先声明，我不是心理学家，但我的经验给我留下了一张大多数交易者在开始交易时都要经历的清晰的路线图。虽然每个人都独一无二，但在钱的问题上差异很快就消失了。医生、律师、冲浪者或工程师都无所谓。一群口渴的牛会迅速卸下所有的伪装，朝着水狂奔而去。

除了与其他交易者合作的经验，我的很多心理学方面的第一手知识来自个人巨大的痛苦和磨难，它们是市场提供的最好的老师。当我上高中四年级的时候我已经存了1000美元，我在当地商场的一家曲奇店里卖饼干和苏打水，每小时挣4美元，还经营着自己的小型邮购业务，批量购买稀有的1美分硬币，然后通过报纸广告零售。

我的继父兰斯注意到了我藏匿的现金和我的创业精神。他说："你想过让你的资金运作起来吗？"

我不知道他是什么意思，但他是摩根士丹利的一名经纪人，每周日晚上他的朋友们都会来和他一起制定周一早上的买卖策略。当他们告诉我他们将购买英特尔的看涨期权并问我是否想加入时，我说"当然"，尽管我不知道"看涨期权"到底是什么，但我一直都是一个冒险家。所以，不久之后，我把我所存的1000美元积蓄花在了英特尔的10个看涨期权合约上，每股期权为1美元。4天之后，我的继父让我卖出，我照做了……以每股期权1.80美元的价格卖出，去掉佣金后赚取了80%的利润，即800美元。我再也没回到那个曲奇店，至少不是以一个做饼干面团，每天赚税后32美元的男孩的身份。我着迷于让我的资金运作起来。

大学4年，加上大学毕业后在公司里工作4年，在这8年里，我保持着一种习惯，用1万美元的本金来买卖低价股票和期权，直到投资组合增加到12万至13万美元。在这8年里，每当我的账户涨到这么高的时候，我就会反复地做一件聪明的事情，然后再做一件愚蠢的事情。我做的聪明事是每当我的账户达到6位数以上时，我会提取2万~3万美元的利润，投资于我将用来出租的单户住宅和复式公寓。

明尼苏达傻瓜

我做的蠢事是轻松地坐下来说："天哪，我成功地把1万美元变成了10万多美元。现在我要把剩下的10万美元变成100万美元。来吧！"

当我第一次这样尝试的时候，实验很快结束了，就像拿起创可贴，轻轻一挥手腕就把它撕下来。我花了整整6周的时间把资本从10万美元耗到了1万美元左右。当然，这让我很吃惊，但我把它归咎于运气不好。我卷起袖子重新埋头工作。大约1年后，我的账户刚刚超过6位数，我暂停下来做了同样的事情。首先，我拿出钱买房地产。然后，我再一次决定尝试把10万美元变成100万美元。这次我坚持了4个月，但是结果是一样的：回到了1万美元左右。嗯，第三次准有好运气？

大学毕业几年后，我订婚了。我的波段交易节奏良好。我的交易账户资金重新积累到15万美元。这一次，我决定"冷静下来"，只为了收入而交易，而不是为了100万美元，因为那似乎不太管用。到月底，我从账户中拿出了适度的利润作为收入，证明自己可以持续获利，而且我越来越接近自己的目标——辞去金融分析师的工作，成为一名全职交易者。当时，我和未婚妻住在得克萨斯州的奥斯汀，但我们正在考虑去尝试一些不同的东西——搬到韩国教英语。我们觉得这样的经历将会让我们建立起更亲密的联系。

后来，我当时就职的公司给了我一个升职的机会，并把我调到明尼苏达州明尼阿波利斯市。我们考虑了一下，以我们年轻时的"智慧"来看，明尼苏达州可能很像韩国，都很冷。20世纪90年代中期，我们搬到了明尼阿波利斯市，当时正值该市历史上最寒冷的两个冬天。公寓外面，寒风刺骨，零下40摄氏度，我们的汽车无法发动。公寓里，我那以前从未见过雪的未婚妻痛苦地坐在那里。

我乘出租车上下班，回到家，发现她在客厅里戴着口罩，正在第二次用砂纸磨公寓的墙壁。连我都能看出她快要发疯了。接着她下了最后通牒："找一幢有加热车库的房子，我们要离开这个鬼地方。"

几个月过去了，终于在5月，雪刚融化的时候，我们找到了一栋有加热车库的房子。我以前从没听说过这样的车库，但是听起来这值得拥有。我打算结算时拿出3万美元。大约在结算前一周，我坐在那里盯着自己15万美元的交易账户，想象着把账户降到12万美元在心理上会怎样影响我。我当时处于一个很舒适的节奏中。从账户中取出的钱大部分都投进了我计划持有多年的稀有硬币上，所以除了交易账户外，我没有多少流动资产。我喜欢我的账户规模，不想去改变它。在结算前我只有一个星期的时间来决定该怎么做。

深入思考之后，我决定做一笔足以赚到3万美元的大交易，这样就可以既拿出首付又维持15万美元的交易账户。这个想法很合乎逻辑，以至于我认为这真是一个天才的想法。我准备使用常用的定式之一——只是用更大的交易规模。我会像老鹰一样盯着它。我开始翻看图表，终于找到了：在日线图上，OEX标准普尔100指数期权正在上探一条严重下行的趋势线。

第二天在办公室，我打开笔记本电脑，倒了一杯咖啡，看着图表（我升职之后有了自己的办公室，所以在工作时做一点波段交易并不难）。市场开始反弹，并正好触及大型下降趋势线。我心跳加快，给我的经纪人打电话以8美元的价格买了 100 股 OEX 看跌期权。市场立即回落，在 20 分钟内，我赚了 1 万美元。

我想，哇，这个办法比我期望的见效还快！接下来一个小反弹带来了新高，看跌期权价格跌到 7 美元。我相信这正是世纪难得的大交易，价格在 8 美元的时候我就已经爱上这笔交易了！我给我的经纪人打电话，以 7 美元的价格又买了 100 股看跌期权，这样我把全部的 15 万美元都投入了交易中。我没去参加会议，也没去吃午饭。我的眼睛就没离开过屏幕。到那天结束的时候，市场已从高点小幅回落。我回家的时候，未平仓头寸上涨约 1.2 万美元。我不想亏钱回家，所以带一个"绿色"盈利头寸回家过夜符合我的计划。事实上，我的想法是，我可以在开盘时结清这笔交易，实现我的目标，从此过上幸福的生活。

但当我第二天早上醒来，打开 CNBC（美国全国广播公司财经频道）时，我看到一个绿色的箭头标明道琼斯指数期货上涨了 130 点。我关掉电视，摇了摇遥控器，又把电视打开。绿色箭头还在那里。唉，我倒霉了。此时，长期的交易经验让我意识到两点：

1. 这笔交易我无法赚 3 万美元了。
2. 我现在的主要目标是控制损失。

我知道，这一开盘缺口很有可能回调一半（回到道琼斯指数仅上涨 65 点的位置）。我计算了一下，如果在那个水平卖掉我的看跌期权，我能以损失 2 万美元退出交易。

我去了办公室，打开图表，看了又看，等了又等，但是回调始终没有出现。我盯着自己的账户，茫然无措。第二天，市场再次跳空高开，继续上涨。接下来的两天也是这样。我完全不记得当时的情况了。我只记得，到了我们应该完成房子交接的前一天，我需要卖掉所有头寸才有钱买房子。我甚至不知道这期权的当前交易价格（我不敢看）。我只是告诉我的经纪人去卖掉。尘埃落定时，我查看了我的账户余额。我的 15 万美元的交易账户已经蒸发至只剩 8000 美元左右。这时，我做了任何一个心智正常的男人都会做的事——绝对不能告诉我的未婚妻这件事情。另外，我又盯了一会儿图表。真希望我只是在做梦，随时都可以醒来。

最终我站起来，去了银行，为了付首付而借出了信用卡允许的最大额度。我来到结算处，把那张3万美元的支票交了出去。这时按揭人员说："等一下。我原以为这是从投资账户里来的。我们需要知道现在这些钱是从哪里来的。"

我装作无辜的样子说："呃，你在说什么？钱就在那儿，就在你面前。"我的房地产经纪人开始对结算代理员发火（他不知道发生了什么）。一小时之后，代理员终于允许我们对房子完成交接。我吻别了我的未婚妻（她完全不知道发生了什么），沿路开到高尔夫球场，打算打一轮9洞高尔夫。我驾驶着球车，打低飞球，用推杆推球，然后呕吐起来，打了5个洞，我的情况都是这样。我精神崩溃，感觉糟透了。在我冷静下来之后，我问自己："我想要的是什么？"我知道我可以筹集另一笔交易金额，只要卖掉我持有的房地产之一。但是我是否要在这条不确定的道路走下去？如果我总是做这种蠢事，我怎么能辞掉工作，靠交易收入为生呢？

我以前爱分析市场，现在依然爱。我喜欢安排和管理交易。这不仅是智力上的挑战，也是情绪上的挑战，不要让你的情绪顺着你的手臂到指尖乃至键盘上。但最重要的是，这是我的激情所在，自从我第一次交易，我的激情就没有离开过。

尽管如此，我还是决定在弄清楚到目前为止我所做的什么是对什么是错之前，不再交易。我知道我可以用交易赚钱，但是为什么就守不住呢？在接下来的一年里，我思考、研究，还和其他成功的交易者交谈，此外也阅读。

在这段时间里，我偶然发现了马克·道格拉斯写的一本书《自律的交易者》。这本书真正使我大开眼界，因为马克展示了如何把每天紧张的交易变成"正常的"交易行为。他的后续作品《交易心理分析》也同样出色。他的书对我影响巨大，我要求跟我一起工作的每个人都阅读这些书。马克的洞察，以及我漫长的探索，最终给了我答案：每当我关注定式而不是结果的时候，我都做得很好，但是每当我关注结果而不是定式时，我都会被干掉。为什么会这样？因为一旦我拥有了一个相当大的账户，我就开始想，"我要把这个账户变成100万美元"，或者"我只需要迅速赚 3 万美元来支付房子的首付"。

我没有把精力集中在定式上，而是专注于赚 100 万美元，或者 3 万美元的房屋首付款。这让我跳入陷阱中，这个陷阱就是足以毁掉所有交易者的交易习惯：把所有赌注都押在一笔交易上，因为交易"必须成功"而不使用止损，专注于赚取 100 万美元而不是耐心等待成功概率高的交易定式。从长远来看，所有这些交易习惯都注定交易的失败。是的，如果能把一切归咎于小时候被妈妈用木勺打过脑袋就容易多了，但到了一定时候，我们必须站出来为自己的行为负责。由于专注于"赚钱"，交易者会在没有任何机会的地方看到很多机会。

一旦领悟到这一点，我就开始做两件和以往不同的事情：首先，我开始在每个周末从我的交易账户中取出所有利润。这让我专注于创造更稳定的收入，而不是暴富。后来我对此进行了改进，今天我称之为"现金流交易"，稍后我将详细讨论这个具体的交易方法（在交易中，有为了现金流的交易，也有为了创造财富的交易，它们有很大的区别）。

我发现把钱取出来是保护利润的好办法。如果它们被安全地藏在市场够不到的地方，市场就无法得到它们。我主要将这些利润用于土地和黄金等更长期的投资。但我会留出一些钱来做一些有趣的事情，毕竟，我们只能活一次，最终让我们难忘的是回忆，而不是我们买入的东西。我从一位成功的交易者那里学到的一件重要的事情是，没有必要每天都交易。有些日子我一个交易也不做，不是因为我不想做，而是因为我等待的定式没有出现。这让我变成了一个更加放松的交易者，因为我不再经历 FOMO——害怕错过（fear of missing out）。

其次，我开始让我使用的不同定式进行竞争。通过这种方式，我可以在每个月月底衡量每个定式的表现。我继续使用赚钱的定式，抛弃了那些赔钱的定式。这对我的交易非常重要。保持定式竞争能持续下去的唯一方法是每次都以相同的方式执行交易定式，我用 25 笔交易作为一组。这样做还有一个额外的好处，那就是削弱我在当时所做的交易的重要性。这只是"25 笔交易中的第 13 笔"，没什么大不了的。每当我偏离标准定式时，我都会在我的交易日志中将其标记为"冲动交易",我也记录了冲动交易的表现。在跟踪了大约6个月的冲动交易后(哇,这个市场正在走高,我必须进去),我意识到它们并没有为我赚到钱,实际上是在阻止我以交易为生。是的,它们很有趣,但是它们没有帮助(见图2-1)。

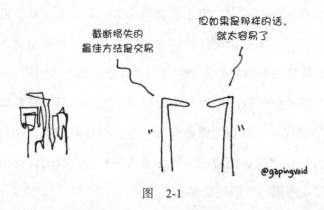

图 2-1

在与其他交易者共事的过程中,我看到冲动交易是人们一败涂地最常见的原因之一。他们没有计划,只要感觉做多对,他们就做多,感觉做空对,他们就做空。或者他们只是觉得无聊就交易。确实有交易者专门来我的办公室解决他们的冲动交易问题,结果却在我不注意的时候偷偷下单。他们想要参与其中的冲动是如此强烈,就像药物成瘾,而且像大多数上瘾行为一样,从长远来看,它永远不会有好结果。

我对付他们的方法就是坐在他们旁边看着他们交易,然后与他们做反向操作。在一天或一周结束时,我们比较损益表(P&L),这通常能说明问题。这是双赢的情况:对冲动交易者来说,如果真的有人在与他们做完全反向的操作而且赚钱,这就是一个很好的教训;而对我来说,这是一个多数情况下有利可图的操练。

治疗冲动交易的良药是耐心和理解诚信,我们很快就会提到这个话题。无论是在学习什么样的定式最适合自己,还是在等待这些定式出现的时候,对于交易者来说,耐心都是一种非常重要的品质。不能正视冲动交易这个坏习惯的交易者需要停止交易,去拉斯维加斯。最后的结果是一样的——他们会失去所有的钱。但在拉斯维加斯,至少饮料是免费的。

如果在一段关系中对方斥责自己的努力，动摇自己的梦想，那么是时候离开这个人继续前进了。出于同样的道理，我与冲动交易"分手"了。我曾经喜欢我的冲动交易，它很有趣，让我感觉很好，很有活力。它令人兴奋。但底线是，我的冲动交易正在削弱我的潜力，阻止我实现成为一名全职交易者的梦想。一旦意识到这一点，我就立即采取措施将冲动这个魔鬼从我的生活中驱除。这其中包括一个奖惩制度，我将在本书后面关于制订商业计划的章节中讨论。⊖

最后，我和那些信任我的"朋友"走到了一起——那些只要我给它们一点点机会就会成功的定式。一旦我能够始终如一地遵循我的定式，并且每次都以完全相同的方式执行，我就能够完成向全职交易者的转变。我的转变很大一部分是心理上的，形成了我所说的"职业交易心态"。

哦，顺便说一下，直到几年以后，我在拉斯维加斯的一个交易者博览会上做演讲，讲起在明尼苏达州买房子的事时，我的妻子才真正知道当时的情况。她坐在观众席上，我完全忘了我从来没有告诉过她。她周围的每个人都开始问："哇，你是怎么处理这件事的？！"后来，她带着甜蜜的微笑，眨了几下眼睛，走到我跟前说："你还有什么别的事情没有告诉我？"

为什么大部分交易者总要爆一次仓才能完全领会

交易者心理学是这样一门学科：它真正发挥作用之前似乎看起来没那么重要。你认为这个问题永远不会出现，或者不会发生在你身上，又或者你会在决定性时刻到来之前解决。然而，决定性时刻往往出现在最不合适的时候，通常是当事情从不好变得更加糟糕的时候，就像当你在换漏气的轮胎时或者当你正在开车时，你3岁的女儿大喊："不好了，爸爸，我现在要上厕所。"你的女儿说她得在车里大便是一回事，而她真的这样做却是另一回事了。

当交易者越来越接近实现成功交易的目标，交易者心理学这个术语就会越来

⊖ 关于商业计划，作者在第3版中已经删除，请参考第2版的内容。——译者注

越频繁地出现,因为交易者越是做到前后一致地交易,他们就越能清楚地看到自己最大的敌人往往不是与他们反向交易的人。与生活中方方面面的例子一样,更多的时候,我们最大的敌人是每天早晨我们对着镜子时看到的人。不幸的是,包括我自己在内的大多数交易者,直到账户爆仓才意识到这一点。"哇,"他们说,"我以为这永远不会发生在我身上。"有经验的交易者把这称为学费。

上瘾

交易者发现自己会面临的第一个心理问题是上瘾。交易者的上瘾通常让人想到赌博。交易者的上瘾是指急于下单以及当建立头寸时兴奋和紧张:希望一切按照自己的想法进行而赚到大钱。然而,与证明自己是对的,或者更糟的,证明自己没有犯错的上瘾相比,这一切都显得苍白无力。上瘾把人类的行为推入荒谬的境地。如果我们进一步审视上瘾,就会发现任何类型的上瘾,无论是对酒精还是对工作,都是在麻木我们不想面对的痛苦情绪。我认为意识到这一点很重要,我们需要为了自己而承认它。

例如,只要市场不会在一夜之间崩盘,做一笔交易去挣钱就既是合理的定式也是合理的假设。交易者可以使用止损,也可以评估风险。在1995年1月17日清晨,日本发生了地震,导致股票市场暴跌。有一个交易者看到了这件事的演变过程,看着他的损失越来越大,于是开始双倍甚至三倍地买入,期望能挽回他的头寸,通过摊薄平均成本而在交易中赚钱。当反弹未能实现时,交易者尼克·利森(Nick Leeson)冲出了大门,留下一张纸条,上面写着"对不起"。这笔交易损失了13亿美元,并导致巴林银行破产。尽管这是一个极端的例子,但在世界各地,比这小得多的账户每天都出现这种情况。相比之下,5000美元似乎不算多,但如果这是你的全部交易本金,那么损失5000美元和损失13亿美元一样具有毁灭性。好吧,也许没有那么可怕,因为你可以用信用卡预支5000美元,但你应该明白我的意思了(见图2-2)。

我将几次提到大卫·R.霍金斯的《由他去吧:退让的路径》(*Letting Go: The*

Pathway of Surrender）这本对我的生活很有帮助的书。每当我读到书的前几章或在 Audible 上听它的时候，我都会倍感轻松，体验到更多的自由。

在与事业有关的很多方面，坚持认为自己正确进而上瘾是一种力量。它促使我们为了实现目标而更加努力地工作，并向自己和他人证明我们的确能够完成我们设定的目标。它能使我们把潜在的毁灭性挫折仅仅看作一次学习的过程，掸去身上的灰尘重新上马，再次启程，继续前进。

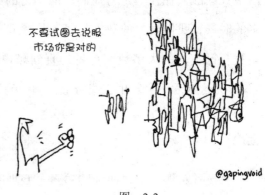

图 2-2

每个交易日就像电影《洛奇》呈现的一样。没人能想到，一个没受过教育但心地善良的高利贷讨债人会有机会获得世界重量级拳击比赛冠军。但是他做到了，并且他证明了其他所有人都错了，而他是对的。这是一部伟大的电影，也是一个关于坚持和追求梦想的奇妙的人生课程。

但是如果你在交易中仅仅为了向别人证明你没有错，而试着持有一个亏损的交易直到它反败为胜，那么你会被打败的。也许在当前的交易不会发生，在下一笔交易也不会发生，但是它终究会发生，而且会导致爆仓。没错，我们中没有多少人会把银行搞垮，但可能把毕生积蓄都花光，对个人而言，其严重程度不亚于前者。交易是唯一一个通过拿走你的钱来惩罚你的固执的职业。你应该坚持不懈地学习如何成为一个更好的交易者，而不是坚持证明你在当前的交易中是正确的。

合理化

交易者心理之所以如此复杂，不仅仅是因为人类需要证明自己正确，还因为人类思维的另一种强大力量——合理化的力量。这个话题我之前已经提到过，但是它值得我们从一个稍微不同的角度快速看一下。

在电影《大寒》（The Big Chill）中，杰夫·高布伦（Jeff Goldblum）扮演的角

色迈克尔与汤姆·伯兰吉尔（Tom Berenger）扮演的角色山姆以一种特别的方式讨论了合理化问题。

迈克尔：不要批评合理化。如果没有它，我们会怎样？我不知道有谁能度过一整天而没有两三个有趣的合理化借口？它们比性更重要。

山姆：啊？得了吧，没有什么比性更重要。

迈克尔：哦，是吗？你有过一周都不找一个借口吗？

将电脑屏幕上的事件合理化意味着以一种让你感觉舒服的方式重写真实发生的事情，这使你的头寸看起来是正确的选择。"这笔交易不会一直对我不利，"交易者乔想，"它们不会把我振出局的！"如果成功了，交易者乔会把自己称为天才。他就知道这会成功，特别是这笔交易会成功。他把这称为直觉。当然，因为它确实成功了，这也就证明了他的分析是正确的。"你知道，"他若有所思地说，"我认为是时候增加我下一笔交易的头寸了。"

人们可以在生活中几乎所有领域粉饰现实，改变他们对事件的解释从而使自己处于有利的地位，保持他们一尘不染的形象完好无损。毕竟，当你在电脑上有非常重要的事情要做时，忽略你的孩子也就无可厚非了——这就是合理化。我们中没有人愿意承认自己是糟糕的父母。

然而在交易中，当交易日结束时，最终的结果就呈现在你的损益表上。无论你如何说服自己是"对的"，这个证明自己对的过程中所遭受的损失仍然是一种损失，你的故事对一个中立的市场来说什么也不是。损益表面前人人平等。它揭示了真实的你，而很多时候你的形象并不好看。不幸的是，大多数人宁愿做其他任何事情，也不愿面对自己或自己的真实形象。这没有乐趣。相信我，在我开始分析我的交易个性之前，我以为我有更好的品质。这就是为什么交易的失败率如此之高。缺陷会在损益表上爆发。它们必须被解决——不能仅仅在理论上，也不能只通过交易日志上的几条记录，而是要在实践中，在每一笔交易中。当我致力于在每一笔交易中成为一个更好的交易者时，我的交易发生了根本改变，我不再试图狡辩为什么我在每笔交易中都是正确的，或者陷入自己的英雄剧本，坚持做一个失败者来制造剧情并且追逐我渴望的胜利。

交易者心态：在交易时保持全神贯注的最佳方式是什么

就像任何职业或者艺术中的优秀者一样，优秀的交易是一种平衡的艺术。每一笔交易都需要我们把自己分成两部分：谨慎和勇气。我们需要用谨慎来保持耐心，需要勇气去进入市场，需要信心去坚守在成功的交易中，也需要用谨慎去保护我们获得的收益，但也不能太激进地保护，以免因为微小波动而被止损出局。最重要的是要有勇气承认我们的交易是错误的并及时出逃。所有这些都是优秀的交易所需要的，所以优秀的交易者才如此罕见。这两部分失衡是许多 A 型人格㊀在市场上表现如此糟糕的原因。尽管他们可能拥有勇气和决断力，但他们往往缺乏谨慎、耐心和承认他们的第一印象是错误的能力。或者，更简单地说，他们没有能力承认，尽管他们的定式非常吸引人，但市场并没有按照他们预期的方式发展，市场并不关心这个定式的好坏，它只会做它想做的任何事情。

心理上的战斗从交易一开始就展开了。这是一个经典的场景：一个肩膀上站着魔鬼，另一个肩膀上站着天使。一个告诉你要全力以赴坚持下去，不管证据显示什么，事情最终都会朝着你希望的方向发展；另一个在你耳边尖叫，"保护你的资本，逃离，以微小的收益或者微小的损失离场，马上离场。"这是一种强烈的感觉，对于新手交易者来说尤其如此，因此，清晰的交易策略至关重要。一个让你完全信任的交易计划就像一对消声器，挡住了嘈杂的噪声。没有计划的交易就像腰间绑着几块生牛排在亚马孙河里游泳。你可能会得到不错的锻炼，但是你在水里的时间越长，就越有可能落得一个血腥的下场。

当你没有按计划交易时，恐惧就会占据上风，而当恐惧占上风时，你很容易

㊀ 美国学者 M. H. 弗里德曼等人把人的性格分为 A 型和 B 型。其中 A 型人格者较具进取心、侵略性、自信心、成就感，并且容易紧张。

失去远见,过早离场,使盈利机会化为泡影。恐惧也会导致交易者做出与恐惧完全相反的事情。这可能会导致交易者对危险浑然不觉,在危险信号出现很久之后,还停留在交易中。也就是说,恐惧会导致非理性的胆量。毫无疑问,停留在交易中需要勇气,但太多交易者太晚学到的教训是,从一场显然行不通的交易中脱身需要同样乃至更多的勇气。交易者越紧张,失败的可能性就越大。

我经常想起一位伟大的将军说过的话:"撤退是一种完全合理的军事战术。"在战争与交易的所有相似之处中,没有比这一条更真实的了。接受小的损失并不可耻。事实上,因为接受了小的损失而免受更大的损失,这是一种胜利。如果事情不像你希望的那样发展,那就保留你的资本隔日再战。永远要记住,重新入场只不过多交一份佣金而已。清仓,去散散步,让头脑清醒一下。市场是不会消失的,它就在那里。

这听上去很简单,似乎是说,如果你在所有交易开始时就下定决心既不太早也不太晚退出交易,那么你就会在交易中有勇气在正确的时间采取正确的措施,但是,大多数交易者交易前和交易中都会发生巨大的思想转变。当我们事后看图表时,我们都是天才。决定交易者成败的是在不知道接下来会发生什么的情况下做出的实时决定,每个人都能在事后告诉你本应该怎么做。

观察市场需要交易者具有很大的灵活性。优秀的交易者会达到一种禅宗的境界。事实上,这是交易世界里绝妙的,有时候有点儿滑稽的悖论之一:严肃的交易者穿着非常昂贵的西装,在谈论熊市和牛市的每日激烈交锋时,他们还会不时地说些禅宗谚语,如"花不盛开就没有意义",或者可能更相关的,如"没有自我就没有痛苦"。吸取了这些教训的人是那些在市场上赚钱的人,因为他们知道当你形成对市场的看法时,你所做的仅仅是形成了一个观点。你必须给机会留有余地。当你发现自己的观点错误时,你必须有勇气离场,有信心接受另一个艰难的事实——机会总会再来一次。同样,市场还会在那里。

一旦交易者认同市场不断流动,机会不断更新,那么他就会明白没有必要半信半疑地进入市场。交易者只要坐下来等着,直到一个定式清楚地展现在眼前即可。不是"可能"也不是"几乎"出现，它就是简简单单地出现了。如果定式无效怎么办？没关系。当定式出现时，你唯一要做的就是接受它，而不管它是否有效。那是止损的用处。

与此同时，交易者的一个主要工作是与无聊情绪做斗争，保持空仓。那些出于无聊而持有头寸的交易者，会把时间花在管理那些平庸的交易上，而与好的交易擦肩而过。采用平庸的定式会带来巨大的机会成本，因为它会导致交易者错过优秀的定式。太晚进场而又被正常的回调止损出局，意味着别人抢了你当天的饭碗。当你不遵循你的计划时，你会帮助其他遵循他们计划的交易者，因为你的止损点变成了他们深思熟虑、精心策划的进场点。

市场每天都在变化。事实上，订单和交易行为的组合从来就不会有完全相同的两天。当你每天都在阅读相同类型的定式或期待相同类型的市场行为时，你很难理解这个事实的重要性。但市场确实在不断变化，并形成新的组合。任何一天任何一分钟，都有无限多的可能性。你知道每次你洗牌的时候，历史上大概率从来没有出现过同样顺序的一副牌吗？事实上，这个概率是惊人的天文数字。想象一下：这对市场意味着什么？相比之下，市场中的变数是巨大的。因此，重要的是你每天都要以全新的眼光来考虑这些可能性，不仅要观察你昨天或前天所看到的与今天的关联，还要观察今天这个时刻。不要先入为主或带着你自己的意图来到交易中，你必须始终问自己："现在市场向我展示的是什么？"

建立一个持续盈利的前景，最简单的方法是什么

就像职业赌徒对无论连胜和连输都镇定自若一样，优秀的交易者要学会从容应对打击（因为他们已经习惯了面对打击）。他们的资金管理要确保没有任何单一的交易会让他们破产。

树立正确心态的一个策略是不要把钱当成钱。任何一个在青少年时期工作过

的人肯定会记得，每一小时工作所得都可以帮你实现现实生活中的心愿。一个小时的工作所得可能换来车里的一点汽油、晚上的一场电影，或者和女朋友的晚餐。在交易中，人们往往会做同样的事情。比如，我刚刚赢得了买汽车的钱，或者没有这笔损失我就可以买一套新的家庭娱乐设备。不要把钱当成钱。在交易的世界里，记住钱只是游戏的工具，这是一种记分的方法。

虽然在现实生活中不把钱当钱肯定存在风险，但是在交易日中剔除情感因素是一个很好的习惯。一旦你不再视金钱为游戏的工具，转而从其购买力的角度来考虑它时，你的交易就会更加情绪化，缺少技术，这对任何交易者来说都是毒药。

个人诚信与成功交易有什么关系

在生命之旅中，时间、金钱、人际关系、社会地位，一切都在运行。日常生活中的每一个元素都在你的手中，你通过对每个类别的明智投资来保护你的生活。事实上，你的生活质量完全取决于你驾驭这些投资的方式：对健康的投资是用一定的方式对待身体，只要求身体做合理的事情；对人际关系的投资是培养它们，尊重和关心它们；为了得到美好人生的投资方式可以归结为一个词——诚信。

诚信通常被认为你对别人说到做到。当你说你要去开会时，你要在约定的时间出现。当你答应把垃圾拿出去时，你要在垃圾工来之前把它拿到路边。你每次遵守诺言，别人对你的信任度就会提高。不遵守诺言的人得不到认真对待。如果你有一个新的商业机会需要找到一个合作伙伴，你会选择谁？不是那种在小事情上都不能兑现承诺的人。诚信在世界上自成货币。我们通过诚信向别人展示我们值得被尊重和被爱，以及我们的努力值得报偿。

当我们不以同样的诚信要求自己时就会出问题。遇到困境时，我们确实会依靠自我。不同情况下的自我信任程度取决于我们过去如何处理这些情况。在交易中，自我信任的关键在于，相信自己能够按照计划行事，保护资本，当形势突变时不会手足无措。

我们如何与自己建立诚信？很简单，就是我们信守诺言。如果我们写下我们将在下午3点去健身，那么不管发生什么困难，我们下午3点都要去健身。如果我们告诉自己今天不吃甜点，那么就坚持计划，信守诺言，略过甜点。每错过一次锻炼，每吃一块芝士蛋糕，我们就失去了一丝诚信。这削弱了自我信任，反而不断滋生不可靠感。结果如何呢？对于交易者来说，结果是害怕进行交易，因为一旦参与交易，你不知道是否能相信自己会遵守交易计划。不相信自己的交易者注定会走向灾难。

你如何建立这种自我信任？很简单，就是从今天开始，对别人和对自己都要信守诺言。更重要的是，学会说不，这样你就不会过度承诺。但是，当你承诺做某事时，无论是和某人喝一杯还是在某个时间去健身房，就拼命争取做到。有需要的话，即使不可理喻也要这样做。毕竟，你正在建立你最重要的交易工具——相信你会遵守自己的交易计划，也就是信守诺言。没有人能让你坚持下去。你只能依靠自己，你需要百分之百确信你是一个可以信赖的人。

作为交易者，我们每时每刻都有机会违反计划。每一个新的柱状线或K线都是一个让我们失去规则的机会。无论结果是赢还是输，在最关键的时刻玩弄规则不仅是一个坏主意，它还在传达这样的信息——你不可靠，没有诚信。最终，你的诚信会被侵蚀到你不再相信自己，就像交易者乔想的那样："天哪，我希望我不会再搞砸了。"

诚信交易是交易计划中最重要的组成部分。建立这种诚信很容易。从下一个交易开始，遵循你的计划和诺言，你的交易技巧就会提高。

你现在处于交易之旅的什么阶段

交易者理解交易过程并认识到自己所处的阶段至关重要。这不仅对交易者自身的发展很重要，而且交易者掌握这一概念至关重要也有更微妙的原因——这样交易者就能够理解其他交易者正在犯什么错误，以及自己如何从这些错误中获利。

这是世界上最大的扑克游戏，流入你账户的钱不会像变魔术一样出现。它来自一个仍在学习市场运作方式的人，他很有可能跟着自己的直觉误入歧途，加入了交易错误的一方。

不管你相信与否，今天交易的每个人在下一笔交易中赚钱的概率都差不多。在一笔交易中赚钱的技巧并不多，差别在于 60 次交易、100 次交易或 1000 次交易……在这么多的交易中，谁能产生一条呈上升趋势的资金曲线呢？答案是那些已经从交易的四个基本阶段中毕业的交易者。

- 阶段Ⅰ：注定要亏损——6 个月到 1 年。
- 阶段Ⅱ：基于恐惧的交易——2～6 个月。
- 阶段Ⅲ：寻找"圣杯"——6 个月至死。
- 阶段Ⅳ：学会如何不亏损。

我发现大多数交易者都会以这样或那样的方式经历这些阶段。不幸的是，当他们走完阶段Ⅲ的时候，他们通常已经没有钱了，无法继续前行或者"学会如何不亏损"。

当然，如果有阶段Ⅴ，那么阶段Ⅴ代表的就是交易者持续盈利的阶段。这并不意味着你在每一笔交易中都盈利，它意味着创造一条整体向上倾斜的资金曲线。这意味着你有能力严格遵守纪律，从市场上获得稳定的收入。这意味着你要相信自己，你不会崩溃，不会再搞砸了。记住，当一个交易者动摇了他的计划时，市场就准备好攻击了。市场正耐心地等待着，随时准备吸收这些情绪，引诱交易者重蹈覆辙……只要一次就够了！这种交易甚至可能成功。即使成功了，也无关紧要。这不是问题的关键。如果你因为一次违反规则而盈利，你将再一次违反规则。在某个时候，违反规则将回过头来困扰你和你的交易账户。遵守规则和保持耐心必须应用在每一笔交易的每一个阶段中。它们占据了你交易的 90%，你意识到这一点了吗？

阶段Ⅰ的交易：注定失败，哪些特质使人们在生活中获得成功却通常令他们在市场中失败

靠希望生活的人会饿死。

——本杰明·富兰克林

有人说，通往地狱的道路是由良好的意愿铺成的，这一点在交易领域最为明显。（当你开始雇用亲戚帮你打理生意时，这一点就变得非常明显，但这是另一本书的故事。）我还没有遇到过一个以亏损为目标进行交易的人。每个人的意图都是赚钱。当人们进入交易世界时，他们做的第一件事就是借鉴过去成功的经验。虽然良好的判断力对于一个想要在公司里晋升或创业的人来说至关重要，但是我们已经看到了为什么"良好的判断力"在TASR交易中不起作用。我们由此看到让人类的乐观遭受重创的最痛苦的教训：

个人在日常生活中用来实现梦想和目标的策略在交易中不起作用；事实上，它们正是交易者失败的主要原因之一。

决心、勇气、积极的思想和果断使人们在生活的某一领域取得成功，但这些品质却让他们在市场上被屠杀。这类交易者固执地持有亏损头寸，在下跌时补仓，并运用积极思维技巧想象最终能反败为胜。我不在乎安然的员工听了托尼·罗宾斯的多少励志磁带，这不会让他们的股价回升到每股90美元。没有意识到这一现象的交易者从一开始就注定会失败。

这并不意味着一个人不该对自己最终成功交易的能力持乐观态度。远非如此。然而，假设每一笔交易都将失败，结果反而会好得多。这样他们就将学会专注于保护自己的下行风险，使风险最小化。上涨空间会自行调整，但下行很容易失控。每一个交易者对生活要乐观，对培养自己的交易技能要乐观，但对下一笔交易要悲观。

那些按照外部社会对好坏行为的奖惩机制来"玩转"市场的交易者，从第一

天起就注定要失败。例如，当市场有可能回到盈亏平衡点时，斩仓很困难。在盈亏平衡点上，交易者不是"输家"。因此，根据社会的基准，如果交易者能够以盈利退出某个头寸，他们就成功了，这就导致为了成为社会大众眼中的赢家，人们会不时地取消止损点，以期在盈亏平衡点上脱身。这种方法可以连续奏效10次，甚至100次，但正是那一次它不起作用时会将交易者打倒。在这一天，这些交易者将和其他许多人一样，在市场上掀起一场"类似激流的行情"，因为他们愤慨地猛敲键盘，想要退出这笔正在毁掉账户的交易。

即使只是偶尔为之，撤销止损点的习惯也会被社会的输赢观念所强化。这种习惯比其他任何东西都更快地摧毁交易者账户，账户规模越小，它被摧毁的速度就越快。通过使用硬止损并坚持这些止损点，一个账户规模较小的交易者至少有机会以此谋生。如果他连这一点都做不到，他将无法做一名交易者。

最初开始交易的时候，交易者会自然地陷入一个循环：在赚钱的时候，他们给自己贴上"好交易者"的标签；在赔钱的时候，他们给自己贴上"坏交易者"的标签。这是一般社会准则灌输给他们的普遍观念。毕竟，全A代表学生成功，而F代表学生失败，对吧？

如果我能在这本书中强调什么，那就是，**交易与一般社会毫无关系**。事实上，市场就是要通过大多数人心中所珍视的社会规则来利用人们。市场之所以繁荣，是因为它把管理整个社会的规则和理想揉成一团，付之一炬，然后强迫新手交易者接受。任何一个没有意识到这一点的交易者，从开市钟响起时就像一条鱼一样被玩弄。

一般的社会规则告诉我们，赔钱等于失败，赚钱等于成功。在经历了一天的亏损后，交易者会下意识地想：我亏了钱。我不能这么做。如果我去掉止损，市场就会反弹，在盈亏平衡的时候把我救出来，然后我仍然是一个竞争者。接下来交易者为了避免交易失败开始寻找机会撤掉他的止损点，当然，并非所有的交易都这样做。他们只是在部分交易上这样做。交易者如何决定何时这样做？很简单，他们只是在交易中运用自己的"判断"，而这正是专业交易者介入杀戮的时候。

这个社会对金钱的关注使交易者染上了导致他们破产的恶习。希望等到盈亏平衡时再退出交易而撤掉止损是交易者最坏的习惯之一。当然，这么做有时候是可行的，但只要它变成一场灾难，就能抹去一半或大部分的账户。虽然其他领域普遍认为亏损是件坏事，但在交易中，小的亏损是成功的最好标志。交易以外的人永远不会明白这一点，所以不要浪费太多时间告诉你的亲家，昨天只损失2000美元是你交易计划的一部分。是的，这意味着你在做你应该做的工作。但是，其他人就永远不会明白，唯一了解交易者的人是其他交易者。就我个人而言，当我在鸡尾酒会上被问从事什么工作的时候，我发现说自己做慈善工作更省事。人们至少能理解，并产生共鸣。或者，如果我不想和他们说话，我就说我是会计。

对于新手交易者来说，最大的问题是要让他们的大脑重新编码，意识到在交易中，输就是赢。专业交易者的工作就是承担小的损失。大多数交易者没有意识到每个月只有几天的时间可以赚大钱。剩下的时间里，交易者的工作就是维持生存，目的是让交易账户保持完整，以迎接大的行情。如果一些交易者在周一连续三次以小止损出局，最终也以亏损收盘，他们就是在做应该做的工作，并且有机会成为成功的专业交易者，因为他们保住了他们的大部分账户，可以用于迎接为数不多的市场行情的真正到来。交易的意义就在于：坚持他们为自己设定的参数，坚持他们决定遵循的定式。交易不是直觉反应，不是追逐CNBC提到的最新访谈摘要。那样才会让交易者走向交易毁灭。

记得在2003年时，我曾接到一个人的电话，他为家族管理着1000万美元对冲基金。我从来没有弄清楚他如何胜任这个角色，尽管他知道如何使用互联网了解行情。他给我发了一封关于YHOO（雅虎财经）市场行情的邮件，询问我的想法。我看了看图表，在成交量不错的情况下，该股正在走高，我告诉他我将用几种不同的定式做多该股。很显然，那不是他在寻找的答案，因为第二天他打电话给我，说我对图表的解读有误。就在听他喋喋不休地讲访问量和市盈率（P/E）时，我打断了他，问道："你在什么价格卖空这只股票？"一阵沉默和一阵咳嗽之后，他才吐露真相。根据一份新闻通讯的推荐，他以12美元的价格做空这只股票。随着股价上涨，新闻通讯做空了更多，他也做空了更多。到和我谈话时，他已经卖空了 40 万股股票，平均价格为 16.25 美元，总共动用了 650 万美元。

我问他新闻通讯是否还在做空，他说没有。我查看了报价屏幕，发现 YHOO 的交易价为 22.50 美元，刚刚创下 52 周新高。他问我是否应该再做空一些，提高他的卖空成本，"这样就不必再跌那么多才能实现盈亏平衡"。

此时他在这笔交易中浮亏 250 万美元，他的家人还没有看到结算单。他试图挽救自己作为家族理财大师的职业生涯。这一刻他的想法毫无理性可言。我说，他需要退出这笔交易，或者至少买看涨期权来对冲。我甚至说了 YHOO 将继续上涨，直到所有做空的人认输回补。显然，这也不是他想要的建议。他最终又卖空了 10 万股。当 YHOO 涨到 30 美元时，他终于屈服了，损失了 625 万美元。这是一个极其痛苦的故事，但在不同类型不同大小的账户上这种情况总在发生。这个人不想承受一点儿小的损失，因为他不想被家人看成失败者。他的座右铭变成："只要我能坚持头寸，就不是真正的损失。"这就像你的内脏出血，却选择不去看医生。"只要我不去看医生，就没有人会知道我快死了。"相信我，一旦你死了，人们就会发现真相。

在一个损失的头寸里摊平成本，就像往沉船里装更多的水。当 YHOO 的股价在成交量不断攀升的情况下屡创新高时，这位家族基金经理却一直在做空 YHOO，这无异于在给蒙娜丽莎钉钉子。两者都是蓄意破坏的行为。理财规划师总是谈论平均成本法。我称之为平均损失法。在一笔盈利的交易里跟进是可以的，但是在一笔损失的交易里跟进是疯狂的（除非分批建仓直至全仓是你交易计划的一部分）。如果你发现你的员工从你这里偷东西，你会给他们加薪还是解雇他们再找别人？这个交易 YHOO 股票的家伙会选择给他们加薪，增加住房津贴和舒适的养老金。

当交易者接近阶段 I 的尾声时，假设他们还有剩余的资本，他们就积累了一些扎实的经验。然而，他们还没有弄明白为什么他们会受到市场的打击。并不是说他们的每笔交易都赔钱。事实上，他们做过一些很棒的交易。不幸的是，他们在许多情况下也遭受了沉重的打击，他们的账户处于亏损状态。他们一开始很乐观,但现在他们只是想更小心一点儿,底线是他们不想再损失更多的钱。于是他们来到第Ⅱ阶段。

阶段Ⅱ的交易:基于恐惧的交易或者"为什么我买的都会赔钱"

许多交易者认为一旦他们变得更加谨慎,交易将会改善。他们错了。当交易者决定不想再继续亏钱时,他们就不知不觉地变成了交易世界的"迟到"冠军。他们等了又等,反复确定一笔交易很好之后才采取行动。他们设想市场开始反弹。但当这些交易者完全确信这是一次真正的反弹时,他们的入场点已经接近这段行情的最高点。正是这些交易者和其他同样这么做的交易者给市场提供了开始下跌所需的燃料。为什么这么说?因为市场突然间有大量止损单设置在当前价格之下,就像森林大火中的风一样,这些止损单会引发抛售。在这种情况下,原本安全谨慎的入场很快就变成了损失。

这次的不同之处在于,谨慎的交易者笃信止损原则。问题是这种过于谨慎导致损失糟糕的入场,交易者被止损的概率非常高。是的,小额亏损是好事,但如果每笔交易都是小额亏损,那么账户最终将被耗尽。

第Ⅱ阶段通常不会持续很久。交易者在这个阶段通常不会损失很多钱,但他们的损失已经足够了。一旦交易者发现他们可以坚守止损点,但他们的入场点很差,他们就会达到酗酒者所说的清醒时刻。如果他们的入场点不好,那么很明显他们的指标不好,所以他们去找更好的指标,于是开始寻找圣杯。

阶段Ⅲ的交易:为什么寻找"圣杯"
一定会限制你作为交易者和投资者的成功

交易者为了寻找几乎每次都会奏效的零失败指标,会走上一条倾家荡产、梦想破碎和令人目瞪口呆的道路。许多交易者在这种寻找中度过余生。讽刺的是,在这个阶段的人们认为自己正在成长为交易者。而实际上这种成长已经停滞不前。第Ⅲ阶段的交易者陷入了困境，在这场失败的游戏中持续数年、数十年甚至更长时间。结果是交易者花时间一遍又一遍地重复同样的错误，或者强颜欢笑地发现新的错误。

这个阶段发生的循环是交易者总在寻找下一个最好的东西。寻找特别的指标或系统对交易者有磁石般的吸引力。典型的情形是，他们一头栽进几个不同的交易程序或想法中，无休止地调试，直到它们显示魔力。其中一个常见的做法，是交易者开发出一套简单的机械规则的定式，这些定式当然是保密的，帮助他们在几乎没有风险的情况下，每年只使用少量资本就能获得可观的利润。当这些定式应用于选定的历史数据，效果出奇地好时，他们特别兴奋。而那些效果不好的情况很容易被他们过滤掉。这类交易者从市场上消失的时候，通常带着1页"这样的交易如何好用"的总结和68页"什么时候不能这样交易"的解释。

其他被困在第Ⅲ阶段的交易者会参加研讨会，学习趋势，并学习永远不要与趋势作对的重要性。他们发现了移动平均线的魔力，以及当趋势变化时它们是如何交叉的。这太有用了！当市场形成趋势时，这些方法会很奏效。但最终，这些交易者发现75%的情况下市场都在横盘调整，于是他们垂头丧气，与此同时，专业交易者在市场上让寻找圣杯的人遭受重创。

这可能会让交易者进入期权的世界，他们开始关注价差以控制风险，并通过卖出权利金来产生每月的收入。当市场剧烈波动时，这招很管用，但当市场再次开始形成趋势时，如果这些头寸是逆势或者是适用于中性市场，那么就确实会被宰割。

这样的例子不胜枚举。在整个交易旅程的不同阶段，交易者研究了一系列系统、策略和指标之后，某一天他们坐下来，用完美的指标创建了他们认为完美的图表。然后他们开始使用它。它可能在头几天，甚至头几周运行得很好，但随后一个本以为完美的定式却引火烧身。因此，他们不再使用设置为12, 26, 9的指数平滑异同平均线（MACD），而是在某个地方读到设置为12, 17, 10的MACD会更快。他们行动起来，用新的参数格式化所有的图表，热切地等待下一个交易日。

他们的定式又奏效了几天或几个星期，然后接下来的几笔交易中定式无效。交易者重新回到网络空间，坚决而且专注。他们忽视了家庭，错过了女儿的垒球比赛，忘记了时间。但这一切都是值得的，因为七天后，在凌晨3:45，他们发现了一直在寻找的东西。在他们的随机指标（简单动量振荡器）上，他们使用了设置为14, 3, 3 的 MACD，而他们应该使用设置为15, 3, 1 的 MACD。他们把新参数放在图表上，并应用于历史数据，效果好多了！交易者再次调整了所有图表，并再次热切地等待下一个交易日的到来。

当这样不起作用时，他们会把15分钟图表变成13分钟图表。当这样也不起作用时，他们就会从 E 迷你标准普尔转到 SPY 上的期权交易。而当这还不起作用时，他们听说卖权利金是好选择。当这仍然不起作用的时候，他们就变成了黄金痴迷者，因为他们知道这是唯一真正的钱，你知道吗？对他们来说，永远都有下一个最好的东西。这种循环永远持续，直到交易者厌倦了这种"过山车"，并在下一站跳下去。大多数人从未意识到这一点，就这样度过交易余生。他们的孩子已经从裹着尿片的婴儿成长为上幼儿园的小朋友，然而他们几乎没有注意到，因为他们仍然在迷失，在调整并寻找下一个最好的东西。他们从来没有意识到任何赌场都会张开双臂欢迎他们这样的笨蛋。

本·迈兹里奇（Ben Mezrich）在其有趣的著作《丑陋的美国人：常春藤联盟牛仔在亚洲市场上掠夺上百万美元的真实故事》（*Ugly Americans: The True Story of the Ivy League Cowboys Who Raided the Asian Markets for Millions*）中，用一位对冲基金经理的角色简洁地概括了上述情况。他说："套利的整个游戏就是一个发现谁是傻瓜的过程。如果你找不到那个人，那你就是傻瓜。"

交易者被困在第Ⅰ、第Ⅱ或第Ⅲ阶段的迹象是什么

这里有一些额外的逸事和情况，让交易者知道他们仍然停留在交易的初始阶段。

接近目标价格前有效

波段交易者的一种流行的订单类型叫作 GTC 订单，或者叫撤销前有效（good till canceled）订单。这句话的意思是：保持我的订单，直到触及目标价格或者直到我取消订单。我和我的合伙人，以及许多经纪人，都称 GTC 订单为"接近目标价格前有效"订单。这是因为许多交易者会保留他们的 GTC 订单直到价格走势接近他们的订单。事实是，他们所持有的股票正在强劲反弹，接近 GTC 的卖出指令。他们看着股票开始想："哇，这只股票表现不错！我不想卖掉它，因为它会继续上涨。"所以他们打电话给经纪人，取消 GTC 卖出订单。然后股价上涨，超过那个订单水平，最终开始大幅回落。交易者没有退出策略，股价继续下跌，交易亏损。一个从贪婪开始的游戏，变成了一个令人恐惧的游戏。当这种情况经常发生时，交易者开始真正担心赔钱。

盈亏大小真的很重要

当交易者感到害怕并开始把大部分注意力放在不犯错上时，各种糟糕的事情就发生了。最常见的是交易者建立新的头寸后，一旦有小的利润他们就会止盈。他们以 10 100 点的价格买入迷你道琼斯指数，然后该指数升至 10 104 点。即使有明显的买入信号，没有卖出信号，他们也因为有利润而感到万幸，心想：这利润如果又让市场夺走就太糟糕了。因此，他们将迷你道琼斯指数的 4 个点收入囊中，相当于每份合约 20 美元，扣除佣金后约为 14.00 美元。迷你道琼斯指数在发出退出信号之前还会再上涨 40 点也没关系。

这些交易者先后获得 4 个点、3 个点、6 个点的利润，然后在当天最后一笔交易中损失 30 个点。在 4 笔交易中有 3 笔获利，这让他们感觉良好，但当天他们是亏损的。这是一种会发生在交易者身上的典型情况——他们不想经历本来盈利的头寸一路跌回赤字的痛苦。

许多外汇经纪人通过分析客户的账户来预测他们什么时候会爆仓，以便他们可以在损失真正发生之前和这些交易者对冲，本质上是与他们的客户做反向交易。

我并不是说这是一个好的做法，但它确实不会导致交易者更快地赔钱。我只是在说交易者即将崩盘的迹象非常明显。交易账户将会爆掉的第一个指标是账户损失了 20%，然后交易频率增加，以及更多地使用市场指令而不是限价指令。对冲基金公司看到这种情况出现，怀着无比期待的心情在每一笔交易中采取相反的方向，直至客户的账户逐步消失。

专业提示：当你有一笔交易损失惨重时，要做与这笔交易相反的事情。休息一下，离开市场，回到小额交易，用限价指令和精心制订的计划来交易。不要成为一个出现在经纪人雷达屏幕上的对冲候选人。

是的，盈亏大小确实很重要。更大的损失比更小的利润要糟糕得多。然而，一个交易者如果因为害怕而只获得很小的利润，那他就没有遵循计划。一个不遵循计划，只对内在情绪做出反应的交易者一定会被打败，不是也许，不是很可能，而是一定。

贪婪是大脑的劣质营养品

无数方法可以摧毁交易者的账户，有一种特别奏效的方法适用于当他们形成了一种舒适的固定交易模式时。也许他们在一个 5 万美元的账户上交易迷你道琼斯指数，平均每天赚 250 美元。对他们交易的资本来说，这是一个合理目标。一天晚上，这样一位交易者与他的太太共进晚餐，太太问他交易进行得如何，他回答一切都很顺利。他的太太很高兴，说了这样的话："我一直想买一辆宝马，既然你的交易做得这么好，我们能去买一辆吗？"

第二天，交易者醒来后想："如果我要买这辆宝马，我必须增加交易，每天赚 750 美元。这样我就可以留出一大笔首付，在 6～8 周内，我就可以买到这辆车。"就在交易者说出这些话的那一刻，他脑海深处的一个触发器被触发了，他不知不觉地进入了一个无法做对任何事情的时期。他不再坚持最初的参数，而是开始追求更多的参数。他会开始看到一些并不存在的交易机会。过去看似完美的 20 点迷你道琼斯指数的利润现在看起来微不足道，肯定不会对购买宝马产生太大的影响。所以这个头寸没有被卖出，交易者坐等市场给他更多的钱。市场不可避免地会转向，交易者最终会被止损出局。在这种心态下，曾经看起来合理的利润变得微不足道，整个交易计划被抛到九霄云外。

我记得曾与一位交易者共事，他的情况几乎和上面的交易者一模一样。他曾是一个很好的交易者，最近却连续亏损，他不知道为什么。我问他是否突然试图用交易去完成一笔大的、特定的购买计划。他说是的，他计划给他的妻子买礼物。我们一起讨论了这一现象，包括埃德温·勒菲弗（Edwin Lefèvre）在《股票作手回忆录》（这本书是所有交易者必读的）中描述的皮草的故事。我的朋友停了一会儿，揉了揉下巴，说："嗯，我想我知道如何解决这个问题，我就告诉我妻子她不会得到新厨房了。"我从来没有问过他后来与他的妻子谈得如何。关键是，不要把未来的购买计划放在你当前的交易账户上。让市场给你它将给你的东西。远离结果。一旦你有了钱，并把钱从你的账户中取出来，那时，也只有到那个时候，你才能决定用它来做什么。

希望用尚未赚到的交易利润完成大笔购买计划，这就是全垒打的心态，这对所有交易者来说都是一个陷阱。交易者必须记住市场不会消失。就像拉斯维加斯的自助餐一样，它会一直在那里。在你第一次排队拿自助餐的时候，没有理由把盘子装得满满的。你可以拿起盘子缓缓走到取餐台，拿起几片虾，然后慢步回到你的餐桌慢慢享用。当你吃完后，你可以回去挑选几片布里干酪。你没有必要把盘子装得满满的，自助餐总会在那儿，你可以整天坐在那里，慢慢悠悠地吃自助餐。记住，在市场上，牛和熊都可以赢，但猪会被宰杀。

说到杰西·利弗莫尔

许多交易者都知道，埃德温·勒菲弗写的《股票作手回忆录》是一本关于杰西·利弗莫尔（Jesse Livermore）的书。利弗莫尔是一位著名的交易者，在1929年股市崩盘时赚了大约1亿美元（按今天的美元计算约为10亿美元）。许多人不知道的是，1934年3月5日，利弗莫尔申请破产；1940年11月28日，他在一家酒店的浴室隔间里开枪自杀了。虽然这听起来不像是对这本书的有力支持,但它是任何认真的交易者的必读之书。在这本书中,杰西·利弗莫尔讲述了使他发家致富的交易策略,而理查德·斯密特所著的《世界上最伟大的交易商》一书,也详细描述了利弗莫尔自杀前的岁月。

我的专业是历史,我接受的训练是收集历史数据,对于过去究竟发生了什么,以事实为基础形成观点。从我所读到的关于杰西·利弗莫尔的一生来讲,我认为他在1929年的股市崩盘后经历了一场欣快症。这种兴奋使他不顾一切地进行大规模的交易,导致他的财富在不到五年的时间丧失殆尽。尽管他之前经历过三次破产然后东山再起,但这次损失的规模对他的心理造成了永久伤害,而试图挽回损失的沉重压力最终害死了他。让我们来看看欣快症交易者有什么影响。

欣快症:重新定义愚蠢

对于交易者来说,欣快症是最糟糕的一种情绪状态,甚至比贪婪更糟糕。欣快症是指交易者在市场上度过了如此美好的一天,以至于他们宣称自己是交易界的"国王"和"王后"。假设他们通常交易10份合约或1000股股票,既然他们是"国王"和"王后",那他们会从50份合约或5000股股票开始,如果他们愿意,还可以继续增加。毕竟,现在他们是世界上最伟大的交易者,不会犯错。

这种情况经常发生在交易者身上,导致的疯狂行为就像在轮盘赌博中下两倍赌注。人们可以一直押红色,每次都加倍下注直到赢为止。这种方法非常有效,直到他们的资本都押在红色上而抽中的却是黑色。仅仅因为交易者感到自信就将头寸加到两倍或者三倍,这将注定失败。更糟糕的是,这种策略总是导致交易者把最初让他们兴奋不已的巨额收益全部回吐。这给他们增加了压力,现在他们必须进行交易才能回到原来的水平。这当然会导致很多坏习惯。

仅仅因为你对自己的交易感到满意就扩大交易规模,就像处于非常美满的婚姻生活中,交谈心有灵犀,相敬如宾又含情脉脉,幸福无处不在。你怎么才能做得更好呢？答案是翻倍！从理论上讲这似乎是个好主意，但结局只有一种：非常、非常糟糕。

模拟交易：为什么它比伊拉克纸币第纳尔更没有价值

当我在2005年写这一章节的标题时，我从来没有想过会有越来越多的广告推销伊拉克纸币第纳尔（IQDs）作为投资品种。无可否认，这些广告听起来很吸引人：只要用几千美元你就可以买到价值100万美元的伊拉克第纳尔，当第纳尔与美元等值时，它将价值100万美元。当然，销售第纳尔的公司也是唯一的做市商，更不用说这个汇率还是一个骗局，伊拉克的黑市里美元兑换第纳尔的汇率是广告中的数倍（也就是说，伊拉克第纳尔比广告上说的更不值钱，因为人们想持有美元）。希望我不是第一个提醒你的人，这种情况属于如果听起来好得令人难以置信，那么这就是不该相信的谎言，你就应该正视现实。是的，某个时候伊拉克第纳尔可能与美元挂钩，但远远不会与美元平价。如果它真的与美元平价，猜猜将会出现什么情况。它的币值将被重估。伊拉克第纳尔可以随意印刷，这不构成货币的稀有性和价值。你因为幻想得到几百万美元而花在这上面的几千美元，还不如花在度假或者像白银这样的有形资产上。即使你想卖伊拉克第纳尔，谁会买呢？它没有市场。啊，有的！在eBay上把它卖给那些认为它将与美元等值的人。但是，在骗局被识破之前要抓紧时间。如果你有任何疑问，那么想想看，如果这是一个正当、合理的机会，那么乔治·索罗斯（George Soros）早就垄断了这个市场。他对货币的了解比你我多一点儿。

这让我想起了十多年前发生在得克萨斯州的鸵鸟骗局。饲养的鸵鸟每只5万美元，因为鸵鸟肉的营养价值很高。遗憾的是，没有人买鸵鸟肉，所以饲养员只能不停地把存货卖给其他想要繁殖鸵鸟的人，直到所有想要繁殖鸵鸟的人都拥有鸵鸟。在那之后，鸵鸟白送都没有人要，直到今天，在得克萨斯平原上还有一些鸵鸟在自由游荡。

让我们回过头来看看模拟交易。模拟交易有很多优点。模拟交易可以帮助交易者学习一个新的操作软件。交易者可以通过演示账户来了解如何使用该软件，从而避免因为试图在不熟悉的系统上下单而可能出现的代价昂贵的错误。此外，模拟交易可以用于前瞻性测试一个系统或策略，让交易者在投入真金白银之前看看它效果如何，或者了解复杂的期权策略会随着市场的起伏如何变化。

然而，模拟交易确实有一个明显的缺点。它可能一文不值，因为没有考虑到交易者在真金白银遭遇严重风险的情况下会怎么做，而这是决定交易者成功或失败的关键。模拟小额交易是可以的，但如果没有真正的资金承担风险，交易者就不知道他们会如何承受压力。这也是测试在交易者心里"模拟交易和真实交易"相差多大的一种好方法。交易者在模拟交易时应该和在真实交易时处于同样或者尽可能接近的心理状态。当他们在真实交易而不是模拟交易中感到极端的情绪时，就提示了他们在心理交易天平上处于什么位置。换句话说，当他们用真钱交易时，他们的心理有多糟糕？当交易者在真实交易中感到恐慌时，这是一个危险信号，表明他们的交易规模超出了账户规模。他们失去判断力，金融毁灭即将来临。在这种情况下，交易者应该保持较小规模的交易，直到他们的情绪与模拟交易时的情绪一样。

扩大交易规模与增加负重锻炼肌肉非常相似。一个人第一次去健身房时，他可能只能卧推135磅[⊖]，重复10次。一个月后，随着肌肉的生长和适应更重的负荷，他能够卧推160磅，重复10次。持续了一年后，他能卧推225磅，重复10次。然而，如果他一开始就尝试225磅，实际上可能和自杀无异。

用钱交易也是如此。第一次输了1000美元的时候，我吐了。第二次，我只是反胃。到第十次时，我的身体就完全适应了。我意识到扩大交易规模的时候到了，即使把可承担的损失增至1500美元，我也不会反应过激。随着年岁的增长，我在精神上和情感上习惯了记分牌上的数字波动，交易规模也就越来越大。记分牌必须被当作记分牌来对待。当你开始把它考虑成购买力，赢来的钱能买到什么，或

⊖ 1磅 = 453.592克。

者当前亏损的交易本来可以买到什么时，那你只会失败。你在那个时候的情绪决定了当天的走势，而这种思考策略只会对交易者不利。有一件事我研究了多年，已经得出了无可辩驳的结论，那就是盯着屏幕看不会让市场按照你的意愿运行。如果你发现自己目不转睛地盯着屏幕，那是一个讯号，警示你的交易规模相对于账户而言太大了。

关于交易规模，我见过的最具戏剧性的例子是与亚洲的交易者合作。亚洲人是了不起的赌徒，愿意冒巨大的风险。这对交易来说可能是个问题，只需要一笔糟糕的交易就能毁掉一个账户。我曾共事过的一个人，在一个 10 万美元的账户里一次交易 100 手（显然用的是当日最大保证金）。标普 500 指数每变动 1 个点就意味着 5000 美元。第一天他赚了 5 个点（25 000 美元），第二天他又损失了 7 个点（35 000 美元）。看得出来这对他来说是正常的波动。在交易中，他变得非常兴奋，手舞足蹈，我觉得他就要爆炸了。我让他把交易规模减到 10 手。起初他感到很无聊，但后来奇怪的事情发生了。他不再异常兴奋了，所以就客观地交易……他赚了钱。我让他在真实交易中和在模拟交易中保持同样的心态，然后他就像在健身房卧推一样，慢慢成长起来。结果完全不一样了。

能与海外交易者一起工作对我来说是双赢的，因为我可以了解到其他人如何看待美国市场，以及美国新闻是如何被当地的新闻频道过滤的。能够设身处地思考，就能更多地理解这个世界到底如何运转。这也许不能帮助你决定是否采纳下一个出现在你面前的交易定式，但它确实能帮助你形成对世界的宏观看法，并让生活变得更有趣。

第Ⅳ阶段：学会如何不输钱

这是交易者最难掌握的阶段。在交易中，先输钱，然后你学习如何不输钱，也只有到那时，你才能走上创造稳定收入的道路。"学习如何不输钱"简单总结了我们到目前为止所谈论的一切，即耐心等待，有勇气离场，有诚信地执行计划——所有这些都让你学到如何不输钱。它是将精力集中在限制风险上,不强求正确,设置止损而让上涨奔跑。只有你开始明白并习惯于"学习如何不输钱"时,你才能从交易中获得稳定的收入。具有讽刺意味的是,尽管我们都认为自己与众不同,但那些在市场上不断失利的人都在做同样的事情。这些交易者:

1. 过度交易,或者过于频繁地交易。

2. 使用过窄的止损(他们对损失的恐惧如此强烈,以至于他们不给交易一个展开的机会)。

3. 使用过高的杠杆,如果交易的规模小一点儿,他们的收益会好很多。

4. 一次巨大的损失就抹去了账户的一大部分。

失败的交易者持续做着上面的四件事中的至少一件,甚至所有。我看过数百个经纪账户,它们都反映了同样的情况。事实上,我认识的一些交易者通过做相反的事情来改善交易。这些交易者:

1. 减少交易,每天或每周只用一个或两个可靠的定式交易。

2. 使用较宽的止损,远离市场噪声。

3. 使用适当的杠杆,这也是他们可以使用较宽止损的原因。

4. 永远不会一次交易损失巨大。

为什么平台资金管理方法有效

到目前为止,我还没有谈论过具体的资金管理方法,但是有一个方法我现在想谈谈。令我惊讶的是,没有多少交易者会考虑这个问题。交易者通常的想法是,找一些定式,遵循它们,赚一些钱。然而,一旦交易者掌控了交易的心理,下一个需要解决的问题就是资金管理。资金管理有无数的方法和学派,它们中有很多是有效的,至少在某种程度上是有效的。

许多资金管理系统没有意识到,随着交易者的盈利能力逐步提高,他们往往会到达心理平台期。也许一个交易者的账户从2.5万美元涨到4万美元,但在那之后，交易者无法继续让这个账户涨到新的水平，他反而停滞不前，无法管理好账户。这4万美元的平台成为一个无形的障碍，阻止交易者向更高层进步。

平台很容易变成真正的绊脚石。平台会引发坏习惯，通常是因为交易者认为自己的账户现在有了充足的现金缓冲。这使得交易者松懈，更容易违反规则。平台的金额因人而异。也许你有一个5000美元的账户，很好地运作到7500美元，但达到后你就开始连续输钱。或者你有一个7.5万美元的账户，每次达到10万美元，你就开始把它当作输掉也没关系的利润再投资，交易得更激进，很快你就会发现自己的账户又回到7.5万美元。

在我的交易生涯中，我也曾与这个问题做斗争，尽管随着时间的推移，我的平台金额有所增加，就像举重一样。交易者不仅在交易技能上，而且在对财富金额的接受上，都必须一直提高。交易者需要适应越来越多的钱。

我解决这个问题采取了一种我称之为"平台资金管理法"的策略，用来管理日内交易和波段交易账户。这个方法适用于交易短期高杠杆账户，如期货、外汇和期权。在更长期的投资上我不使用这种方法。

让我们假设一个10 000美元的初始账户。你最初的目标是达到初始资本的2.5倍，也就是25 000美元，（这只是举例，你要达到的目标可以不同。）在这种方法下，当你达到预期目标（本例中为25 000美元）时，你取出最初的10 000美元，加上2500美元的利润，你的交易账户中有12 500美元。

现在你调整目标。你的目标不再是25 000美元，而是让你的账户达到新的初始资本的2.5倍，也就是31 250美元（=12 500×2.5美元）。

一旦你达到了31 250美元的目标，取出账户的一半（15 625美元），重新设定你的目标。

现在你的目标是把15 625美元增加到2.5倍，即39 062.50美元。当你达到目标时，去掉一半，然后继续。

做这件事所花的时间多少并不重要。你不需要集中在一周、一个月或一个季度内完成你的目标。你只是简单地遵循计划，使用定式，当你达到平台期时，你就取出钱，再建立一个新的目标。达到平台期有时很快发生，有时可能比你想象的要花更长时间。当你交易杠杆工具时，一次可靠的大行情会对你的账户产生很大的影响。这就是为什么减少损失如此重要。

关键在于，不要把全部的资产都拿去交易。如果你有 5 万美元可以交易，那就用 1 万美元作为你开始的赌注。这让你有冒更大风险的自由，因为这只是你 5 万美元中的 1 万美元。如果这 1 万美元耗光，那么你还可以再试 1 万美元，直到你完全掌握了如何交易。

当然，并不是每个人都要有 5 万美元的初始资本。如果你只能管理 5000 美元或 10 000 美元，那也很好，只是你要小心，不要把资金浪费在不必要的有风险的交易中，这些交易通常是出于无聊。等待"保时捷定式"忽略"平托○定式"（我稍后会谈到），并制订一个交易计划，坚持只做赢率最高的交易。现在你知道你将遵守诺言按计划行事了吧，因为你已经决定要诚信交易。

"平台资金管理方法"之所以有效，是因为它假定你已经通过了交易旅程最初的几个阶段，现在愿意只是等待符合你的计划的最佳定式。就像任何交易一样，你需要在各个时间框架内观察市场，就得放长镜头看大局，这有助于你最大化利润（后面会详细介绍）。

记住，总会有些日子你没有定式可用，这些日子来了又走。当你在交易结束回顾你的图表，仔细认真地看看那些困在第 II 阶段的可怜虫所做的糟糕交易时，你应该庆幸自己守住了账户，而他们亏钱了（因为你已经学会了如何不亏损）。好的交易是那些没有进行的交易。那些过度交易或没有资金管理计划的交易者没有完整的交易系统。他们属于我们都非常渴望避免成为的那 90% 的交易者类型，他们输给了那些交易计划中包括可量化的具体资金管理计划的人。

采用少数、可靠、经过验证的定式用少量资金交易。理想情况下只用你的交易资金的一部分而不是全部，这样就有机会获得非凡的收益。当你使用平台资金管理方法来管理你的收益时，你就获得了额外的好处，即守住了你努力获得的资

○ Pinto，是福特生产的一种小型车。

本。当你可以专注于可行的方法时,你就不仅仅是在寻找下一笔成功的交易。虽然个别的交易也很关键,但从宏伟计划的角度来看,每笔交易都只是你正在构筑的财富墙上的一块砖。是的,有些砖会从墙上掉下来,但是你有工具来替换那些砖,并继续建造财富墙。

交易和投资需要记住的最好要点是什么

交易者与市场的关系就像一对舞伴,而且最好让市场来领舞。进入市场时重要的是不要带着过于看涨或过于看跌的观点。交易者对一个想法越坚定,他就越容易被卷入交易的错误一方。在下一章,我将讨论如何解读市场的内部指标,这是了解市场动态的好方法。我不会像一头愤怒的公牛或者咆哮的熊那样进入市场,我只是作为一名感兴趣的观察者进来。我所看到的雷达屏幕使我时刻了解市场动态,给我机会走阻力最小的路。只要我们在一起跳舞,我就想知道我的舞伴什么时候想让我后仰。

现实是,市场确实在循环往复。我对历史的研究在这里产生了巨大影响。我可以清楚地看到,自从现代文明开始,世界重复经历了许多类似的事件,这些都是由人类的决定推动的。洞察这一点真的改变了我关注的焦点以及在市场中寻找机会的方式。我不再寻找下一个优秀的指标,而是开始寻找基于人性的可重复的市场模式。

关于这个主题有一本好书,菲利普·J. 安德森(Phillip J. Anderson)的《房地产和银行业的秘密生活》(*The Secret Life of Real Estate and Banking*)。这个枯燥的书名完全没有反映出内容的丰富。这是一本引人入胜的好书,作者对他的主题充满了难以想象的激情。他用精彩的故事和例子记录了自美国建国以来,每18年重复一次的房地产价格周期是如何在2008年达到顶峰的,而下一个周期将在2026年到来。更有趣的是,在这22个周期的每一个周期中,政治家、银行家和投机者对房地产价格走势的反应几乎完全相同。换句话说,你今天在电视上看到的所有东西都屡见不鲜，包括特朗普总统。政治家、银行家和投机者一直在按照可以预期的18年周期，重复着他们的生活和政策。这些知识对于财务规划和房地产投资是无价的，更不用说正确看待最新的头条新闻了。

我一直喜欢记住一句话，就是"在展望之前牢记纪律"，我第一次听到这句话是从彼得·鲍里什那里，他是保罗·都铎·琼斯公司的前研究主管。我可能认为今天市场会崩盘，但我仍然会设置止损以防判断错误。展望在崩盘时做空令人愉快，而认为市场有大幅波动的想法会导致交易者做蠢事，比如翻倍投入以及增加损失的头寸。纪律严明的交易者力图活着为下一个交易日战斗。在2004年和2005年的大部分时间里，我听到许多交易者都在为下一次不可避免的恐怖袭击做准备。在2001年"9·11"事件之后，他们看到了这个事件对市场的影响，从而希望为下一次袭击做好准备。（是的，这种看待灾难的方式很糟糕，但这就是交易者的想法。如果佛罗里达州发生飓风，那就是做多木材的时机，因为人们要重建许多房屋。）有趣的是，这种为暴跌做好准备的想法完全麻痹了他们的判断力。

市场唯一讨厌的就是不确定性。2001年9月11日发生的事情出乎意料，市场崩溃了。这确定无疑是恐怖袭击活动，不再是意外事件，因此市场价格已经包括了对未来恐怖袭击的预期。听起来荒谬吗？2005年7月7日，伦敦爆炸的消息导致道琼斯工业平均指数开盘前一度下跌200多点。这反映了交易者大量建仓做空。结果是，当天市场反弹而且以上涨收盘，那些"等待下一次灾难的交易者"被压垮了。由此可见，在展望之前要牢记纪律。

这也与本章的主题之一——你是想做对，还是想赚钱有关。试想一下，如果你在闪电崩盘的那一天不断买入下跌的股票，你会被毁灭的。错过这种突如其来的行情没有关系，只要遵守纪律，就能够通过设置适当的风险参数、交易适当的规模来避免被伤害。

此外，在展望之前要牢记纪律的原因，是股票或市场可以因任何情况而波动。它不必合乎逻辑或理性。它可能是世界事件，如中东的战争、脆弱的欧洲经济，或者拒绝合作的政治家。它也可能是完全不同的事件，玛丽亚·巴蒂罗姆也不能告诉你，它不能预测、不能想出来的。

例如，有一天当我登录我的交易账户准备建立一些买入订单时，我被告知购买力已经耗尽。我对自己的股票和期权头寸了如指掌，我知道自己应该有足够的购买力。我查了记录，确定我是空仓。但我在电脑上看到的是，我的购买力耗尽在 6 万股 IAG 上。IAG 是加拿大 IAMGOLD 公司的黄金股票。我打电话去确认，对方告诉我，我做了这笔交易。但我知道我没有。

然后我收到了一个新员工亨利·甘博（Henry Gambell）的即时消息。亨利最近建立了一个模拟交易账户，他告诉我，他的模拟交易账户在购买了 6 万股 IAG 股票后表现不错。真的吗？我开始关注所有的黄金股。除了 IAG，所有其他股票都在下跌，而 IAG 上涨了 50 美分。

我看了看市场，不明白 IAG 为什么会上涨。有什么新闻吗？没有。所以我回头看 1 分钟图表，发现 IAG 在开盘时有一个巨大的成交量。亨利本以为登录了我的模拟交易账户但实际上登录了我的真实账户，他在开盘时以市场价格购买了 6 万股 IAG 股票。直到今天，我仍然相信其他的黑盒系统看到了这个"成交量的激增"，并开始基于"反常行为"购买股票。仅凭一己之力，亨利，一个总共做了两周模拟交易账户的交易者，在不经意间就推高了 IAG 的价格，而其他所有的黄金股票都在下跌。我把亨利带到我的办公室，向他解释发生了什么。他很快脸色苍白，非常紧张。我告诉他，他现在就需要管理这笔交易，卖出头寸。他想在市场上抛售全部 6 万股，但我阻止了他。我解释了分批卖出的必要性，需要每次卖出 1000 股并在卖出指令之间等待几分钟。在接下来的一个小时里，他照做了，最终卖出全部头寸并获得可观利润。这笔钱够他一年的薪水。

这对我是一个很好的教训，要注意那些模拟交易账户的登录。这对亨利来说也是一个很好的教训，因为市场的波动是不理性的，所以要控制每一笔交易的风险。下次当你看到一个股票的变动没有任何道理时，请记住这个故事。在交易中，这样的错误每天都在发生。

那天快结束的时候，亨利问，他能留一些利润吗？我的回答呢？如果这笔交易损失了那么多钱,你能帮助弥补损失吗?我们扯平了。这么多年来看着亨利作为一名交易者不断成长是一件很有趣的事情,这是一个值得早点学到的很好的教训。

由于市场波动可能是非理性的,人们需要专注的是限制每笔交易的风险,而不是纠结于股价上涨或下跌的原因。同样重要的是,要记住,没有必要浪费数年时间寻找复杂的定式或下一个圣杯。有一些非常简单的定式可供使用。我认识的一些最优秀的交易者,20年来在相同的时间框架、同一个市场,用同样的定式交易。他们不关心其他任何事情,也不想学习其他任何事情。这样的交易对他们奏效,他们是这种定式的主人。没有任何其他东西干扰他们的注意力。如果这个定式当时没有出现,他们就不会进行交易。

我认识的另外一些成功交易者学会了在任何违反止损规则的时候惩罚自己。一个交易者会在1月份跳进他的芝加哥户外游泳池。这样做了两次以后,他再也没有违反过止损原则。另一个交易者给他不支持的慈善机构开支票,对他来说是公民自由。(这对每个人来说都不一样。)

杰西·利弗莫尔在发家致富的过程中,最喜欢的一句话是:如果我买了一只股票,而它的走势对我不利,我就会立刻卖掉它。你不能停下来试图弄明白为什么一只股票走势错误。事实是,它就是在走错误的方向,这就足够让一个有经验的投机者终结交易。保持每次交易的损失不大对账户至关重要,交易者必须学会奖励自己坚持做到这一点。

要记住,交易者不是在交易股票、期货或期权。交易者在交易其他交易者,有另一个人或系统站在交易的对立面。一边将是对的,而另一边将是错的。谁在交易中拥有更好的心理视角和资金管理系统,谁就会赢。交易对立面的人是业余的还是专业的交易者?那个人也对你有同样的疑问。下次当你屈服于贪婪而追逐一笔交易时,请记住,在世界的其他某个地方,有一位专业人士一直在耐心地等待这一定式,而他所做的恰恰与你相反。

我发现,成为一名成功的交易者最重要的一步就是学会不带任何愤怒、沮丧或羞愧地接受亏损。这就是交易的一部分，没什么大不了的。我每天都在接受损失，而且是在别人面前现场演示。这只是过程的一部分。好吧，被一笔交易打到止损出局了，那就专注于下一笔交易。这就像汤姆·汉克斯在电影《红粉联盟》中扮演的角色，他呵斥女选手，把她弄哭了。"你在哭吗？"他震惊地问道，"在棒球运动中没有哭泣！"

在交易中也没有哭泣，没有把咖啡杯摔到墙上，没有对着显示器尖叫。亏损和错过交易都只是交易的一部分。有些时候，交易就是进展得不顺利。如果我在使用一个定式，连续两次被止损出局，那么我就会在当天剩下的时间里停止使用这个定式。无论出于何种原因，在那个特定交易日，这个定式和市场不合拍。这没什么大不了的。没有必要重新设置 MACD。这只是交易的一部分。

关键是要有两套特定的规则：

1. **要有一种交易方法。**对于某个定式，交易者是全部投入还是分批投入资金？是分批离场，还是到达特定目标全部离场？是跟进移动止损还是固定止损？相对于目标位，止损位要设在哪里？这些答案在交易之前必须确定。一旦交易开始，就不再有空间去理性思考这些问题。定式必须每一次都按照相同的方式执行，否则交易者永远无法判断这个定式对交易有益还是有害。没有这些信息，他们只是在冲动交易，注定失败。

2. **要有一个资金管理规则。**对于某个定式，分配多少股或多少份合约？交易者愿意在一天、一周、一个月或一年的时间里，为这种定式承担多少资产的风险？这样做了一段时间后，交易者会养成遵守规则的习惯，并最终学会信任自己。一旦学会相信自己，他们就可以把注意力集中在展现出来的市场机会上，而不是被恐惧、沮丧和怀疑紧紧包围。

这是交易者跳出前三个阶段的转折点，并开始真正有机会以交易为生。这种转变包括专注于培养交易技巧，而不是专注于赚钱。培养这些技巧不难，控制你的情绪，按纪律去遵循定式即可。不要专注于赚 1000 美元，这是业余爱好者做的。专注于培养技巧并且每次都以同样的方式执行定式。这听起来足够简单，但是在与足够多的交易者合作中，我知道他们中的大多数人都无法长期坚持做到。他们变得不耐烦，不想错过行情，所以他们在没有一个明确的定式时跳进去追逐行情。一旦这样做，他们就重新和所有的业余交易者为伍了。

大多数交易都需要等待。首先，等待定式。一旦定式出现，专业交易者就会毫不犹豫地进行操作。技巧来自等待定式建立，而不是屈服于冲动交易。其次，一旦进入定式，交易者需要有纪律地等待出场信号被触发，而不是退缩，过早离场。等待是许多交易者最难做到的事情，但正是等待区分开赢家和输家。即使是日内交易，在定式形成或参数被触发之前也可能需要几个小时。关键就是，耐心等待。追赶四只兔子的人一只也抓不到。

此外，要认识到职业交易者并不是每个行情都参与，这一点很重要。市场离开车站而你没有上车是没关系的。你不可能抓住每个行情。追逐每个行情是业余交易者的标志。这就是为什么交易者必须对入市和出市都有一套规则，而不是依靠直觉来管理头寸。制定一套规则，并有遵守规则的纪律；它们的存在是为了保护你。

对我来说，当我学会忽略自己的大脑，只专注于少数几个好的定式时，我的交易发生了最大的变化。学会这些定式之后，下一个挑战就是按纪律每次按照同样的方式执行，不胡思乱想，不犹豫不决。我通过记录交易活动和给自己打分做到这一点。我打分的根据是执行每个定式的好坏，而不是这笔交易的盈亏。关注盈亏会自动地助长坏习惯困扰交易者，而基于定式的方法则会培养好习惯，推动交易者进入稳定盈利的境界。

如何成为一名盈利的交易者？我有两个最实用的建议。第一，将你的头寸减半，并将止损加倍。这通常可以解决大多数问题。第二，专注于每周执行两次深思熟虑的、精心策划的交易，而不是每天进行五次交易。这太容易做到了。

此外，专业交易者专注于限制风险和保护资本。业余交易者关注的是每笔交易能赚多少钱。专业交易者总是从业余交易者那里赚钱。一旦业余交易者停止寻找下一个优秀的技术指标，开始控制每笔交易的风险，他们就开始变成专业交易者。

更多关于交易者心理学的信息，大家可以访问www.simplertrading.com/trader-psychology获得更新的文章和免费的视频，它们介绍了如何培养正确的交易心态。

你不能在大事上守纪律，而在小事上不守纪律。勇敢但无纪律的人没有机会能对抗有纪律和英勇的人。你见过几个警察是怎么对付人群的吗？

——乔治·巴顿将军

保罗·都铎·琼斯的名言

每天我都假设我的每一个头寸均是错的。

失败者在亏损的股票上摊低成本。

没有任何培训、课堂或其他方式可以为行情的最后三分之一做准备，无论是牛市后期，还是熊市后期。

你要么适应、进化、竞争，要么死亡。

交易的竞争非常激烈，你必须能够面对沉重的打击。

失败是我人生旅途中的一个重要元素。

你想去的地方总是在你的掌控之中，不要幻想总能交易，第一要务永远是保护自己。

说到底，最重要的是你的风险控制能力有多强。

不要逞英雄，不要自负。要经常质疑自己和自己的能力。不要自我感觉良好。一旦你有这种感觉，你就死定了。

市场只有15%的时间有趋势，其余的时间它们都在横向盘整。

永远把昨日的收盘价当作你的入场点。

整个世界只不过是资本的流程图。

我每天都努力让自己尽可能地快乐和放松。如果我的头寸对我不利，我就马上离场；如果它们对我有利，我会留着它们。如果你有一个失败的头寸让你不舒服，解决方法很简单——离场，因为你总是可以重新回来。

其他对我树立正确的交易心态有用的书

- 《由他去吧：退让的路径》(*Letting Go: The Pathway of Surrender*)，大卫·R.霍金斯著。这是我发现的能快速识别并消除阻碍你前进的心理障碍的最好的书之一。当你在一个让你抓狂的交易中时，了解它的技巧很有帮助。

- 《四个约定：个人自由实用指南》(*The Four Agreements: A Practical Guide to Personal Freedom*)，唐·米格尔·鲁伊斯著。这本书很简单，在很多层面上会让你大开眼界。它展示了如何与他人和自己互动，从而在你的生活中创造大量的个人自由。如果我们不小心，我们作为交易者的自言自语会毁了我们。这本书展示了如何以一种非常实际和积极的方式来处理这个问题，并把它转变成在很多层面上让你的生活向前发展的加速剂。

- 《臣服实验》(*The Surrender Experiment: My Journey into Life's Perfection*)，迈克·A.辛格著。这是一本优秀的书，讲述的是跟随生活的潮流而不是与之抗争。我喜欢这本书的原因是迈克一头扎进商业世界，在他的林中小屋建立了一个巨大的公司，这本书给我们分享了真实世界的很多实践经验和智慧。

- 《交易心理分析》(*Trading in the Zone: Master the Market with Confidence, Discipline, and a Winning Attitude*)，马克·道格拉斯著。这是交易者必读的一本书，以了解人类的思想如何对市场做出反应。

- 《失去百万美元让我学到什么》(*What I Learned Losing A Million Dollars*)，布伦丹·莫伊尼汉著。这是一本令人惊讶的好书，讲述了糟糕财务决策背后的心理因素，以及如何防止它们发生在你身上。

- 《成为专家：挖掘内在能量，创造你的人生》(*Turning Pro: Tap Your Inner Power and Create Your Life's Work*)，史蒂文·普莱斯菲尔德著。这是一本篇幅很小的书，也是他的优秀作品 *The War of Art* 的续篇。这本书是我读过的最好、最积极的点醒我的一本书。

第3章

市场波动的节奏或原因

> 通过足够的逻辑思辨，几乎任何事实都会朝着一个人的固有偏见变形，这就是继续活在谎言里最有效的办法。
>
> ——克里斯·贾米
> （Criss Jami）（*HEALOLOGY*）

市场在波动：你是在和潮流对抗还是在随波逐流

前面我们已经花了整整两章来讨论交易者心理学——心理怎样如潮水般地涨落以及怎样影响一个交易账户。那么，市场本身呢？市场运动是有节奏的，还是完全随机的？这里我们要从**交易者心理学**转向**市场心理学**并把二者和谐统一起来。

作为交易者，以及作为人类，我们容易做悲观主义者、不相信任何人任何事。毕竟，谁不喜欢《大空头》这部电影呢？但这并不意味着只有那些把赌注押在世界末日上的交易才值得做。和我工作过的人里有一些比我更了解市场鲜为人知的角落，结果他们中的许多人说服自己把可观的净资产和给孩子的遗产押在地堡、子弹、金币和猪肉罐头上面，有的是比喻意义，有的就是字面上的意义。这些基于恐惧的观点占用了大量的精神资本，并淹没了其他见解。一旦对未来的恐惧占据了心灵，恐惧就变成了我们看待世界的过滤器。基于恐惧的决策强化了基于恐惧的观念，最终创造出一个能决定整个人生的无限循环。我们也倾向于被那些符合我们内在世界观的主题所吸引。这就是所谓的确认偏差。作为交易者，以及作为人类，认识到下面这点很有用处：我们确信为真的事情可能与事实完全不符。

在交易中，确认偏差会导致巨大的挫败。它使我们自动过滤掉任何与我们的观点相悖的信息而只接受那些能证实我们信念的信息。当我们思考自己与政治、广告、消费主义等事物的关系时，这显然是危险的。俗话说："谎言只有在相信他们的傻瓜那里才显得真实有力。"在交易中，确认偏差让我们很容易成为机器的猎物，因为机器交易不受任何观念的束缚。

在市场中，不论是个股、加密货币，还是整个资产类别，有数千个数据点可以供交易者研究，但事实是只有少数几个数据点会对最终的结果产生影响。更重要的是，确认偏差保证了人们的观念会偏向于他们内心世界的投射而不是任何形式的事实。约翰·梅纳德·凯恩斯（John Maynard Keynes）亲身经历了这种现象。虽然在经济学领域里他是顶尖学者，但他在外汇交易中的巨额投机因为在错误的时间拥有正确的想法而损失惨重。这使得他有了那句名言"市场处于非理性的时间可以比你保持偿债能力的时间还长。"力图证明自己正确并不会撼动市场。

实际上，市场并不像凯恩斯希望我们相信的那样"非理性"。市场波动是基于数千种不同的确认偏差。不同的入场价位、账户规模和交易情绪汇集，造就了市场的模式和"流动"，如果我们能与之同步，交易和投资就不那么令人沮丧。市场不是非理性的，我们才是。非理性是指坚持留在一个不奏效的交易中。由于我们天生喜欢确认偏差，我们常常不清楚自己的动机，并无意识地虚构故事来解释我们的决定、情绪和历史……所有这些都是为了忠诚于我们对自己和世界的认识。

在交易中，你可以抛弃这种由自己编造的故事。一个交易要么奏效，要么不奏效，不管在故事里你告诉自己你是什么样的人、你相信什么。如果交易不奏效,那它就是错误的,因此你要退出。基于"现实是什么"进行交易,而不是基于"我认为现实应该是什么",你不需要任何通过编造故事来进行的确认。这是一种更简单的生活方式,也是一种更聪明的交易方式。作为一名自主决策的交易者,你的主要任务是无视那些对你生活的虚构描述并且不要让它干扰你的下一个信号。

现实与理论常常彼此对立。每一次闪电崩盘之后,都有一个 7 年的牛市。每一场房地产危机之后,都会出现新技术来改变我们开采石油的方式或者引入一个看不见的关键要素,比如区块链。法定货币是虚假的,因此我们应该只持有黄金?是的,我理解,但是拿着金子去沃尔玛可买不到卫生纸。它只收所谓的虚假货币。Facebook 的盈利增长了 79%,但第二天股票却下跌了?从理论上看,这没有道理。但在现实中,市场非常高效,在新闻广为人知之前就已经把新闻计入定价(price in)了。我们试图通过"已知的事情"和"可能发生的所有坏事"去理解市场的运行,就像试图根据约会的人吃猪排时怎么拿叉子去预测他会成为什么样的配偶。在市场中,散户交易者能拿到的大多数数据和理论,与理解市场到底正在发生什么无关。不仅它们与正在发生的事情无关,而且我们还基于自己的确认偏差对它们进行了过滤。换句话说,这些信息双重无用,在这种情况下做出错误决定的可能性是巨大的。

对于市场,我们不能精确地知道接下来会发生什么,但我们可以去理解它们如何以及为什么波动的基础。没有这个基础,所有的交易尝试最终都将化为巨大的沮丧和失望。交易者会想:"我做错了什么?""我读了所有的书,画出了所有的移动平均线。"这个交易者没有做错任何事。他只是不理解在所有市场条件下市场如何自然涨跌的基本原理。关键是要理解这些波动,进行顺势交易。在市场信息方面,我们永远无法超过世界上的雷伊·达里奥们[一],但是我们可以冲到海浪里,抓住一波浪潮并随之冲浪。我们也可以发挥自己作为散户交易者的优势,那就是流动性。我们可以很快速地进出任何市场。所以,接下来我将讲述市场究竟怎样

[一] 雷伊·达里奥是对冲基金之王。

运行——不考虑新闻，不考虑内心的信念，也不考虑你刚刚在收件箱里读到的令人绝望沮丧的最新时事通讯。

市场怎样自然地波动

就像月球的引力影响海洋的潮汐一样，有一个持续的引力在牵引市场。人类的情绪和基于算法的买卖程序影响着所有市场以及个股的涨跌。情绪越强烈，交易就越拥挤，而市场的波动就越大。市场就像海洋一样，有正常波动，也有狂风暴雨。股票图表像海洋一样，也有高低起伏、波峰波谷。当价格达到新高时，有些人获利了结，另一些人再也无法忍受错过行情而刚刚跳进市场。市场接下来的一系列运动都将反映这种不断变化的动态。然而，就像所有的水最终都会回到海平面一样，所有的价格都会回归到均值，也就是在一段特定时期内的平均价格（见图3-1）。这是一个重要的概念。我们很快会在后面的章节讨论它。

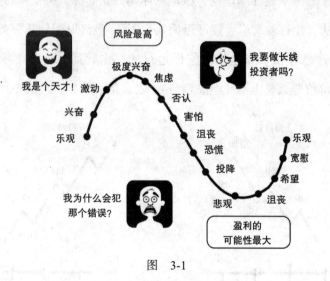

图 3-1

在震荡趋势中，股票在一个扁平区间内涨涨跌跌。这时市场如同平静的大海，股票像一只小船随着波浪轻轻起伏。这说明市场目前的估值在交易者眼中是合理的。在这种类型的市场中，经验不足的交易者往往会在高点买入（因为它让人感觉更安全），之后在正常的回调中被止损出局，然后又看着市场再次反弹。在这种环境下，在高点买进，在低点卖空，就像试图通过吃更多夹心面包来减肥一样。这很有趣，但结果令人沮丧。

在震荡市场中，情绪在这些看似微小的波动中扮演着重要角色。总会有一群交易者和市场不同步。他们纯粹根据情绪交易，在高点买入，在低点卖出，就像坐过山车一样（见图3-2）。奇怪的是，许多散户交易者在震荡市场表现很好。他们喜欢短线交易，喜欢在反弹到达阻力位时去做空，在下跌到达支撑位时去做多。

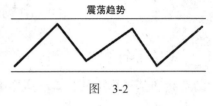

图 3-2

虽然在震荡市场中很容易看到这些起伏，但关键是要明白同样的起伏也发生在强劲的上涨或下跌趋势中。这些起伏波动与震荡市场完全一样，只是沿着不同的坡度。想象市场是由于全球变暖而缓慢上升并爬过小山的大海。波动起伏仍然是一样的，但是由于水量在增加，海平面也在向更高的地方移动。再从另外一个角度看，如果我们进入了另一个迷你冰川期，极地的冰帽开始封冻，海平面将会下降，但海浪仍然起起伏伏，拍打着海岸，逐渐退回几百码⊖、最终退回到几百英里⊜的地方。

这就是上升趋势和下降趋势是怎样运行的。你看到与震荡市场相同的起伏，但该股的整体价值要么是上涨（上涨趋势），要么是下跌（下跌趋势）(见图3-3)。

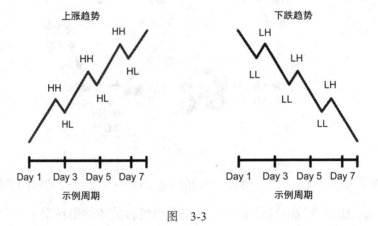

图 3-3

⊖ 1 码 = 0.9414 米。
⊜ 1 英里 = 1.609 344 千米。

关键在于，在上涨趋势中，我们看到一系列更高的高点（HHs）和一系列更高的低点（HLS）①。而在下跌趋势中，在每一次连续的潮起潮落中，我们看到了更低的低点（LLs）和更低的高点（LHs）。严格的趋势交易者将寻求在盘整期结束后买入第一个更高的高点（HH）；他们将一直持有，直到更高的高点（HHs）和更高的低点（HLs）的上涨趋势最终被打破（见图3-4）。

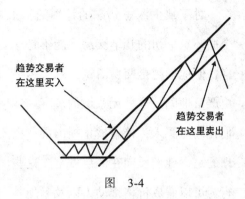

图 3-4

随着算法和它们对流动性的不断捕捉（通过跟踪止损订单聚集区域来发现流动性问题），假牛走势和假熊走势比过去变得更多。在我们讨论这个现象之前，让我们先了解一下市场的基本原理。

如前所述，市场总是在以下三种模式下不断起伏：震荡市场、上涨市场、下跌市场。这三种模式有不同的情绪强度，导致下跌市场的波动总是比震荡市场或上涨市场的波动要快。在下跌市场中，恐惧驱动着决策，对损失的恐惧将压倒几乎所有让人保持冷静和逻辑的理由。而在上涨市场中，存在担心错过市场行情的恐惧和赚钱的兴奋。在震荡市场中，人们的信念普遍处于较低水平，无聊情绪往往是主导情绪（见图3-5）。

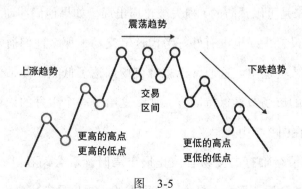

图 3-5

这种起伏可以看作交易周期，而这个交易周期始终在市场中发生，无论是上

---

① 作者笔误为 lower lows。——译者注

涨市场、下跌市场，还是震荡市场。每个市场里交易周期的唯一区别在于强度和可信度不同。

对于缺少深思熟虑的计划的新手交易者来说，图3-6是他们会自然陷入的一个循环。最初的几笔交易可能不是这样，但他们越是交易活跃，就会越早更严重地陷入这种无意识的节奏。他们在高点买入，接着被止损出局；更糟的是，他们反向在低点做空。这些行为可以看成价格推动力以及紧随其后的情绪反作用力造成的。价格推动是精明的投资者建好头寸后市场的第一步运动。之后情绪的奴隶们进入了

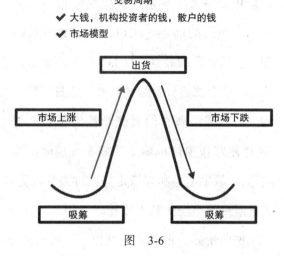

图 3-6

市场中，他们在聪明的投资者套现离场、上涨动力要结束的时候开始买入。买入的仓位开始对他们不利，而其反应阶段在本质上给出了一张关于他们如何处理这个对自己不利的市场运动的导览图。

如果他们在一个很好的价位入场，并一直在做跟踪止损，他们很快就能获利了结。如果他们在高点附近建立了适度的仓位，他们会在一个正常价格水平以可接受的（虽然本来是可以预防的）损失被止损出局。如果他们冲动之下在最高点进入交易，既没有设置止损也没有好好考虑这笔交易，那么他们通常在再也无法忍受犯错的痛苦时才会退出。这通常标志着市场到达了低点。如果你一直在观察市场并与这种自发的市场节奏保持同步，那么这给了一个很好的入场水平。这些买进卖出的点标示在图3-7中。

当这些经历情绪鞭打的交易者被止损出局时，谁会站在这一交易的对立面呢？希望读完这一章后，那个人是你。让别人的止损出局点成为你新的入场点。

这些能让交易者赚钱的价格推动力和情绪反作用力造就了支撑位和阻力位。每当我看到阻力位，我就会想："谁买的那么高，为什么？"每当我看到支撑位，

我就会想："谁在最低点被止损出局了，为什么？"每一次价格推动和情绪反作用都可能自成一部充满英雄和受害者的电影。你将扮演什么角色呢？

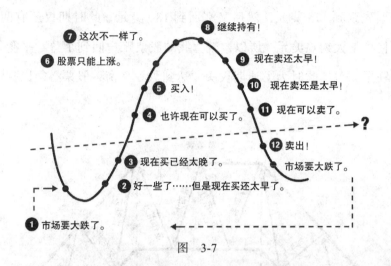

图 3-7

重要的是要记住这种一般的起伏适用于所有的时间线，无论是月线图、日线图还是5分钟图。在5分钟图上一个更低的低点和更低的高点的急剧下跌趋势可能是日线图上正在进行的震荡模式的一部分。依据经验，我会遵从更大时间窗口内的交易模式。也就是说，如果日线图处于上涨趋势，那么我就不会对30分钟图上的看空信号过于兴奋。我宁愿等待30分钟图上出现下一个与日线图趋势相一致的信号。通过这种方式，我就既能跟上波动走势，又能跟上导致这个波动走势的更大的推动力。在图3-8中，我们可以看到，不管趋势是向上、向下还是震荡，这些情绪反作用力都是怎样导致市场产生强劲波动的。

对于时间窗口集中在持有头寸几天甚至几周的期权交易者来说，理解这些市场起伏并站在交易正确的一面是至关重要的。在股票交易中，以新高价买入一只股票并在情绪反作用力中坚持持仓不止损，交易者可以逃离；但是如果你（在上涨趋势中）买了看涨期权或者（在下跌趋势中）买了看跌期权，那么逃离是非常困难的。股票交易不存在权利金衰减，股票价格就是交易价格。如果我以180美元的价格买了Facebook（FB）的股票，在它跌到175美元的时候继续持有，那么等股价又回到180美元，我的交易就"回到了盈亏平衡"。然而，如果我买的是30

天后到期的看涨期权,情况将会大不相同。如果我在股票价格是180美元的时候以8美元的价格买了30天后到期的175美元看涨期权,之后同样是两周的下跌和反弹:股票先跌到175美元,然后又涨回到180美元。此时期权还有两周到期,但期权价格将是大约6美元。所以,就算我的股票账户回到了盈亏平衡,期权头寸却已经跌了25%。此时为了让期权头寸达到盈亏平衡,股票必须回到182美元左右才行。

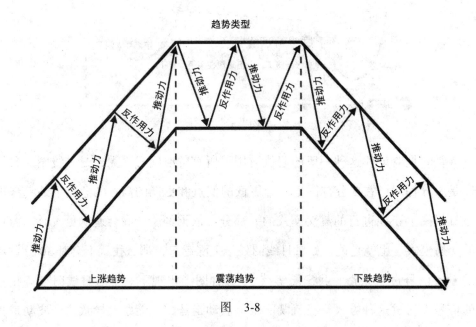

图 3-8

在进行方向性的期权交易时,与这些市场的价格推动力和情绪反作用力"随波逐流"至关重要。一个能帮你大量减少挫折感的小窍门是,即使你只打算持有期权两天,也要买一个在60天或90天后到期的期权,这样权利金的衰减就可以忽略不计,就算你在时机选择上发生失误,造成的后果也比你买更短时间到期的期权要好得多。当然,对于更资深的期权交易者来说,如果他们理解卖出权利金并建立正Theta(期权价格变化/到期时间变化)的头寸,那么在这些自发的起伏过程中卖出期权有非常多的优势。我将在后面的章节中详细讨论这些。

如果在上涨趋势中出现回调,期权交易者不是去买入看涨期权,而是卖出看跌期权,无论是裸卖,还是卖价差,他们都实现了飞跃,成为交易专家。首先,想一想站在这个交易对立面的交易者。一个期权交易新手，无论市场的大趋势是上涨还是下跌，看到价格下跌就迫不及待想要追赶潮流，以市场现价买入看跌期权。谁站在这个交易的对立面呢？是你。你不仅在跌到支撑位时卖出看跌期权，而且如果市场停滞，或"只是震荡交易"，你仍然可以赚钱，甚至有可能达到你的最大交易目标。在股票回调到支撑位时卖出看跌期权，而不是买入看涨期权，能给交易者带来巨大优势。

在图 3-9 中，我们可以看到这些推动力和反作用力是如何自发地造就支撑位和阻力位的。很多时候，这些点位与斐波纳契数列的扩展保持一致，比如在推动力下到达 1.272 的扩展（阻力位），而在反作用力下一般会保持 0.382～0.618 的扩展。稍后我将详细介绍斐波纳契数列点位。需要记住的是，在市场自发起伏的背景下，所有这些因素都在自然地协同作用——它们在推动力作用下能超越先前的价格多少，以及在反作用力下能守住什么价格水平。

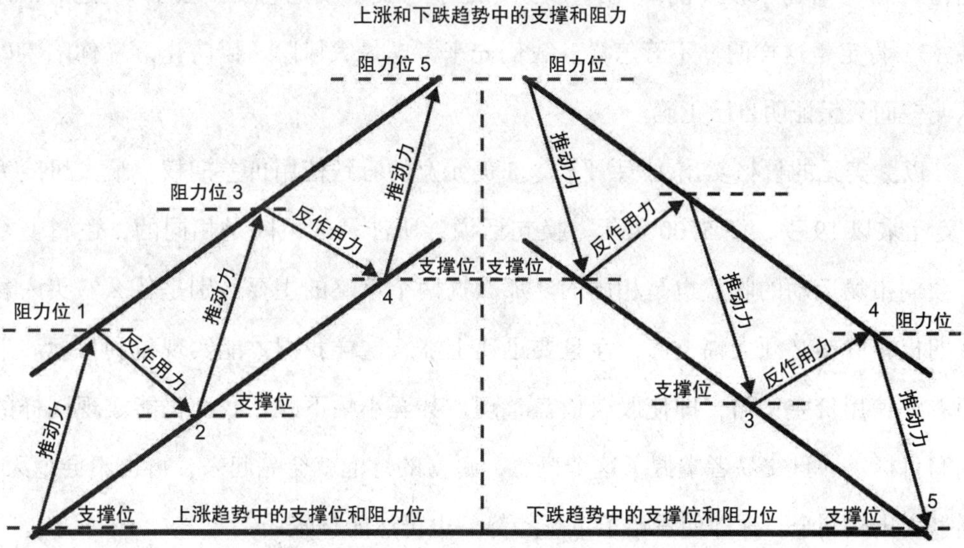

上涨和下跌趋势中的支撑和阻力

图 3-9

说到期权策略，在上述情况下，我听到的最大抱怨（过去也是我自己的抱怨），是在回调到支撑位时卖出看跌期权而不是买入看涨期权会使收益受到限制。这个观点有道理，但是它可以通过头寸规模来解决。如果你计划以 6 美元的价格买进

10 手看涨期权，并在下周预期股价变动到某位置处以 9 美元的价格卖出，那么你将获得 3000 美元的利润。但是如果你以平价卖出 10 个平价看跌信用价差，该看跌信用价差为 5 美元宽，价格为 2 美元，然后在最大利润（0.40）的 80% 再把它买回来，你的利润将只有 1600 美元。简单的方案是什么？是扩大你的规模。如果我卖出 19 个相同的看跌信用期权，我的目标是 0.40，那么我的利润将是 3040 美元，与我的多头看涨头寸相同，而且刚好有足够的额外利润来支付随着合同数量增加而产生的额外佣金。

通常情况下，如果我是在讲一门课并解释这个概念，坐在教室后面的一位"事后诸葛"教授会举手并问："如果采用看跌信用价差策略赔钱怎么办？"这问题问得就好像看涨期权没有赔钱的可能一样。但既然我们谈到了这个话题，那么我们就来看看其中的风险。

10 手 6 美元的期权，如果价格跌到零，那么最大风险是 6000 美元。"但是，""事后诸葛"教授说，"在它跌到零之前，我早就把它卖出去了。"是的，你（觉得）肯定是这样的。不管怎样，我们先来考虑最大风险，以防止万一你陷入确认偏差而只想证明自己正确。

以 2 美元的价格卖出 19 手平价、5 美元宽的看跌信用价差期权，最大风险为 3 美元乘以 19 手，即 5700 美元。换句话说，所涉及的风险是相同的，逻辑上基于预期市场运动的收益也是相同的。那么这两个策略的主要区别是什么？买入看涨期权，股票必须大幅上涨，而且要迅速上涨，这样我们才能实现盈利目标。采用看跌信用价差策略，即使股票横盘整理，甚至小幅下跌，我们仍能实现同样的利润目标。一旦交易者掌握了这个概念，财富的灯泡就会亮起来，再也不会熄灭。通过卖出权利金，你即使看错了市场趋势，也仍然能够赚钱。

除了那位"事后诸葛"教授。他的财富灯泡自己发特别的光，别人看不见。通常这个人的下一个论辩是："嗯，如果用卖出看跌信用价差，我是冒着 5700 美元的风险来赚 3040 美元，这是不平衡的；但如果我用看涨期权，那么我的回报是没有上限的。"理论上看这的确是一个合理的观点。不过，我还从来没有看到看涨期权走向"无穷大",却看到很多人固守在他们预期的市场走势中损失了很多权利金。

此外,要注意的一点事实,是交易中最难的部分是紧紧抓住一个大赢家股。如果这对你来说是一个问题,而且很有可能的确是一个问题,那么不妨帮自己一个忙,专注于捕捉"预期的运动",然后离场、进入下一个定式。只需要这么做,你就能过得很好。记住,在交易中我们交易的是输赢概率,而不是沉迷于抽"希望"烟斗。

说到底,在支撑位卖出看跌期权而不是买入看涨期权始终是更明智的选择。你将在盈亏曲线上的稳定盈利,足可以弥补因为卖出看跌期权没有买入看涨期权而错过的大幅上涨(比预期的幅度还大)。此外,有了这19手卖出看跌价差,你仍然可以再买几个看涨期权,以防它真的起飞。

如果你在确认的上涨趋势中看到回调到达支撑位,你可以买一个价内看涨期权,或者卖出一个平价看跌期权(或者做一个价差来降低风险)。你也可以卖出一个或更高的标准差的看跌期权和看跌信用价差。虽然这种成功可能性更高,但你的盈利没有多少。当然,你还可以把上述操作都做一遍,只是应注意:要让权利金衰减对你有利。

如果你在确认的下跌趋势中看到反弹到达阻力位,那么你可以考虑买入价内看跌期权和/或卖出平价看涨期权信用价差。在上涨趋势和下跌趋势中的操作原则是相同的。

如果是震荡市场,你可以在反弹到阻力位时卖出看涨期权信用价差,在跌到支撑位时卖出看跌期权信用价差。我通常更喜欢像这样分批交易这个铁鹰策略,而不是一次完成所有交易。

最后,如果交易者想减少交易中的挫败,只要假设当前趋势将一直持续下去,直到当前的交易周期被打破,这一点非常重要。趋势是你的朋友,直到它不再是。

本质上我们要顺应趋势,直到趋势结束。我们不想假设趋势马上要结束,除非有明确的市场内部信号,如高偏度读数(SKEW reading)或较低的看跌/看涨比率的10天均值。也有一些迹象能够预示趋势即将结束，我们需要关注它们。

第一个迹象是我们从趋势市场转向了震荡市场。下一次冲高的推动力失败了，但是行情还没有转变为下跌趋势。这里会聚集波动压力（这可以通过挤牌来测度，我们将在后面的章节中讨论），而这种能量的释放可能是向上的也可能是向下的。在图3-10中，很多情况下看起来趋势"可能"会失败，但在交易中，最容易坚持的路径是"阻力最小的路径"。只需要把趋势当成朋友，直到它背叛你为止，这时就转而交易新的趋势。

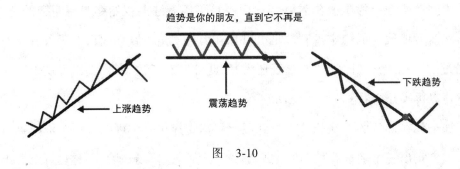

图 3-10

第二个迹象是在趋势改变点，形态就开始形成。这些形态反映了推动力和反作用力下的市场波动，这种波动是我们现在仔细寻找的。市场并不总是会出现挤牌，但一旦出现挤牌，相应的上涨或下降通常会非常强劲，并产生"比预期还强劲"的行情。终极决定是，市场趋势是要继续、要反转还是要开始一个新的下行通道。识别这些行情形成过程中的迹象对我们会很有帮助。在图3-11中，我们看到一个上行趋势如何在自发推动力和反作用力下演变成一个头肩顶的形态。而在它的旁边，我们看到一个下降趋势如何因为一个向下的推动力失败而形成一个反转：先是形成较高的低点（HL），随后带来反转形态。

当我们把这些运动放大时，我们可以看到精确的价格行动，我们希望找到它们来确认趋势变化。在图3-12中，我们在更高的低点（HL）处放大，可以看到趋势变化在哪一点被确认。

当然，也有可能出现假行情，但这些通常发生在盘中较小的时间窗口里。时间窗口越大，形态就越值得信赖。

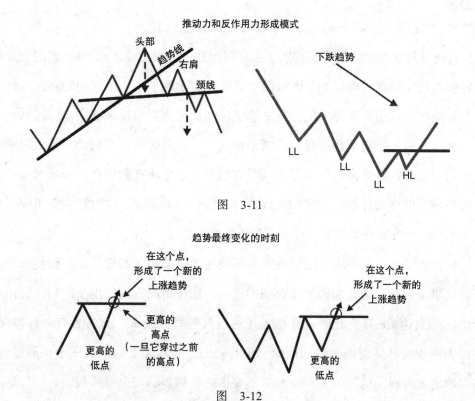

图 3-11

图 3-12

哪个新闻通讯是对的

这一节不是要向大家推荐好的金融市场订阅服务，而是介绍我们如何对待它们。现在有许多与市场相关的服务、新闻通讯和互联网聊天室。这些服务通常提供一些关于市场的观点，而且一般会对获取它们的信息进行收费。它们提供对市场方向的看法，有时还会给出特定的股票选择。我曾经是一个通讯迷，从某种程度上来说，我现在还是。

不过，现在我对这些个人观点不那么感兴趣了，我更感兴趣的是那些通过各种技术数据提供当前市场状况的快速概览的网站。"帮我节省时间"是我的口号。由于这个原因，我非常喜欢扫描器和过滤器，它们可以帮助我快速地挖掘大量数据，并指明我正在搜索的东西。过去我需要花费几个小时搜索，现在通过使用Investor's Business Daily等工具只需要几分钟，此外还可以使用我们自己的市场扫描器，可以在 www.simplertrading.com/scanner 上找到。

我还发现，对那些认为道琼斯工业平均指数（DJIA）将达到 3000 点的观点与那些认为道琼斯指数将达到 8 万点的观点进行阅读和平衡，是有用的。这两种观点都有理性和荒谬的部分，但是制造恐惧比制造希望更容易。下次当你读到一封电子邮件叫嚣下一次市场崩盘时，请记住这一点。有时候，当我读完某人对未来五年的看法时，我觉得我们需要卖掉所有的东西，把所有的资产转换成黄金，然后搬到那个世界末日来临时我们可以自己种粮食的国家去。这时我就会再读一个过于乐观的预测来平衡一下。现实通常介于两者之间。

我也听说过有人因为"把所有资金都放在了时事通讯的推荐上"而使账户爆仓的故事。最近，随着加密货币热潮的兴起，这种情况真的发生了。当比特币的价格已经到达 1.8 万美元时，有些人还通过抵押贷款去买。交易者有一种倾向，会因为一项交易是别人推荐的而对它更有信心，而实际上这只是一个交易定式，与别的定式一样。重要的是，交易者不要被一种错误的安全感所吸引，以为某笔交易会完全按计划进行。记住，交易永远都是关于概率以及风险控制的。不要因为你在网上读到一些东西就变得过于自信。

如何确定优先级：如果你在交易日的头两个小时被打扰，为什么这是你的错

我会在本书最后讨论商业计划的时候更多地谈到这一点。但是这里确实涉及一点儿技巧。底线是在这一行业交易者必须集中精力才能成功。股市中最关键的时间通常是交易日的头两个小时。这是大多数定式发生的时候。交易者应与同事沟通好；如果是在家中交易，也应与配偶和孩子沟通好，确保在此期间不会受到打扰。当我在交易时，我不检查电子邮件，不接电话，也不接待不速之客。如果我的妻子想在交易日开始前让我送她去健身房，她知道我的最后期限。如果她在最后期限后通知我，我的回答总是一样的："亲爱的，你知道我爱你，但我正在交

易中。"每次都要清晰地沟通,这会让每个身处其中的人都更轻松。在生活中,你得到的恰好是你所能忍受的。

如果你一开始就先假设其他人"应该"知道你的优先级和时间表,那可能很难直接沟通。写一份完整的交易计划,然后与你生活中的人分享是很有帮助的。一旦他们明白这对你很重要而且你是认真的,他们通常会尊重你的交易计划中明确列出的任何界限。要从他们的角度考虑问题。我知道,当我的妻子来到办公室拜访我时,我看起来并没有很努力地工作。我只是在放松,看看图表。当然,我实际上非常专注,我在观察和等待市场的展开。"仅仅因为我没在挖沟,"我喜欢对她说,"并不意味着我没在工作。"如果你在生活的这一领域遇到任何挫折,放下手头的一切,去读唐·米格尔·鲁伊斯的书《四个约定》(我在上一章提到过),或者到 Audible 去听这本书,这本书里有很多引人会心一笑的瞬间。

说到每天与人沟通,对于那些还没使用即时通信软件的人来说,即时通信是一种非常有效的保持联系的方式。在交易中人们打来电话的时机可能完全不对。有了即时通信软件,人们可以输入问题,而交易者可以到有空时再回复。即时通信就是为交易者而设计的通信方式。这种服务随着时间的推移也会发生变化。最近我主要使用 Skype、谷歌 Talk、"Gchat"或 Slack。

即时通信软件的关键在于,交易者要屏蔽自己的特许名单之外的所有人。如果人人都知道你在线,那么每个人都会打扰你。对交易者来说,与经纪人以及其他交易者之间的即时消息传递是适当的。其他任何可能会打扰交易者工作的通信都是不恰当的,包括家人。但是,我的妻子确实进入了我的通信特许名单。当市场波动时,这是一种保持联系的有用方式,至少对我来说这比来回打电话要容易多了。这是你的生活,人生苦短,现在就行动起来,做自己时间的主人。

为什么中午 12 点以后看《哈利波特》DVD 比看 CNBC 好

我之所以提出这个问题,是因为我见过太多交易者辞掉工作,遵循我所谓的

"CNBC定式"。他们很兴奋,因为他们终于可以全职交易了。他们觉得自己这些年来一直处于不利地位,只能从iPhone上获取报价,在会议间隙偷偷进行交易,只有在市场收盘后才会听到重要新闻事件。一旦他们开始全职交易,他们会做什么?他们会把电视放在电脑旁边,打开CNBC,让自己的眼睛盯住屏幕,以寻找交易机会。

CNBC有一项非常具体的任务:为观众提供足够的娱乐,让他们尽可能长时间地收看节目。当有很多观众的时候,它就从广告中赚了更多的钱。就是这么简单。

CNBC看起来很有趣,当发生严重的事件时,它做的报道很好。我是在马克·海恩斯(Mark Haines)的现场讲述下得知"9·11"事件的。那天我浏览了其他一些频道,但最后我停在了CNBC上,因为毫无疑问,它做了最好的报道。谁能忘记玛丽亚·巴蒂罗姆在第一幢建筑刚刚倒塌后满身灰烬地报道这一事件?这是一段仅仅是观看就感到非常痛苦的经历,但是记者和电视台都做得很好。

尽管如此,交易者还是必须意识到他们无法通过任何金融新闻频道的"交易新闻"谋生。等到电视上出现什么消息的时候,再去反应已经太晚了。交易大厅已经听说了这个消息;当消息传播给公众的时候,交易大厅的交易者正在平仓,最理想的情况就是卖给那些刚刚看到头条新闻的傻瓜。如果一定要找点用处的话,CNBC可以被当作"反向工具"——站在新闻的对立面。一旦它没有故事可讲,开始一遍又一遍地重复同样的事情,我就会把音量调低,要么打开一个不含商业广告的音乐电台,要么打开YouTube或www.focusatwill.com上的Mind Amend频道之类的"brain focus(大脑聚焦)"音乐。有时我会把在Netflix或Amazon Prime上看过的电影作为背景噪声。谁会厌倦看《角斗士》或《权力的游戏》呢?

以交易谋生的交易者每天都在等待特定的定式成形。然而,大多数交易者的一个最大弱点,是每一个行情都想参与。如果市场行情涨起来,许多交易者就会忍不住跳入市场,担心自己可能会错过一次大行情。这是一个致命的缺陷,会毁掉任何一个无法控制这种习惯的交易者。在你读这本书的时候,如果我想要让你记住什么东西的话,那就是:错过市场行情没有什么关系。专业交易者会错过市场行情，只有业余交易者才会试图追逐每一个行情。交易者可以通过听音乐或播放电影或电视剧作为背景噪声来打发时间，同时等待他们的特定定式成形。这使得他们不太容易仅仅因为无聊或无法忍受错失良机而冲动地投入交易。我们的目标不是抓住市场的每一次行情，而是采纳那些我们已经在商业计划中勾勒出来的特定定式，否则你只是一个枪手，而所有的枪手早晚都会被杀。

我们建立了 www.simplertrading.com/scanner 以在噪声中找到针对相关股票的具体、可操作的定式。它们可以用来交易股票本身，或者用来交易我个人偏好的这些股票的期权。

现在我们已经理解了什么因素能够影响市场、市场倾向于怎样运动，这引出了一个合乎逻辑的问题——要交易什么呢？股票、期权、期货、外汇、加密货币，或者交易所有这些？

> 你可以根据处理问题的规模来评价一个领导者。其他人可以应对海浪起伏，而领导者的任务是看海潮涨落。
>
> ——安东尼·杰

杰西·利弗莫尔（《股票作手回忆录》主人公）谈他最好的交易时，说：

钱是通过坐着等待赚的，不是通过频繁交易赚的。

赚钱需要时间。

让我赚大钱的从来都不是我怎么想的，而是我怎么等待（市场展开）的。

没有人能捕捉到所有的波动。

既能看对又能管住手的人是不多见的。

华尔街的许多亏损，是不论市场内部条件怎样都想要持续行动的渴望造成的。即便对那些专业人士也一样，他们感到每天都必须赚点儿钱回家，就好像他们拿的是固定工资一样。

第4章

弄懂了市场后要交易什么

> 没有妻子能忍受一个赌博的丈夫,除非他持续赢钱。
>
> ——托马斯·杜瓦

直接告诉我:哪个市场给我最大的机会成功

好了,现在你对交易心理学以及市场通常情况下如何涨跌有了一个概念,是时候进行交易了。交易什么呢?股票,外汇,加密数字货币,期货,还是期权?我知道加密数字货币风靡一时,但它们像其他交易对象一样只是一种交易工具,如果你不知道你在做什么,你会被吞噬殆尽。我拥有比特币、以太坊和莱特币已经有一段时间了,我唯一的抱怨是它们刚出现的时候我没有买更多。5000美元变成30万美元,真是太神奇了。但是在它们经历了惊人的泡沫上涨之后,现在它们的交易像其他市场一样有规律地涨跌起伏。记住:这些市场都由充斥着各种情绪的人组成,不论他们是在交易奈飞还是比特币。我买卖期货和外汇(外汇市场),

以及股票。我这里要谈论的是一种交易工具，它从一开始就可以在所有市场里给你最大的概率去创造持续的收益。这不仅是基于我自己的市场经验，也是基于观察成千上万的其他交易者在市场里对这种交易工具进行的尝试。我的终极希望是你拥有最好的成功机会。

如果我只能选择唯一一种交易工具，很简单，我选择期权。对于期权方向性交易，如果行情好了，你就可以得到很大的杠杆作用。不同于期货和外汇，当你买入看涨期权或看跌期权时，你的风险是固定的，也就是说，你的账户不会"变成负数"。而对于其他工具，当疯狂的事情发生时，比如瑞士法郎与欧元脱钩，引起了惊人的23%隔夜波动。这不仅给选错边的人造成了巨大的损失，而且导致很多账户变成负数。这意味着你突然欠你的经纪人钱了。这一点儿也不好玩。我也可以毫不怀疑地说，新手日内交易期货的失败率最高。如果你交易太频繁，佣金会把你活活吃掉。如果你不遵循交易计划，就很容易错过一笔交易。首先从期权市场开始交易吧，这个市场更为宽容。

在期权交易中，唯一真正的危险是你决定裸卖期权。好吧，你猜怎么着？你永远都无须这样做。一个价差是限定风险的裸卖期权。当你卖出的一个价差被行权时会怎样？你的风险没有改变，只是交易保证金要求发生了变化。如果你有足够的保证金，就保留这笔交易。如果你做不到，就把交易关掉。顺便说一下，被行权并不经常发生。我经常在价差到期后持有被行权的股票而获利更多。需再次说明的是当你有价差时，你的风险不会改变，股票的涨跌被价差中的另一个期权抵消了。

此外，任何大小的账户都可以做期权交易，你甚至可以在一个只有几千美元的账户交易股价达数千美元的股票的期权。几乎所有东西，如个股、板块、指数、外汇，任何你能想到的，都有期权。我正在密切关注将来的加密货币的期权。你想从利率上升中获益吗？买入TLT（iShares Barclays 20+ Yr. Treasury Bond ETF）的长期看跌期权，而不是做空债券期货并承受全部风险。Netflix（NFLX）要横盘一段时间吗？卖出权利金。一个懂期权的交易者如果采用恰当的期权策略，就能够利用任何市场状况（上涨，下跌，或横盘）来满足他们的任何交易目标，不管是创造月收入还是成倍增加财富。如果你学会了卖权利金的正确方式（因为的确存在错误的方式），你就可以在做错了股票方向的情况下依然获利。期权交易最重要的技巧是什么？是学会什么不能做。

期权交易是最吸引人的交易类型，因为你能用期权做的事情非常多。期权一般有两种类型的散户交易者。第一类交易者对期权一无所知，或者做了几次交易并不成功，于是他们就放弃了。第二类交易者试着买入一份期权（最有可能是价外看涨期权），亏了钱，然后发现还可以卖出期权收取权利金，于是这类交易者掉进无底洞，他们知道了所有可能的卖出权利金的方法，并沉迷于不招致任何风险地这么做。这类交易者花了很多时间来买卖期权，每个月赚一点儿钱。这一招通常能管用好多个月，直到它不管用了，然后很快变得很糟糕。换句话说，即使这类交易者知道所有关于期权的知识，他们也无法通过操作期权获得稳定的收益。对期权交易者来说，知道太多的知识不一定是件好事。保持简单更好。

我用几个基本的策略来交易期权。我喜欢事情简单化。我的第一准则是"如果我不能把它解释给一个12岁的孩子听，那它就过于复杂了"。我同时关注方向性交易和收取权利金。我将快速地为新手讲解期权，主要讲一些他们需要知道的知识要点，然后我将讨论我最喜欢的策略。

这一章会为本书第二部分的交易定式中提到的期权策略打下基础。如果你忘了什么是 Delta，或者忘了什么是隐含波动率（IV）崩溃，那么你可以回到这一章快速查询。别担心，你不需要精通那些"希腊字母"来操作期权。如果你懂当然没什么不好，但是存在简单好用的策略，完全不需要懂什么是 Gamma 或 Vega，或者它们有什么用。

为一张去新加坡的头等舱机票，你愿意付多少钱

想象一下，你从芝加哥飞往新加坡。那是一段让人头脑麻木、氧气不足的17

个小时的旅程。好运突降，你升级到了头等舱。太棒了！你坐下，调整到舒适的姿势，准备有格调地享受这段17个小时的航程。就在起飞之前，一个对冲基金经理走过来对你耳语："嘿，我在后面经济舱很挤，我愿意出钱来跟你交换位置，你要多少？"嗯，这真让人纠结。你喜欢你的座位，不想离开你的座位，但这家伙愿意出多少钱来跟你交换呢？你左右为难，这时他说最多愿意出1500美元来跟你换座位。你告诉他如果网上预订的话他需要花2万美元。"是的，"他说，"但你是免费得到的，现在的问题是你想要多少钱？"你考虑了一下，对他说，1500美元太低了，但如果他让你先坐前5个小时，后面的12个小时这个座位就归他了。"成交。"他说。

5个小时过去了，他回到你的座位旁边，准备和你交换。他递给你1200美元。"等一下，"你说道，"我记得我们谈好的价格是1500美元。"他露出一个好笑的表情说："那是还有17个小时航程的时候，现在只有12个小时了。时间已经不多了。"你告诉他还要再考虑考虑。他不满地走开了。你不知不觉中在座位上睡了过去。9个小时舒适的睡眠之后，你醒了过来。"嘿，老兄，"他带着一副看起来在经济舱挤了14个小时的样子说，"你准备好换座位了吗？"好吧，你说。他递过来300美元。"其余的钱呢？"你问。他不耐烦地解释，你已经睡了9个小时，现在只剩下3个小时的航程了。在这个时候，他完全可以继续挤经济舱，但他还是愿意给你300美元在最后几个小时换取这个座位。你想了想，意识到3个小时后你的座位就会一文不值（飞机着陆后这家伙不可能再付钱），于是你收下300美元交换座位。这在本质上就是一个"平值"看涨期权权利金衰减的例子。离航程的终点越近（期权到期日），你的头等舱座位价格（权利金）就越低。

高中的时候，我做了第一笔期权交易，买入了英特尔公司（INTC）的看涨期权，我对它们是什么或者它们代表什么一点概念都没有。后来我发现，如果标的股票价格上涨，看涨期权价格就上涨；如果标的股票价格下跌，看跌期权价格就上涨。因此购买看涨期权就像是做多，购买看跌期权就像是做空。

一张期权代表100股股票。当你看到期权标价为4.30美元时，那是每一股股票对应的期权价格。因为每张期权代表100股股票，所以标价4.30美元的期权售价为430美元。够简单吧？

然后我了解了行权价，知道了期权可以是实值期权、平值期权或虚值期权。很好。如果苹果公司（AAPL）的股价为每股399.26美元，而我正在观察看涨期权，那390美元的看涨期权就是实值期权（行权价低于当前股票价格，简称ITM），400美元的看涨期权就是平值期权（行权价接近或等于当前市价，简称ATM），而410美元的看涨期权就是虚值期权（行权价高于当前股价，简称OTM）。

这个390美元看涨期权是"实值期权"，是因为它给予期权购买者以390美元买入该股票的权利。简单的数学计算显示，如果股价为399.26美元，那么390美元的看涨期权价值9.26美元。它的原理是这样的，如果这个期权给我以390美元买入该股票的权利，而股价现在为399.26美元，那么我可以立即进入市场以399.26美元的价格卖掉我以390美元买入的股票，获利9.26美元。期权价格中的这一部分，称为期权真实价值或者内在价值。但如果就这么简单，那么行权价为400美元和410美元的期权不是毫无价值吗？因为股价为399.26美元，比这两个行权价都低。

这就要谈到权利金了。图4-1显示了这些期权的实际价格。这些期权还有24天的有效期，24天后就过期了。当一个期权到期时，它真正的价值就是把期权换成股票后交易者所能获得的真实价值。也就是说，如果现在是到期日，而AAPL股价为每股400美元，那么任何行权价高于400美元的看涨期权的价值都是0（到期时毫无价值，因为没有内在价值了），而任何行权价低于400美元的看涨期权，价值等于股票实际价格减去行权价。所以，在这个例子中，390美元看涨期权价值10美元（如果AAPL刚好在400美元收盘）。而400美元和410美元的看涨期权，给了期权持有者以行权价买入AAPL股票的权利，价值将为0。毕竟，你可以在公开市场上以400美元买入股票，那为什么要付钱给人去获得以400美元买入该股票的"权利"呢？更别说410美元了。注意：当你交易期权时，你不用真的去用期权和股票交换。你可以这样做，但很多时候交易者只是买卖期权本身。

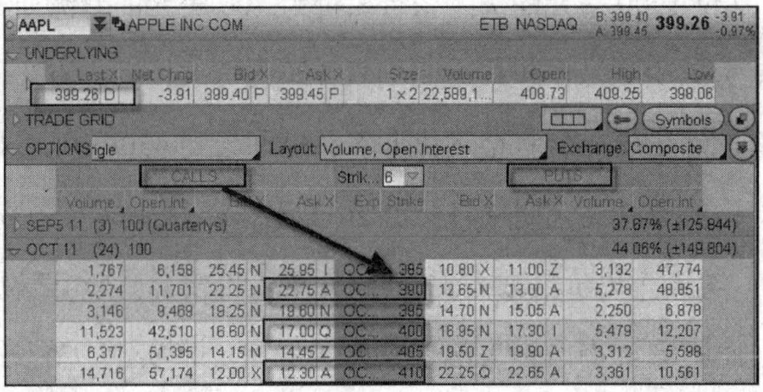

图 4-1

然而，当我们看这些 24 天后到期的期权价格时，我们注意到一件非常奇怪的事情。390 美元看涨期权并不是以它的内在价值 10 美元交易，而是高达 22.75 美元，远远高于如果今天是到期日它所值的 10 美元。410 美元看涨期权，如果在到期日价值应该为 0，却在 12.30 美元（每份期权合约 1230 美元）交易。400 美元看涨期权，在到期日也应该价值为 0，却在 17.00 美元（每份期权合约 1700 美元）交易。怎么回事？

就像头等舱座位一样，有人愿意支付权利金去买期权，即使是虚值期权。为什么？股票有可能出现大幅上涨，期权价值将来可能高得多。而离到期日越远（即航程越长），他们愿意支付的权利金就越高。为什么不直接买股票？因为他们不愿意花一大笔钱买进真实的股票，但他们愿意支付权利金去得到购买股票的权利，并充分利用购买期权时有限的风险和包含的杠杆率。注意：390 美元期权的价格包括了真实价值，而 400 美元和 410 美元期权的价格则纯粹是权利金。实值看涨期权的价格是内在价值和权利金的结合。

一方面，持股人也要做出与头等舱乘客类似的决定：是否要卖出所持股票相应的期权，收取权利金？持股人希望继续持有股票，那么他的目标就是卖出与股票对应的会无价值地过期的期权。也就是说，持股人希望在到期日股票收盘价格不高于期权的行权价。

作为期权购买者，就像那个想购买你的头等舱座位权利的人一样，买入的时候是期望得到更好的体验。不需要拿出4万美元在400美元的价格买进100股AAPL，你可以支付1700美元购买一张行权价为400美元的看涨期权。每过一天，期权的权利金就会减少一点。越接近到期日（即飞机越接近终点），权利金就会贬值得越快。这里你是在赌AAPL会飞快上涨，也许会到450美元。如果真是这样，那么在到期日，你的400美元期权将会值50美元，而你在这笔交易中的盈利将是3300美元（5000美元卖出价格减去1700美元买入价格）。换句话说，你可以参与AAPL的上涨，而不需要掏出一大笔钱去购买股票。事实上，在交易中，持有股票就有点儿像坐在经济舱。

另一方面，卖给你期权的那个持股人不希望看到AAPL涨到450美元。他希望股价能保持在400美元左右，那么你花1700美元购买的期权就会无价值地过期。你的1700美元到哪儿去了呢？到了卖给你期权的人手里，直接进了他们的口袋。AAPL股票就像是他们所持有的一处房产，他收了你1700美元的月租，多谢你了。

我们刚才谈论的一切都集中在"看涨期权"的这一方面，看跌期权也是同样的原理。在图4-1中，AAPL股价在399.26美元时，我们可以看到390.00美元的虚值看跌期权交易价格是12.65美元，400美元的平值看跌期权交易价格是16.95美元，以及410美元的实值看跌期权交易价格是22.25美元。

为什么我不用岳母的账户来买这些特定的期权呢

到现在为止，我一直在讲什么是期权和期权怎样运作，接下来我讲讲人们交易期权时亏钱的主要原因。非常简单：因为他们主要集中于购买便宜的虚值看涨期权。在图4-1中，410美元AAPL看涨期权价值12.30美元。这是100%的权利金，没有任何内在价值。在这个例子中，交易者看到了390美元看涨期权，但发现22.75美元的价格"太贵了"。AAPL当前的股价是399.26美元。我们假设它在到期日前一直良好地稳步上涨，涨幅刚好超过每股 10 美元，在到期日收盘价为 409.75 美元。一个交易者购买了 410 美元看涨期权，因为他认为 AAPL 将会上涨。他是对的。AAPL 确实涨了。在到期日他的期权价值多少钱呢？一个大鹅蛋。他输得精光。实际上，AAPL 收盘价格必须高于 422.30 美元，他才能在这笔交易中获利。当股价在 422.30 美元时，410 美元看涨期权在到期日价值 12.30 美元——正好等于他为这个期权支付的价格。虽然他没有在这笔交易中亏钱，但他同样没赚到钱。换句话说，如果买入虚值看涨期权，交易者不仅要看对方向，而且该方向还要有大的上涨才行。一个稳步的上涨是没用的，必须有爆炸式的上涨。

在相同的情况下，如果交易者以 22.75 美元购买了"昂贵的" 390 美元看涨期权，那么在到期日，股价上涨到 422.30 美元将使看涨期权的价格变成 32.30 美元，使这笔交易获利 9.55 美元（955 美元）。你是愿意用 2275 美元购买期权获利 955 美元还是愿意用 1230 美元购买期权然后赚 0 美元？"仅仅因为便宜"就购买期权是一个荒唐的交易策略。在期权世界里，常见场景是：①散户交易者购买虚值看涨期权（没注意到合理价值或隐含波动率，后面会详细阐述）；②职业交易者高兴地整天向他们出售这些看涨期权。"嘿，你还要多来点吗？"他们热切地问，"我们还有很多可以卖给你。"

我认识一些在场内做期权交易超过 20 年的人。他们从来没有买过一张虚值看涨期权。一张都没有。对他们来说，这个星球上没有比购买虚值看涨期权更糟糕的事了。

这并不是说虚值期权毫无地位。信不信由你，总有一些情况下购买它们是有意义的，但这些是例外而不是规则。这就要提到我的第一个期权策略了。

方向性交易：为什么 Delta 值为 0.7 或 0.7 以上更好

购买便宜的虚值期权很有诱惑性，因为一旦成功，交易就会大获全胜。每个人都希望能够以 1 美元购买期权然后以 15 美元卖掉。如果做对了，这就是那种能让你"辞掉工作环游世界"的交易。是的，这有可能发生在虚值期权上，就好像你打扑克时有可能摸到最大的同花顺一样。概率不大，但机会是存在的，虽然有点儿渺茫。就个人而言，我更感兴趣的是增加产生稳定收入的机会，而不是孤注一掷然后祈求好运。

图 4-2 展示了一幅带"希腊字母"Delta, Gamma, Theta, Vega 的期权图。好消息是，对于我喜欢做的期权交易，交易者并不需要对这些希腊字母懂太多。这里我只想谈一下 Delta 值，这很重要。Delta 值简单地告诉我们标的股票价格每变化 1 美元，期权价格将会变化多少。Delta 值等于 1 表示期权价格将和股票价格一对一地一起动。如果股票上涨 1 美元，那么期权价格会上涨 1 美元。Delta 值等于 0.1 表示，如果股票上涨 1 美元，那么期权价值只上涨 10 美分。注意：Delta 值等于 10 也说明了做市商认为该股票只有 10% 的机会会涨到（更别说高于）行权价。实值看涨期权的行权价越低，Delta 值就越高。虚值看涨期权行权价越高，Delta 值就越低。

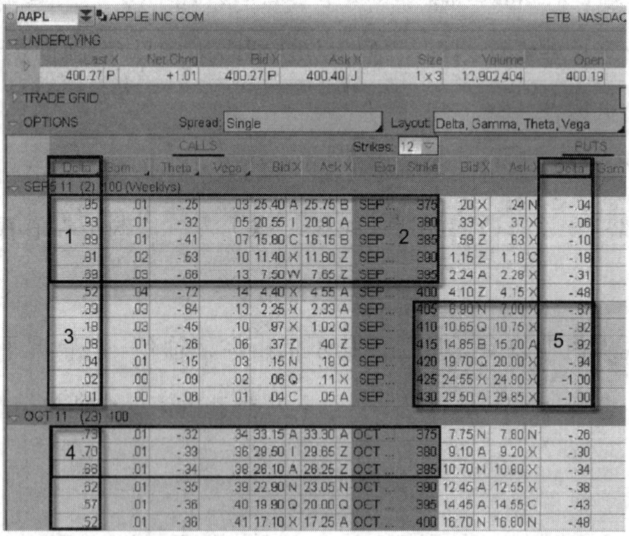

图 4-2

在这个期权定价模型中有个漏洞可以被利用。做市商给价外期权定价时都是基于波动率会保持稳定，这是个错误的假设。我们确实在寻找交易定式，比如挤牌，这些交易定式出现时，一个突然的比预期更大的行情发生概率，比计入期权市场定价的发生概率更大。这些是黄金机会。换句话说，大多数时候，价外期权会一文不值地过期。有的时候，它们的价值会爆发。我喜欢发现那些交易定式，它们能及时、精确地捕捉标的股票大爆发概率增加的时机。在且仅在那些时候，我会在"一篮子"期权策略中运用一些价外看涨期权。例如，我根据交易定式可能会在同一只股票上买入价内看涨期权，卖出信用价差看跌期权，以及买入价外看涨期权。这在利用权利金衰减和可能爆发的大行情来赚钱上给了我优势。

对于纯方向性交易，我只不过把期权当成参与标的股票价格变动的一种更便宜的方式。本书后面会谈到的一种交易（挤牌交易）是我最喜欢的期权交易之一。这个交易定式预示股票大概率会开始一轮大于预期的行情。在这种情况下，我只想参与股票行情，却不想真金白银地支付购买真实股票所需要的全部资金。在这些交易中，我直接买一张 Delta 值大于或等于 0.7 的价内期权。这意味着，如果股票价格朝对我有利的方向变动，股票每变动 1 美元，期权价格同向变动 0.7 美元。一个额外的好处是随着股票朝我期待的方向运动，我的期权成为更有深度的价内期权，Delta 值也随之增加。在最开始的两个点，我的期权价格可能变动 1.4 美元（每 1 美元 70 美分）。在接下来的两个点，它可能变动 1.6 美元，因为 Delta 值从 0.7 增加到 0.8。另外，深度价外期权的 Delta 值会在相当一段时间内保持低值。购买深度价外期权是双输的，除非你发现了一个爆炸行情的高概率交易定式，或者你有像 "Bear Stern 要完蛋"这样的内幕消息。有人在 Bear Stern 破产前数周买了 140 万美元深度价外看跌期权。因为他知道接下来会发生什么事情，所以他发了大财。

在图 4-2 中，我们可以从左侧看到当 AAPL 看涨期权的行权价从 375 美元涨到 430 美元时相应的 Delta 值。在点 1 处，我们看到期权的 Delta 值大于或等于 0.7（395 美元这个期权的 Delta 值为 0.69，足够接近）。这些是最近推出的 9 月每周期权系列，还有 2 天就到期。

注意：直到不久以前，所有股票期权都是"每月期权"，在每个月的第三个星期五到期。现在我们也有"每周期权"，最先开始于一些大型公司，现在很多交投活跃的公司也有"每周期权"，这很好，尤其是在财报公布前后。这些期权的权利金很高，因为散户交易者争相购买这些"便宜"的期权。我永远、永远、永远都不会买这种期权。但我会很乐意向任何觉得自己捡了个大便宜的人出售这些期权。这是期权的好处之一。如果你因为觉得它会毫无价值地过期而永远不去买一个期权，那你总是可以站到交易的另一方去卖它。用价差来做，这样你的风险是有限的。你不必非要去裸卖一个看涨期权。

点4处显示了每月期权的Delta值，它们在23天后过期。注意：每个行权价的Delta值是不一样的。离到期日越远，为了让Delta值达到0.7，交易者所需要的价内期权深度就越深。在点3处，我们可以看到价外期权的Delta值水平，随着行权价离当前股价越来越远，Delta值也直线下跌。也就是说，交易者可以用5美分购买行权价为430美元的看涨期权，而如果第二天AAPL股价每股变动10美元，那期权价格几乎不动。对于看跌期权，原理也是一样的，只是方向相反。我们希望看跌期权的Delta值水平为−0.7或更低，就像点5处特意指出的那样。

我要第一个承认纯方向性交易并不"诱人"。它们只是简单，而且只要结合标的股票的高胜率的技术定式，它们就有效。让我们看一下图4-3，它详细显示了我在期权交易中最喜欢的一种"短期波段交易策略"。这里的"短期"是指那种我会操作1～3天的交易。对这种类型的交易，我观察小时图，而我最喜欢的小时图上的交易定式之一是挤牌。

1. 在点1处，一个挤牌定式在高盛（GS）小时图上出现，用方框中的深色点表示。当这些点变回浅色，如果柱状线位于零线上方，就买入；如果柱状线位于零线下方，就卖出（做空）（后面的章节会有更多关于挤牌的内容）。在这个例子中，交易者应该买入。

2. 在点2处，GS股价在159美元附近。我想买进看涨期权，因为挤牌给出了一个买入信号。当然，我寻找的是 Delta 值为 0.70 的看涨期权，此例中行权价为 155 美元。在接下来的一个小时中，我分别以 7.25 美元、7.35 美元和 7.40 美元买入。我打算承受标的股票下跌 2 美元的风险，那时我会以期权市价平仓离场。因为 Delta 值等于 0.7，所以我知道当股票价格下跌 2 美元时，期权价格会下跌 1.4 美元。

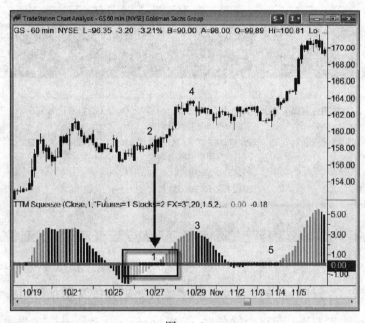

图 4-3

3. 在点 3 处，挤牌指标释放了一个卖出信号，这时股票运动已经开始失去动能。这由深色的柱状线表示。因此，我开始在点 4 处平仓。

4. 这笔交易，如图 4-4 所示，我在 7.25 美元、7.35 美元和 7.40 美元价位分批买入 300 张期权合约。然后我在 9.05 美元和 9.25 美元价位分批卖出这 300 张合约，平均利润为每张合约 1.85 美元（+185.00 美元）。这笔交易是在我们每季度的实盘教学中完成的，所以我能够随着交易的展开进行截屏。

这里的核心观点，是当我寻找一只变动几美元的股票时，我希望我的期权价格能够跟随股票价格的变动上涨，跟得越紧越好。Delta 值等于 0.7 时，GS 2.60 美元的变动会导致期权价格变动 1.85 美元。我很乐意在星期四花 7.30 美元购买一张期权（GS 的 10 月 155 看涨期权），然后在星期五以 9.20 美元卖出。没有必要为了"看看会发生什么"而一直持有至到期日，或者希望期权价格能翻两番。我根据标的股票的信号买入期权，也根据标的股票的信号结束期权交易。

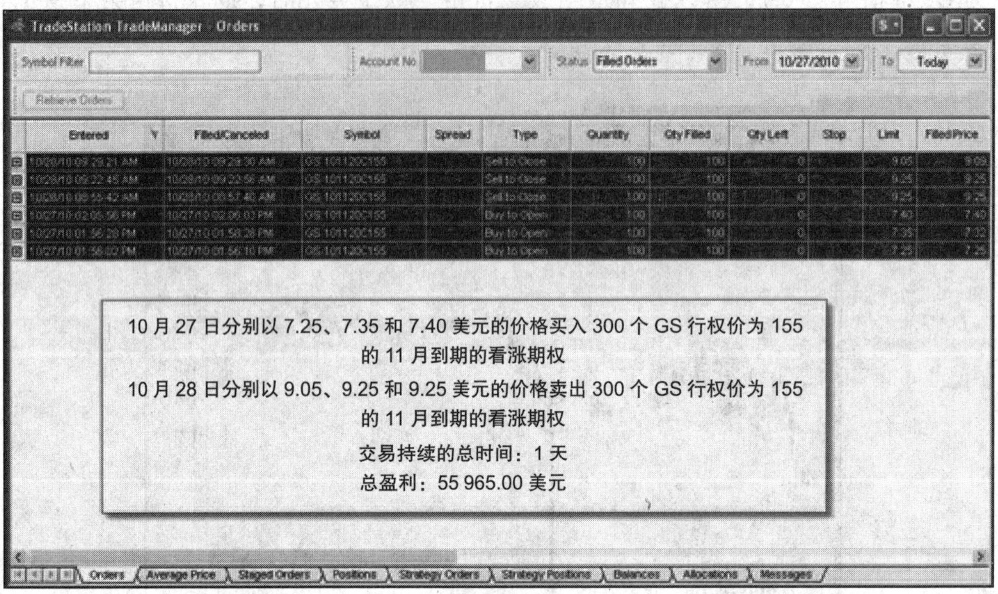

10 月 27 日分别以 7.25、7.35 和 7.40 美元的价格买入 300 个 GS 行权价为 155 的 11 月到期的看涨期权
10 月 28 日分别以 9.05、9.25 和 9.25 美元的价格卖出 300 个 GS 行权价为 155 的 11 月到期的看涨期权
交易持续的总时间：1 天
总盈利：55 965.00 美元

图 4-4

这是这个交易的最后一个重点。大多数介绍期权的文献都讲到买卖期权然后"一直持有至到期日"。我很少这样做。作为一个交易者，通过实践我称之为"在合理的价位买入和卖出"（BASAARP）的方式来谋生已经足够好了。

当然，对于更高级的期权交易者来说，有几种方法来操作 GS 的这个交易信号。信号显示"股票会上涨一到两个点"的可能性很高。更熟悉期权策略的交易者也可以对这个期权做各种不同的价差，其中一些我后面会谈到。

这部分内容还有很多，但我希望你已经明白了这个概念。关键是标的股票必须首先出现明确的信号，然后我采用期权策略的杠杆来放大股票行情。在大多数情况下，我对纯方向性行情就满意。我买入 Delta 值为 0.7 的期权，然后根据标的股票的变动结束交易，非常简单明了。当然，更好的做法是卖出看跌期权信用价差，这样权利金衰减对你有利。我经常两种都做。

隐含波动率崩溃的重要性，或"妈，快看，他们慌了"

新手期权交易者所犯的最大错误是不理解隐含波动率（IV）的作用以及它怎样影响期权价格。虽然期权价格的一部分是根据标的股票来计算的，但重要的另一部分是基于隐含波动率的。你有没有经历过在财报公布前一日购买了 AAPL 的看涨期权，看着 AAPL 的股票交易价格一夜之间上涨了 20 美元，然后睡不着觉，脑子里不停计算着明天开盘能赚到的钱？然后第二天，你满脸惊恐地看到期权开盘价格竟然低于你的买入价，你在这笔交易上反而要亏钱。这是怎么回事？欢迎来到隐含波动率的世界。

在这个例子中，做市商知道财报将是一个高波动率事件，所以他们把期权价格定得很高，把预期的波动性考虑在内。换句话说，他们已经把预期的股票行情包括在期权定价中。如果一个交易者在财报公布前一天购买 AAPL 看涨期权，接着公司公布了财报，如果第二天 AAPL 开盘价和之前的收盘价大致相同，那么期权开盘价格会比前一日低得多，即使股价与前一天相比并没有变化。原因是导致期权漫天要价的事件现在已经消失。而一旦这样的情况发生，期权价格就会崩溃，因此有隐含波动率崩溃这个说法。

恐慌、不确定性或即将发生的大事件都会导致隐含波动率增加。这些事件过去后，隐含波动率马上降低，如果没有什么值得担心的事情，它会保持在比较低的水平。例如，AAPL 期权的隐含波动率目前在 35% 左右（大多数期权交易平台上都会有这个数据）。财报公布之前，它可能跳升到 100%，基本上是期权价格中权利金部分的 3 倍。一般来说，交易者只有在隐含波动率较低时才购买期权。如果隐含波动率太高，那么购买期权就真的是一个亏本生意，但卖出期权就变得很有诱惑力（很快我们会讲更多）。

隐含波动率究竟有多重要呢？在 1987 年股灾时，股市下跌了 20%（就像 2018 年道琼斯指数一天跌幅超 5000 点，引发完全彻底的恐慌），但一些持有看涨期权的场内交易员实际上赚了钱。呃，看涨期权不是只有在市场上涨的时候才会赚钱吗？是的，但如果隐含波动率爆炸式地增长，它就会导致所有期权的价格上涨。有一天，它爆炸式地增长到了一个前所未有的水平，以至于看涨期权这种本来应该跌惨的品种也赚钱了。

利用这个知识，这里有一个可以使交易者获利的方法。图4-5显示了高盛（GS）的小时图。在2011年8月18日，股票跳空低开每股下跌超过3美元。跳空低开事件会导致开盘后恐慌随之而来。GS股票持有者慌忙购买看跌期权保护自己，而跳空事件本身就在市场上引发了不确定性。开盘时有一个5～10分钟的窗口时间，在这段时间内，上述情况导致看跌期权价格人为升高。换句话说就是，隐含波动率增加。它在开盘时突然上升，于是期权的权利金随之增加。

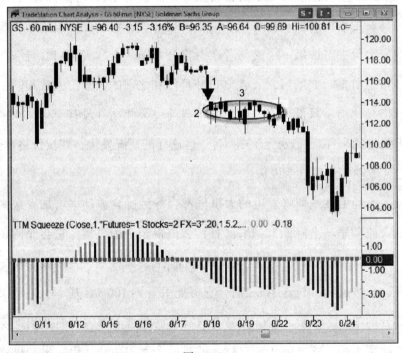

图 4-5

跳空低开意味着当股市开盘时，大多数新闻已经体现在价格中了。经过了跳空低开和股市开盘时的慌乱行为，股票在当天剩下的时间里一般会在一个平静的区间小幅波动。随着事件平息，隐含波动率下降，期权价格也随之下跌，这就叫作隐含波动率崩溃。有一种方法可以利用这种情况获利。

在这个交易中，我们不考虑买入看跌期权；我们找机会把看跌期权卖给那些恐慌的人。因为他们恐慌，所以他们会愿意多出钱来买看跌期权。我们很乐意把这些看跌期权卖给他们，然后在市场平静下来以后再买回来。这笔交易如下：

1. 东部时间晚间 9:30 现金开盘前大约半小时，我搜寻由于自身原因而跳空低开的股票。大多数情况下这是由该股票本身的新闻导致的。图 4-5 中我们可以看到在点 1 处 GS 距离昨日收盘价有一个明显的跳空低开。

2. 开盘后几分钟内，我卖出第一个价外看跌期权（记住，我们希望买入价内期权，但希望卖出价外期权）。在这个例子中，GS 在 114.07 美元开盘然后快速下跌。第一个价外看跌期权行权价为 110.0 美元，我在点 2 处以当前市场价格卖出这些期权。

3. 这笔交易的目标是当日内结清离场。在点 3 接近收盘处，GS 向 114.00 美元水平反弹。这个时候不确定性已经不存在了，而隐含波动率也已"崩溃"，回到昨天的位置。到收盘时，我以 1.20 美元卖出的期权也回落到 0.6 美元，虽然股价从开盘就没怎么真正变过。

4. 关于止损，我设置 1∶1 的风险收益比。也就是说，如果我希望赚 1 美元，那么我愿意承担 1 美元的风险。明确止损点是非常重要的，因为在有些情况下股票会不停地跌。裸卖期权因此很危险。在这种情况下，GS 如果不停被抛售至下跌 10 美元，那么我以 1.5 美元卖出的期权可能会涨到 5 美元甚至更高（当然，我可以买入下一个价外看跌期权作为对这种情况的保护）。作为卖方，在这种情况下任何高于 1.5 美元的期权价格都代表这笔交易亏损，聪明的做法是不要让亏损失控。

裸卖看涨期权并持有过夜在本质上是危险的，这是现存的风险最大的期权策略。如果一个交易者对某只股票以一张 5 美元的价格裸卖 20 张看涨期权（收取权利金 10 000 美元），第二天早上一觉醒来发现，由于公司并购，股票每股暴涨了 80 美元，那他一定感觉像被当头泼了一盆冷水。期权此时价值 16 万美元，卖出它的人瞬间就亏了 15 万美元。这就是应该用"垂直套利"（verticals）和"信用价差"（credit spreads）的时候，因为它们可以在这种异常糟糕的时候保护期权卖方。

综上所述，如果我买入期权，就会避免在隐含波动率高的时候买入。尤其是在一轮大行情刚结束的时候（哇，AAPL 今天涨了 10 美元了，我最好去买点价外看涨期权），以及在财报公布前也不会买入，除非我正在专门针对财报公布后会大涨的股票做策略。我更愿意等待"平静期"买入，比如挤牌交易，这个定式会在市场平静触底的时候形成。但是，高隐含波动率确实给交易者提供了卖出期权的机会。比如，过去有一段长达几年的时间，每当 IBM 股价接近 280 美元时，它就会被抛售。因此，每次 IBM 接近这个价位，场内交易员就会裸卖出 280 美元 IBM 看涨期权收取极高的权利金。当然了，购买这些看涨期权的散户（希冀 IBM 能突破 280 美元）被浇得透心凉。那些年，交易界流行着这样一句话："80 美元左右卖，买奔驰。"这场狂欢在 IBM 最终突破 280 美元并继续上涨那天结束。

在这个 GS 例子中，我在隐含波动率很高时裸卖看跌期权（没有标的股票支持），然后等隐含波动率恢复正常以后再买回。当然，你也可以以价差的形式卖出看跌期权来进一步控制风险。如果我裸卖，那我只少量卖出。

怎样知道什么时候该拿住，什么时候该套利

当你交易期权时，你有两个选择：在隐含波动率的平静期买入价内期权或卖出信用价差进行方向性交易，或者在隐含波动率高的时期卖出期权，期待隐含波动率崩溃。我们已经看到，裸卖期权的风险高于买入期权，即使它们有更高的概率对我们有利。我们通过信用价差的方式裸卖期权来限定风险。买入期权时，我们的损失限定于为期权支付的全部权利金。如果我们裸卖看涨期权，因为股票有可能无限上涨，我们的亏损理论上是无限的。当然，我还没见过有这样的股票。但是因为评级上调或者合并引起的跳空高开仍然是一个巨大的风险，既然能把裸卖变成固定风险的价差，那就没必要冒这个风险。

除了隐含波动率崩溃的情况，卖出期权尤其是价外期权的主要原因，是它们的权利金每一天都确实在减少。把期权价格中的权利金部分想象成一个鲜嫩多汁

的桃子……上面爬满了蚂蚁。每一天，这些蚂蚁都在一点一点地咬桃子，吃掉果肉，直到某一时刻只剩下中间的果核。期权到期的过程中也发生了相同的情形，期权价格中的权利金部分随着到期日的临近逐渐减少，直至减到零，最后剩下的是期权的真实价值，或者说内在价值。如果期权是价外期权，那它到期就一文不值。

顺便说一下，期权卖家的一个错误想法是希望他们的期权能一文不值地到期。我承认，这会让人感觉很满足。但如果你以1美元卖掉一个5美元的信用价差，到期的那一周你可以以20美分离场，安全的方式是获利离场。毕竟，到这个时候你是拿4.8美元来博最后的这20美分。期权到期的最后一周有这么多事能够而且也真的会出错。当你卖一个价差，一旦达到80%最大可能获利时，就没有理由继续拿住。离场，放手，去找另一个信用价差去卖吧。

权利金衰减是用Theta值来衡量的，这也是大多数期权平台上都能找到的"希腊字母"中的一个。如果一个看涨期权价值11.50美元（总价值为1150美元），而Theta值等于53.80，那么这个期权每天损耗53.8美元权利金。也就是说，11.50美元的期权每天仅权利金就损耗超过50美分。换个角度说，如果标的股票横盘3天股价没什么变化，那么这个期权价格会直接跌到10美元，每张合约损失150美元，即使股价不变。如果这个期权的Delta值是0.5，那么股票需要每天上涨1美元才能使期权维持同样的价格。更残酷的是，如果股票今天下跌2美元，但第二天凶猛地上涨了3美元，而你的期权价格……勉强持平。期权离到期日越近，Theta值就越高，也就是说，权利金损耗越快。记住这一点很关键，这就是为什么在到期日前几周购买深度价外看涨期权胜率很低。

这也是为什么卖出期权这么有吸引力。它们每一天都在损耗价值，而这个价值到了你的口袋。卖期权唯一的问题是，如果股价朝不利于你的方向变动过大，那么亏损的风险是巨大的。你有可能连赢15次，但如果接下来的一次你做错了，就会扫空你之前的所有盈利。解决这个风险的方法是使用被称为"**垂直套利**"的策略。是的，一个、两个标准偏差价差制胜概率更高，但很多情况下，你在用10

赌 1，甚至用 20 赌 1。它一直有效，直到它无效。当你做价内期权时，你一般用 1.5 赌 1，受益于同样的权利金损耗。价差之所以吸引人，是因为交易者不需要"绝对正确"才能从交易中赚钱。我不打算花太多时间讲述垂直套利，因为有很多书整本都在讲这个概念，但我们可以了解足够多以认识到它的危险性。让我们来快速看一下。

回顾图 4-3 的 GS 交易，我本来可以在这笔交易中使用牛市垂直价差来减小风险。我仍然可以在 7.30 美元买入行权价为 155 美元的看涨期权，然而不是去根据标的股票的变动设置 2 美元止损，而是在同一时间以市价 3.8 美元卖出同等数额行权价为 160 美元的看涨期权。注意：这个价外看涨期权的价格全都是权利金，而蚂蚁每天都在啃这个多汁的桃子。它每天都在贬值。因此，即使 GS 横盘几天，我也可以在离场时从权利金损耗中小额获利。我也可以做以下几项：

1. 像之前讲的一样，两腿前后分别进入同一个价差，而不是一开始就全部进入。也就是说，我可以先买入实值看涨期权，当第二天挤牌信号结束以后，卖出价外看涨期权，建立一个固定风险的信用价差。一旦信号结束，股票通常会横盘几天。小的价格井喷会刺激隐含波动率大幅上升，因此增加价外看涨期权的价格。换句话说，这是出售它们的好机会。在理想情况下，股票此后几天会横盘，然后我可以结清这笔交易的两条腿而获取利润。

2. 裸卖一个平值看跌期权或者第一个价外看跌期权，挤牌信号结束以后再买回。这样操作的风险，是如果 GS 出现坏消息（比如受到 SEC 调查）而每股快速下跌 20 美元，那么这笔交易会很快变糟。当你不确定的时候就做价差，这样你晚上可以睡得好一点儿。实际上，接下来我们就会讨论这一点。

3. 开始一个垂直牛市看跌信用价差。一旦挤牌定式发出做多信号，我可以卖出平值看跌期权，然后买入虚值看跌期权。这与策略 2 类似，不同之处在于发生灾难性事件时我有下行保护。

这个策略还可以继续列下去。交易者对期权策略知道得越多，他们就可以越灵活运用这些策略，但我想强调的是没有必要弄得太复杂。

随着大多数高流动性股票推出了周期权，一个独特的机会出现了。我个人喜欢买入一个价内月期权，然后每周通过卖出价外周期权来做垂直价差。这叫作对角套利。总有些时候，一个交易者可以连续三四周每周卖出一个周期权，然后任它一文不值地到期。在这个过程中，交易者仍然可以拿住这个月期权，最后也能清仓获利。真是两全其美。拿住一个深度价内期权就像拥有一处房产，卖出反向周期权就像是每周收租，这样胜过上班赚钱为生。当你购买期权的时候，即使你只打算持有数日，也要给自己留出足够的时间。我的大多数在2～3日完成交易的期权到期口是30天或更长。为什么？因为权利金损耗最低。

最后给对商品期权感兴趣的人提一个醒：如果你不熟悉它们，那么需要花一些时间来充分了解这些内容。一张股票期权合约代表100股股票，一张商品期权合约仅代表一张期货合约。

价格方面，只需要用当前价格乘以标的期货合约的乘数就可以了。例如，如果你看到一张迷你标准普尔500的平值看涨期权合约以52.25点交易，那么用52.25×50美元（每点价格），得到价格为2612.50美元。这表示你需要支付2612.50美元来购买这张看涨期权，它代表一张期货合约。当然，你也可以用差不多相同的价格买入真正的期货合约。我对期货的期权不是很狂热。你完全可以去买一张真正的期货合约。

在特定情形下，商品期权确实有它的一席之地。它们可以很好地用来对冲期货头寸，也可以用于预期较大的行情（就像一个周线挤牌，第11章会讨论），那时购买价外期权就有意义。其他情况下我还是宁愿买真正的期货合约。

现在你了解了不同期货和期权市场的运作原理，以及它们所提供的交易机会，是时候了解市场内部指标了。让我们开始吧，首先一起回顾当常规股市开市钟声响起时我所查看的东西。

更多期权信息，登录www.simplertrading.com/options101，有免费课程讲述基本知识并且帮你打下基础，我们有大量关于不同概念和策略的免费讲解，免费的晚间市场复盘视频，也提供实盘实时评论的高级服务。此外，你可以通过Simpler

Trading App，注册得到发送到你手机上的市场和交易提醒。我们的很多客户白天上班的时候通过手机和耳机收听我们的市场分析，他们也开通手机上的通知，任何新的交易提醒都会发送到手机上。这些交易是教学性质的，你可以了解到我们的市场观察和交易。但你的交易决定仍然是你自己做出的。

这是当我在美国公司上班，试图兼顾交易和本职工作时希望拥有的服务。当我在开会时其他的交易者看到什么和正在做什么？这个抛售可以买进吗？其他交易者正在离场或做空吗？这种时候不要独自一人，能收到交易提醒或其他交易者的反馈是很有帮助的。

如果你对我们的期权提醒高级服务感兴趣，去 www.simplertrading.com/optiontradealerts 尝试一下吧。我们甚至还有一个免交易费的项目，这可是巨大的节省。试想，如果你每天花费交易费 75 美元，一年下来一共要从腰包掏出 18 000 美元呢。如果你每年能保住这笔钱会怎样呢？以现在的科技，你能做到。

我总是告诉大家，尝试我们的试用服务然后在这 30 天里好好利用它的价值。此后如果你没感觉，就取消它。如果你喜欢股评、提醒，喜欢做 Simpler 社区的一分子，更别提免交易费了，就能提升自己的交易生活。这是我刚入市时希望能得到的。

愿好运永远眷顾你。

——苏珊·柯林斯，《饥饿游戏》

第 5 章

股票市场现在开盘

预测市场走势最好的工具

> 不入虎穴，焉得虎子。
> ——中国谚语

音乐家知道如何读懂音乐，交易者能学会如何读懂市场吗

虽然这一章原本是为那些专注于日内交易股指期货或交易所交易基金的人写的，但是这些工具同样已经成为我做股票波段交易和期权交易中不可缺少的一部分。当我的大脑告诉我要过早离场的时候，它们帮助我保住头寸。当我完全错误的时候，它们帮助我及时离场。它们保护我不遭受进一步损失，而且有时候保护我不被自我意识控制。"它会转向的，坚持住"，交易者说这句话就相当于醉酒的人说"拿着我的啤酒，看我做这个（蠢事）"。

对于那些真的想找到对市场的感觉并且理解其起起伏伏和下一步"应该"发生什么的交易者来说，这一章是为你准备的。这种抛售是否需要关注？我需要在这里放弃多仓还是增加头寸？市场将要崩盘吗？一场剧烈的空头回补即将开始

吗？一整天都是"割肉节日"吗？这些是内在指标可以引导交易者解决的问题。如果你是日终交易者或者一个长期交易者，这些对你重要吗？对每日的起起伏伏来说，不重要，因为它们不是长期方法要考虑的因素。然而，知道一些极限读数，它们长什么样，以及由此产生的影响，还是很有帮助的。当我在2018年2月写这本书的时候，我们刚刚经历了一系列极限读数，一些杠杆式短期波动性基金爆仓了。这些内在指标帮助我们在崩溃之前很早就离场并捕捉到一些由此带来的波动性行情，包括上涨和下跌。我们来看一些例子。

这些内在指标是市场的语言。在2005年，我作为芝加哥期货交易所（CBOT）的交易顾问第一次去亚洲旅行。在逛了台北和香港之后，我来到东京。我发现我热爱亚洲，尤其迫不及待地想要探索东京这个神奇的城市。一天早上，我5点醒来，打算去筑地鱼市看看。筑地鱼市提供480种不同的海鲜，每天平均卖出价值1500万美元的海鲜，我得亲自看看。我从酒店出来上了一辆出租车，然后花了几个小时逛这个市场。我从附近的摊位上买了一些很棒的寿司，然后叫了出租车回酒店，在那里我必须为一个会议做准备，几个小时后我将在许多观众面前讲话。

上了出租车，我说："请到帝国饭店。"司机摇了摇头然后用日语回答。这样来回几次之后我意识到他不知道我在说什么。更糟的是，除了几个像"谢谢"和"你好"的词之外，我完全不懂他的语言。我们像一对即将撞头的公羊一样，盯着彼此几分钟。记住，这时还没有苹果手机和谷歌地图，更别说优步了。我会错过会议吗？我被焦虑包围了。我能感觉到尴尬在刺激我的皮肤，就像严重晒伤一样。我肯定不会被再次邀请了。

司机示意我离开他的出租车。我意识到这对我的处境没有任何帮助，所以我待在原地开始思考。幸运的是，几年前我读过詹姆斯·克莱维尔的《幕府将军》一书，还记得这个故事称日本帝国统治者为Taiko。我试着说："Taiko Hoteru？"司机立刻笑了，我们出发，回到了酒店。

除了希望我在高中时学过日语，以及质疑自己在只懂两个日语词的情况下，在一个重要的会议之前去逛日本的筑地鱼市是否明智之外，我从这件事中学到了两点。

- 首先,即便你不懂日语,你也可以设法解决问题,但是你会处于劣势。在交易中,这意味着你不能完全理解屏幕上正在发生的行情并可能遭受洗盘。虽然在香港和台北很多出租车司机至少会说一些英语,但是在日本并非如此。
- 其次,在没有归航信标的情况下千万不要去冒险。在交易中,这意味着有一个预先计划的退出策略。当你在语言不通的异国他乡闲逛时,最好拿一张用当地语言写好地址的酒店名片。有了这些知识,我后来在亚洲的行程顺利多了。

交易和投资也是如此。花时间去了解市场语言,将会极大地帮助你走出迷宫找到回家的路。

内部指标唯一的缺点是它们有很多,很容易导致分析瘫痪或陷入噪声。在这里有两点要记住:

- 首先,更多的数据不等于更好的决策。这已经在无数的研究中被证实。当我们得到更多的数据时,我们的大脑就会锁定那些与我们的偏见一致的数据,并丢弃那些与我们的偏见相反的数据。换句话说,更多的数据使我们的业绩受损,因为它不知不觉允许我们将自己的世界观强加给市场。如果你曾经摇着头说"这些市场毫无道理可言",那么你已经是这个现象的牺牲品了。市场永远都有道理,只是我们的世界观没有同步。这无疑是一种对自我的打击。意识到市场总是对的,并且我们完全不知道下一步会发生什么,是交易可持续成功的公式。
- 其次,很多时候市场在来回徘徊。作为交易者,我们感兴趣的是知道什么时候有市场确认,什么时候将开始更大更持久的行情。内在指标反映了前沿的交易知识,提前给了我们警示并衡量这种市场确认的强度。交易的秘诀是只看一些关键的内在指标,识别模式,并追踪极值。

不理解本章的内容就去交易日内股指就像不知道怎么游泳就想参加夏季奥运会 100 米仰泳的资格赛一样。虽然我做几乎所有交易品种的波段交易，但我的大部分日内交易仅局限于那些能反映市场内部基本读数的交易工具。这样做是有原因的，在交易日中有大量的数据告诉交易者在股票市场的背后正在发生什么。

我不大关注欧洲市场，因为没有工具度量其他资产类别的内部指标。通过理解怎样解读这些工具，一个交易者能更好地判断市场压力在多方还是空方，从而做出相应的交易决策。很多交易者对如何解释这些工具只有模糊的概念，甚至还有更大的新手群体不知道这些工具的存在。这表示有一大笔现金唾手可得，掌握关于这些信息的知识能让交易者排在领取馈赠的队伍前列。

完全理解这部分内容还有一个关键的原因。每一个交易日都会出现多头定式和空头定式，知道了怎样精确解读市场内部信息，一个交易者就可以知道：

- 哪些天要忽略所有空头定式。

- 哪些天要忽略所有多头定式。

- 哪些天要关注在动荡市场中表现最好的定式。

- 哪些天要关注潜在的巨大反转，无论上涨或下跌。

这些知识至关重要，对交易者某一天的成败有巨大的影响，日积月累，结果是得到一个呈上涨趋势的资产曲线，或者让配偶愁眉苦脸的下跌曲线。

在我们深入到各个组成部分之前，让我们看看一个巨大的反转是什么样的。一旦我们理解了什么会触发一个极端的行情，我们就能更好地理解正常的交易日和正常的读数。我最好的一些交易日发生在我第一、第二笔交易被迫止损出局的时候。我可能从做空开始这一天，被止损出局，然后因为内部指标的强度掉转头来并"顺其自然"。

图 5-1 的例子显示了在 2018 年 2 月 9 日星期五这一天当中，极端的空头回补导致的股市反弹。这属于我最喜欢的交易日，因为空头回补是可以捕获的上涨行

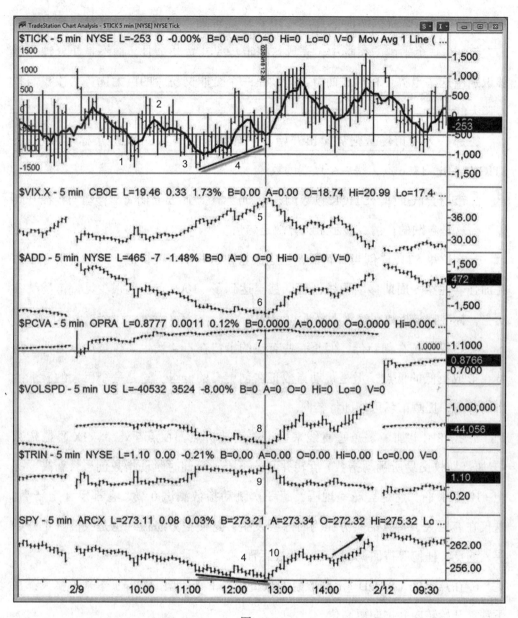

图 5-1

情中最好的一种。当空方开始恐慌时，他们愿意以任何价格退出市场。空头回补再结合建立新的买方头寸，驱动市场在"坏消息"的背景下迅速上涨。在这张挤满了内部指标的图上很难看到反弹幅度。以下是行情的统计数据，该行情从美国中部标准时间中午 12:40 开始，持续 55 分钟后才有了一个有意义的暂停：标准普尔 500 指数，+79 点；纳斯达克，+230 点；道琼斯，+736 点；AMZN（亚马逊），+77 点。在一个平静的市场中，完成这些走势要花费几个月，而不是几分钟。能够识别出这些走势正在形成而且会持续是一个全职交易者的巨大优势。让我们看看那天的活动。

1. 那一天的市场从强势卖出开始，在早盘期间市场下降 30 个标准普尔点，$TICK 直击 –1336 点，是一个极端读数。

2. 市场尝试反弹。$TICK 读数测试 +500 水平，而 5 周期简单移动均线在 0 线以下。这是看跌的行情，显示了买方缺乏热情。

3. 在这里 $TICK 创当日新低，但这次它在这些水平上徘徊，意味着卖方压力在加强。注意 5 周期移动均线创新低甚至达到了 –1000 点，这很少见。市场继续卖空，标准普尔指数在这天下降近 60 点。

4. 尽管市场在创新低，但是一些有趣的事情在点 4 发生了。虽然标准普尔指数在形成更低的低点，但是跳动指数正在创更高的低点。这是一个巨大的看涨的市场背离，提醒市场可能即将转向。

5. 我在图上加了一条垂直线来标记关键转折点。在点 5 处，$VIX 恐慌指数（芝加哥期权交易所跳动指数）反转并开始下降，而此时跳动指数创当日新高，标记 +1000 水平。这是昙花一现吗？每一次跳动指数测试 0 线，它都反弹至新高。这仅在有巨大、持续的买方压力时才会发生。这使空方恐慌，也是我们真正开始买入的点。任何等待回调的人都会落在后面。

6. 在点 6 处，$ADD（上涨股票的数量减去下跌股票的数量）本来一整天都在下跌，开始转向并推向更高位。

7. 在点 7 处，$PCVA（综合股票和指数的看跌/看涨比率）全天超过 1.0，为空头回补的反弹上涨做好准备。我很快会进一步讨论这个指标，但是当它一直在 1.0 以上的时候，意味着很多人在做空，这就为陷阱埋下了伏笔。

8. $VOLSPD（标准普尔指数上下量差），与 $ADD 相似，也开始大幅度推高。

9. $TRIN（短期波幅指数或阿姆士指数）开始快速下跌。

10. SPY（标准普尔 500 指数）努力反弹，短暂喘息调整之后，不断推至新高直至收盘。

虽然这个压缩的图没有精确地展现这个行情，但这是教科书式的例子，讲述了该看什么指标来判断日内出现大的向上反转。通常，新闻只会是负面的，所以任何反弹都会看起来"出乎意料"。作为奖励，空头回补反弹在最初的停顿之后，通常会看到另一个推高到收盘的趋势，这一天没有让人失望，跳动指数 $TICK 达到更高的高点而恐慌指数 $VIX 持续走低。守住这样的交易是交易中最难的部分。学会识别胜利者，然后跟随它直至尘埃落定。

在 5 分钟跳动指数 $TICK 图上的移动均线是一个 5 周期的简单移动均线。我并不常用它，但它对新手交易者和走势迅猛的日子都很有帮助。它能直观地提供 $TICK 的大致位置。快速飙升至 +1000 与在这个水平徘徊是有很大区别的。这个移动均线很少会超过 +500 或者 −500 水平线。当它超过的时候，意味着市场上有持续的压力。例如，在点 2 处，跳动指数攀升至 +600，但是移动均线在 0 线以下。在垂直线的右侧，移动均线穿过 +500 并停留了 30 分钟。这非常罕见，显示了买方难以置信的确信，大部分都来自空头仓促逃离仓位的恐慌。在垂直线的左侧，卖方很确信，移动均线在 −500 水平以下停留了很长时间。在这种情况下我绝对不会逢低买入。

这些时刻定义了一个交易者的工作，我把它等同于"拿着一把装满子弹的枪坐在一棵树下，等着你的猎物走过"。当我们出于无聊而寻找平庸的机会时，我们是在浪费子弹，包括我们真实的和心理的资本。当毫无防备的猎物从树旁走过的时候，我们因为没有弹药而错过了机会。这意味着我们没钱去交易，或者更可能的是我们的精神消沉，注意力不集中，所以我们错过了信号，从而错过了行情，只有当行情结束时才意识到发生了什么。

图 5-2 是相反的极端，市场在 2018 年 2 月 5 日前几天大幅抛售。在这张图中，我去掉了一些内部指标，这样我们可以更好地放大观察我觉得最重要的两个——跳动指数 $TICK 和恐慌指数 $VIX。通过这一天的行情，测量一天高点

到低点的距离，我们得到了以下数据：标准普尔500指数，–168点；纳斯达克，–426点；道琼斯，–1786点；亚马逊（AMZN），–139点。这些显然是大行情，市场自从2015年8月下旬的迷你闪电崩盘以来还没有再次出现过。

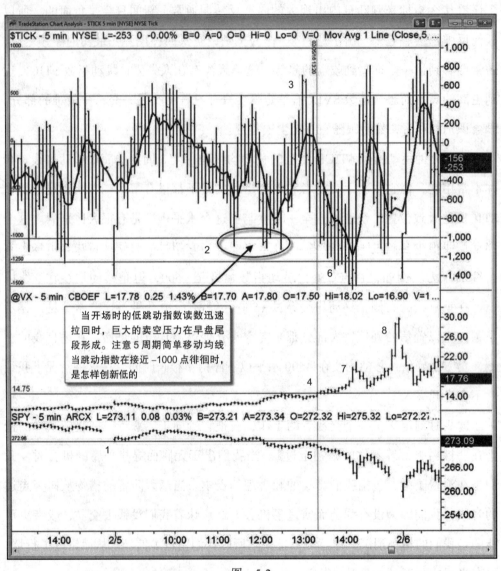

图 5-2

1. 图5-2中包含了恐慌日的所有经典元素。首先，这是周一——一个容易出现极端走势的日子。其次，市场在周五崩盘，标准普尔指数收盘下跌65点，打破多个关键支撑位，并在最低点收盘。这让许多交易者在紧张中度过周末。周一从大幅跳空低开开始，如图 5-2 中的点 1 处，由 SPY 代表的标准普尔 500 指数下跌 25 点。

2. 市场迅速恢复，填补开盘时的跳空缺口。这个障眼法把那些在周末持有空头的人们赶出了他们的头寸。（记住，市场是一个机会均等的梦想杀手。）然而，跳动指数 $TICK 迅速失去动力。它不仅不能超过 +500 点的水平来表明有真正的买入，还逐渐反转向下，在点 2 处达到 –1000 点的水平。虽然跳动读数迅速拉回到 +500 点，但是 5 周期简单移动均线无法到达 0 线以上，接下来的一个反转显示了市场背后巨大的卖方压力。注意：这里的跳动读数停留在这些较低的水平，5 周期简单移动均线创下当日新低。

3. 在点 3 处，跳动读数又试了一次，再次超过 +500 点，但是市场失去了活力。

4. 当市场中出现真正的恐慌时，恐慌指数 $VIX 率先变动，因为交易者开始买入这些合约进行对冲。在点 4 处，恐慌指数 $VIX 期货达到日内新高。这是一个巨大的预警讯号——甜蜜乐园里情况不妙。当我看到这个信号的时候，我切断剩下的多仓，集中在空头方向。

5. 随着恐慌指数 $VIX 创新高，市场反转，创出日内新低。在跳动读数和 SPY 之间没有看涨背离。这预示着市场将要变得更糟。

6. 不久之后，在点 6 处，跳动读数创新低，并停在那里。我唯一一次看到跳动指数在 –1250 点左右徘徊，并在很长一段时间内推至 –1500 点，是当恐慌或崩溃即将冲击市场的时候。我说"即将"是因为虽然市场到此时已经下降了很多，但是真正的卖空还没开始。这就是为什么你永远不要在这样的日子里趁低买入。这些内部指标实际上在尖叫着："这不是一个平常的日子。大事即将降临。"

7. 随着恐慌指数 $VIX 创出新高，恐慌开始蔓延。

8. 跳动指数 $TICK 中的卖空压力和恐慌指数 $VIX 的跳涨导致了市场中一个迷你闪电形式的崩盘。在几分钟内，我们看到 AMZN 跌了 80 美元，而且许多其他股票也有类似百分比的暴跌。市场在接近当日最低点收盘，第二天早上又大幅跳空低开。

这一天恐慌指数 $VIX 期货从 12 左右开始，这是偏高的，因为在 1 月创纪录的低波动环境下，恐慌指数大部分时间都在 10 和 11 之间。到了美国东部时间中午 12 点，恐慌指数已经过了 15，然后开始加速上升。当在跳动指数 $TICK 持续为负数的环境下，恐慌指数 $VIX 持续创出更高的高点，市场就要被引爆了。不用去看新闻，因为媒体完全不知道市场在发生什么。

　　事实证明，每个曾经靠卖空波动性（认为恐慌指数 $VIX 会保持低位）而赚钱的人都受到了挤压。反向交易所交易基金如 SVXY（做空波动率指数短期期货 ETF）和 XIV（恐慌指数日内反向短期 ETN）一夜暴跌，损失了 95% 的价值，导致交易者和对冲基金经理破产，这些人过去一年一直靠做空波动性赚钱。在图 5-3 中并没有显示出这些交易者的受困程度。SVXY 在周一抛售，从 105.60 跌至 71.82。更惨的是，第二天开盘价是 11.70 美元。这种隔夜跳空的行情，止损都无法与之抗争，它摧毁了遵循这一策略的所有人。

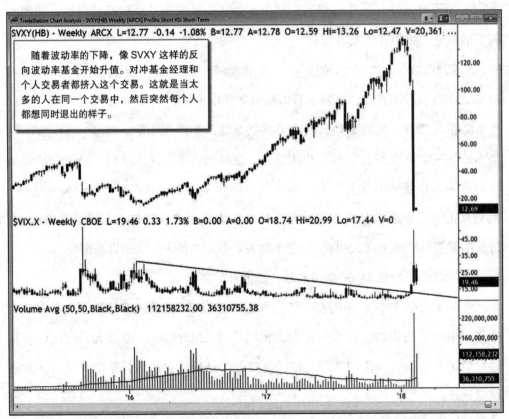

图 5-3

这里的关键点，是对大多数交易者来说在那个交易日里发生的市场内部变化都不明显，直到收盘很久以后才清楚市场已经发生了什么。市场内部指标从事实的角度告诉我们，现在正在发生什么和接下来将要发生什么。它不在乎原因是什么，它只识别行为并大叫："非常糟糕的事情正在发生。我不知道是什么，但是有人要爆仓了。"随着泰坦尼克号沉入大西洋，新闻的存在只是为了娱乐我们。

很好，现在我怎样才能学会读懂内部指标呢

内部指标不仅对理解导致极端走势的极端交易日至关重要，对那些走势平稳的交易日也非常有用。以下列出一些我喜欢观察的指标。

1. $TICK（跳动指数）：衡量累积的买方和卖方压力，以及对纽约证券交易所和其他股票市场的确信。我也会多讲一些其他与跳动指数读数相关的工具，但这个是我主要观察的指标。

2. $ADD：上涨股票的数量减去下跌股票的数量。

3. $VIX（恐慌指数）：它的目的是跟踪市场对30天波动性的预期，通常被称为"恐惧指数"。

4. $PCVA：综合的股票和指数看跌/看涨比率。

5. $VOLSPD：成交价格高于或低于昨天收盘价的交易量差额。

6. $TRIN：也被称为"阿姆士指数"，它追踪上涨股票的数量并用它除以下跌股票的数量。

在所有的内部指标中，我最喜欢NYSE的跳动指数$TICK。如果市场是一个派对，那么$TICK就是唱片播放员（DJ），最精确地反映着市场参与者的即时情绪。它总结了纽约证券交易所上一次报价中价格上涨的股票数量与价格下跌的股票数量。是的，纳斯达克、标准普尔500指数、罗素2000等都有跳动指数$TICK。我曾经花时间观察所有的跳动指数。我发现它们基本上都有同样的走势，观察一个比观察六个容易得多。与DJ类似，这个指数告诉我们派对是否在狂欢，

每个人是否都在用鸡尾酒放松，或者大楼里是否着火了。对这个指标设置提醒，效果很好，所以不用盯着看。

以下是当我观察跳动读数时的第一条规则：

任何介于 –400 到 +400 之间的跳动读数都是噪声，应该被忽略。

这意味着市场中没有确信。这种情况在特定的时间会发生，比如午餐时间，或者大型经济报告的前一天，这时每个人都坐在场外，等待事件发生。对于股票的走势，我们需要从买方或者卖方得到确认。一旦跳动读数超过 +600 或低于 –600 时，我就开始关注这些读数。如果读数超过这些水平，并在这些区域的上方或下方徘徊，那么市场确认就快显现了。读数越大，市场上的压力越大。这种类型的读数显示了持续的行情正在发生。一方面，如果我们得到了持续的 +800 的读数并且我在多方，我会很舒适。另一方面，如果我在空方，我开始意识到我可能站在了市场中的错误一方，如果这些读数是持续的，我会在触及止损前退出。

如何处理这些读数取决于我处在什么交易中，以及我在试图建立的定式。如果我有一个基于周线图的更长期的交易，那么我不会让这一天的活动影响这些头寸。然而，如果我有一个通常持续几天的更短期的波段交易，我会注意这个指标。真正的关键是识别尖峰还是市场确认。通常发生的是尖峰。市场很平静，突然，我们得到了极端读数，几分钟之后它又回到 0 线。这没什么大不了。然而，如果出现一个尖峰，持续几分钟，稍稍拉回一点儿，然后达到了一个新的更高的水平，那么市场得到确认。

举个例子，假如我在 Facebook 上有看涨期权，然后跳动读数到达 –1000，在那儿徘徊了几分钟，拉回至 –500，然后反转达到 –1200。在这种情况下，即使还没有达到我预先定义的止损点，我也会了结我的头寸。DJ 正在告诉我派对的情绪已经变坏，该离开了。

这个指标对日内交易股票指数也很有用，无论是期货合约还是关于 SPY（标准普尔 500 指数）和 QQQ ETF（纳斯达克指数 ETF）等工具以及它们各自的组成部分的期权。这引出了我使用跳动读数进行日内交易的第二条规则：

如果我的日内交易是多方而且我的止损还没被触发，市场产生了一个 –1000 的跳动读数，反弹至 –500，然后反转创新低，我会以市场价了结我的头寸。

同样地，如果我是空方，而且市场产生了一个 +1000 的跳动读数，拉回 +500，然后推向新高，即使我的止损没被触发，我也会以市场价了结我的头寸。

如此高的读数加上很小的回撤是在大声清楚地告诉日内交易者：取决于持有的头寸，他们要么对了，要么错了。如果我是空方，市场正在通过持续的 +1000 的跳动指数告诉我我错了，我接受提示结束交易。这曾经是情绪化的事件。"该死的市场！"我会大骂，把与我反向的走势看成是对我的迅猛一击。记得那时候，我会继续我的执念，随股市上涨而一路做空。"市场不可能持续上涨，这是泡沫。"随着时间的推移，我学会了放下执念。这就是事实，跳动读数让我学习到并理解，要在自我意识为了证明自己有做对的可能性介入并摧毁我的账户之前及时离场。不要与派对的情绪作对。如果每个人都在跳舞，跳到桌子上发出原始的尖叫呐喊是可以的。而如果他们熄灭蜡烛，举行一个静默会，这样做就很不合适而且可能使你受伤。这样做的一个额外的好处是增加了交易者的风险收益比，因为提前离场在很多情况下是可行的，否则会以最大的损失止损出局。

我想明白无误地说清楚：我永远不会仅仅因为"我觉得我错了"就提前离场。多年来，我历经无数次教训才学会了如何坚守我的原始参数——我所想的与下一步可能发生的事情完全无关。通过跳动指数，我指定了具体可测量的事件来提醒我提早退出交易。跳动读数持续在 +1000 或者 –1000 是这些特定的事件之一。我决定提前退出交易与直觉或解释无关，我已经在第 2 章中讨论过，在交易中，人类做出客观决策的能力是多么欠缺。幸运的是，跳动读数持续在 +1000 或者 –1000 预示着必然结局。市场要么在那个水平徘徊，要么不在。我们或在对的一方，或在错的一方。如果我们错了，马上闭嘴，转向，不要回去。这里没有掺杂任何情绪。

我强调这一点是因为我曾有机会坐在许多交易者旁边观察。他们来我的交易室看我，我们肩并肩坐着交易，时长为一周。最开始的两天简单低调，我做我的交易，他们做他们的交易。这看起来也许轻松悠闲，但是我这样做有一个特别的原因——通过观察交易者用自己的钱进行实时交易，我在一天之内对他们的了解比与他们进行五年的正常谈话都要多。如果只是交谈，人们会展现他们最好的一面——他们自认为的或者应该成为的形象。然而，当他们的钱面临风险时，这种表面现象只能持续12分钟，然后潜在的占主导地位的人格就会出现，有时我会遇到邪恶博士。

通过与许多其他交易者一起工作，我目睹了大多数人在这个行业中从未成功，了解了其中的原因。归根结底，大多数交易者的离场管理都很差。这也不全是他们的错。他们的思想被压抑多年的情绪所吞噬。压抑的情绪总在寻找出口，而交易往往是他们唯一一次被听到的机会，压抑的情绪会干扰交易的结果，我再次强烈推荐大卫·R.霍金斯的《由他去吧：退让的路径》(*Letting Go: The Pathway to Surrender*)。这本书可能已经提到好几次了，前几章让人大开眼界，并可能改变人生。

毫无疑问，这就是大部分人无法以交易为生的原因。简单而言，许多交易者基于他们对交易的感觉来管理离场。更糟的是，他们在下跌交易日的交易管理与上涨交易日的管理方式不同（因为他们想做"正确"，在那天赚钱），他们甚至没意识到这一点。举个例子，很多时候，当我做一笔交易时，他们会和我一起做。我们同时进入同一笔交易5分钟后，我会看到他们卖掉了一半头寸。这当然让我困惑，因为他们说过："JC，下一笔交易我跟你一起做。"接下来的谈话就像这样：

我：斯蒂夫，我以为你说过这一笔交易要跟着我做。你刚刚是不是卖掉了一些头寸？

斯蒂夫：哦，嗯，不，我……

我：我听到了软件执行平台说"卖"。

斯蒂夫：哦，那个呀，是的，嗯，我在这里卖掉了一些来了结获利。

我：为什么？这个股票只涨了20美分，我们的目标是2美元。

斯蒂夫（指责的语气）：你不是说当形势对你有利时分批了结头寸是个很棒的主意吗？

我：是的，我们的第一个目标是离现在的2美元处，如果我们达到了，我们将分批了结一半的头寸并跟进止损。记得我们在大约15分钟前讨论过这个吗？

斯蒂夫：哦，是的，但是跳动读数下降了，它在告诉我交易的错误方向。

我：跳动读数只有–350啊。记住，只有达到极端读数–1000，然后一个反弹，再拉回更低时我们才提早离场。

斯蒂夫：但是它们降到–650了，我不想失去那个盈利。

我：那你就没得吃了。

作为一种信念，我让这些交易者试图说服我他们的行为是正确的，但是我的最终目标是让他们承认他们的所作所为。他们卖出是因为紧张、害怕、兴奋等，情绪的涌动促使他们按下按钮。换句话说，他们做的事情没有任何理性的原因，但肯定有很多压抑的情绪在尖叫着，希望被听到。

交易对大部分人来说是一个极端私密的世界，朋友和配偶对交易者在每个交易日里感受和经历的情绪起伏一无所知。让交易者承认内心的真实情况就像试图用手指掰开核桃一样。这很有挑战性，因为大部分交易者都很擅长掩饰他们的真实情感。一个交易者是赚了25 000美元还是亏了25 000美元，很多时候外面世界的人永远不知道。我也曾那样，我知道这种感觉。

有了这些知识武装，我继续进行"友好攻击"并最终让他们中的大多数坦白。我毫不留情，告诉他们没有人会比另一个交易者更理解他们的交易旅程，现在就说出来，否则还是永远一成不变。这通常会奏效，它让交易者敞开心扉面对他们的交易心魔，这是交易疗法秘籍。除了被压抑的情绪之外，交易者的许多感受源于对未知的恐惧，而不是未知的风险。恐惧带来破坏，而风险可以被控制。

我在跳动读数里寻找的下一个关注点是它们是否超过了+1000或-1000。这是一天中最重要的读数水平，有两点原因：

1. 这个水平通常代表了市场能承受的最大的持续买方或卖方压力。就像一个短跑运动员奋力冲刺100码⊖后，不得不停下来喘口气。

2. 这个水平代表了一个特定的新的交易机会。当第一次达到这个极端读数时，市场形成一个我会追踪的"对赌"交易定式。如果我得到了一个+1000的跳动指数读数，我就会建立日内空头。如果我得到了一个-1000的跳动指数读数，我就会建立日内多头。我会在第9章详细介绍这个对赌，这是一个快速的刮头皮类型的交易。

特别是当市场很平静的时候，一个突发的买入或卖出程序被触发，导致跳动读数达到极值水平后迅速回落，这创造了一个绝佳的更短期的交易机会。但是，一定要记住，如果跳动指数超过这些极值水平，然后在那里徘徊超过几分钟，就是一个信号，表明更大的事情可能正在酝酿。

这带来了我使用跳动读数的第三条规则：

如果市场很平静而跳动读数突然达到+1000，我会把这当作对赌（看空）市场走势的信号。

同样，如果跳动读数突然达到-1000，我会把这当作对赌（看多）市场走势的信号。第一次测试这些极值水平通常是市场的假动作。

这似乎与我们刚才所说的矛盾。"我记得你说过，如果你得到了持续低于-1000的跳动读数，你会了结你的多仓。"大部分时候，一个高的跳动读数是短暂的，而且创造出一个交易机会。关键是要识别出有大事要发生的时机：较浅的

⊖ 1码 = 0.9144米。

回调后达到更高的读数,并且在这些高水平"徘徊",5期SMA穿过500水平线。

图5-4是2005年3月29日跳动读数的屏幕截图。虽然这本书是一个新的版本,但有些例子仍不过时,特别是那些继续留在新版本的例子。这张图显示了我在TradeStation图表上怎样设置跳动指数,我使用了5分钟图,但是时间间隔并不重要。对我来说最重要的是能看到整个交易日的数据。

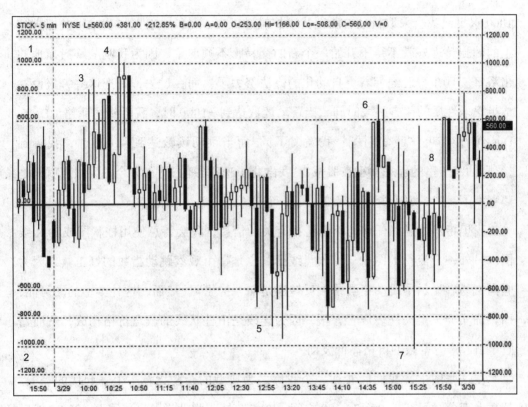

图 5-4

你在这本书中看到的所有图表都是白色的背景。这是为了方便打印。当我在屏幕上看这些图表的时候,我把背景设置成黑色,用绿色显示上涨行情,用红色显示下跌行情。

在图5-4中,我们能看到在点1和点2处的水平线设置在跳动读数为+1200、+1000、+800和+600,以及–1200、–1000、–800和–600的位置。这些水平线有一个非常特定的目的,这就带来了我使用跳动读数的第四条规则:

我在所有关键的读数水平设置声音警报，这样我就不必随时盯着屏幕，也不会错过任何一个行情。

这些声音警报是我交易计划中关键的一部分。我曾经把警报设置在600水平线，结果警报太多，所以现在我把警报设置在1000水平线。我可以在打电话，在走廊尽头，或者在卫生间里，如果跳动读数产生了行情，我都会听到。记住：在1000水平线我会采取行动，所以我不想错过机会。是的，有时候我来不及把脚踝上的裤腿整理好就不得不开始一个新的交易，不顾形象，因为我刚跌跌撞撞地冲出浴室。现在我已经朝着更自动化的方法努力了，而在过去，我把这些警报设置成半娱乐性质的。有一段时间，当跳动读数达到+1000时，我听到达菲鸭（Daffy Duck）在尖叫："我发财了！我发财了！"而当跳动读数达到-1000时，我听到《绿野仙踪》里的邪恶女巫在哭喊："我融化了！我融化了！"如今的警报声就只是嘟嘟声了。唉，那个少年已经变成了一个男人。

我想指出的是对任何与声音警报有关的信息，我会特意使用柱状图或者K线图。另外一个流行的图——"收盘线图"也是一个观察跳动指数的好工具，因为它向交易者显示了跳动指数是在反转还是在"钩住"。然而，这种类型的图可能，而且确实会，错失许多声音警报，因为连线是由柱状线的收盘价格构成，从而错过了引起声音警报的价格高低波动。

在这张图中，我们能看到一个我称之为典型的杂乱无章、上下起伏的一天。读数大部分时间在+400和-400之间。在点3处，跳动指数迅速涨至+800，然后回测0线，接着一个猛拉至+1000。这是一个非常典型的模式，导致假突破，又快速回到波动区间。作为交易者，我们需要辨认正在发生的是什么，不追逐没有得到确认的价格变动。

美国东部时间上午10:30到中午12:30，什么也没有发生。跳动读数像甲板上刚刚捕捉到的金枪鱼一样来回跳动。大约在东部时间下午1:30，价格波动足够大，跳动读数达到了-800，在那天晚些时候甚至达到了-1000，下跌几乎完全复制了早先的上涨。让我们看看同一张图，这一次在跳动指数上面添加了实际市场走势（见图 5-5）。

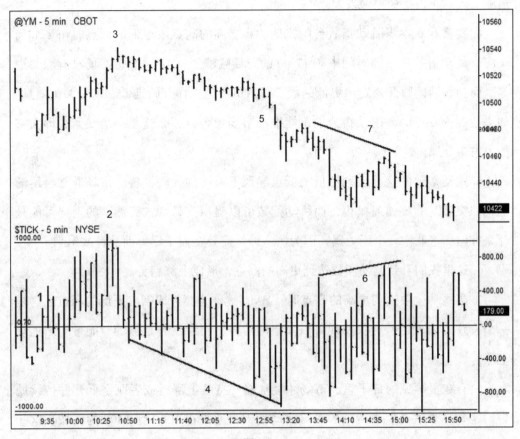

图 5-5

1. 跳动读数在开盘时很平静，多空双方都缺少确信。在点 1 处，我们能看到在开盘一个小时的大部分时间里，跳动读数在来回摆动。在这段时间里，市场什么也没做。

2. 到了东部时间上午 10:25，我们得到了第一个值得注意的跳动读数 +800，这推动市场走高，而跳动读数最终甚至达到了 +1000。（记住，这是本书后面会讨论的做空机会）。这时候，如果跳动读数拉回，然后创更高的高点 +1200，那就可能预示着一个更大行情的开始。相反，它们实际上很快又回到 0 线并保持在那里，显示市场缺乏意愿继续走高。这就是市场怎样试探。

3. 当跳动指数超过 +1000 的时候，迷你道指达到 10 542，结果这成了它们当天的最高点。一旦跳动指数平静退回，市场选择阻力最小的方向向下，因为每个追涨买入的止损指令被触发。

4. 我喜欢观察当跳动指数台阶式地达到更高的高点或更低的低点时市场如何反应。跳动指数在东部时间中午 12:00 的时候猛涨至 +600，但是市场没有涨得更高。而当跳动读数开始走出更低的低点时，市场也同样开始走低。这是关键信息。如果超过 600 点的高跳动指数也不能推动市场走高，那么这是一个线索，即卖空压力占主导地位。

5. 跳动指数的这一系列更低的低点导致了最终的大幅抛售。市场通常会逐渐达到"突然"的反弹或抛售，而跳动读数可以提示交易者"突然"的走势可能是什么方向。这就像一个压力锅，因为蒸汽最终需要在盖子爆炸前被释放出来。

6. 这里我们看到跳动读数达到更高的高点，形成上涨趋势。

7. 当跳动读数达到更高的高点时，YM（迷你道指）却创出更低的高点。这是一个看跌背离，也是这次反弹可以卖空的信号，因为没有足够的"能量"来推动上涨。

只有在很罕见的日子里，市场才会猛涨并持续上涨，或者跳空低开并持续抛售。这些日子里会生成持续的极端跳动读数，通常在 1200 到 1400 的区域。这些持续的高读数很罕见，但是它们一旦出现，我不会与之对抗。这引出了我使用跳动读数的最后一条规则，我在东部时间上午 10:30 之后才开始考虑并全天观察：

- 当跳动读数百分之九十的时间在 0 线上并反复出现极端高的读数时，我全天忽略交易空头定式并集中在多头定式上。

- 当跳动读数百分之九十的时间在 0 线下并反复出现极端低的读数时，我全天忽略交易多头定式并集中在空头定式上。

跳动读数是查看价格走势"背后"发生了什么的一个非常好的方法。图表能告诉你价格是会上涨还是下跌，但是它们不能告诉你多方或空方的压力是短暂的还是持续的。把这个工作交给跳动读数吧。这个指标作为这一章的更新，我发现自己在波段交易中越来越多地使用它。在跳动读数反复达到 +1000 的日子里，我把任何回撤到 0 线的时刻当成进场买入的机会，无论是开新的多仓或者是对已经买入的多仓进行加仓。例如，我可能有阿里巴巴（BABA）的看涨期权并且在寻找机会在特定的价格加仓。然而，跳动读数的行为告诉我市场即将上涨，所以当跳动读数回到 0 线时，我会买入剩余的看涨期权，而不是等待我设定的价格水平。

反之亦然。在任何一个卖空活跃的日子里，我们反复得到 –1000 的跳动读数，我将利用任何到 0 线的反弹作为做空的机会。更好的是，这些跳动读数帮助交易者留在行情中。例如，如果我做空，而跳动读数每次升高到 0 线都被拉回，我就会继续做空直到读数达到 +600，反之当然也是对的。在市场偶尔失控的日子里，比如当标准普尔上涨或下跌 30 点或以上的时候，保持在行情中至关重要。这种日子不常出现，而跳动读数能帮助我们识别并最大化这些机会。

股票行情即将出现的最快提示是什么

tiki（TradeStation 代码为 $TIKI）与跳动读数类似，但是它衡量的是道琼斯工业平均指数（DJIA）30 只股票的净上涨与下跌的股票数量差值，而不是整个纽约证交所（NYSE）的股票。因为这个读数只追踪 30 只股票，当程序化买入或卖出进入市场的时候，它是第一个被触发的指标（见图 5-6）。

tiki 图充满了噪声，第一眼看上去它们毫无用处。使用它们的关键是设立警报，采取与跳动读数一样的设立方式。在 tiki 上，我设置在上方 +26、+28 和 +30，下方 –26、–28 和 –30 处触发警报。当程序化买入或卖出进入市场时，这些警报马上被触发。一般来说，小型的程序化交易生成 26，中型的程序化交易达到 28，而巨型的程序化交易会达到 30，这意味着所有 30 个道指的股票走势相同。这些读数很罕见，突出了重大的持续买入或卖出阶段。

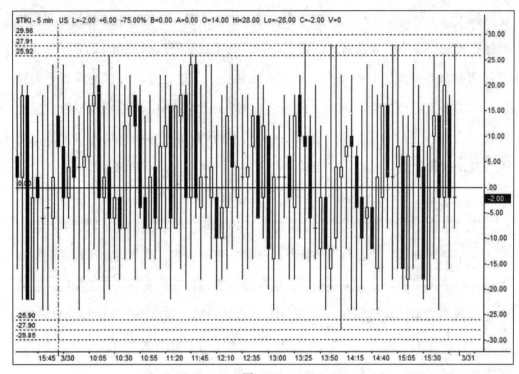

图 5-6

意外的是，我并不使用这些信号做任何可行的退出策略。如果我做空，并且 tiki 水平达到了 +28，我很可能对走势判断错误，但是我会等到跳动读数达到 +800 再退出。这是因为买入或卖出程序可能会在瞬间完成，造成 tiki 的运动不稳定。这带来了我使用 tiki 的第一条规则：

对离场而言，tiki 读数只是一个提示，跳动指数才能作为确认。

图 5-7 展示了 2005 年 3 月 29 日的 tiki 读数。当把它与跳动读数相对比时，最明显的是，tiki 看起来到处都是，很难读懂。然而，经过更仔细的查看，我们可以发现巨大的价值。

1. 我总是先观察是哪种程序化交易进入了市场——是买入还是卖出程序。这代表着一天中第一次真正的"尝试"，我想看看结果如何。在图 5-7 中，当天的第一个程序化交易是在东部时间上午 10:25 进入市场的买入程序。

2. 这使道琼斯指数创下新高。

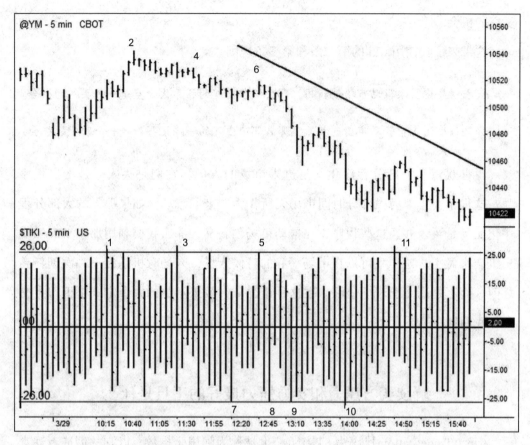

图 5-7

3.第二个程序也是买入，在东部时间上午 11:30 进入市场。

4.这一次道琼斯指数没有创新高，而且继续向下走低。这提示着"就连一个程序化买入"都不能推动市场走高。

5.在东部时间中午 12:45，又有一个程序化买入进入市场，这是在第一个程序化卖出进入市场之后。

6.这个程序化买入引起市场的小幅上涨，但是买入很快衰竭了。

7.在点 7，点 8，点 9 和点 10 处，一系列程序化卖出进入市场，并且每次程序化卖出进入，市场就创新低。在这种情况下，下一个相反的信号就是一个对赌的机会。

8.在点 11 处，一个反向信号随着一个买入程序进入市场而出现——这是一个卖空的机会。

这带来了我使用 tiki 的第二条和第三条规则：

如果程序化买入驱动市场创新高，那么偶尔出现的程序化卖空是一个买入的机会。

如果程序化卖空驱动市场创新低，那么偶尔出现的程序化买入是一个卖空的机会。

我喜欢观察大部分程序化交易进入市场的方向。它们是买入还是卖出程序呢？这很重要，因为大部分时间市场无所作为，来回波动。如果那天的大部分程序化交易是买入并且这些程序正在推动市场创新高，那么我要利用那些平静的卖出机会来做多。这样我可以在市场平静的时候入场，入场时机是在下一次创新高之前，而不是高点出现后追涨。在这种情况下，效果不错的一个定式是枢纽点交易，我们将在第 8 章讨论。

解读买方压力和卖方压力最好的工具是什么

trin（TradeStation 代码为 $TRIN），也被称为阿姆士指数，以它的创造者理查德·W. 阿姆士的姓氏命名，用于衡量纽约证券交易所成交量流入上涨股票与下跌股票的相对比率。使用如下公式计算 trin：（上涨股票个数 / 下跌股票个数）/（上涨股票成交量 / 下跌股票成交量）。

如果上涨股票成交量比下跌股票成交量多，阿姆士指数下降到 1 以下。

如果下跌股票成交量比上涨股票成交量多，阿姆士指数上涨到 1 以上。

关于"如何使用 trin"，大部分教材告诉交易者"大于 1.0 是偏熊，所以考虑卖出，而小于 1.0 是偏牛，所以考虑买入。"这句话很讨厌而且会误导人，这带来了我使用 trin 的第一条规则：

我不关心现在的读数是什么。

我只关心当前读数与之前读数的关系。

换句话说,我关心的不是 trin 读数本身,而是 trin 的趋势。一个 1.50 的读数也许看上去偏熊,但是如果这个读数当天从 2.00 开始,而现在进入交易一个小时后,1.5 就是低点,这是偏牛。这意味着成交量正在流入上涨的股票,市场上存在持续的买方压力。相反,一个 0.85 的读数也许看起来偏牛,但是如果这个读数当天从 0.45 开始,而现在进入交易两个小时后,0.85 就是高点,这是偏熊。这意味着成交量正在流入下跌的股票,市场上存在持续的卖方压力。让我们看图 5-8。

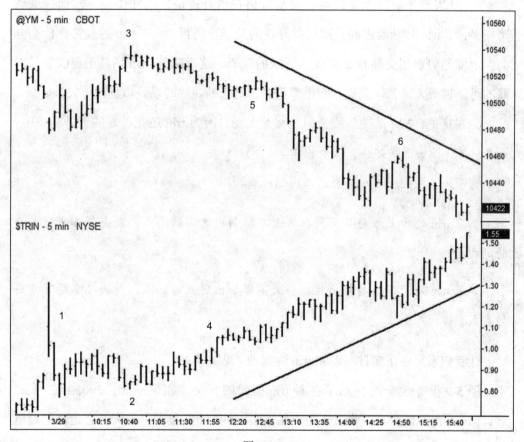

图 5-8

1. 图 5-8 是一个 2005 年 3 月 29 日迷你道指的截图,与我们用在介绍跳动读数和 tiki 的图是同一天。在点 1 处,我们能看到这一天开盘时 trin 在 1.4 附近。开盘后的 15～20 分钟波动很大,因为纽约证交所的股票不是同时开盘,而是延迟开盘。因此,我不考虑第一个 5 分钟柱状线,但我喜欢根据第二个 5 分钟柱状线的开始来记录开盘水平。

2. trin 稳定下来，到东部时间上午 10:40 的时候，它交易在当日最低点 0.81 附近。

3. 与低的 trin 读数相对应，YM 达到了当日的高点。

4. 到东部时间中午 12:00，trin 稳步上升，创出当日新高（去掉第一个 5 分钟柱状线后）。

5. YM 表现平静，上下波动，交易价格在当日价格区间的中间。然而，虽然市场平静，trin 却继续走高。这是我寻找的关键市场行为——trin 的趋势是什么方向？上涨趋势表明交易量正在流入下跌的股票，这意味着当市场真正突破时，下跌的可能性很大。就像我们在图上看到的，这天的晚些时候，市场向下突破。

6. 在这里，YM 试图反弹，但是徒劳无功，因为 trin 还在良好的上升趋势中。不久，YM 掉头下跌并一直跌至收盘。

这带来了我使用 trin 的第二条规则：

如果 trin 处于上涨趋势而且在当天不断创出更高的高点，我会忽略所有多头的定式。

如果 trin 处于下跌趋势而且在当天不断创出更低的低点，我会忽略所有空头的定式。

让我们看另一张多日图表和 trin 的运动（见图 5-9）。

图 5-9 很好地全面显示了各种 trin 模式的含义。在第一天，2005 年 2 月 22 日，trin 开盘在低位。一些人认为市场偏牛。然而 trin 接着一整天都在走高，而道指下跌超过 120 点。"这种日子不要做多"的规则对交易者很有帮助。相反，如果我持有空仓而 trin 一直创新高，我知道没有理由去平仓，因为市场最终的突破很有可能对我有利。

在 2005 年 2 月 23 日，trin 开盘在高位，但随后一整天都呈下降趋势。尽管许多交易者会被前一天的抛售吸引，想利用这个强劲的开始作为做空的机会，但是如果他们知道应该跟随 trin 的趋势，他们就会意识到这个想法多么愚蠢。随着 trin 走低，市场在交易日的早盘稳定下来，然后开始温和反弹。因为 trin 在这一天不断创出更低的低点，所以我只关注多头定式。

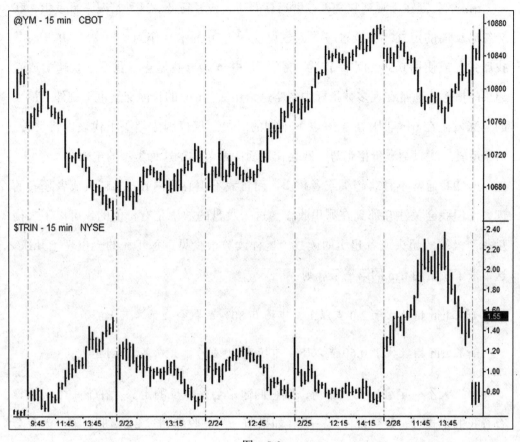

图 5-9

在 2005 年 2 月 24 日，trin 又一次从高位开始，然后在那一天越磨越低。基于这一点，我在那天忽略看空定式。YM 在那天晚些时候漂亮地突破上涨。在 2005 年 2 月 25 日，trin 再一次从高位开始，然后一整天都在走低。

终于，在 2005 年 2 月 28 日，trin 从高位开始但是走向了更高。当它创出当时的新高时，我忽略多头定式并只集中在空头定式上。在这个交易日的最后两个小时，trin 反转了，而市场也反弹至收盘。最看涨的交易日是跳空高开，而 trin 以低点开始，比如在 0.50 附近，然后一整天都在这个水平。在这样的日子里，它不会呈下降趋势，因为它只能降到这么低，读数不可能为 0。持续较低的读数在图表上看是盘整模式，它极度偏牛。在这种类型的交易日，我忽略所有空头定式，每次突破新高就是一个买入机会。

trin 的关键在于观察它是否在创当日的新高或者新低。这种情况一旦发生，我会忽略反向的定式。我读过一些人建议使用 1.50 的水平作为"超卖"，并开始寻找反弹，或使用 0.50 的水平作为"超买"，并开始寻找抛售，我不喜欢超卖或者超买的概念，通常在大多数指标中忽略这个用法。trin 的日内交易也不例外。最大的上涨发生在 trin 整天在 0.50 以下徘徊的时候。仅仅因为超买不代表即将反转。对于反转，我只会看价格走势。我会在后面的章节讨论这种类型的定式。

虽然我通常不喜欢超买或者超卖，而且我不担心日内 trin 的超买或者超卖的读数，但我会关注它那天在哪里收盘。这个收盘的数字是有价值的，可以用来衡量一个极端的超买或者超卖的读数。这种读数很少见，每年大约会出现十几次。这带来了我使用 trin 的第三条规则：

如果 trin 指数收于 2.0 点以上，市场有 80% 的机会在第二天上涨。

如果 trin 指数收于 0.60 点以下，市场有 80% 的机会在第二天抛售。

第二天不一定会出现大行情，但它们通常会是相反的走势。在下一个交易日查看我的定式时，我会记住这一点。如果前一天的收盘超过 2.0，那么第二天我会把更多的注意力放在多头定式上，忽略空头定式。如果在 2.0 之后，市场不能在下一个交易日反弹，那么市场就有大麻烦，即将出现大规模的下跌。这在 2004 年 7 月的第一周发生过（见图 5-10）。

在这个 trin 和迷你道指的日线图上，在 2004 年 7 月 1 日收盘时，trin 收在 2.8（点 1）。第二天，市场在早盘时试图反弹，但最终崩溃，当天收在更低的位置。这肯定是一个不祥的征兆，道指继续下跌 673 点，直到在 2004 年 8 月 6 日触底。在 2004 年 7 月 6 日，trin 收在 2.12（点 3）而道指第二天实现了反弹（点 4），但是多头的荣耀是短暂的。同样的情形也出现在 2005 年 1 月 4 日，年度第二个交易日。

当天 trin 收盘在 2.53 点，第二天，市场无法反弹，接着在当月的剩余交易日里下跌 410 点。

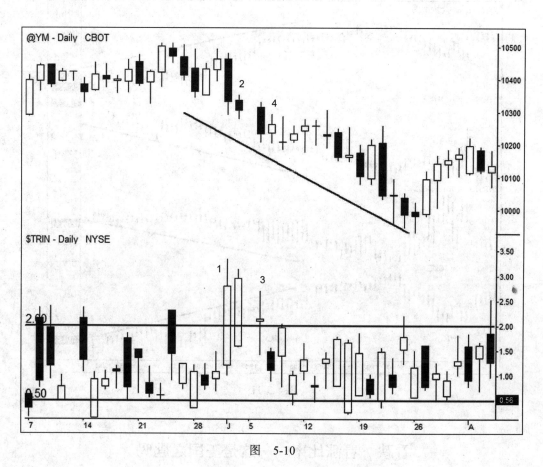

图 5-10

纳斯达克股票有类似的工具吗

trinq（TradeStation 代码 $TRINQ）就像 trin 一样，只是它针对纳斯达克。它也适用同样的规则，我只对 trinq 的趋势感兴趣。

图 5-11 是我们看过的 2005 年 3 月 29 日的同一张图，但我加上了 trinq 和纳斯达克。随着 trinq 走高，纳斯达克走低。通常，我更重视 trin，但是我也想看看纳斯达克发生了什么。有些时候，trinq 是领先指标，在 trin 之前达到新高或者新低。当 trinq 没有趋势而 trin 形成趋势时，我会更关注 trin。当 trin 和 trinq 的运动

基本一致的时候，市场会出现最强的行情。

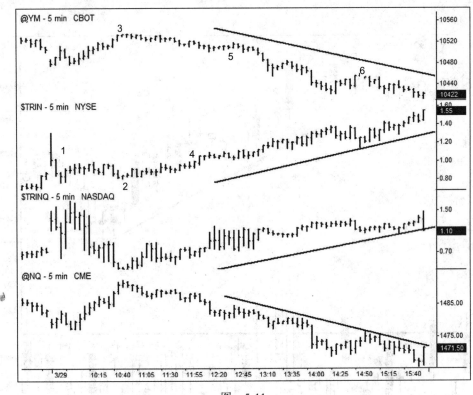

图 5-11

看跌/看涨比率——这是王国之匙吗

作为一个交易者，为了知道在任何给定时间其他市场参与者都在做什么，你愿意付出什么？如果一个经纪人告诉我他能每天为我提供这些信息，我会非常感激，以至于我可能愿意每交易一张电子迷你期货合约让他向我收取25美元。秘密报告不会神奇地出现在你的收件箱里，看跌/看涨比率（TradeStation 代码 $PCVA，在本节剩下的部分中用 PC 表示）是交易者所能得到的关于其他交易者行为的最接近的信息。

PC 比率度量了相对于看涨期权有多少看跌期权被买入。公式非常简单：用看跌期权的交易量，除以看涨期权的交易量。（不熟悉期权的人可以这样理解，买一个看跌期权相当于打赌市场将要下跌，而买一个看涨期权相当于打赌市场将要上涨）。如果卖了 50 000 个看跌期权和 100 000 个看涨期权，比率就是 50 000/100 000，也就是 0.5。如果有 125 000 个看跌期权和 85 000 个看涨期权，比率是 1.47。

交易日全天主要产生三种 PC 比率：股票 PC 比率、指数 PC 比率和综合股票/指数 PC 比率。股票 PC 比率通常很低，这反映了散户群体倾向于多头（更多地买入看涨期权）。指数 PC 比率通常很高（更多地买入看跌期权），这反映机构投资者的心态，他们要对无法预期的下跌行情保持对冲。综合股票/指数 PC 比率反映了这两个群体的行为，给了交易者最好的指标去衡量市场参与者的整体想法，以及更为重要的——他们在哪个方向下注。我在交易日里观察的正是综合股票/指数 PC 比率。

为了说明我怎样使用这个指标，假设市场由 100 个参与者组成。让我们进一步假设所有这 100 个人都看空市场。由于这种占主导的情绪，他们在股票、交易所交易基金和股指期货上都建立了空头，同时买入看跌期权。随着所有这 100 个参与者都看空并且卖空，一个非常有趣的转折出现了——没有人可以继续卖出了。因为没有人卖出，市场没有任何下跌压力，于是开始走高。这个走高最终触发了第一批止损单，是由这 100 个做空的市场参与者设置的。在任何给定的交易者群体中，一些人使用窄幅止损，一些人使用中等止损，还有一些人使用宽幅止损。窄幅止损最先被触发，这会以空头回补的形式产生新的买入压力，推动市场走高，正好进入下一个止损的范围。下一轮的止损被触发，带来另一次空头回补热潮，这一旦触发将推动市场进一步走高，进入下一个止损区间，以此类推，直到所有止损单都被执行。

这时，这 100 个市场参与者开始看多，他们开始买入股票和股指期货，并买入看涨期权。一旦他们都争先恐后地建立自己的头寸，一件非常奇怪的事情发生了——没有人可以继续买进了。由于没有人买进，市场开始走低并且执行第一批窄幅止损，这又会产生足够的卖出压力来驱动市场进入下一个止损区间，如此这般，形成恶性循环。

显然，这是一个简化的场景，在现实世界中并非每个市场参与者都正好在同一时间看涨或看跌。然而，看涨或看跌的数量和强度确实在有规律地波动，而这种态度的转变导致市场运动的方式，与刚刚描述的过于简化的场景类似。这带来了我使用PC比率的第一条规则：

如果综合股票/指数PC比率在日内涨到超过1.0，我会忽略所有空头定式并开始看多头定式。

超过1.0的PC比率意味着极端看跌和买入看跌期权，并且由于刚刚描述的场景，为市场设置了底部。这不是马上就到的底部。当比率达到1.0时，市场不会突然停止下跌然后立即反弹。这是一个过程，因为市场中空头太多，大量买进止损指令盘踞在头顶等待被触发而形成了可见的支撑水平。这些1.0的读数通常发生在市场连续几天下跌，或者出现糟糕的盈利或经济数据时，这突然影响许多市场参与者看跌市场。事实上，很多时候市场会继续下跌，直到PC比率超过1.0。相反的极端读数也是成立的，这带来了我关于PC比率的第二条规则：

如果综合股票/指数PC比率在日内跌到0.60以下，我会忽略所有多头定式并开始看空头定式。

低于0.60的PC比率意味着极端的买入看涨期权并给市场设置了天花板。这代表了太多人看涨，导致很少有人可以继续买进。这时候，在当前的水平之下有很多卖出止损等着被触发。这通常发生在市场连续几天上涨之后，或者出现了看上去非常好的盈利或经济数据。同样，错过这次行情的人开始追逐它，害怕被落在后面。事实上，很多时候市场将继续反弹，直到PC比率低于0.60。

图5-12是一个15分钟图，迷你道指叠加在综合股票/指数PC比率的上方。在2005年2月22日，PC比率一天中的大部分时间都很低，低于0.60。这代表了行情看涨，以及买入股票、指数期货和看涨期权。这导致在市场价格下方设置了

许多止损单，道琼斯指数随后抛售超过 120 点清除它们。

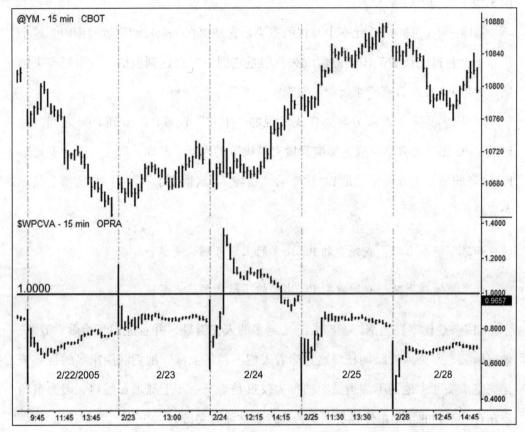

图 5-12

在 2005 年 2 月 23 日，PC 比率在 1.0 上短暂停留。这代表了市场看跌，建立空头头寸，买入看跌期权，以及在当前市场之上设置许多止损。这足以推动股市温和反弹至收盘，因为头顶的止损为股市反弹提供了燃料。

在 2005 年 2 月 24 日，PC 比率达到极高的读数，而市场跳空低开并在早盘承受压力。然而，由于看跌的人太多，市场上方设置了太多的买入止损，市场除了反弹别无选择。在 2005 年 2 月 25 日，PC 比率当天以低位开始快速反弹，在一天的大部分时间里保持在 0.80 附近。

在 2005 年 2 月 28 日，PC 比率当天以低位开始，在 0.60 以下将近一个小时。这意味着由于 2005 年 2 月 25 日的上涨，每个人都很兴奋并买入看涨期权。现在，所有新的多头头寸导致市场出现很多的卖出止损单，市场下跌并将它们清除（见图 5-12）。

重申一下，我在 PC 比率中寻找的主要是它是否在一个极端读数范围内。这个指标不会在极端读数范围内停留太久，但是它们不时会达到极值，对市场产生影响。如果 PC 比率没有产生极端读数呢？

PC 比率实际上大部分时间在我所说的"中立"领域，0.70 到 0.90 之间。这时候，PC 比率通常不会成为影响我做交易决策的因素。然而，我在一天中要观察 PC 比率的另一个方面，就是 PC 比率的"趋势"。这带来了我使用 PC 比率的第三条规则：

如果市场在上涨，我想看到 PC 比率的上涨来确认走势。

如果市场在下跌，我想看到 PC 比率的下跌来确认走势。

如果 PC 比率在上涨，意味着越来越多的人在看跌，并且他们开始做空股票，做空指数，并买入看跌期权。这意味着人们不相信上涨，他们利用市场的强势来建立空头头寸。他们不知道做空的行为仅仅是为下一步上涨增加燃料，因为市场现在有一系列的止损单停在头顶上，等待着被强力突破。

然而，如果市场在上涨而 PC 比率在下跌，这是因为人们相信上涨并在追逐它，这一迹象表明市场行情已经走到尽头。反之亦然，如果市场在下跌而 PC 比率在下跌，这意味着更多的人在看涨，他们利用市场的弱势来买入股票和买入看涨期权。他们仅仅是在为市场提供燃料，让市场以新的低于市场的卖出订单的形式继续走下坡路。如果市场在下跌而 PC 比率在上涨，这意味着人们变得恐慌并且追逐下跌行情，这是下跌将要结束的信号（见图 5-13）。

1. 在 2005 年 3 月 29 日，迷你道琼斯指数期货跳空低开并试图进一步推低。

2. PC 比率随着人们争相建立空头头寸和买入看跌期权而上升。

3. 这增加了看跌期权的买进。即使 PC 比率没有被推至高于 1.0，这也足够让市场转向并清除头顶的止损单。

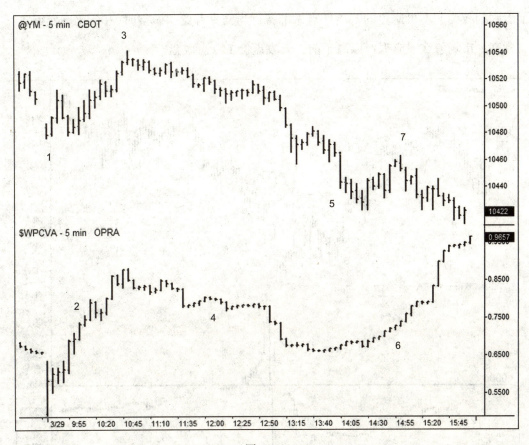

图 5-13

4. 交易者把 YM 的这个上涨看成是利好,在市场拉回时他们开始买入看涨期权。这一轮看涨期权买入加剧,驱动 PC 比率降至低于 0.65。

5. 随着激进地买进看涨期权,YM 下跌了几个小时,然后崩溃,下跌超过 120 点。

6. 随着 YM 的下跌,交易者开始担心他们将会错过下跌行情,他们开始做空股票并买入看跌期权。这驱使 PC 比率达到当日的新高。

7. 尽管市场并未上涨至收盘,但随着高 PC 比率开始形成市场的底部,市场趋于稳定。

图 5-14 展示了第二天的市场。随着市场在 2005 年 3 月 29 日以接近低点收盘,人们在第二天早上看跌市场,而在跳空高开后,他们开始激进地做空并买入

看跌期权为"不可避免的"更低点做准备。当交易者竞相做空时，PC 比率变得非常高。市场怎么回应呢？以高于前一天收盘价 140 点收盘。

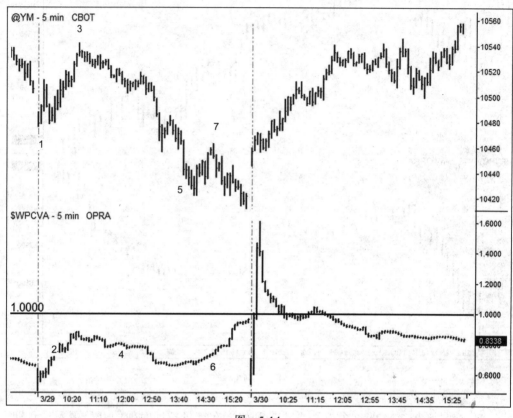

图 5-14

我想明确指出的，是在东部时间上午 10:00 之前，我基本上不考虑 PC 比率。有很多上市股票需要时间去开盘成交，还有很多隔夜期权订单需要时间去执行。这会导致 PC 比率变化无常。另外，我在期权到期日忽略这个读数，因为所有与期权相关的特定活动都会使它变得异常。

PC 比率是一个有价值的日内交易工具。在我写这本书的时候，有很多数据服务不支持这个指标。在 TradeStation，你必须获得"opra"的许可才能得到 PC 比率。例如，虽然在 TradeStation 上可以用，但是它目前在 eSignal 上不能用。如果客户要求，更多报价供应商将提供此信息。同样，这个信息在 www.cboe.com 的"市场数据"板块可以免费获得。这些数据每半小时更新一次。

要想知道股票市场当天真正发生了什么,最有效的方法是什么

板块排行榜(SSL)是一个简单的工具,我用它来衡量"指数背后"发生了什么。我列出所有关键行业,并让它们在整个交易日中每隔几秒钟根据净百分比变化自动排序。这让我一目了然地了解到哪些行业正带领市场上涨或下跌,这也带来了我使用板块排行榜的第一条规则:

任何没有银行(BKX)、经纪商(XBD)和半导体(SOX)参与的行情都是可疑的,很可能不会持久。

在 2005 年 4 月 1 日,当天大多数时间里上涨的板块是能源、房地产和黄金(见图 5-15)。当天最糟糕的板块之一是半导体,跟随其后的是经纪商和银行。我想知道这些板块在排行榜中的位置有三个原因:

- 第一,巨型货币中心银行是市场上规模最大(或几乎最大,取决于当前价格)的市值板块。如果市场希望取得进展,就需要这个指数的参与。

- 第二,经纪商很好地代表市场。经纪商行动了,市场就行动。

- 第三,每个人都会参与半导体股票。散户和机构投资者都是他们的强力追随者。如果我看到这三个板块在领跌,我就相信这一跌势将持续下去。反之亦然。

另外,我喜欢当市场平静起伏时使用板块排行榜。市场上经常有隐秘的行情,当整体指数限制在一个较窄的范围内,但在指数内部一些关键行业正在恶化或坚挺时,就会出现这种情况。指数本身常常不能反映这种情况。这也带来了我使用板块排行榜的第二条规则:

在市场的平静期,越多的板块变红(下跌),当市场最终突破的时候,向下突破的概率越大。反之,越多的板块变绿(上涨),当市场最终突破的时候,向上突破的概率越大。

	Symbol	Last	Net Chg	Net %Chg ▽	Description
1	$OSX.X	142.28	2.97	2.13%	Phlx Oil Service Sector Index
2	$XNG.X	333.76	6.86	2.10%	Amex Natural Gas Index
3	$XOI.X	870.23	17.75	2.08%	Amex Oil Index
4	$HGX.X	481.75	3.21	0.67%	Phlx Housing Sector Index
5	$UTY.X	393.85	1.86	0.47%	PHLX Utility Sector Index
6	$GSO.X	157.45	0.61	0.39%	Gsti Software Index
7	$XAU.X	94.01	0.26	0.28%	PHLX Gold And Silver Sector In
8	$GIN.X	155.94	0.01	0.01%	Gsti Internet Index
9	$BMX.X	111.79	0.00	-0.00%	Phlx Computer Box Maker Sector
10	$HMO.X	1357.03	-0.81	-0.06%	Morgan Stanley Healthcare Payo
11	$DFX.X	261.06	-0.24	-0.09%	Phlx Defense Sector Index
12	$INX.X	183.89	-0.82	-0.44%	CBOE Internet Index
13	$XCI.X	672.76	-4.10	-0.61%	Amex Computer Technology Index
14	$GSV.X	132.64	-0.84	-0.63%	Gsti Services Index
15	$IIX.X	146.07	-1.01	-0.69%	Amex Interactive Week Internet
16	$CYC.X	741.75	-5.15	-0.69%	Morgan Stanley Cyclical Index
17	$MSH.X	452.24	-3.19	-0.70%	Morgan Stanley High-Technology
18	$BKX.X	95.84	-0.71	-0.74%	PHLX KBW Bank Sector Iridex
19	$TRAN	3686.61	-29.36	-0.79%	Dow Jones Transportation Index
20	$DRG.X	312.31	-2.53	-0.80%	AMEX Pharmaceutical Index
21	$IXF.X	2634.55	-22.28	-0.84%	Nasdaq Financial-100 Index
22	$GHA.X	301.12	-2.69	-0.89%	Gsti Hardware Index
23	$CMR.X	572.08	-5.73	-0.99%	Morgan Stanley Consumer Index
24	$XBD.X	144.12	-1.52	-1.04%	Amex Securities Broker/dealer
25	$NWX.X	202.80	-2.18	-1.06%	AMEX Networking Index
26	$BTK.X	486.83	-6.02	-1.22%	AMEX Biotechnology Index
27	$GSM.X	203.35	-2.82	-1.37%	Gsti Semiconductor Index
28	$SOX.X	411.22	-5.77	-1.38%	Phlx Semiconductor Sector Inde
29	$RLX.X	424.02	-6.16	-1.43%	S&p Retail Index
30	$XAL.X	47.96	-0.99	-2.02%	AMEX Airline Index

图 5-15

像是医生与病人病例的关系一样，板块排行榜帮助交易者衡量当前市场环境的整体健康状态。交易所交易基金也可以用来做这件事。我喜欢追踪的 9 个板块是非必需消费品（XLY）、金融（XLF）、原材料（XLB）、消费必需品（XLP）、医疗保健（XLV）、科技（XLK）、能源（XLE）、工业（XKI）和公用事业（XLU）。

你要如何知道市场将会是窄幅震荡的一天

最令交易者沮丧的事情之一就是交易日里股票指数窄幅震荡。窄幅震荡是指股指在一天中的大部分时间都在缓慢、狭窄的区间交易，只提供最小的波动性。大多数交易者直到半天过去才意识到市场在窄幅震荡。他们可以通过看图来判断，也可以通过他们的亏损交易数量来判断。另外，在窄幅震荡的交易日里，有一些特定的定式表现良好。如果一个交易者不遗余力地使用一个在趋势市场中最有效的定式，他就死定了。第 8 章和第 9 章中描述了两个我最喜欢的适合在窄幅震荡市场中使用的策略（枢纽点和跳动指数对赌）。

我的目标是在交易日尽可能早地确定市场类型。为此，我建立了一个 5 分钟的 E 迷你标准普尔 500 期货图，我在图上唯一设置的指标是成交量。之后，我在成交量图上的 25 000 水平上画一条水平线（或尽可能接近 25 000 水平）。

在图 5-16 中，我们能看到在 2011 年 9 月 27 日的第一个小时里的交易，成交量柱状线大部分超过了 25 000。这很典型，因为交易的第一个小时通常很活跃。这意味着每 5 分钟就有超过 25 000 份合约被交易。市场在当天的大部分时间交易平静走高，然后在最后一个小时开始回落。一旦成交量超过 25 000 份合约，然后保持在这个水平之上，就表明熊正突袭入场大获全胜。一番杀戮之后，标准普尔指数下跌 30 收盘。

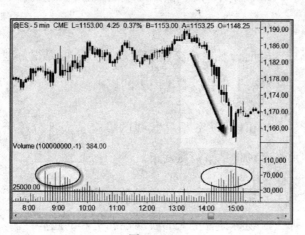

图 5-16

成交量对于衡量行情的确信度极有帮助。如果市场开始小批量抛售，我就知道这一行情没有什么说服力。这只是一个试探，很有可能会失败，它可能意味着一个持续反弹至收盘的买入机会。然而，一旦行情有了成交量的支持，就会以最好的状态持续下去，你没有理由与它抗争，跟随它就对了。在图 5-17 中，我们能看到同一天的跳动指数 $TICK。

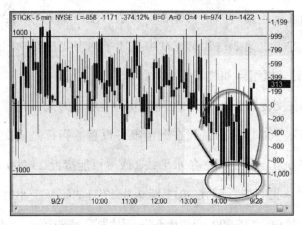

图 5-17

那天的大部分时候，跳动指数都在 0 线以上，频繁达到 +1000 水平。在这段时间里，任何到 0 线的拉回都是买入机会，而回到 +1000 就是卖出头寸的机会。然而，一旦成交量飙升，而跳动指数 $TICK 在进入收盘中达到它的第一个 –1000，市场的本性就变了。如你所见，所有回到 0 线的反弹都被阻挡（提供了卖空机会），熊在不停地攻击着牛使其屈服。事实上，跳动指数 $TICK 低至 –1200，这表明极端的抛售正在形成。同时，观察成交量和跳动指数，可以很好地反映出任何一天市场的内部走势。这带来了我看成交量图表的规则：

- 如果 5 分钟 ES 图上的头 6 根柱状线的成交量大部分等于或者低于 25 000 份合约，那么市场将是窄幅震荡市。

- 如果 5 分钟 ES 图上的头 6 根柱状线的成交量大部分等于或者高于 25 000 份合约，那么市场将具有更大的波动性和更好的趋势性。

这是一个简单的方法，能尽早判断出市场在当天将窄幅震荡还是更加波动。这使交易者可以尽早选择出更适合这类市场的定式。简言之，在窄幅震荡的日子里，最好对赌极端的跳动指数读数 $TICK。在趋势日里，最好跟随极端跳动指数读数 $TICK，对赌拉回 0 线的行情。（更多关于使用跳动读数 $TICK 的信息，请参看第 9 章）

汇总：怎样从开盘起评估交易日

太多的数据很容易让人不知所措，使用这些数据的关键是让你的大脑尽可能快速高效地吸收信息。我做到这一点的方式是按照特定的顺序查看数据，用两列，从上到下，从左到右。

图 5-18 展示了我怎样把所有这些信息汇集到一个屏幕里。trin 和 trinq 在屏幕的左上方，我首先会查看它们。然后我的眼睛向下看 PC 比率，这是我第二个查看的内容（注意，现在这个代码是 $PCVA 而不是 $WPCVA）。之后，我看跳动读数，它在屏幕的左下方。从这里，我的眼睛跳到右上方到达板块排行榜（SSL）。最后，我看 tiki。我甚至不用看价格图也知道市场一整天在稳定抛售。

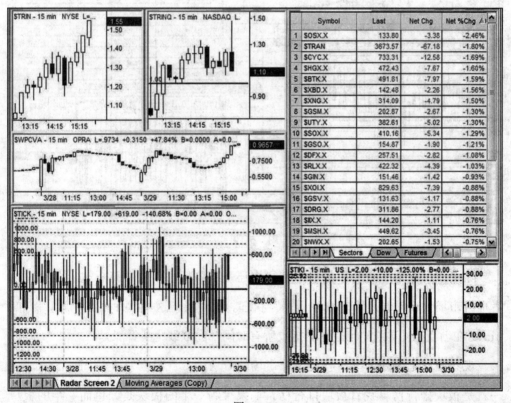

图 5-18

图 5-19 展示了在强势市场背景下的这些关键指标。一眼看去，我能看到 trin

和 trinq 趋势向下，并且当天的 PC 比率从远高于 1.0 的地方开始。我能看到跳动读数一天的大部分时间在 0 线以上，大部分板块在上涨。我也能看到，tiki 读数显示程序化买入比程序化卖出多得多。这种类型的日子，我将集中关注看涨定式而忽略看跌定式。

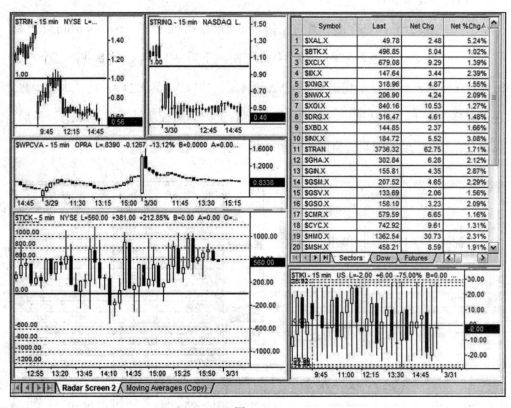

图 5-19

除了能可靠地感觉到市场有上涨压力还是下跌压力，这些指标也能帮助交易者理解市场什么时候是在"窄幅震荡"状态。这时候，这些指标相互矛盾。例如，trin 正在创新高（看跌）但是跳动指数所有时间都在 0 线上（看涨）。

观察我们是否处于"窄幅震荡"市场的方法中，我最喜欢且最简单的方法之一就是板块排行榜。我看板块排行榜，如果大约一半的板块是绿色而一半的板块是红色，那么市场不可能比那样更中性了。

我没有在这个屏幕安排上包含 ES 5 分钟的成交量图仅仅是因为没有足够的空

间，我会在另一个屏幕上看这个图。

还有哪些需要追踪的其他要点

自从我在 2005 年写这一章以来，并没有发生太多变化。事实上，这一章的更新很少，除了图 5-19 上那些 ES 的成交量数字，它已经从 10 000 涨到了 25 000，我在使用跳动指数 $TICK 上也稍有不同，在那些走势强劲的日子里，我会使用 0 线作为进场机会，我们在 2011 年 8 月和 9 月里有很多这样的机会。

$TRIN 的表现仍然好，尽管它的影响有所降低，因为现在市场上出现了反向 ETF，它们的交易量很大，这扭曲了 $TRIN 数据。虽然不多，但是它们被扭曲了一点儿。

作为弥补，如今我也看两个"新的"内部指标。虽然我说是"新的"，但它们实际并不新。只是我比几年前更仔细地观察它们。这些指标是 $VOLSPD（标准普尔指数上下量差）和 $VIX，即芝加哥期权交易所波动率指数。

$VOLSPD 在交易日开始的时候没什么价值，但是在收盘前最后一小时是无价的。当我看这个指标的时候，我考虑卖方压力和买方压力。如果卖方压力持续到最后一小时，那么等着抛售至收盘。如果买方压力在持续，那么等着上涨。这也许看起来过于简单，但是在最后的半小时交易里有许多假动作。如果股市看似在猛烈抛售，但 $VOLSPD 持续走高，会怎么样？股票市场将反转并反弹至收盘。反之亦然。

在图 5-20 中，我们在一个 5 分钟图上同时看到 $VOLSPD 和 SPY。大约东部时间下午 1:45 在点 1 处，股票市场开始走高，这个上涨持续了将近半个小时。这是一个真正的买入还是一个假动作？通过看 $VOLSPD，我们能辨认出这不仅是一个假动作，而且市场有很大的可能性会抛售至收盘。$VOLSPD 不仅没有确认这个上涨，而且实际上开始创出当天的新低，这种情况就是牛的丧钟。市场猛砸至收盘。

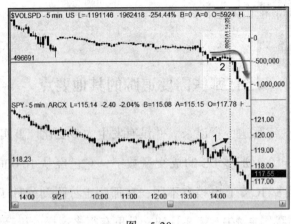

图 5-20

恐慌指数 $VIX 当然永远都在,而且当市场波动性增加的时候,它的重要性也更加凸显。恐慌指数也被称为"恐惧指标",因为它在衡量恐慌的时候很好用。当然,恐慌可能会过度,而太多的恐慌就是买入信号。

在图 5-21 中,在上半部分我们看到恐慌指数的日线图,加了参数是 20 和 2 的标准布林带通道。图的下半部分是 SPY。注意:任何时候恐慌指数上涨到布林带通道的顶部,特别是当它收盘时超过布林带通道,不仅市场形成底部,而且可能猛烈反弹。

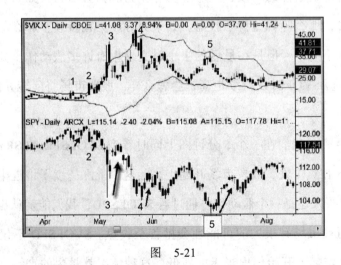

图 5-21

在点 3 处,看看在那个声名狼藉的"闪电崩盘"日发生了什么,市场在当天大部分时间里疯狂下跌。恐慌指数迅猛升高。人们惊慌失措。然后呢？市场多日暴力反弹，超过了闪电崩盘前的高位。继续往下看这张图，你能清楚地看到任何极端的恐慌指数 $VIX 读数，代表了市场的极端恐惧，表明卖方耗尽。教训是什么？如果恐慌指数 $VIX 飙高，不要对下跌太过兴奋。

我也会在日内交易的 5 分钟图上看恐慌指数 $VIX，如图 5-22 所示。我只看恐慌指数 $VIX 是否有任何向上或向下的突破。恐慌指数很迅速而且通常比市场先突破。

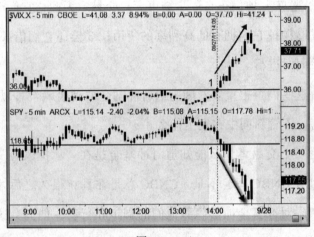

图 5-22

在点 1 处，恐慌指数 $VIX 飙升，不久之后市场崩溃。这种情况下只要恐慌指数 $VIX 持续走高，市场就会继续抛售。

我用 5 分钟图来衡量市场上恐慌指数 $VIX 的"即时恐惧"。我用日线图来观察恐慌何时失去控制，这时将出现释放性反弹。

哦，是的，你知道如果忽略了这一点，你就没有胜算了吗

在过去几年里，媒体对"套息交易"的报道很多，但大多数交易者和投资者并不重视。"那是一些对冲基金在做的怪事，"他们认为，"和我无关。"这正是交易者犯错的地方。大错特错。

套息交易对当今市场的影响几乎比其他任何因素都要大。用最简单的方式解释，其工作方式如下。对冲基金借入低利率的货币上，比如日元或美元，然后把这些资金投入到高利率的货币上，比如澳元。它们利用这些澳元进一步贷款，买升值的资产，如股票、黄金、白银、谷物、石油等应有尽有。它们为什么要这么麻烦呢？很简单——获得高额回报，这样它们就可以收取高额费用。

为什么这很重要？因为当基金进行套息交易（也被称为"承担风险"）时，大多数资产类别都会升值；这些基金正在大举买入它们。然而更重要的是，当基金"剥离风险"时，意味着他们正在逐步结束套息交易。为此，它们需要：①抛售它们买入的资产；②抛掉它们拥有的高利率的货币；③偿还它们借入的低利率货币。这三个步骤几乎同时进行。

为什么了解这些内容很重要？因为当对冲基金"剥离风险"，几乎所有的资产类别都将被抛售，不管新闻中在发生什么。

很好，但是一个交易者怎么能知道对冲基金是在"承担风险"还是在"剥离风险"呢？通过看 CNBC 吗？不是。CNBC 总是在真相很久之后才知道发生了什么。相信我，如果对冲基金能够隐藏他们的脚步和行动，他们会这样做的。令人惊讶的是，对冲基金是在"承担风险"还是在"剥离风险"的信息非常容易获得。你只需要一个数据源。

图 5-23 是一个澳元兑日元的图，当前价格是 73.739。这说明 1 澳元等于 73.74 日元。信不信由你，这张图展示了对冲基金的实时行动。澳元/日元的价格不是关键。关键是价格图是走高还是走低。

并不是说澳元/日元代表了所有的套息交易活动。但是，它确实代表了一种非常常见的套息交易，借入日元然后投入澳元。借的日元越多，买的澳元就越多，澳元/日元就越高（这意味着，随着风险承担，1 澳元能买越来越多的日元）。这样，当套息交易进行的时候，澳元/日元会上涨。当套息交易被解除时，澳元/日元会下跌，因为澳元被卖出来偿还日元借款。如果那看起来有一点儿复杂，那么你只需要记住：

澳元 / 日元上涨 = 风险开启 = 资产上涨

澳元 / 日元下跌 = 风险关闭 = 资产下跌

图 5-23

图 5-23 展示了一张从 2010 年 10 月到 2011 年 10 月 5 日的澳元 / 日元图，图的下方是股票市场（SPY）。点 1 和点 2 显示了澳元 / 日元上涨的同时股票市场也上涨。点 3 和点 4 显示了澳元 / 日元下跌而股票市场也下跌。这很简单。

真正有趣的是澳元 / 日元作为领先指标的时候，在点 5 处。在 2011 年 3 月 29 日，澳元 / 日元突破并创新高，股票市场在做什么？什么也没做。股市因为又有一个欧洲国家处于破产边缘而处于动荡之中。然而，澳元 / 日元的不断走高，代表着基金正在非常激进地承担风险。

不出所料，大约一个月之后，在 2011 年 4 月 26 日，股票市场突破并创新高。一个交易者如果对财经媒体言听计从，会由于对欧洲债务危机的持续报道而担忧，从而卖空股票。而理解套息交易重要性的交易者会买入股票或者股票的看涨期权，等待股票市场最终赶上对冲基金实际承担的风险。长话短说，基金借入的钱必须进入市场。

图 5-24 是澳元/日元和 E 迷你标准普尔的 5 分钟日内图。我喜欢在交易日看这个来衡量 ES 的抛售强度。点 1 处显示了 2011 年 10 月 5 日交易日中 ES 的一个大的抛售。如果在这次抛售中，澳元/日元仅有一个"温和的回调"（如点 2 处），那么 ES 反转并上涨的机会非常大（像这里一样）。如果 ES 抛售而澳元/日元也暴跌，那么你就知道市场中的卖空是动真格的。

图　5-24

了解套息交易很重要的最后一个原因是它解释了许多人无法解释的内容。比如，在2008年的金融危机中，每个人都在谈论美元如何一文不值，将所有资金投入黄金和黄金股至关重要。在2008年10月金融危机的狂热阶段发生了什么？黄金被击败，从每盎司①1080美元下跌至每盎司707美元。黄金股跌得更惨。加拿大黄金矿业公司GG，是一只非常稳健且很受欢迎的股票，从52.65美元跌至13.84美元。这是2008年7月至10月金融危机最严重时期黄金股的典型走势。所有认为自己很聪明并且做了"明智之举"的人都被带出去"枪毙"了。发生了什么？

图5-25显示了究竟发生了什么。在图5-25中，我们能看到风险正在大幅剥离，澳元/日元从超过100.00大幅下跌至低于60.00。我说过，市场之所以变动，是因为它们不得不这样做，而不是因为他们想这样做吗？答对了。这基本上是世界上最大的追加保证金通知。基金被迫卖掉所有能算作资产的东西，包括黄金，无论资产是什么或者它是否有内在价值。所有用借来的钱买入的资产都要被卖掉，这样它们才能偿还它们的贷款。这也是为什么美元在这段时间会升值。美元和日元一起也用于套息交易，因为美元是一种低利率货币（至少在过去几年里是这样）。随着套息交易"剥离风险"，而日元和美元得到"偿还"，发生了什么？美元反弹了。为什么？借钱等于卖空它，还钱等于买入它。因此，偿还美元对美元指数施加了上涨的压力。这就是为什么美元没有像许多专家预测的那样崩溃。美元也许有一天会崩溃，但不是在它是一种低利率货币而对冲基金正在剥离风险的时候。

所有资产都卖掉后剩余的现金去哪儿了？进入了美国国债。这就是10年期国债期货和其他债券期货在这段时间内飙升的原因。

套息交易开始了？很好，买入一切。

套息交易结束了？快闪开。

---

① 1盎司 = 28.350克。

图 5-25

总　　结

重要的是，交易者应意识到，市场在一天中的大部分时间，甚至大部分的星期里，都在巩固、休息、盘整，几乎什么都不做。那些等待行情然后不得不追逐行情的交易者，与那些在行情开始之前就已进入市场的交易者比，总是处于不利地位。要做到这一点，就要观察这些内部指标，寻找线索去找最小阻力的路径。当市场平静的时候，在下一个行情的方向上建好头寸。一旦行情出现，业余交易者会去追逐它，你就可以把你的头寸卖给他们。

我设立了网站 www.simplertrading.com/marketinternals，这样我们能把这章的更新发布在上面，包括实时市场条件下的视频，它们展示了随着市场的展开内部指标是如何工作的，还有一些更新的内部指标，以及我们用来解读这些读数的移动均值。有时"实况演示我如何使用它"比在书中复制和粘贴一张图更容易。

我们快到第一部分的结尾了。在我进入第二部分（实际交易定式）之前，我想回顾最近一个交易新手曲折而又令人惊叹的道路，以及引领她走上交易之路并最终走上盈利之路的迂回曲折。无论你是否熟悉丹妮尔·谢伊（很快将成为丹妮尔·古姆），我认为你都会发现她的交易之旅引人入胜。我将把下一章交给她。

第 6 章

一个初学者的旅程

作者：丹妮尔·谢伊·古姆

约翰·卡特的说明：我记得丹妮尔总是在我们的现场活动中出现，在她历经了交易者都会经历的正常且艰辛陡峭的学习曲线之后，她开始问激励性的，有时候还很难回答的问题。她的问题很好。"这个女孩是谁？"我很好奇。她聪明有趣，擅长分析，而且勇于说出自己的观点。她也非常执着。有一次，我们在一个活动中交谈，我说："你到奥斯汀来为我们工作吧，帮助初学者走上正轨。"从那时起，她把自己那些不成熟的想法付诸实践，而不是等着任何人的批准。她创造了自己崭新的未来。目睹这个过程很有趣。这就是丹妮尔。

我是这样开始的

如果在我上大学或者是人生中的任何时候，你告诉我，我将在金融市场上有成功的事业，我会大笑着走开。这条路走到现在充满了意外，但是最后我正做着我所热爱的事情——用自己的方式挣钱而且教别人自己是怎样挣钱的。

我为什么没想过自己最终会从事金融教育呢？我从小就想当律师，学习语言和写作。但即使在那时候,我也从来不是适合某种固定模式的人。我总是想掌控自己的命运,开拓一条和其他人不一样的路。我想学人权法,想创业,或者想成为发明家,但是我没能实现任何一个想法。每当我兴冲冲地开始一件事情时,我的兴趣就会逐渐失去,然后我就转向下一个想法了。我的独立性很强,不允许我在任何没有真正感到热情和活力的事情上安定下来。这种永不停歇的流浪使我在毕业后来到国外,最终在中美洲教小学。我想做独特的事情,我想教书,而且我想在每晚睡觉的时候知道我为这个世界做了有益的事情。

我就这样成了一名在海滩边上的小镇教六年级的老师。我喜欢小孩子,为他们准备教案,把大的概念分解成他们可以理解的概念。我教英语、数学和科学。在大学里教难民的第二语言——英语之后,教学看上去就是下一步我该做的事。我不仅喜欢教书,而且还能沉浸在另一个国家的文化中。每天当我教孩子们的时候,他们也都教会我一些东西。这一直是新的探险,而我热爱探险。

那么,我是怎样从教学转向教有志于成功的期权交易者的呢?我总感到自己是那种在美国大公司工作就会憋死的人。那些大公司有规则,有固定工作时间,还有我提都不想提的着装要求。你可以称之为千禧一代的共性在我身上的体现,但是这些一直是我个性里很明显的部分。

成为期权交易者不是我灵光一闪的念头。我真希望能够说有那样一个神奇时刻让我意识到这条职业道路多么好,但是事实不是这样的。我曾经把自己的处境弄得很糟糕。那时候我已经在哥斯达黎加打造了三年我所认为的未来。我热爱我的教书工作、我的房子,以及我以为我正在组建的家庭。我爱上一个我以为会共度此生的人并且和他订婚,最终怀孕。怀孕不久,我就发现了在我的未婚夫营造的表象之下的真相。我不想讲那些肮脏的细节,但是故事的重点是我所憧憬的生活,也是我被承诺的生活,并没有展开。没有任何迹象表明这会发生任何改变。我感到愚蠢和背叛。我有两个选择:留下来在绝望中挣扎,或者趁着还能离开的时候远走高飞。我选择了离开。

你离完全不同的生活永远只差一个决定

离开未婚夫意味着离开我的全部生活。我的教书生涯以及我到此为止拥有的全部突然结束了。我拖着怀孕明显的身体,带着两个几乎拿不动的箱子离开了。我无处可去,只能回到父母身边。我的支票账户和储蓄账户加起来只有800美元(这是为我再也不会有的婚礼准备的)。两个月内,我从对一辈子都做好了规划沦落到陷入家庭的另类麻烦中。我即将临产成为25岁的单亲妈妈,而且居住在父母家。我感到我的生活完全失败了。

我一直很聪明,读书的时候成绩很好,上了州里广受推崇的一所大学。尽管如此,我还是很难理解我为什么会沦落至此。后来,我在生活中多次领悟到,发生在一个人身上最糟糕的事情能够开花并结出最好的果实。

那时候,我生活中的选项少得可怜。不幸的是,在美国教小学的收入不够支付一个单亲妈妈的儿童托管以及婴儿所需的所有开销。我不知所措,不知道路在何方。

2013年9月,我的儿子Leo出生。他的出生给我带来了前所未有的动力。我还不完全知道怎么养育他,但是我清楚我爱他。我想尽可能地为他提供最好的生活。我不想在抚养他的过程中因为财务困境而挣扎,依赖月薪生活。我愿意为了脱离财务困境而做任何工作。当我向父亲哭诉时,我哀叹自己不能够从一团糟里出来。我自认为在这世上没有做错什么。我不能接受自己竟然无力照看自己的小孩。当我不停哭诉我失败的生活计划时,我的父亲告诉我:"我有一个答案——约翰·卡特。"

一个全新的理念

我父亲活跃在投资和交易领域二十多年了。但是,在此之前我从来没有和他讨论过交易。"约翰·卡特?"我问道。一个叫约翰·卡特的人能怎样帮助我走出困境?这一刻永远地改变了我的生活。

就在那时候，我父亲引导我进入期权交易。彼时我对什么是期权合约一无所知，更不用说如何用它挣钱了。简单的术语，比如"牛市"和"熊市"于我就像天书一样，但是我父亲告诉我在交易投资期权的这些年，从来没有见过能像约翰一样让钱快速增长的人。父亲告诉我约翰是一个老师，我们可以一起去上约翰的课。父亲说，约翰的课能帮助我学会怎样自己挣钱养活 Leo 和我自己，而且可以待在家里不用离开儿子。仅仅说我很怀疑父亲的建议实在是轻描淡写了。

于是我把我所有的决策可能想了一遍，发现带着一个一个月大小的婴儿申请新工作不大可行。如果你看到过第一次当妈妈的我带着新生婴儿，你就会意识到我宁愿冒任何风险也不愿意离开他。即使是我决定在美国当老师，一个老师的薪水也并不足以支付一个西雅图单亲母亲的开销（西雅图是全美房价最贵的城市之一）。我的工资只够支付托儿所费用，还轮不上支付房租和食物，更不用说婴儿用品。我能想象的未来就是贫困，但我从来没想过我会沦落到无路可走的境地。

我说："好吧，爸爸，告诉我关于约翰·卡特的事情。"尽管我心里想的是：

数学？！我讨厌数学。数字？金融？这可不是我擅长的。在大学里我侥幸逃掉了数学课，经济学基础是我在四年里成绩最糟糕的课程。我怎么能做这个呢？

我继续寻找可以在家工作的选项。因为高昂的托儿所费用这一项，出去工作就不可行。我找遍写作、在线英语教学、录音、翻译等工作，我想要的无非能够自己照顾儿子。父亲又提醒我："这个周末我去上约翰的一门课，你就去坐着看看吧。"于是我去了，怀里抱着新生儿，坐在那里听约翰讲怎样用他的期权策略成倍赚钱。我不知道他的图上是什么，也不知道怎样使用一个平台，能听懂的不及约翰讲的十分之一。但是，他作为一个老师的某种魅力，以及我父亲坚持说这个计划可行，让我愿意坚持下来。就在那个时刻我决定尝试一下。我有什么可以输的呢？我在 TD Ameritrade 开了一个模拟交易账户（虚拟账户），开始了期权交易之旅。

飞快过去的五年

> 越努力,越幸运。
>
> ——本·富兰克林

快进到今天,我是约翰的公司 SimplerTrading 中主要的技术分析师,交易员和教学内容制作者之一。我在我们的实时交易聊天室里展示我的分析,并且在我的个人博客里放出交易理念,叫作"更简单的交易",主要集中在小账户的趋势策略。我在公司的主要工作是和那些到我们这里的新手交易者一起分解细化交易理念,就像我当初需要的一样。我帮助他们走上财务自由之路。

除了我的交易室分析,我还每周给非交易时间的学员讲一个名叫"市场刚发生了什么"的网络研讨会系列。这些网络研讨会重点放在确保我们的新学员能够学习、理解,以及(最重要的)运用我们的"更简单的交易"策略,帮助他们意识到"市场刚发生了什么"。我完全享受写各种不同的博客,包括市场分析,以及交易和策略的分解,以期帮助学员更好地了解我们的交易和策略。尽管我的策略对各种水平的交易员都适用,但我主要专注于帮助新手交易者和中级交易者解决我以前面对的同样的问题。

就像我的导师约翰一样,我最喜欢的莫过于一些优秀的技术形态,通过它们我能用杠杆作用实现我追求的账户强劲增长。我的交易计划真的是我从组里各个组员那里学到的期权和期货策略的混合。虽然约翰是我最初的导师,但我很快就开始向亨利·甘博(Henry Gambell)和卡罗琳·伯罗登(Carolyn Boroden)学习。在这段时间里,我反反复复测试了一些策略,把它们打造成能为我服务的策略。我的目标是帮助交易者经历同样的过程。

我的交易人格

如果你问"你是一个怎样的交易者",好吧,我就是一个混合体,混合了五年里我跟约翰以及其他组员学习和在交易中所学到的每一样东西。我融汇约翰的趋势性质的自上而下的方法，从整体指数市场和各个部分开始，找出赢率最高的趋势交易，然后加入一些从卡罗琳的斐波纳契分析培训学到的内容，再点缀亨利的技术分析技巧，使所有这些为我的小账户服务。结果形成了一种独特的避险性的交易策略，我很骄傲地称它是我自己的。这在五年前我根本不敢相信有可能发生。

言语不足以表达我对在 SimplerTrading 学习到每种知识的感激之情。SimplerTrading 给我的不仅是能够用我的钱赚钱的本领，而且是无论何时何地都能够赚钱的本领。但是，比起这些，我必须将无以言表的深深的感激献给我的父亲，是他让我走上这条路的。

交易是我尝试过的最难的事情之一。但是我的性格就是坚信生活中的任何困难都将使我更加努力。"如果开不了门，就打碎一扇窗户吧"是我心态的重要部分。我所经历的沮丧、困难和挫折只会让我更加努力。

很多人想知道，"你是怎么做到的？你怎么能在那么短的时间里盈利？"这其实很简单。我决定成为一个交易者，我用了所有气力实现这个目标。但是这种简单不意味着它是容易做到的。

尽管在 2013 年的秋天我的生活发生巨变，但是回顾那些将我带到今天的困难时刻，我总是充满感激。我是怎样从那里到这里的？如果我能够准确定位我的成功要素，那就是我在这段时间里付出的努力。让我带你回到最初的情形吧。

新生活的开始

在我开始进入交易的时候称我为"初学者"实在是恭维我了。我开始的时候有什么知识呢？不多。当我跟着约翰的时候，我甚至不知道期权是什么。技术分析？呃，我不知道屏幕上的不同颜色和线条有什么区别。开始的时候我什么都不懂。

在生活中，我总是全力以赴。如果我要做一件事情，就一定会做到我能力的极限（这也是从我父亲那里学到的）。如果你要做一件事情，就用你的全部去做。

疯狂的是，这也是约翰最终雇用我来帮助新手交易者的原因。我清晰地记得作为新手交易者，什么对我来说是看上去很复杂的，所以，我的工作就是把这些看上去复杂的东西教给我们的新手交易者。

2013 年 9 月

我一头扎进来了。我开始听约翰的课以及交易室的讲解。我记得最初要试着听多个交易者讲解的内容实在是太多了。他们每一个都有自己的风格和术语。我能做到的就是记住其中的一个！我把向约翰学习交易当成在大学里上课一样。我打印所有的幻灯片，做细致的笔记，问很多问题。最重要的是，当我需要帮助的时候我就问。

我花了很长时间来弄明白最基本的概念以及怎样使用交易平台。我完全复制约翰的交易，记录它们怎样（以及为什么）奏效，以及我最后挣了或者亏了多少钱。我实践各种不同的交易策略，但是如果没有交易室中的分析、讲解，我还是没有办法自己找到和实现一笔交易。然而，我知道我的目标。我要财务自由，所以我继续全力以赴。

我父亲帮助我学习基本概念。约翰的教学太深奥了。我总需要一个人来填补这些知识空白。在我心里，那些时光清晰如昨，想起来真是难以置信，现在我在 SimplerTrading 公司的工作就是为新来的交易者填补知识空白。

从新手到全职交易者

随着时间的推移，我开始慢慢地理解各种期权策略和不同交易定式背后的基本概念。至今我仍然感到不可思议的是一个特定的图形形态意味着某一特殊事件高概率会发生。

我以前永远不知道能够"读懂"市场。但是，这正是约翰教会我的。我学习了读懂价格变动。我运用约翰在课堂上推荐的工具，把如何使用这些工具都写下来。学习怎样读懂价格变动就像是学习一门新语言（非常奇怪的一种）。但是，当我不断进步时，我开始识别总是不断出现的相似形态，就能大概知道怎么做。

我想我是在大约一年半以后才真正感到我学会了。那时的我还不知道交易生涯才刚刚开始。从那时起，我终于停止虚拟纸上交易，开始用真钱交易。

最终看到结果

我清晰地记得我的交易生涯进入第二年的时候，我非常挣扎。那时，我刚用真钱交易了六个月，头几个月真是太棒了，无论怎样我都能赚钱。当然，这没有持续多久。（至少开始时是这样）

现在回想起来，最初几个月的成功的确帮助我保持斗志。在学习怎样交易以及其间一直进行纸上交易一年半之后，我觉得自己准备好用我的现金交易了。我一直在存钱，等着打磨好技艺。我坚信自己不会损失真正的资金。好吧，正如人们说的，你永远不可能对生活中的任何事情确信不疑！

我最初几年主要是交易信用价差。对于我而言，这是很理想的，因为我能更好地控制风险——价差的宽度就是我的最大损失。我只是偶尔才会冒险去做我认为更危险的交易方式——买入长期看涨期权和看跌期权。

7月的一个下午，我看见亨利在Simpler Options聊天室里下订单。他在购买一个4美元合约的看涨期权，可惜我不记得是哪家公司。不到两天，我的期权翻倍了。26岁的我无比振奋。那时候，我每天离开九个月大的儿子工作9～10小时，做一份摄影工作每小时挣12美元。但是，期权能让我睡觉的时候都挣钱。我投入的400美元几乎一个晚上就变成800美元。我把钱变现后给自己买了一个新的苹果手机，这样我在上班路上也能继续交易。

最初用真钱交易的两个月真是疯狂。我以为自己马上就要一夜暴富了。根据约翰和亨利的推荐，2015年7月和8月我让我的账户增长了5%。8月底的时候，约翰开始讨论做空指数。那时候，我还不完全知道怎样在交易中辨认交易定式。我能够明白其他交易者说的70%并且复制他们的交易，但是我自己的观点……好吧，我的观点就是"跟着约翰和亨利吧"！

当我决定（跟着约翰的推荐）买 SPY 看跌期权时，那正是在 2015 年 8 月 24 日和 25 日的"闪电崩盘"之前，我仍然没有自己的主张，也不知道约翰到底在讲什么。他真的知道即将发生闪电崩盘吗？至今我也不确信，但是当时他根据不同的市场内部指标买入了大量 SPY 看跌期权。他不停地讲这些"市场内部指标"。VIX，Skew，这都是什么啊？我发誓，我每天都能从他那里学到新的知识。

我的生日是 8 月 25 日，这一年的生日礼物简直太棒了！这一笔交易就让我有足够的钱去买手提电脑。在那之前，我每周花 20 个小时上课，听聊天室分析，做交易。但是在那之后，我完全被迷住了。我制定了一个最终目标，那就是学习交易中的所有知识，自己掌握如何交易。

我用真钱交易的头几个月真是太棒了。我用交易所挣的钱数让我难以置信。这就像降临在第一次在拉斯维加斯赌钱的赌徒身上的幸运。回头看，我觉得这是命运希望我成功的信号。

上升的终会落下，必然这样吗

我真想告诉你，在我经历了用真钱交易的最初两个月的无比成功之后，我再也没有回头，立刻成为职业交易者。但是，那远不是事实。在 2015 年"闪电崩盘"和现在之间，我没料到还要经历很多血汗和泪水。

在胜利者之夏后不久，我迎来了失败者非常黑暗的冬天。

2015 年 11 月，我在拉斯维加斯举行的活动中见到了约翰和他的公司成员。在我见到这个团队之前，我觉得他们就像麦克风前的超级巨星。他们所做的（全职职业交易）就像是无法企及的目标。我对这个交易团队无比崇拜，说我见到他们感到被吓住了都没法完全描述我的感受。

人们总是问我，我的想法是什么时候发生变化的，我是从什么时候开始由

"我想交易，但是我亏钱而且不知道我是否能挣钱"转变到相信"这就是我的谋生之道"。起点是当我的薪水支票和成功交易所赚的钱（帮我买了苹果手机和手提电脑的）相比，看上去像零头一样的那一刻。但是，让我的想法变清晰的一刻是亲自见到这个交易团队，我意识到他们就是靠这一行谋生的真实的人。一旦我见过他们，意识到他们也是普通人，只是以交易为职业，我就决定全力以赴，永不放弃。

但愿从此就是阳光和彩虹

你可能会想从此以后就是阳光和彩虹，但是并不是这样。和交易团队见面很棒，但是从2015年9月到2016年1月，我损失或者花费了账户的35%，处在完全沮丧之中。到了12月，我注意到下一个现场交易活动在1月。我总是那种在现场亲自学习效果会更好的人，因为在现场我可以和别人面对面交谈，问那些我一直特别想问的问题。我知道我负担不起，尤其在经历一系列的糟糕失败之后。但是我的理由是"这就是向圣母祷告"，在我放弃之前的最后一次尝试。放弃后我就拿着剩下的钱去从事新的职业。于是，我在2016年1月去了得克萨斯州的奥斯汀。

我解释不清我在2015年9月到今天之前所经历的考验和苦难。但是我觉得最好是描述我在这段时间向每个导师学到的最宝贵的经验。到这时为止，我只关注约翰和亨利，并记录下我的期权策略和定式。但是，我还是不停地亏损。我不知道怎么停止这种无止境的亏损。

回头看，我亏到快破产并不奇怪。我没有交易计划，没有交易记录，只是随机地跟着交易室的人交易，而不理解怎样做或者为什么这样做。我真正需要的是一个狠狠的提醒和严苛的纪律。现在看起来这是显而易见的。当我和那些交易不顺利的交易者交谈时，我准确地知道该问他们什么问题，怎样引导他们。我记得这些挣扎，它们非常真实。

2016年1月是我交易生涯的重要时刻。在那个月的现场活动中，我在一个酒吧告诉了卡罗琳我心底所有的困惑（并告诉她我是借信用卡债务来这里的）。她告诉我，我需要的是她所从事的工作。她告诉我她所做的工作不仅可以帮助我找到并建立自己的交易定式，还可以让我自己辨识特定入场点和出场点。我记得那时候这个建议听起来相当离谱。"测量波段？"我想，"我甚至不知道什么是波段。""那是挤牌吗？我怎么把它和约翰的定式结合起来？她讲得太快了，我怎么能做到？"这些疑虑像阴云笼罩着我，我要么缴械投降宣告我两年的交易完全失败和亏损，回到起点找完全不同的职业，要么试一试斐波纳契分析方法。斐波纳契分析方法奏效了。我买了卡罗琳的书，开始学习她的斐波纳契分析方法。

这本书对于我在理解市场波浪及学习怎样读懂分析图形方面是一个巨大的转折点。在我的交易中加入斐波纳契分析之后，我一般不再亏损了。几个月之内，我从一直亏损到一直盈亏持平。这很鼓舞人心，但是与此同时也很令人沮丧。下一步我该怎么办呢？

在我交易生涯的这个时候，我从我们的期货日交分析员尼尔·耶格尔（Neil Yeager）那里学习加入了市场整体期货指数的分析。这以后我逐渐看清为什么我的很多交易失败了。因为我没有分析整体市场状况和我的期权交易的关系。作为新交易者，我一直忽略了关于标准普尔500、纳斯达克，以及道琼斯期货的分析。当约翰或者亨利讲纳斯达克或者标准普尔500的时候，我就忽略他们。"我不交易期货，"我对自己说，"他们为什么浪费这么多时间讲纳斯达克？我交易的是MSFT（微软公司），谁关心纳斯达克？"

这是我作为新手最尴尬的交易错误之一。我真不想承认它。但是，如果这能帮助其他交易者学习，我很乐意分享。尼尔教我这个组成部分对期权交易多么重要，不仅是为什么及怎样重要，而且是怎样读懂和分析标普指数，以及怎样交易它们。当我最终把这些分析融入我的期权定式时，我知道我成功的配方几乎完成了。

约翰鼓励我说：

所有交易者都经历三个阶段。第一阶段，亏损。这是不可避免的一步。第二阶段，你学会怎样停止亏钱。花在第一和第二阶段的时间完全取决于你，以及你的努力程度。第三阶段是你开始赚钱。这可以称为甜蜜的胜利，因为它让一切苦难都值得了。

所以，我继续交易。我把所有的时间和努力都放在交易室里，听那些比我懂得多的人讲解，磨砺我的技能，竭尽全力成为我能做到的最好的交易员。

巨大的变化

这一小段建议至关重要，虽然它只是我在发现自己到底错在哪里的道路上，遇到的一个暂时性问题。每一个不成功的交易者都想知道他们为什么亏损。通常，这没有唯一的答案。但是我可以告诉你，我成为成功的交易者所经历的改变。

首先，我必须说是纪律性。这听上去意味着很多，但是现实中纪律主要来自学习斐波纳契分析方法，制订交易计划，以及写交易日记。我在约翰的每一堂课上都听他强调这些，不过，想想所要花费的精力，我就没有这么做。只有当我绝望到要放弃的时候，我才坐下来做关于我的交易心理、交易计划，以及交易日记的功课。如果我早点开始就好了！

伴随着写交易日记，我集中学习图形形态——每次都用同样的方法交易，缩小我的注意力范围，找到我最擅长的。交易日记让我能够集中注意力找出亏损的原因，以便在今后消除它们。当然，你永远不可能消除所有的亏损交易，但是只要你能明白怎样减少亏损交易的比例，（理想状况下）你的胜算就增加了。

仔细回顾我的交易，看着那些刺眼的亏损，我必须找出办法改善结果，让每次亏损（在百分比上）减少一点儿。我必须消除一些亏损交易，保证盈利的交易比亏损的多。我真不知道如果没有交易日记怎样实现这些。

从大师们那里学到的经验

> 业余者认为自己必须做好充足准备才能成功。专业的人知道要不断前行。
>
> ——史蒂文·普莱斯菲尔德，成为职业者

从 2016 年 1 月到现在，是我作为交易者成长最快的阶段。突然，我就学会了。在这条实现持续稳定盈利的道路上，没有单一的秘诀或经验能将你从挣扎带向成功。相反，这是一个充满了功课的旅程，汇聚各种思路来打造出自己的交易计划。我是用艰难的方式学到的。如果你读到这里，记住：开始时失败没有关系，要不断地前行。我就是这样走到今天的。让我把从导师们那里学到的最好思路教给其他新手交易者吧。

以下是我在这些年学到的一些最好经验，他们来自我最喜欢的导师（和我最喜欢的人，这个更加重要）。

约翰·卡特

> 你不需要知道所有关于市场的知识来盈利，你只需要一个能奏效且胜率高的定式。
>
> ——约翰·卡特

我很难将从约翰那里学到的经验缩小到一条。他的经验中，对我最有影响的是他整体的心态，提升我学习怎样交易的能力。当我刚开始交易的时候，一切都显得太难了。我想大多数人都认为，一个交易者必须是金融专家才能学会怎样做期权交易。以下是约翰反复说过的：

关键是理解交易这个游戏，然后坚持努力让胜率对你有利。交易是一套技巧，并不是掌握知识最多的人能赢。

这个建议让我对"交易是我这样曾经是一名老师的人可以学会的"有足够的

信心。

约翰发明了挤牌,也是交易趋势性非常激进的期权交易大师。我怎样强调这点都不为过。我从他那里学到了大多数的交易策略。我的交易计划的基础是约翰过去五年在课堂上教授过的各种定式的汇总。这是最基本的基础,我学习的其他与交易定式有关的知识都以此为基础。

什么是我最喜欢的定式?挤牌、巢式挤牌、弹出式挤牌和三重挤牌,这些就是我交易的全部基础。作为一个趋势交易者,我的全部目标是找出最强势、胜率最高的即将展开行情的时刻,在我有优势的地方进入市场。这些定式就能做到这些。虽然约翰使用的定式比我的更为激进,但我学会了怎样在这些定式中结合其他导师的建议创造出我自己的独特定式,把更少的资本运用在走势更为平静的股票上。我发现自己和约翰用完全一样的定式,却用在比他平时交易的股票波动小的股票上。对我而言,这就是最佳组合。

我很确信,如果没有约翰最初在远程直播中的鼓励,他从心理学角度关于怎样突破交易障碍的讲话,他对定式的具体讲解,以及他不断分享的智慧,那我多半不会成为今天的自己。很多时候,我在想如果我的导师是另一个人,我现在的交易方式是什么,或者我是否会从事交易。一开始我对期权交易感兴趣的主要原因是约翰让它们看上去对任何人都适用。我当然也喜欢期权巨大的盈利潜力和令人兴奋的元素。这就是约翰散发的特质,我理解了。

亨利·甘博

约翰是我最初及主要的交易导师,而亨利在我的重要导师榜单上排在第二位。作为约翰的门生,亨利经历了和我一样的交易旅程:学习将约翰的智慧变成自己的。亨利是一个有序而仔细的技术分析者。他融汇了趋势交易分析和大量斐波纳契分析,就这些分析方法而言,我和他产生了很强的共鸣。亨利比约翰保守得多,他减少损失及继续交易的点子对我的交易很关键。他教会我怎样把握入场点和出场点来控制风险,这对小账户交易至关重要。

我的交易中严格的技术层面知识来自亨利。每天早上醒来在交易室倾听亨利基于清晰的规则和保守的策略重复讲解同样的规则和定式，我学会了系统的交易程序。约翰的直觉很棒，但是我有时候感到要从他的直觉交易中找到"我该怎么办"的答案是非常困难的。是的，约翰是一个天才，但是对初学者而言，我很难跟上他的课。

这时候亨利出现了。他总是能够分解这些交易定式、入场点和出场点，并且用纪律和解释跟进它们。这些我就能明白。

亨利也是一位禅师。保持平静是我一直很难做到的。但是他在面对任何市场环境时始终保持冷静对我帮助巨大。我总是努力在日常面对完全不确定的市场时保持冷静。通过亨利的训练，我完全做到了。

从约翰那里，我学到定式和策略，但是亨利真正教会了我怎样用我能理解的方式使用这些定式和策略，这样我就可以不断重复使用这些定式和策略并且盈利。

卡罗琳·伯罗登

我的交易旅程中最令人沮丧的部分是决定何时何地获利出场和止损。我交易了两年后才开始使用斐波纳契价格分析。如果你愿意听，现在我试着缩短你的学习曲线。

我总是对控制情绪感到困难，但是斐波纳契分析使我能够用程序式的方式有条理地出场和止损，从而得到我想要的结果。卡罗琳总是说："行情倾向于在上一个波段的延伸处终止。"这是我交易计划中重要的新增内容。我一直特别感谢亨利和卡罗琳，他们一直鼓励我使用斐波纳契分析。

直到今天，斐波纳契分析仍然是我最重要的工作之一。如果一张图上不先运算斐波纳契值，我就不知道该怎么交易。很多次我的多仓交易失败仅仅是因为这个行情已经延伸过了，还因为我没有留意延伸目标而导致盈利变成亏损。学习怎样画对称图，意识到市场的个性，是我交易成功的关键。

尼尔·耶格尔

尼尔教会我怎样读期货指数或市场个性。在我的交易早期,作为期权交易者,我从来没认为期货指数重要。我大错特错啦!

学习了尼尔的方法后,我知道怎样把波段期权交易定式和市场整体状况结合起来,这让我的交易大有进展。尼尔也教我怎样交易期货。掌握了这项能力让我的工具箱里增加了新的工具,尤其是在市场波动剧烈或者我需要做对冲的交易日。我现在喜欢用融汇约翰、尼尔、卡罗琳传授的知识而建立混合式的交易定式来做日内的期货交易,然后我创造出自己的交易定式。

除了市场的整体观念,我也从尼尔的趋势跟随策略中学到一些小技巧来进一步打磨我的期权波段交易策略。尼尔的严格技术分析法,尤其是 K 线图的形态和市场观察帮助我优化了波段交易。他在交易中能做到系统化交易,而且风险偏好低,总是努力找到自己的长处。他会放弃任何在他风险承受范围之外的东西,这是一个交易者在成长中必须学习的重要技能。

拉吉·霍纳(Raghee Horner)

当我的期货交易不断深入的时候,拉吉教我怎样掌握期货交易。她的工作集中在用宽泛的宏观视角看待市场,这是我一直感到困难的。我主要是一个技术交易者,而她的宏观视角教我持续学习宽广的全球市场。更广阔的视野就是拉吉教给我的。

此外,她关于上升、"弹性波动"、大幅下跌市场的区别的分析是我交易计划的重要新增内容。作为一个主要的趋势跟随者,能识别什么时候趋势明显,什么时候趋势改变,或者什么时候根本没有任何趋势可言,是很重要的。她的工作极大地优化了我的期权波段交易,以及我的日内期货交易。当我在职业生涯进阶时,我的目标是在目前的水平上扩展期货交易。当前,我的工作主要集中在用日内期货指数的定式展开交易,但是我想达到自如地进行各种期货产品合约的波段交易目标。拉吉在这条路上一直帮助着我。

能稳定获利的关键建议

以下的笔记是我从各个交易者身上学到的最好建议。根据这些建议，我对交易做出了改变，实现了获利。这张清单是我在稳定获利的道路上做出的最关键改变。

1. **永远不要冒比你愿意承担的损失更大的风险**。记住任何情况都可能也的确会发生。

2. **仔细地选择入场点**。进入每一笔交易之前，预先设定止损点。如果你的入场点离止损点太远，就放弃这笔交易。不要在市场延伸处入场。

3. **明确你的定式背后的胜率**。学习分辨更高胜率的定式及那些你交易得最好的定式。用那些能帮助你挣钱的定式交易。做一笔交易至少找到三个理由。

4. **不要把同样的资本投入每一笔交易**。选择最好的定式并且投入最多的资本。用那些胜率较小的定式来赢取小的胜利。

5. **不要过早止盈**。等你达到或接近延伸目标再止盈，否则，你就是在限制自己的盈利。为什么要这么做呢？

6. **不要过早离场**。放松心情，相信定式。大多数人在过小的时间周期看图，对仓位感到焦虑而过早离场。如果你也这样，就在一笔交易之前设定一个目标位和止损位，然后在平台的这些价位设置提醒，不要盯着这笔交易。做点儿别的事情让交易自行展开，你将学会信任你的出场点。

7. **设定好进场和离场时机**。这样当你错了的时候会感觉痛苦少一点儿。在预先设定的水平获利了也挺好的。

8. **读以心理学为基础的书**。这会帮助你的交易和你的生活。约翰推荐了一些书，对我帮助很大。我特别喜欢马克·道格拉斯的《交易心理分析》和史蒂文·普莱斯菲尔德的《成为专家：挖掘内在能量，创造你的人生》。

9. **学习在正确的时机用正确的策略**。一个在趋势很强的市场里奏效的策略可能在市场波动时失效，所以你要知道怎样辨识市场环境。

总　　结

　　这些经验及其他的许多经验，将我先从一个新手交易者转变成持续亏损的交易者，再转变成一个能把小账户从低点翻倍的成功交易者。我可以骄傲地说，我从来都离爆仓很远。无论行情好坏，风险第一，利润第二。但是我告诉你，总是会有一些行情糟糕的日子。

　　五年里，我从对交易一窍不通到今天很幸运地向你们传授经验，这个过程有血汗和泪水，但是没有比每天都能教这个我现在知道而且热爱的主题更让我热爱的事情了。当我还是小学老师的时候，我当然无法想象自己会在家里在线一次教几百个成年学生期货和期权交易。我很感激能走到今天，这一切首先要归功于我的父亲，以及这一章里提到的所有导师，尤其是约翰。

　　同样值得一提的是，尽管我今天取得了不小的成就，并能将我的技艺授之于人，但我仍然认为自己是一个学生。每一天，我的目标是持续向我们交易室里的许多导师学习，持续提升我作为交易者的技能。

　　我将在这本书后面的章节演示我在每日交易里所用的策略。但是，你首先要通过学习基本定式来打好基础，然后你就能看懂我是怎样结合这些基本定式来找到最适合我的交易定式的。

| 第二部分 |

期货、股票、期权、外汇、加密货币的日内交易和波段交易的最好定式

> 不怕慢,就怕站。
> ——中国谚语

> 有人追求这世界的荣光;有人巴望先知预言的乐园。啊,还是拿上现钱,别管那些空头支票……
> ——奥玛·海亚姆《鲁拜集》

第 7 章

开盘跳空

当天第一个和胜率最高的定式

第 3 版说明

第 3 版的第二部分与第 2 版非常相似。这些定式被描述得非常详细，在每一章末尾都有更新了的链接。点击这些链接，你可以查看带有新示例和新技术的免费视频教程，适当的地方也包含了加密货币的内容。第二部分的目的是为你奠定基础，之后你可以马上开始使用，并以此为基础进行扩展开发。虽然许多定式都以期货合约为例，但是这些信号也适用于个股和加密货币。如果你是一个期权交易者，当你看到一个在点 1 处买入股票的信号发出，请记住，你也可以在点 1 处买入看涨期权或卖出看跌信用价差期权。在每个章节结尾的视频教程中，讨论了一些难以用书面形式解释、更高级的策略。一个例子是，当使用多个时间周期来确认一个买入信号时，必须在代表不同时间周期图的页面之间来回切换。这在视频中更容易解释，我可以在电脑屏幕上指出细节。有关我在本书中没有讨论的新定式免费摘要，请访问 www.simplertrading.com/newsetup。这些定式建立在第二部分讨论的定式基础之上。第三部分的大部分内容都被重写了，并根据反馈，以及我、亨利和丹妮尔的"我们如何使用这些东西"的例子进行了更新。

为何头脑中没有特定定式就进行交易，像没有指南针就在亚马孙森林徒步旅行一样

每当别人问我"在你所有定式中，哪种一直都表现最出色"时，我都可以得到1美元，那么我孩子的大学学费就能凑够了，还有他们的研究生学费甚至婚礼费用也不在话下。我可能也能照顾到我的许多姻亲。这个问题没有简单的答案：在不同的市场条件下，某些定式表现得更好。我经常被问到的另一个问题是"这种定式的胜率是多少"，但从来没有一个有经验的交易者问我这个问题，总是问这个问题的是新手。胜率和定式关系不大，而与应用于该定式的参数有关。你是不是对胜率为99%的定式感兴趣？很好。每次当$TICK跌至-1000时，买进一份ES合约，设定一个1点的止盈和100点的止损。这个定式在99%的时间里都会让交易者以止盈出场。"太棒了，"你可能会想。但是，当它被止损时，你之前一连串令人难以置信的盈利交易的所有利润都将被抹去。客观地说，我认识很多交易者，他们的胜率是50%，但通过交易赚了很多钱。为何？因为平均来说，他们每笔盈利交易的利润是每笔亏损交易损失金额的三倍。是的，这一切又回到了交易心理上：让你的盈利奔跑，并迅速砍掉亏损交易。

在我们进入第一个定式，即开盘跳空之前，我想快速回顾一下这个行业的一个绝对真理。真理是这样的——当涉及以交易为生时，所有的投资者都属于如下三类人群中的一类：

1. 那些有一个系统并且每天都遵循系统的人；
2. 那些正在开发一个系统并且期望寻找圣杯的人；
3. 那些从不相信也未使用任何一个特定系统，只是靠本能交易的人，他们仍在向伴侣解释自己是怎么输掉所有交易资金的。

当然，这样说明的目的是强调为每个交易日制订交易计划和建立一个三管齐下的交易定式的重要性。除了实际定式之外，还需要有一个基础以便来操作定式。该基础包括以下几个方面：交易方法、资金管理技术，以及使用某些特定定式进行交易的最佳市场的知识。换句话说，这个基础远不只"入场点是什么"。交易者是分批建仓，还是直接一次建仓？是分批减仓，还是直接一次平仓？他们是使用较大头寸配合更严谨的止损，还是使用更小的头寸和较宽松的止损？这种交易定式对小型道琼斯指数更有效，还是对欧元或像 FB（Facebook）这样的个股更有效？每个市场都是独特的。每个定式都是独特的。每个时间周期也都是独特的。如果没有这些额外的数据，交易者注定会失败，如果他们认为自己可以以此为生，那他们就是在自欺欺人。他们可能会在几个月或一年里玩得很开心，或者可能会从一笔大交易中获得难以置信的高收益，但这不会持续很久。这些交易者在试图赚钱时行动迅速，而在试图保护他们所拥有的东西时行动太慢。解决方法是创造一种机制，从而使得一个人每一天都能够以此为生。

这一部分将重点介绍适合活跃交易者使用的一系列定式，并提供我目前在自己的交易中使用的策略集合。文中描述了具体市场，以及准确的入场、出场和止损点，主要集中阐述日内交易定式。波段交易定式也有讨论，并用类似的方式说明。一般来说，任何用于股指期货的定式也可以用于个股。500 股 SPY（SPDR S&P 500 ETF Trust）股票相当于 1 份 E 迷你标准普尔 500 期货合约。如果想通过交易 SPY 的期权来替代这些章节中的股指期货交易，那么从损益波动的角度来看，使用 7 Delta 即 70 个 SPY 看涨期权就相当于购买 1 份 E 迷你标准普尔 500 期货合约。这一准则的例外情况我会额外注明。我喜欢在一个账户中使用日内交易策略，而在另一个账户中使用波段交易策略。这使得所有东西都是分开的，并且易于追踪。我选择那些成功的交易作为例子，以便演示对这些定式应该如何管理出场。在这些定式被止损出场（这当然会发生，有时发生得很频繁）的实例中一个很容易管理的出场是止损被触发。作为一个交易者，意识到不是每一笔交易都能成功是很重要的。很可能要连续经历两三次失败的交易，你才能成功抓住一次行情。这是交易的正常组成部分，重要的是交易者不要感到沮丧。这也是为什么"保持亏损很小，让盈利奔跑"如此重要。即使有80%的胜率，也不意味着你会周期性地每五笔交易有一笔失败，因为结果的分组是随机的。这意味着在100笔交易中，你可能会连续五次交易失败。这就是为什么跟踪批量交易很重要。这25笔交易效果如何？这100笔呢？如果这些批量交易有利可图，那么你就踏上了创造稳定收入的道路。

我在交易者身上看到的一个典型场景，是他们在一个定式中被止损，然后犹豫是否继续再次尝试这个定式，而下一次交易证明这个定式可以让交易者成为大赢家。或者他们被止损出局了，所以下次再次应用同一个定式时，他们获利了结得太早了。或者如果上一次定式交易成功（或失败了），那么下一次他们就把仓位翻倍。关键在于，交易者需要像一台机器一样，只根据定式行动，而不是根据"他对上一次交易的直觉"来操作。任何一天，我都要做五个日内定式。其中一个会被止损，两个会小亏，两个会让交易者成为赢家。如果某一天前三笔交易都盈利了，我通常会在这一天剩下的时间里停下来，锁定我的利润。如果有一天我的前三笔交易都被止损了，我就会接受这个暗示，去健身房锻炼。

在日常交易时，我使用多种特定的定式。我是从交易股票和股票期权开始的，所以大多数的定式都集中在股票市场的某个方面，无论是通过个股还是通过迷你股指期货。我还讨论了其他市场的定式，特别是黄金、白银和一些外汇。其中一些是我自己开发的，还有一些是我的交易伙伴开发的。写这一部分内容的目的是为你提供在下一个交易日就可以使用的特定定式。我也希望这部分内容能为你自己开发和调整自己的定式规划一个蓝图。对我来说，在交易生涯中，我最大的变化发生在我学会忽略自己的大脑，只关注少数几个不错定式的时候。一旦我学会了这些定式，下一个挑战就是遵守纪律，每一次都按照同样的方式来执行它们。我能完成这个挑战有赖于一年多的交易记录，并对每个定式的结果都认真关注。如果我偏离了定式，或者如果我试图超前于它，太早退出或太晚进入，我就会在记录中注明，并将其标记为"冲动交易"。过了一段时间，我注意到这些冲动交易并没有给我带来任何盈利。可以说，我看到了曙光，我的交易重心突然发生了戏剧性的转变。我不再关注交易的潜在盈利，或担心错失良机，而是专注于执行一个完美的定式。这是一个能够以交易为生的交易者与一个过着平静沮丧生活的交易者之间的关键区别。我要特别指出的是：遵循计划而不让一天、一周或一个月的盈亏影响你的思考是非常困难的。但这是生与死的区别。

这就像戒烟一样。人们要么选择再点燃一支香烟，要么不再点燃。他们一天只需要做一次决定。如果每一天他们都选择不吸烟，他们就更有可能永远不再吸烟。在交易中也是如此。交易者实际上可以在每一天都完全遵守纪律，完全按照计划行事，尽管这意味着在他们没有仓位，但是市场有巨大行情时，他们在这个行业成功的可能性就更大。如果你想要刺激，不如去迪士尼乐园。

虽然我不能监督你并帮助你遵守纪律，但我可以向你展示我用来谋生的各种定式。我把这些松散的定式组织起来，依照的是我在交易日观察它们的顺序。当你自己尝试这样做的时候，你会发现你很自然地会被一些定式吸引，而不是其他定式。要注意这一点，因为交易者会倾向于选择适合自己个性的定式和市场。让我们直接进入第一个定式，也是我最喜欢的一个定式——开盘跳空。

为什么并不是所有的跳空都一样

关于跳空的内容，从本书第 1 版出版以来，几乎没有什么变化。我发现跳空交易仍然是我开始一个交易日的最好方式。它们不仅是股市开盘后的第一笔交易，更重要的是，它们还可以告诉交易者很多关于即将到来的这一天的市场行为信息。正因为如此，我花了比其他定式更多的时间来讨论这个定式。

缺口是反向的交易，我喜欢称之为"对赌交易"。开盘跳空定式会给市场参与者中带来兴奋和热情，我喜欢加入市场并站在这种情绪的对立面。这个交易完全是对抗大众的，这是我喜欢的，也是风险最低的交易之一。缺口到底是什么？**缺口发生在第二天常规交易日开盘价高于或者低于前一个常规交易日收盘价的时候**，这样在图表的价格水平上就产生了一个"缺口"，类似于我们曾经每晚看到的大卫·莱特曼（David Letterman）⊖两颗门牙之间的缝隙。需要注意的是，交易者不会在他们的图表上看到这个缺口，除非他们特别设置了一个"缺口"图表。在24小时的图表上，交易者将看不到缺口。稍后我会更详细地讨论这一点。

就缺口而言，并非所有市场都是一样的。"单一型"市场的缺口与"复合型"市场的缺口并不相同。单一型市场的例子如债券、外汇、谷物和个股。单一型市场的缺口通常会在某个时候得到填补，但不一定是在当天。对于这种交易，我特别感兴趣的是那些在当天很有可能被填补的缺口。对单一型市场来说，一条新闻就可以控制市场当天的整个指令流，而不是只影响整个指数的一小部分。

对个股来说尤其如此。个股就像政客一样，每天都能从大家熟知的柜子里拿出一副新的骨架。财报、公司丑闻和内幕交易可能会造成永远无法填补的价格缺口。肯·雷（Ken Lay）和伯尼·埃伯斯（Bernie Ebbers）当然希望他们持有的安然（Enron）和世通（WorldCom）股票能够填补它们上方的缺口。不幸的是，这种情况发生的概率与共和党和民主党参议员为国家利益共同努力的概率差不多。换句话说，这永远不会发生。由于个股的不可预测性，它们不太适合跳空交易。唯一的例外是个股跟随市场一起跳空产生缺口，而不是任何具体新闻导致缺口。交易者如何进行判断呢？如果一只股票的缺口幅度与整个市场的缺口幅度差不多，而且没有关于这只股票的任何新闻，那么这只股票就可以用来进行跳空交易。例如，如果苹果公司股价跳空上涨了1个百分点，标准普尔500指数也上涨了1个百分点，而且没有任何关于苹果公司的具体新闻，那么就可以对它进行跳空交易。它只是随着整体市场而波动。

与单一型市场相比，复合型市场，如E迷你标准普尔和迷你道琼斯期货，以及它们通过Spiders（SPY）和Diamonds（DIA）建立的交易所交易基金，都是跳

⊖ 大卫·莱特曼是美国的一名脱口秀主持人、喜剧演员、电视节目主持人。

空交易不错的选择。这是因为这些指数的各个组成部分对不同的新闻事件的反应不同。某些新闻，对石油公司来说是好消息，对运输公司来说却是坏消息；对国防类股票来说是好消息，可能对旅游类股票来说是坏消息，等等。这意味着，尽管市场可能会因为某条新闻出现向上跳空产生缺口，但该指数中的某些个股要么无视这条新闻，要么反而在新闻发布时被抛售。这一点，再加上最初强劲个股的首次回调，会一起向下拉低整个指数，为市场创造了一个填补缺口的机会。此外，许多基金经理观察开盘缺口。他们很久以来一直这么做，而且他们知道市场不喜欢以开盘缺口的形式留下"混乱的图表"。如果市场向上跳空，他们通常会等到市场回落并填补缺口时才开始做多。在这方面，跳空像是一个反身性/自我实现的预言。

纳斯达克和罗素指数呢？我也观察过这些市场，虽然它们确实在大多数时候都填补了缺口，但这个比例低于道琼斯指数和标普500指数。总之，我最喜欢的跳空交易是在代表道琼斯指数和标普500指数的迷你期货和交易所交易基金上。

盘前成交量为何如此神奇

缺口的奇妙之处在于，它们就像一扇开着的窗户，因而也像所有的窗户一样，在某个时刻，它们会被关上。因此，关键是能够准确地预测当天的缺口（窗户）何时会被填补（关闭）。与分析缺口本身同样重要的是分析产生缺口的**市场条件**。造成这种缺口的原因无关紧要。财报超出预期、恐怖主义威胁、并购公告、经济报告——每天早晨，市场都被新闻轰炸。重要的不是新闻本身，而是市场对这些新闻的反应。要了解市场对这些新闻的真实反应，一个人所要做的就是看一下开盘前的成交量。除了或多或少有点钓鱼执法的新闻缺口，还有专业缺口。专业缺口是为了将散户投资者挡在市场之外而设计的。当道琼斯指数跳空高开100点，然后在当天余下的时间里保持在一个窄幅区间内交易时，就属于这种情况。此举基本上发生在股市开盘前。已经为市场行情准备好仓位的专业人士将会受益，而一般散户投资者则什么都得不到，没有机会参与行情。同样，盘前成交量可以告诉交易者，这个缺口是一个专业的突破事件，还是很有可能在缺口形成的当天就被填补。盘前成交量大的专业缺口可能需要数周时间才能填补。更常见的缺口是对新闻的反应或钓鱼执法。这些缺口本质上就比较小，其特点是盘前成交量较低或者中等，填补迅速，因而可以正常对赌。

那么，问题来了：如果我无视跳空产生的原因，我要寻找什么来决定是否要交易这个定式呢？到底是哪个标的的盘前成交量？我关注的关键走势是某一组特定股票的盘前成交量，通常是当天大公司的。当我在2005年第一次写这篇文章时，我喜欢看KLAC（KLA-Tencor Corp.）、MXIM（Maxim Integrated Products Inc.）、NVLS（Novellus Systems Inc.）和AMAT（Applied Materials Inc.）。我喜欢这些股票，因为它们在盘前交易活跃，散户和基金经理的交易都很活跃。今天，我把这些股票换成了AAPL（Apple）、GOOGL（Google）、FB（Facebook）、BIDU（Baidu，百度）、AMZN（Amazon，亚马逊）和NFLX（Netflix，奈飞）。这些都是现在能够引起市场震荡的主要力量。十年后，这组股票可能又会有所不同，尽管很难想象AAPL和AMZN会离开这个列表。

尽管这些股票在它们所代表的指数中所占的权重不同，但它们仍然提供了一幅清晰的图表，显示出市场如何处理当天的任何具体新闻。如果这些股票的成交量很大，那么很明显，市场对这一新闻非常重视。如果这些股票的成交量较小（这种情况更为常见），那么市场要么对这一新闻不感兴趣，要么更有可能已经消化了这一消息。正是在这些日子里，这些缺口极有可能在它们形成的同一天被填补。

我要寻找的就是截至美国东部时间上午9:20，也就是常规现金交易开始前10分钟，这些股票的盘前成交量。盘前交易在东部时间早上8:00开始，这些是1小时20分钟内的交易数据。如果这些股票在这个时候的交易量都少于3万股，那么缺口（向上或向下）就有大约85%的机会在当天被填补。然而，如果每只股票的成交量都增加到5万股，那么当天的缺口就只有60%的可能被填补。另外，在这些特殊的日子里，缺口的中点有85%的概率能被触碰，所以我确实会考虑到这一点，并相应地调整我的目标。例如，如果道琼斯指数的缺口是 50 点，而盘前成交量是温和的，那么我的目标是从我入市时算起的 25 点，而不是构成缺口填补的全部 50 点。最后，如果盘前成交量跃升至每只股票 7 万股以上，当天缺口填补的概率就会降至 30%。这是典型的专业缺口。在这样的日子里，我不做对赌交易。我通常会站在一边，等待我的另一个定式出现。

这些数字是针对"正常"市场状况的。当我在 2011 年 9 月写这段话时，市场震荡剧烈，我不得不将这些数字翻倍，尤其是对于苹果（AAPL）。了解这些水平的一种方法是看一看 $VIX，即波动率指数。几个月前，VIX 在 20.00 美元左右交易，这基本上是"正常"的，也是本书给出的成交量数据的依据。目前它的交易价格是 40.00 美元，这意味着波动性高得多了——实际上是两倍。因此，成交量也必须加倍。看看波动率指数 VIX 在哪个价位交易，你就能得到你需要的大致成交量。如果 VIX 交易价格是 60.00 美元，你需要将这里给出的数字增加到三倍；如果交易价格是 10.00 美元，你需要把它们减半，以此类推。

为什么这个盘前成交量的指标有效呢？你可以把它想象成开着一辆油箱空了的车和一辆油箱加满的车爬坡。如果市场真的准备运动了，那么将会有大量资金流入股票市场，推动这辆车"爬上并翻越"山坡。如果市场只是在装模作样，那么市场的交易量就会很低，这样市场的运动就没有任何真正的说服力。忽视新闻，追随资金。表 7-1 显示了我如何使用这些新闻来管理我的交易。

表 7-1

重要股票的盘前成交量	头寸规模	交易目标
低于 3 万股	全部规模	缺口被填补时，清空全部头寸
3 万股到 7 万股之间	2/3 规模	缺口被填补一半时清空一半头寸；缺口全部被填补时清空后一半头寸
超过 7 万股	不进行对赌交易	不进行对赌交易

很多日子里，这些股票中有三只的成交量都低于 3 万股，而另一只股票的成交量达到 9.5 万股。在这种情况下，我会先查一下这只股票是否有特殊的新闻。如果有，我就把它去掉。如果没有，我就取一个平均值，称之为"温和"的缺口，

然后根据这个平均值来交易，这意味着我一半头寸的目标是缺口回补到50%的水平，而不是把全部的头寸都持有到缺口被全部填补。对于温和缺口的交易，我不会对最初的止损进行跟进，即使我有一半的仓位被止损出局。

一周中的哪些天是做这种交易的好日子

我们给原始缺口数据添加了一个标签，即缺口被填补的时间、百分比，而不管缺口有多大，也不管开盘前成交量有多大，只有干净、原始、"是怎样就是怎样"的数据。在表7-2中，这些数据按每星期的工作日进行排序，并展示了开盘缺口在产生的当天就被填补的百分比。

表 7-2

工作日	缺口被填补的百分比（%）
周一	65
周二	77
周三	79
周四	82
周五	78

正如这些数据所显示的那样，缺口有很高的概率在它们跳空产生的当天被填补。要是一个人在21点赌桌上也能有同样的高概率，那拉斯维加斯的赌场在三个月内就会破产了。尽管如此，还有一点很重要，就是要注意周一是缺口被填补的百分比最低的日子。最主要的原因，是大多数由股票突破产生的缺口产生在周一，因为周末有许多市场行情可能发生。在周一，我通常会略过缺口；实际上，周一开盘时我一般不交易，以便在开始寻找定式之前给它们一个"安定下来"的机会。

最后，我注意到在到期日（每个月的第三个星期五）和第一个交易日缺口填补的概率都很低，为55%～60%。在这两天我一般略过缺口，填补交易。唯一的例外是盘前成交量非常小的情况。最重要的是，如果盘前成交量令人困惑而交易者都看不懂这个交易日的数据，而这一概率还是如此，那这笔交易仍值得一试。

跳空缺口的交易规则是什么

向下跳空的买入原则（向上跳空的做空原则正好相反）

"跳空买入"交易的交易规则针对的是盘前成交量特别小的缺口。如果盘前成交量适中，我也会做同样的事情，不过当市场价格回补到50%的水平时，我会减持一半头寸。如果盘前交易量很大，那么我将略过这个交易定式不做交易。记住，这是对赌交易。我在向下跳空产生缺口时买入，而在向上跳空产生缺口时做空。向下跳空的买入原则如下。

1. 首先建立一个特殊的日内缺口图，所用数据从东部时间上午9:30开始到下午4:15结束。这是为了让我能看到缺口。这些缺口不会出现在包含24小时数据的图表上，也不会出现在期货市场的"常规交易日"数据中。

2. 一个缺口必须至少有10个YM点或1个ES点，否则我就略过它。

3. 如果缺口超过70个YM点或7个ES点，我就会特别关注一下盘前成交量。大多数背离缺口都很大。不过，就算盘前成交量较低或适中，我还是会对它们进行交易。

4. 对向下缺口，当东部时间上午9:30市场开盘时，我就在市场上买入YM或ES。也可以用DIA和SPY来交易。一般情况下在哪个市场交易并不重要，但有两种例外。第一种例外，是如果道琼斯指数中的某只股票"出了问题"，那么我将对标普500指数做缺口交易。我的意思是，如果像IBM这样的股票收益上升了10百分点，那么这个指数就会与其他市场表现不一致。第二种例外，是如果我正在道指上用另一个特定的交易定式，比如挤牌或枢纽点交易（这些将在后面的章节中讨论），那么我就在标普500指数上进行缺口交易。在下一个定式发出信号时，如果我还在缺口交易中，我就可以只在道指上做新的交易而让缺口交易继续进行。

5. 一旦成交，我会设置一个保护性卖出止损，使用的参数如下：

- 对低于40个YM点或4个ES点的缺口，我使用$1\frac{1}{2}:1$的风险收益比。

（例如，对于 20 个点的缺口，我使用 30 个点的止损）

- 对超过 40 个 YM 点或 4 个 ES 点的缺口，我使用 1∶1 的风险收益比。（例如，对于 45 个点的缺口，我使用 45 个点的止损）

6. 我的目标是填补缺口。如果标准普尔 500 指数昨天的收盘价是 1058.50 点，那么这就是我对缺口填补的目标。对于成交量温和的缺口，我将把这个订单分开，其中一半头寸的目标是填补 50% 的缺口，剩下的一半留着等待缺口被完全填补。

7. 对缺口交易我不设置跟踪止损。

8. 如果我被止损出局，那么今天的缺口交易就结束了。

9. 如果收盘时目标或止损都没有达到，我就会以市价出清头寸。

10. 对于跳空缺口交易，每个交易日只有一次可能的交易机会。

谁会在这个交易中受伤

对交易者来说，最重要的步骤之一是理解在某一特定的交易中他们为什么会赚钱——这也意味着理解究竟是谁在交易的另一边赔了钱，谁受伤了，以及为什么。

当市场向下跳空时，通常会有两个群体受到伤害。第一个群体是在前一天对市场做多的人。当市场向下跳空时，这些人要么被止损出局，要么惊慌失措地抛售。第二个群体是空仓但是看到向下跳空就认为世界末日到了因而开始做空的人。在这个定式里，我想站在这两个群体的对面，因为他们都对市场有强烈的情绪反应，并在这种情绪驱动下进入交易。所以他们卖出的时候，我就买入。同样，这群人将为股市反弹提供动力：第一个群体，他们将通过恐慌性购买来弥补早期损失；第二个群体，他们将在之前做空交易时设置的止损点位置对缺口回补做空。让我们看一看。下面所列的图表在价格走势正在形成的特定位置标记了编号。引用了图表的每个列表都有自己的编号，其中"2"后面的文字描述了文本所引用图表中的点 2。

交易跳空缺口的具体例子有哪些

迷你道指——2003年12月合约，2003年10月15日

1. 10月14日，迷你道指收盘在9717点（见图7-1）。

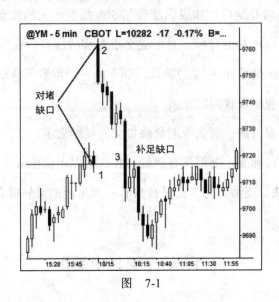

图 7-1

2. 10月15日上午9:30开盘时YM为9762点，也就是开盘跳涨45点。开盘时我选择"对赌缺口"，在市场上做空YM。我的保护止损点在离入场点45点的9807点，我的目标是补足缺口，也就是前一天的收盘价9717点。

3. 一旦价格水平达到前一天的收盘点位，补缺口就完成了。这发生在开盘后35分钟。这是一笔相对顺利的交易。我把这些快速填补的缺口称为"巴哈马缺口"，因为它们相对平稳、快速、无压力。在这笔交易中，我每份合约净赚225美元。

迷你道指——2003年12月合约，2003年10月16日

1. 市场在10月15日以9704点收盘（见图7-2）。

2. 美国东部时间10月16日上午9:30开盘时YM在9645点，与前一个交易日相比向下跳空59点。我在这些价位买进，并在9586点止损。

图 7-2

3. 很多进行缺口交易的人会在点 3 处被止损出局，因为他们会把跟踪移动止损设置到盈亏平衡点以保护他们的收益。对这些人来说，缺口交易现在就结束了。

4. 然而，通过坚持使用专门针对缺口的参数，我最终留在了盈利的交易中，而许多其他交易者被震荡出局（见图 7-3）。这样做的原因，是其他交易者在每次交易中都使用一揽子参数类型，而不是使用为特定交易量身定制的特定参数。虽然很多缺口在第一个小时内就被填满了，但很多缺口可能需要几个小时甚至更长时间。我喜欢在市场"做它该做的事情"时设定参数，去做点儿别的事情。我把这种缺口称为"索马里缺口"。与"巴哈马缺口"不同，索马里缺口往往会给一直盯着市场的交易者带来很大的压力。感到压力是正常的；专业交易者不会因为压力就贸然行事，而是会维持他们已经设定好的参数。最终在这笔交易中，我每份合约净赚 295 美元。

需要注意的是，业余交易者最明显的特征之一就是对每一笔交易都使用严格止损或设置为 3∶1 的风险收益比。大多数刚开始交易的交易者都是被他们的经纪人教导使用这个严格止损公式的，冒 1 个点的风险得 3 个点的收益。当交易者还在困惑为什么他们总是在市场反转之前被止损出局时，他们的经纪人正在计算当天的佣金。一般来说，止损越宽，成功的交易就越多。当然，加宽止损的关键在于只做那些获胜概率超过 80% 的定式。我所描述的缺口交易，用我使用的参数，就有超过 80% 的机会在我使用的风险收益比中获胜。当你在一笔缺口交易中使用严格止损时，交易成功的概率会急剧下降，降到 30% 以下。从本质上讲，许多交易者在这个行业失败的原因之一是他们使用的止损太严格了。这似乎很矛盾，但如果几乎每笔交易都被止损出局，那就很难赚到钱了。

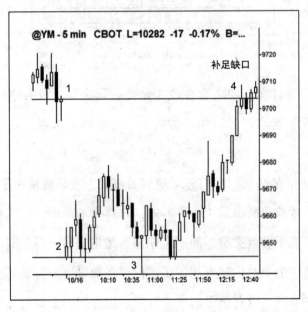

图 7-3

同样重要的是，要记住，对于缺口交易，一个积极的跟踪止损程序将会给你的盈亏比带来负面影响。一旦设置好了参数，交易者能做的最好的事情就是走开，让指令完成它们的工作。虽然对于汽车来说，保养时做一些调整是一件好事，但调整缺口交易的参数并不会让交易奏效。

迷你道指——2004 年 9 月合约，2004 年 8 月 2 日

我发现，大多数交易者都过于纠结造成缺口的原因。在现实中，纠结于原因

是没有意义的。当开盘钟声响起的时候,一股激动的情绪击中了市场,因此出现了缺口。但是,缺口产生的原因对于缺口能否填补并没有太大的意义。2004年8月1日,星期日,美国政府发布了恐怖主义警告,声称电视上有人闲聊关于炸毁一家大型金融机构的计划。8月2日,星期一上午,市场开始紧张,市场大幅下跌(见图7-4)。

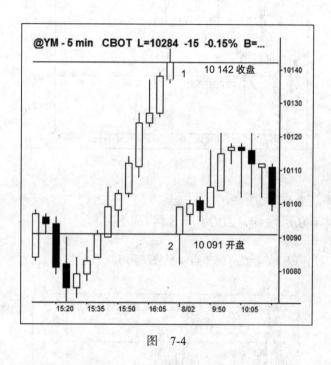

图 7-4

1. 2004年7月30日,星期五,迷你道指/YM收于10 142点。

2. 2004年8月2日,星期一,市场开盘10 091点,向下跳空51点。我于东部时间上午9:30在这个点位买入。我在10 040点处设置了止损。市场在一天的大部分时间里都在震荡,我和其他交易者交谈,他们因为恐怖主义威胁的新闻感到紧张。我要让这种"紧张"影响我自己的交易吗?我应该听听造成缺口的原因吗?

3. 8月2日晚些时候,市场开始走高,我在缺口被填补时退出交易(见图7-5)。缺口交易是一种终极逆向交易,不要随波逐流。在这笔交易中,我每份合约净赚255美元。

图 7-5

ES——2004 年 9 月合约，2004 年 8 月 24 日

1. 8 月 23 日，ES 收盘在 1097 点（见图 7-6）。

图 7-6

2. 8 月 24 日上午 9:30 的开盘点位为 1101 点，比前一天的收盘点位高出 4 点。

我在开盘价做空,在 1105 点设置止损。

3. 一个多小时后,ES 的缺口填上,我的目标达到了。在这笔交易中,我每份合约净赚 200 美元。

ES——2004 年 8 月 4 日,2004 年 9 月合约

1. 8 月 3 日,ES 收在 1097.50 点(见图 7-7)。

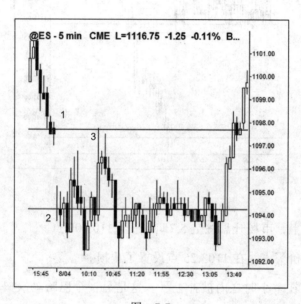

图 7-7

2. 8 月 4 日早上,市场向下跳空,开盘在 1094.25 点。缺口是 3.25 点,所以我使用了一个 $1\frac{1}{2}:1$ 风险收益比,并在 1089.25 点设置了止损。

3. 我以开盘价买入。市场大幅上扬,然后又跌至新低。一个多小时后,市场已经稳定下来,我已经在缺口被补上的位置退出交易。当天市场大部分时间处于窄幅波动区间,仅在交易的最后半小时才出现反弹。很多时候,缺口交易不仅是最安全的,而且是唯一可以选择的交易。当市场在窄幅、低成交量范围内交易时,我们称其为震荡(choppy),因为它会将新交易者斩杀。这笔交易每份合约净赚 162.50 美元。

E迷你标准普尔——2004年7月14日，2004年9月合约

1. 7月13日，E迷你标准普尔收在1114.75点（见图7-8）。

图 7-8

2. 第二天早上，市场开盘跳空5.75点，至1109.00点。

3. 我以开盘价买入，在1103.25点设置了止损。

4. 这个缺口在一小时之内被补上了。这是另一个巴哈马缺口的例子，它具有最少的假行情，因此交易非常轻松。这笔交易每份合约净赚287.50美元。

没有被补上的跳空缺口有什么秘密

要记住的一件重要的事情是：如果有80%的交易会赢钱，那就意味着有20%的交易会亏钱。实际上，我喜欢亏钱交易的一个主要原因是这在市场上留下了一个"敞开的缺口"。一个敞开的缺口就像一个黑洞或一道牵引光束，最终将价格吸回到其敞口的水平。每当市场出现缺口时，我就在便签纸上标出这个水平，然后把它放在电脑上。让我们看一个示例（见图7-9）。

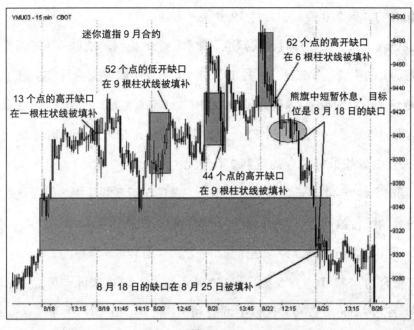

图 7-9

让我们更具体地了解一下如何使用这个定式。我们使用一个10万美元的账户，并买入9份合约把仓位建满，或者每一张合约大约11 100美元。是的，一个人可以用10万美元账户交易多得多的合约，许多经纪人也会鼓励交易者交易更多的合约。在有些经纪人的鼓动下，交易者可能加足够的杠杆，在一个10万美元的账户上交易100份合约。这纯粹是疯了。人们能做某件事并不意味着他们应该这么做。这样做的杠杆太大了。那些在标准普尔上使用2个点温和止损的交易者可能会连续4次被止损出局。这给他们带来了什么？2个点 ×50美元 ×100份合约 = 10 000美元。连续4个止损 = 40 000美元。我见过很多人这样做，这是不可原谅的。人们在生活中可以做很多事情。他们可以喝一杯酒或一整瓶酒。他们可以喝一杯咖啡或一整壶咖啡。他们可以每天去健身房或坐着看电视。一切都取决于选择。人们能做某事并不意味着那就是一个好主意。选择时要考虑到你的最大利益。让我们回到这个例子。

8月18日，在一些经济数据公布之前，道琼斯工业平均指数跳空小幅上涨44点。我在开盘价做空。市场先是反弹，然后被抛售直到经济数据开始公布，然后在数据公布后又冲高。我有一个44个点的止损，市场反弹刚好超过这个水平，因此我每份合约亏损 220 美元，合计 1980 美元。

当我进入下一个交易日时，我知道下面有一个"黑洞"缺口。我甚至能听到它吸入（筹码）的声音。第二天（8 月 19 日），市场以小幅成交量跳空上涨了 13 点，这迅速地给每份合约带来 65 美元（9 份合约共计 585 美元）的收益。第三天（8 月 20 日），我们等到了一个很好的 52 个点的下跌缺口，花了几个小时才补上，但这没带来什么麻烦，每份合约盈利 260 美元（合计 2340 美元）。第四天（8 月 21 日），市场向上跳空 44 个点，成交量适中。它曾很接近我的止损，但最终缺口被填上，4 份合约每份盈利 255 美元。这是因为当缺口回补达到 50% 的水平也就是 22 个点时，我出清了前 5 份合约。这样获利分别为 4 份合约 ×44 个点 ×5 美元 = 880 美元，5 份合约 ×22 个点 ×5 美元 = 550 美元，总共 1430 美元。最后，在 8 月 22 日，当英特尔（Intel）宣布"谨慎上调盈利预期"时，市场产生了"欺骗缺口"。市场爆发式向上跳空 62 点，正好进入了关键阻力位，但盘前成交量比较小。

我在这一缺口做空。6 根柱状线之后，我的目标以 62 点达到，每份合约获利 310 美元（2790 美元）。**下面黑洞的吸入声越来越大。**在下午的交易中，我们得到了一个空头旗形盘整。我在 9392 点处设置了一个卖出止损点，让市场带我经历那个旗形的崩溃。我得以成交并把止损点设置在盘中阻力位 9455 点上方。我的目标是 8 月 18 日 9304 点处的黑洞缺口。当天余下的时间里，市场一直强撑着试图抑制住内部的压力。这种压力被证明实在是太大了，就像一个大一新生在离开家第一年所承受的压力一样，市场最终下跌并回吐。这一缺口填补使我获得 88 个点的收益，即每份合同 440 美元（3960 美元）。

当市场上有跳空的缺口还没有被填补时，我总是把它们记下来并在图表上做记号。通常 5～10 个交易日，市场最终会将其补上。

对不能全职交易的人来说最好的策略是什么

对于那些有一份全职工作的人来说，缺口交易是最好的策略之一。在西海岸，这尤其容易，因为在大多数人去办公室之前市场就已经开盘了。主要是有件事要时刻记住，即交易者将需要一个交易平台，这样一旦目标价位达到，平台会把止损自动取消。另一个经常被忽略的替代方法是找个经纪人，这样就能给他打电话请他处理参数。通常情况下，这些经纪人的佣金会稍高一些，但能有人帮助盯着交易是值得的。作为一名兼职交易者进行这种交易的最大好处是，你不会犯一些典型的错误，而这是大多数全职交易者在观察交易进展时会犯的：他们变得焦虑、烦躁，最后过早地屈服。那些待在办公室里而没有时间盯着交易的人实际上比大多数没有学会控制情绪的交易者有巨大优势。

使用这个定式，交易者的仓位一般是多大

我经常被问到的一个问题是："你用这个定式交易了多少份合约或股票？"这一定式可以在5个不同的市场上进行交易，有迷你道指和E迷你标普期货（ES），也有 SPY ETF 和 DIA ETF 股票，还有通过芝加哥一家交易所可以买到的 DIA 期货。表 7-3 显示了使用这一定式在 10 万美元账户上交易的不同工具和股票或合约的数量。如果交易者使用较小的账户，DIA 期货是不错的选择。在迷你道指和 ES 上加大量杠杆，以及在 DIA 和 SPY 股票上没有杠杆之间，它是一个令人满意的中间项。表 7-3 中所示的例子是 7 月 24 日出现的缺口。

表 7-3

数量	市场	7月23日收盘	7月24日开盘	缺口/点	止损	获利/美元
9	迷你道指	9 169.00	9 223.00	64	9 329	2 700
9	E迷你标普	987.00	993.50	6.50	1 003.25	2 925
20	DIA 期货	91.96	92.58	0.62	93.51	1 240
500	DIA	91.91	92.50	0.59	93.38	295
500	SPY	99.29	99.99	0.70	101.40	350

跳空缺口总结

跳空缺口是交易日中所有参与者都必须亮出牌的时刻，这给短线交易者创造

了最大的优势。要想在日常生活中成功地使用这些定式，理解这些缺口交易背后的心理是至关重要的。这种缺口如此强大，以至于许多交易者仅靠这些定式就能过上好日子。关键是要知道它们是如何工作的，并制定一套可靠的方法和交易规则。交易者在做缺口交易时需要考虑的一个因素是 50% 的回测位。在这一章的开头，我提到在盘前成交量适中的情况下，我将会减持一半的头寸。现实情况是，50% 的回测位是所有缺口中最有可能的退出价。你可以修改你的交易计划，在任何达到 50% 回测位的交易中，不管盘前成交量是适中还是偏低，都要将你的利润了结一半。

  阅读了这个定式的相关内容并理解其背后的细节之后，认真的交易者将有一个更好的基础来制订全职交易计划并取得成功，这个基础包括一个已经被证明过的定式、最适合这个定式的市场，以及最大限度地使用这个定式的行动计划。这几乎就是交易者在这个最伟大的职业中生存发展所需要的一切。

第 8 章

枢纽位
趋势交易日的暂停点，震荡交易日的反向交易点

什么是战胜指标交易者最好的方法

我使用的最简单、最有效的出入场技术之一，是基于我所谓的"多重枢纽位"，它由日线、周线和月线枢纽位，以及日线枢纽位之间的中线构成。我主要在股指期货上使用这个定式，但它也可以运用在一些个股（知名股票）上，还可以通过 DIA、SPY、QQQ 和 IWM 用在相应的股指 ETF 上。此外，我喜欢在其他大多数期货合约如黄金、货币、原油上使用周线枢纽。周线枢纽也被证明在活跃交易的电子货币如比特币和以太币上是有用的。在这些标的上应用日线枢纽也可以，但我发现周线枢纽在这些其他商品期货上的表现要好得多。和跳空交易一样，自本书首次出版以来，枢纽交易并没有太大的改变，所以我把本章里的例子完整地保留了下来，因为它们今天仍然有效。

这个系统的主要优势在于它以价格为基础而不是以指标为基础。当大多数指标产生买进或卖出信号时，行情早已开始了。通过使用这种基于价格的方法，我可以比基于指标的交易者更早入场，而且通常在随机或其他震荡型系统发出买进

或卖出信号后不久，我就已经平仓了。在市场波动剧烈的日子尤其如此。当姗姗来迟的交易者涌入市场时，我正平仓开始寻找下一个定式。在震荡的交易日，正是那些基于指标的交易者被拖出来射杀。他们的买进信号让他们在行情的最高点买进，而他们的卖出信号让他们在最低点卖出，导致一天在亏损的沮丧中结束。枢纽点天然地被设置为去利用他们的错误，本质上就是把钱从他们的账户转移到你的账户里。

对于那些没有时间从早到晚盯盘的交易者来说，这个系统也很好用。毫不奇怪，对那些有追涨杀跌坏习惯的交易者来说，它也是个好系统。枢纽交易在开盘之前就确定了入场点和离场点，因而自动为交易者建立了纪律。

我喜欢枢纽位的另一个原因是它们可以作为快速判断交易日走势的工具。在趋势型交易日，市场会达到一个枢纽价位，盘整15～20分钟，然后继续按原来的趋势前进。在这样的交易日里，我等待价格穿过枢纽水平，然后在价格第一次回测这个水平时买进。然而，在没有明显趋势的震荡交易日，市场会上升到一个枢纽水平，在附近短暂停留，然后向着原来的位置反向回落。很多交易者在这样的震荡交易日里被"剁碎"，造成大量亏损。在这个过程中，他们的经纪人倒是发了财。枢纽天然地被设计为在这样的交易日里进行对赌，它也是在成交量小、在狭窄区间内震荡的市场里为数不多的可盈利交易手段之一。

有两个非常简单的方法来判断市场是趋势型还是震荡型。第一个是观察市场在到达枢纽位时的反应。第二个是在ES股指期货的5分钟图上观察在东部时间上午10:00过后的市场成交量（见第5章）。如果每根柱状线的成交量超过25 000份合约，那么市场背后就是有推动力和波动性的。这种类型的交易日里交易区间宽、趋势强。但是，如果在东部时间上午10:00以后，ES股指期货的5分钟图上的成交量持续低于25 000份合约，那么市场上就没有能量来推动这个庞然大物，最终导致一个缓慢的、震荡型交易日。在第一种趋势型交易日，我会等待市场价格穿过枢纽位，然后设置订单在第一次回调到枢纽位进入市场。在震荡型交易日，我会根据枢纽位设置开放的买入卖出指令，同时使用固定的指令与这些价格运动做对赌操作。这种类型的交易日不需要盯盘,所以我一般让指令自己运行,而我则在练习场里享受美好时光。有没有像发奖金一样的交易定式?在震荡型交易日,如果极高或极低的 $TICK 指数(+1000 或 –1000)恰好出现在枢纽位,即市场恰好暴涨到了关键枢纽位,同时在上涨过程中 $TICK 指数达到 +1000,也即耗尽了全部买压,那么好极了,这就是当天的卖空定式。

为什么并不是所有的枢纽都一样

那么,到底什么是枢纽?它们并不神秘,很多读者都听说过并且在交易里经常使用。对于尚未了解枢纽的交易者,我将解释如何设置枢纽,以及它们为什么奏效,然后介绍我所使用的枢纽交易定式。

枢纽位很容易得到而且已经存在了很长时间。它们是由场内交易者用简单的数学公式计算出来的支撑位和阻力位。这些价格水平逐渐广为人知,从场内流传出去。今天,很多交易者都知道也试图使用它们,但根据我的经验,他们的使用方法并不正确。在计算枢纽时,有各种不同的公式和不同的时间周期可以使用,因此更让人困惑。我们首先看一下我使用的公式,它是一个标准的枢纽公式。

阻力 3:阻力 1 +(最高值 – 最低值),简记为 R3。

阻力 2:枢纽 +(最高值 – 最低值),简记为 R2。

阻力 1:2 × 枢纽 – 最低值,简记为 R1。

枢纽:(最高值 + 最低值 + 收盘值)/3。

支撑 1:2 × 枢纽 – 最高值,简记为 S1。

支撑 2:枢纽 –(最高值 – 最低值),简记为 S2。

支撑 3:支撑 1 –(最高值 – 最低值),简记为 S3。

一旦有了这个公式,接下来需要的关键数据是前一个交易日的最高价、最低价和收盘价。在我自己的交易里,我喜欢使用 24 小时的数据来获得最高价和最低价。但是,收盘价是绝对要用结算价的,因为这是唯一有意义的收盘价格。图表上的 24 小时设置经常是"午夜到午夜",而这会破坏数据的有效性。我们马上会更详细地讨论这一点。

在得到最高价、最低价和收盘价之后,我把它们输入 Excel 中,使用上面列出的公式计算出下一个交易日的 7 个重要价格水平:一个中心枢纽,上方 3 个价格水平(阻力 1、阻力 2 和阻力 3),以及下方 3 个价格水平(支撑 1、支撑 2 和支撑 3)。中心枢纽在 7 个价格水平中占据最高权重。除了这些日线价格水平,我也使用这些水平之间的中值。最后,我也希望知道周线和月线的枢纽位在哪里,它们可以基于上一周或上一个月柱状线的最高价、最低价和收盘价计算出来。日线的枢纽每天改变,周线的枢纽每周只变化一次,月线的枢纽每月只变化一次。顺便说一下,这些公式可以编写成指标,这样枢纽就会在你的图表上自动生成,而不需要你每天早上全部手工计算——虽然纯手工计算可以让你记住这些枢纽的位置。

记住这一点很重要:股票指数很少触及日线阻力 3 或支撑 3。所以,如果市场上涨到阻力 2 或者下跌到支撑 2,这个位置最后通常会成为当天的最高点或者最低点。认识到这一点可以帮助交易者控制情绪,使交易者能一直遵循该交易系统。当然,这是指在正常的市场条件下。我在 2011 年 9 月写这部分内容时,\$VIX 为 40.00,市场波动极其剧烈,经常测试阻力 3 和支撑 3 的价格水平。\$VIX 越低,波动区间越窄。

我究竟应该怎样在图表上设立枢纽

接下来我先捋一遍自己每天在图表上更新枢纽的过程。这是基于 2017 年 9 月 29 日更新的交易所交易时间。为了计算日线图的枢纽,我使用下列数据来生成最高价、最低价和收盘价。

- YM:从东部时间星期三下午 4:30 开始,到星期四下午 4:15 结束。
- ES:从东部时间星期三下午 4:30 开始,到星期四下午 4:15 结束。

- NQ：从东部时间星期三下午 4:30 开始，到星期四下午 4:15 结束。

- TF：从东部时间星期三晚上 8:00 开始，到星期四下午 6:00 结束。

这个数据范围提供了这些市场在交易时的所有价格变动，但把盘前和盘后的价格都纳入下一交易日的枢纽位。不同的合约在时间范围上略有差别，这是因为它们在交易所交易的时间不同。最关键的是结算价。如果交易者不能确定结算价，可以在 www.cmegroup.com 上查看 YM、ES 和 NQ 的结算价。TF 的结算价在 www.theice.com 上可以查看。值得注意的是，CME 最近重新获得了 TF 合约的交易权，并将用代码 RTY 来交易它。

得到准确的最高价、最低价和收盘价最简单的方法是用上面列出的每种合约的交易时间范围来设置日线图。在软件 TradeStation 里很容易做到这些，只需要输入代码，比如 @YM 或 @ES，设置在日线图上。日线图默认的"正常交易时段"，就是上面提到的时间范围。很多其他图表程序都需要交易者手动设置时间范围，因为它们默认的正常股市交易时段为东部时间上午 9:30 到下午 4:00。图表设置完成后，ES、NQ 和 YM 的收盘价需要等到东部时间下午 4:15，TF 的收盘数据需要等到东部时间下午 6:00。此后不久，市场会以一根新的日线重新开盘。要获得正确的数据，只需要读取那个交易日的日线图上最高价、最低价和收盘价。这个收盘价几乎总是与结算价一致，不过我喜欢检查确认一下。对于星期一，我需要星期五的最高价、最低价和收盘价（见图 8-1）。

2005 年 3 月 18 日，星期五，在 YM 日线图上我们得到一根柱状线，从东部时间 3 月 17 日星期四下午 4:15 收盘后开始（当市场在下午 4:30 重新开盘时它会再次开始），到 3 月 18 日星期五下午 4:15 结束。这个时间段为我们提供了下列数据。

- 最高：10 679。

- 最低：10 579。

- 收盘：10 635。

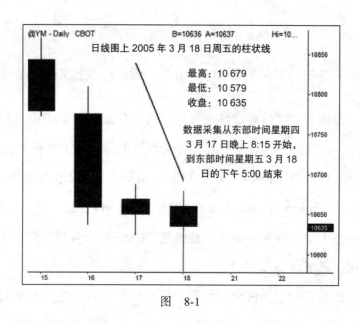

图 8-1

通过把图表的时间周期切换到周，我也可以从完整周柱状线上得到最高、最低和收盘价，并用它们来计算周线枢纽。

- 最高：10 870。

- 最低：10 579。

- 收盘：10 635。

在星期一，日线和周线的收盘价是相等的，因为它们都是基于星期五的收盘价。在这个例子里，最低价也相等，因为星期五的最低价也是当周的最低价。重复这一过程也可以计算月线枢纽，但这种情况下直到 4 月的第一个交易日前，我都不需要新的月线数据。

在得到关键的价格水平之后，我需要计算出 2005 年 3 月 21 日星期一用到的关键枢纽。我做的第一件事是把这些最高、最低和收盘数字代入公式。要计算出日线枢纽，我用最高价＋最低价＋收盘价，然后除以 3：（10 679 + 10 579 + 10 635）/3 = 31 893/3 = 10 631。现在我们得到了这天的枢纽点。要计算出阻力 1，即枢纽点上方的第一个价位水平，我把枢纽点乘以 2，然后减去最低价：10 631 × 2 = 21 262，减去最低价 10 579，等于 10 683。

继续这个过程，我们就可以得到下列水平。

- 阻力 3：10 783。
- 阻力 2：10 731。
- 阻力 1：10 683。
- 枢纽：10 631。
- 支撑 1：10 583。
- 支撑 2：10 531。
- 支撑 3：10 483。

一旦算出这些价格水平，我就把它们设置在图表上。我也喜欢标注日线枢纽之间的中点，它们很容易计算，就是均值。比如枢纽是 10 631，阻力 1 是 10 683，相距 52 点。52 的一半是 26，把它加到枢纽上，得到中点为 10 657。这些公式都可以在 Excel 中设置，使计算过程快速简单。但我不计算周线或者月线水平的中点。

创建好图表并添加合适的枢纽后，我观察的第一件事是相对于收盘价日线枢纽在什么位置。这里日线枢纽在 10 631，而市场收盘在 10 635。我留意的第二件事是东部时间星期一上午 9:30 市场在什么位置交易，以及它们离日线枢纽有多远。这对跳空交易有帮助。市场在 90% 的情况下会在当天的某个时间测试日线枢纽位。我总是与第一次到达日线枢纽的行情做对赌/反向交易。例如，如果市场在日线枢纽上方交易，然后向枢纽位回落，那么我就会在到达枢纽位时买进，以此与这次下跌行情对赌。过一会儿我会讲讲具体的入市方法。

通过在 Excel 模板里设置这些公式，我可以快速得到 YM、ES、NQ 和 TF 的所有关键价格水平。由于以前已经完成了设置，现在我只需要键入最高价、最低价和收盘价。一旦键入完成，电子表格会自动填充剩下的数据。我只需要花几分钟时间查找最高价、最低价和收盘价然后输入电子表格，就可以即刻得到下一个交易日的价格水平。当然，对周线枢纽我只需要每周更新一次，对月线枢纽只需要每月更新一次。图8-2展示了我们用于制图的电子表格。

	日线枢纽和中点				
	标准普尔	道指	纳斯达克	罗素	
最高	1 197.00	10 679	1 503.50	626.60	最高
最低	1 186.50	10 579	1 483.00	619.90	最低
收盘	1 190.75	10 635	1 491.00	622.00	收盘
阻力3	1 206.83	10 783.00	1 522.50	632.47	阻力3
中点	1 204.38	10 757.00	1 517.75	631.00	中点
阻力2	1 201.92	10 731.00	1 513.00	629.53	阻力2
中点	1 199.13	10 707.00	1 507.50	627.65	中点
阻力1	1 196.33	10 683.00	1 502.00	625.77	阻力1
中点	1 193.88	10 657.00	1 497.25	624.30	中点
枢纽	1 191.42	10 631.00	1 492.50	622.83	枢纽
中点	1 188.63	10 607.00	1 487.00	620.95	中点
支撑1	1 185.83	10 583.00	1 481.50	619.07	支撑1
中点	1 183.38	10 557.00	1 476.75	617.60	中点
支撑2	1 180.92	10 531.00	1 472.00	616.13	支撑2
中点	1 178.13	10 507.00	1 466.50	614.25	中点
支撑3	1 175.33	10 483.00	1 461.00	612.37	支撑3
	周线枢纽				
	标准普尔	道指	纳斯达克	罗素	
最高	1 216.25	10 870	1 532.00	637.70	最高
最低	1 186.50	10 579	1 483.00	619.90	最低
收盘	1 190.75	10 635	1 491.00	622.00	收盘
阻力3	1 238.92	11 101.33	1 570.00	650.97	阻力3
阻力2	1 227.58	10 985.67	1 551.00	644.33	阻力2
阻力1	1 209.17	10 810.33	1 521.00	633.17	阻力1
枢纽	1 197.83	10 694.67	1 502.00	626.53	枢纽
支撑1	1 179.42	10 519.33	1 472.00	615.37	支撑1
支撑2	1 168.08	10 403.67	1 453.00	608.73	支撑2
支撑3	1 149.67	10 228.33	1 423.00	597.57	支撑3
	月线枢纽				
	标准普尔	道指	纳斯达克	罗素	
最高	1 214.75	10 864	1 565.00	641.50	最高
最低	1 179.50	10 467	1 490.50	615.90	最低
收盘	1 204.00	10 778	1 513.00	634.70	收盘
阻力3	1 254.58	11 336.00	1 629.67	671.10	阻力3
阻力2	1 234.67	11 100.00	1 597.33	656.30	阻力2
阻力1	1 219.33	10 939.00	1 555.17	645.50	阻力1
枢纽	1 199.42	10 703.00	1 522.83	630.70	枢纽
支撑1	1 184.08	10 542.00	1 480.67	619.90	支撑1
支撑2	1 164.17	10 306.00	1 448.33	605.10	支撑2
支撑3	1 148.83	10 145.00	1 406.17	594.30	支撑3

图 8-2

我还喜欢标注极端的水平在哪里，因为股票指数触及阻力 3 或支撑 3 的情况非常罕见。知道这一点很重要，因为如果市场上涨到阻力 2 或者下跌到支撑 2，那么这个价位最后通常会成为当天的最高点或最低点。这个知识可以帮助交易者控制情绪。当市场上涨的时候，交易者很容易认为它会永远上涨。与此类似，当市场快速下跌时，交易者很容易认为这就是世界末日。贪婪的情绪对于任何因为肾上腺激素飙升而屈从于它的人来说当然是一场灾难。通过了解行情穿透极值的概率，交易者就更容易保持客观，并从那些正在恐慌的人手里赚钱。

枢纽有助于交易者保持头脑清醒。由于知道在任意一个交易日，市场有 90% 的可能不会收盘在阻力 2 以上或者支撑 2 以下，因而枢纽交易者不会过度激动并期待市场崩盘。对枢纽交易者来说，当市场达到这个水平时就意味着交易者该获利平仓了，而不是继续加仓，那样会导致灾难。

现在让我们在 5 分钟图上看看 2005 年 3 月 21 日星期一计算的枢纽位（见图 8-3）。

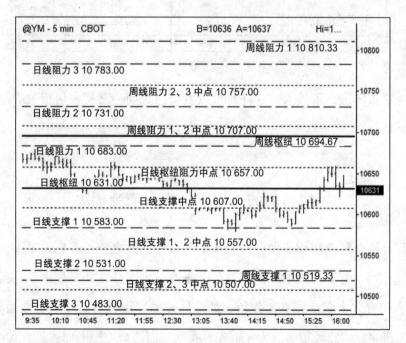

图 8-3

这幅图看起来内容很多，令人眼花缭乱，日线枢纽位标注在左侧，日线枢纽位的中点标注在中间，而周线枢纽位标注在右侧。为了节省空间我没有标注月线枢纽。我喜欢先总览全局，目的是找到星期一交易的极端水平在哪里。之后我会把图表简化到一个更容易管理的程度（见图8-4）。

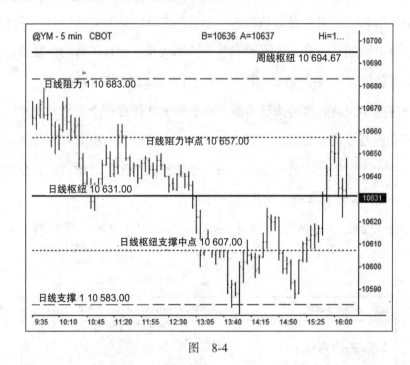

图 8-4

我对这张图进行了放大，这样我可以看清与星期一交易密切相关的价格水平在什么位置。

枢纽背后的心理学：谁在遭受损失

在我开始介绍使用枢纽做交易的规则和具体定式之前，我想简单讲讲为什么它们会起作用。首要的最明显的原因是大量交易者关注这些日线水平，所以这里面有预言的自我实现功能在起作用。如果同样的理由也可以用于斐波纳契水平，它们的效果将比枢纽差很多。为什么呢？我从下面两个方面来详述。

在交易所内，交易者的目标一般是抓住较小的行情，通常是标准普尔500指数的 2 个点，即道指的大约 20 个点。有时候争夺的行情更小，这取决于场内交易的具体情况。场内交易者都在一个大圆圈里操作，而经纪人站在环绕交易池的第一级台阶上。这给经纪人提供了最佳的视野看到所有的场内交易者，从而能给自己的客户争取到最好的价格。由于和正好站在你前面的人交易更容易，所以场内交易者的最佳位置就是把台阶上的经纪人与交易池分开的围栏内侧。经验、人脉（比如你认识什么人）和对任何规模的头寸都能下单的能力（不只是个位数的交易手数）可以让一个场内交易者争取到最好的位置，能靠近在上面台阶处的经纪人。一般这个位置是由场内交易者"占据位置"的时间长短和他持续做市的能力来决定的。新交易者只能找任何空出的地方，一般就是离经纪人最远的地点，也就是交易池的中心。这种布局，使得同一时间会同时展开几个不同的交易方案。交易池一边的交易者根据交易池同一边的经纪人的指令来交易。如果一个角落里的经纪人在大规模地（以非常大的头寸）卖出，而交易池另一侧的一个经纪人正在买进，这两个经纪人并不总是能听到对方的信息，有时他们甚至都不知道对方在做什么。如果他们知道能互相满足需求，那么他们之间的交易会非常容易。相反，站在这个要买进的经纪人旁边的场内交易者却开始和这个经纪人"竞赛"，他从附近其他的经纪人那里买进，然后转手把合约卖给这个经纪人。这在交易日造成大量价格波动，在买卖行为再次稳定下来之前常常导致大众交易者被止损出局。在最纯粹的形式下，场内的外围交易者会进入一笔交易，比如说做多，然后把自己的头寸卖给那些因在圈子中央而无法真正知道上面的台阶上发生什么情况的人。所以，当站在圈子中央的交易者看到市场行情的时候，他们已经是整个交易池中最后一批进入这一轮行情的人。如果他们幸运，可以转手卖给大众交易者。当交易池中央的交易者卖给公众了结自己头寸的时候，交易池外围的人也在卖给公众，但他们是开立新的空头头寸，本质上是在和追逐上涨行情的公众做对赌／反向交易。这个循环就这样在交易日不断重复。这在市场上形成了一种特殊的动力学，在日内产生了加速和休息的特定循环。交易者关注枢纽位，把它们作为入市的基础，也用来评估市场行动。枢纽有这样的作用是因为它们被间隔开来以捕捉"一段段动能"。道指的枢纽一般相距 30 点到 50 点,正是这种运动为我刚才描述的循环不断提供动力。在交易池中心的交易者捕捉这个运动的一半,脱手,然后等待下一个水平被触发。关键是要在市场平静的时候进入,为下一轮行情准备好头寸。

这些枢纽位发挥作用的主要原因之一和那些没有经验的广大交易者有关。场内交易者启动交易,而大多数交易者在经验上的缺乏为交易的完成提供了动力。为什么?因为普通交易者依赖于大量不同的"指标"。他们建立头寸和了结头寸都太晚,导致他们亏损,也导致了市场行情的特定循环,因为他们设置的止损缓慢而稳步地增加了市场在他们止损的方向上运动的速度。指标只不过是一个"标志"。就像你的伴侣打了你一记耳光,你把这当作一个她可能对你生气的"标志"。如果需要脸上挨一记耳光才能认识到这一点,那么你追踪的指标就是错误的。顺便说一下,所有的市场指标都是错误的,因为它们都滞后。价格运动是纯粹的。正是大多数交易者对指标的过度依赖帮助了交易体系的运转。当普通交易者获得买进信号的时候,枢纽交易基本已经结束,使用这个系统的人会把他们的头寸卖给使用指标的交易者。接下来市场就会因为所有已经设置好的止损单而发生(针对原来枢纽交易方向的)反转,就像在湖面上晒太阳的鲑鱼,俯冲而来的老鹰很轻易就能抓住它。市场暂停,向下滑落,然后从所有的止损指令中获取动力,最终在这一轮行情结束后停顿下来。这个停顿一般发生在枢纽位。这是场内交易者开始为下一轮交易积攒头寸的地方。

接下来我们讲讲交易规则,看一些定式。

趋势交易日的枢纽买入交易规则是什么

卖出交易的规则与此相反。

1. 和跳空图不同,这里我要看到 24 小时的数据,这样就不会错过任何的隔夜高点和低点。我每天在图表上更新适当的枢纽位来反映前一天的价格变动。每周一我还更新周线枢纽,而在每月的第一个交易日我更新月线的枢纽。

2. 如果有跳空的话，我会把第一笔枢纽交易和跳空交易联合完成。如果出现跳空低开，我会在下跌到最近的枢纽位时买进；如果没有可以操作的跳空（超过 YM 的 10 个点或 ES 的 1 个点），我就会等到东部时间上午 9:45 才开始第一笔交易。

3. 如果 5 分钟 ES 图上成交量大于 25 000 份合约，那我就会等待市场穿透一个枢纽位并且沿着下一个枢纽位的方向至少上涨 1/4。一旦发生这种情况，我就会在第一次回测这个被突破的枢纽位时出价买进。

4. 我只使用限价单入场，在枢纽"稍前方"下单。对 YM 我使用 3 个点，ES 用 0.25 个点，NQ 用 0.5 个点，TF 用 0.20 个点，个股用 5 美分。例如，我在交易 YM，枢纽位是 10 000，那么我会在下跌到 10 003 时买进，或者上涨到 9997 时卖空。有时枢纽可能有零头，比如 ES 上的 1117.38。在这种情况下，我总是顺着交易的方向取整位。所以，如果我出价买进，我会把 1117.38 进到 1117.50，而我的出价将是 1117.75。如果我要价卖空，我会把 1117.38 向下调整到 1117.25，把要价定在 1117.00。这样，我的止损和目标就会位于这些适当的多头和空头水平的"稍前方"。

5. 一旦成交，我使用同样的"稍前方"参数下达指令，在下一枢纽位了结掉一半的头寸，在那之后的枢纽位了结剩下一半的头寸。

6. 我在 YM 上设置 20 个点的止损，在 ES 上设置 2 个点的止损，在 NQ 上设置 4 个点的止损，在罗素上设置 1.50 个点的止损。对于股票，我会大致根据股票的价格设置止损。如果股价低于每股 10 美元，我会使用 20 美分的止损；如果股价为 10 ~ 20 美元，我会使用 30 美分的止损；如果股价为 20 ~ 30 美元，我会使用 40 美分的止损。依此类推，股价每增加 10 美元就追加 10 美分的止损（例如，75 美元的股票使用 90 美分的止损）。

7. 如果达到了第一目标，我就会把止损上移到我入场水平的枢纽位，减去规则 4 中提到的"稍前方"的数值。例如，如果我在 YM 上于 10 003 入场做多，而枢纽位于 10 000，那么在达到第一目标后新的止损将是 9997。

8. 如果到了市场收盘时我还在交易中，而我的止损和目标都没有被触及，那么我会在东部时间下午 4:10 以"市价"了结期货头寸，在东部时间下午 3:58 以"市价"了结股票头寸。

9. 我在东部时间下午 3:30 以后不再开立新的头寸，但我会管理现有头寸直至收盘。

10. 市场很少有上涨到高于阻力 3 或下跌到低于支撑 3 的持续行情。如果我交易到了那些水平，我总是会与当前走势对赌 / 反向交易。

11. 连续两笔交易亏损后，我这天不再做枢纽交易。

震荡交易日的枢纽买入交易规则是什么

同样，卖出与买进规则一样，只是反过来。震荡交易日除了目标与趋势日不同，其他交易规则完全相同。在震荡交易日，我只关注 YM 和 ES。我的第一目标是机械的：使用一半的仓位，在 YM 上获利 10 个点，在 ES 上获利 1 个点。一旦目标达到，我会向上移动止损，采用的方式与趋势日的交易方式一样。第二目标变成下一个枢纽位的"稍前方"。在和其他交易者一起工作的时候，我发现他们很容易领会"震荡市"定式的概念，但是理解"趋势市"定式却有困难。因此，以下大多数案例集中在趋势交易日的定式上。我们先讲这些定式。

枢纽交易的具体例子是什么

ES 股指期货——2004 年 9 月 10 日，2004 年 9 月合约

1. 标准普尔期货合约指数跳空低开到日线支撑 1（见图 8-5）。我的限价买入单设置在 1114.00，略高于日线支撑 1。市场非常接近这个价格，但没有触发买单。于是市场上涨，离我而去。当市场向上越过中点时，我移动了买入价，打算

在回调到这个中点时买进。中点在 1115.88，所以我在稍微靠前的 1116.25 设置买单。在这个水平买单很快成交。我设置了 2 个点的初始止损，即 1114.25，而我的第一目标在下一个枢纽位 1118.00 的稍前方，即 1117.75。

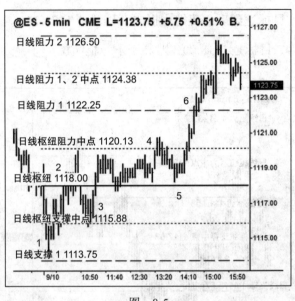

图 8-5

2. 第一目标 1117.75 达到，我把止损上移到 1115.50（略低于中点，也是我的入市价附近）。不久以后，我的第二目标 1119.75 达到，我获利了结这笔交易。

3. 我设置买单在市场回撤到枢纽时买进，买进价为 1118.25。买单成交，我设置了 2 个点的止损位，为 1116.25。随后我被止损出局。市场回升穿过枢纽，我再次下达买单在市场回撤到 1118.25 时买进。买入后，我又在 1116.25 设置同样 2 个点的止损。

4. 在下一个枢纽位的稍前方 1119.75，我的第一目标达到。

5. 我把后半部分仓位的止损上移到 1117.75，略低于我之前入市的枢纽位。

6. 我在 1122.0 卖出后半部分仓位，略高于下一个枢纽位。一旦市场果断地突破这个枢纽位，我设置买单在 1122.50 买进，略高于阻力 1，买单没有成交，市场继续上涨，创出新高。这时已经过了东部时间下午 3:30，于是我不再进行当天的枢纽交易。

ES 股指期货——2004年9月9日，2004年9月合约

1. 标准普尔跳空高开，我在中点下方的1121.00下达卖空单（见图8-6）。卖单成交，我在1123.00设置了2个点的止损。我的第一目标是1120.00，略高于下一个枢纽位。这个目标达到后，我把止损向下移动到1121.75，略高于我用来入市的枢纽位。我的第二目标是1118.00，略高于下一枢纽位。

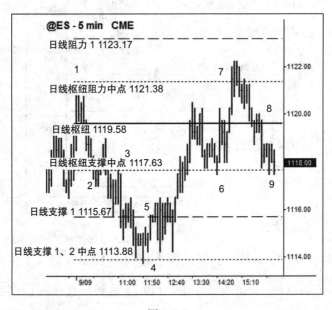

图 8-6

2. 我的后半部分仓位目标达到。市场开始向日线枢纽反弹，我下单在1119.25卖空。订单没有成交，市场反转向下，很快到达日线支撑1。

3. 我移动订单希望到下一个枢纽位做空，现在我的做空价位为1117.25。空单成交，我在1119.25设置了止损。我的第一目标是1116.00。这个目标达到了，我把止损移动到1118.00。

4. 在1114.25我的第二目标被触及。我又在1115.25下达订单，希望对回到支撑1的反弹做空。

5. 卖空单成交后，我在1117.25设置了2个点的止损。当市场强劲反弹时，我被止损出局。

6. 我在 1118.00 买单成交，在 1116.00 设置止损。

7. 市场上涨到下一个枢纽位，我在 1119.25 了结了一半的仓位。我把止损向上移动到 1117.25。很快我的下一目标 1121.00 被触及。

8. 正常情况我会在市场下一次回测 1120.00 时下买单，但是我没有，因为我要遵守纪律。现在已经超过东部时间下午 3:30，我不会再开始任何新的交易。

9. 假如做了这笔交易，我也会被止损出局。

ES 股指期货——2004 年 9 月 8 日，2004 年 9 月合约

1. 市场跳空低开，我在 1118.75 设置买单（见图 8-7），这个买单没有成交。当市场上涨穿过日线枢纽时，我提高买价到 1120.75，成交。我在 1118.75 设置了止损，第一目标是 1123.00。

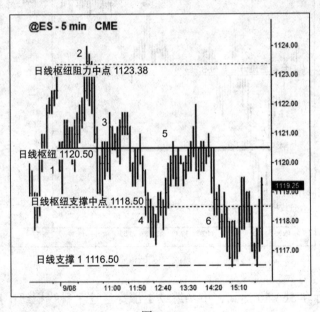

图 8-7

2. 第一目标达到，我把止损上移到 1120.25。

3. 后一半仓位被止损出局，我继续等待下一个定式。

4. 市场继续下跌，我想要在价格反弹到上方枢纽时卖空。

5. 市场反弹，我在1120.25卖空，止损设在1122.25，第一目标是1118.75。

6. 第一目标达到，我把止损移到1120.75。不久后，第二目标1116.75到达。我下单在价格反弹到上方枢纽卖空，我在1118.25成交，止损设置在1120.25。第一目标在1116.75达到，我把止损向下移到1118.75。市场一直反弹到收盘时间，我的后半部分仓位被止损出局。

E 迷你罗素——2004年9月10日，2004年9月合约

1. 罗素2000期货指数跳空低开，我在561.90下买单（见图8-8），成交后我在560.40设置止损。第一目标563.80很快达到，我把止损向上移到561.50。

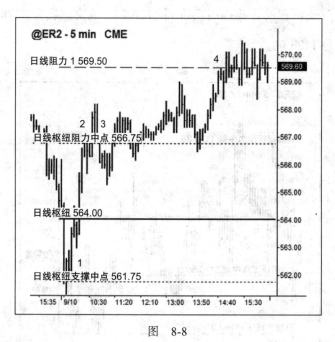

图 8-8

2. 第二目标在566.50达到，市场继续上涨穿过这个日线枢纽中点。

3. 一旦市场穿过中点，我在下面的枢纽564.20下买单。但市场再也没有回测这个价格水平，而是创出了新高。新高之后，我把买单价格上移到下一个枢纽位566.90。我在将近东部时间下午2:00的时候成交。我的买单持续长达3.5个小时。在枢纽交易中，耐心是一种美德。

4. 我在 566.40 设置止损,第一目标是 569.30。第一目标达到后,我把止损上移到 566.50。市场在这个价格附近横盘直到收盘。由于我的止损价和目标价都没有被触及,我在东部时间下午 4:10 以"市价"569.40 离场。

E 迷你罗素——2004 年 9 月 2 日,2004 年 9 月合约

1. 罗素 2000 指数平开后攀升,到达日线阻力 1(见图 8-9)。我出价 554.90 在价格回测枢纽中点时买进。成交后,我在 553.40 设置止损。第一目标是下一枢纽水平 557.20。这个水平到达后,我把止损上移到 554.40。

图 8-9

2. 市场在接下来的 4 个小时里一直横盘整理,最后终于推高达到第二目标,再次表明在枢纽交易中保持耐心才能获得回报。

3. 市场冲过中点后开始回调。我在 560.10 设置买单,市场接近这个价格,但是没有成交。罗素冲过日线阻力 2 之后,我把买价上移到 562.60,成交,设置止损在 561.10。第一目标是 564.90。

4. 第一目标达到,我把止损上移到 562.10。市场直到收盘都没有触发我的止

损价或者第二目标。我在东部时间下午 4:10 以市价 566.30 了结了后半部分仓位。

E 迷你纳斯达克——2004 年 9 月 3 日，2004 年 9 月合约

1. 纳斯达克跳空低开，我在日线支撑 1，即 1380.50 下买单（见图 8-10），没有成交。当市场向上穿过中点时，我提高买价到 1386.50，成交，在 1382.50 处设置止损，第一目标是 1391.00。第一目标达到，我把止损提高到 1385.50。

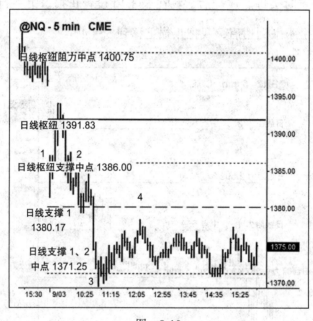

图 8-10

2. 后一半部仓位触及止损离场。市场继续创出新低，我在 1385.50 下卖空单，没有成交。

3. 市场继续下跌，迅猛撞向下一个枢纽位。

4. 我将卖空价格移到下一个枢纽位 1379.50，没有成交；当天也没有出现其他定式，这是适合整理袜子抽屉的一天。

E 迷你纳斯达克——2004 年 8 月 5 日，2004 年 9 月合约

1. 纳斯达克略微跳空高开到中点，我在 1383.50 卖空（见图 8-11）。设置止损

在1387.50，第一目标是1379.50。

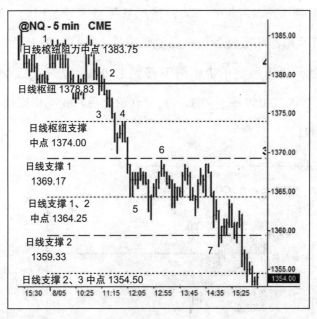

图 8-11

2. 第一目标达到，我把止损向下移到1384.50。市场反弹，后一半仓位被止损出局。

3. 纳斯达克被抛售，下跌穿过下一个枢纽位。

4. 一旦跌穿这个位置，我计划在市场反弹回到这个价位时做空，做空单定价在1373.50，成交，设置止损在1377.50，第一目标是1369.50。第一目标迅速达到，我把止损下移到1369.50。后一半仓位的目标是1364.50。

5. 后一半仓位目标达到，现在我没有持仓。

6. 我对回到上方枢纽水平的反弹做空，在1368.50下达做空单的指令，成交，设置止损在1372.50。第一目标是下方枢纽，1364.50。目标达到，我把止损向下移动到1369.50。

7. 我的第二目标在1359.50达到。我计划当反弹到上方下一个枢纽位时做空，做空单定价在1364.00。市场刚好到了这个位置，但是我没有成交，这是当天出现的最后一个枢纽交易定式。

迷你道指——2004 年 8 月 5 日，2004 年 9 月合约

1. 迷你道指期货开盘时没有方向，然后从早盘开始被抛售（见图 8-12）。我计划在反弹到日线枢纽中点时做空，做空单设在 10 118，但是没有成交。在下跌穿过日线枢纽后，我将做空单价格向下移到 10 091。这一次成交了，止损设在 10 111，并下订单在 10 069 平仓一半。头半仓成交后，我把止损向下移到 10 097。下一目标是 10 041。

图 8-12

2. 下一目标达到，现在我没有仓位。

3. 市场继续下跌，测试了下一个枢纽。我计划在上方枢纽的价位卖空，空单设在 10 035。市场波澜不惊，我保留了做空单去吃午饭。回来的时候指令还没有成交，这正是我非常喜欢在成交量小的 8 月份交易的原因。又过了两个小时，终于在下午成交了。我在 10 055 设置止损，第一目标是 10 015。这个目标很快达到，我把止损下移到 10 041。

4. 第二目标在 9988 到达，现在我没有仓位。由于市场继续下跌，我计划在市

价上方的相邻枢纽位卖空，我的做空单定价是 10 008。

5. 市场刚好反弹到这个价位，但是我没有成交。当市场向下暴跌时，我将做空单价格向下移至 9982，但是这次也没有成交。

迷你道指——2004 年 9 月 2 日，2004 年 9 月合约

1. 市场开盘时没有方向，然后上涨到日线枢纽和阻力 1 之间的中点 10 189（见图 8-13）。我计划在第一次回测时买进，定价在 10 163。市场非常接近这个水平，但是我没有成交。市场上涨穿过下一枢纽水平，我又把出价提高到 10 192。市场一去不回头，上涨穿过又一个枢纽水平。

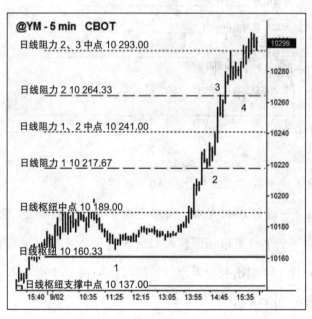

图 8-13

2. 我再次提高买价到 10 221。这次成交了，我在 10 201 设置止损，第一目标是 10 238。第一目标很快达到，我把止损向上移到 10 215。

3. 第二目标 10 261 达到，现在我没有仓位。

4. 市场继续上涨，我在 10 267 下达买单指令，没有成交，市场收盘价接近最高点。

迷你道指——2004年8月25日,2004年9月合约

1. 道指跳空低开,我在10 077下达买单指令(见图8-14),成交,我在10 057设置止损,第一目标是10 090。第一目标达到,我将止损位上移到10 071。

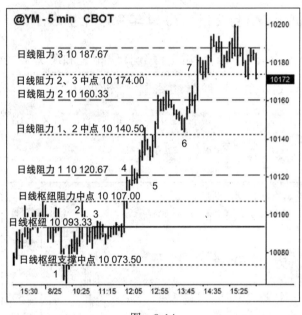

图 8-14

2. 道指继续上涨,我的第二目标在10 104达到。

3. 我计划在下一个回测时买入,买单定价在10 096。成交,我在10 076设置止损。接下来的一个小时里市场缓慢爬行,没有触发止损也没有达到目标。之后恢复动能,我在10 104卖出前一半仓位,提高止损到10 090。

4. 第二目标在10 118达到。

5. 道指继续上涨到下一个枢纽位。我计划回调买入,买单设在10 124,但是没有成交。

6. 市场推进到下一价位,我提高买价到10 144。成交,我在10 124设置止损,第一目标是10 157。第一目标很快达到,我把止损位提高到10 138。

7. 我的第二目标在10 171达到,现在我没有仓位。市场继续上涨到日线阻力3。这很罕见。市场很少会突破阻力3,而我总是和最初到达这些水平的走势对

赌/反向操作。我下单在 10 185 卖空。成交,我在 10 205 设置止损。市场上涨到 10 200,然后缓慢下跌至收盘。因为我的两个止损和目标参数都没有被触及,我在东部时间下午 4:10 于 10 176 平仓。

科磊公司(KLAC),2004 年 9 月 10 日

1. KLAC 在这一天跳空低开,我下单在 38.48 买进(见图 8-15)。成交,我在 37.93 设置止损。第一目标在 38.89 被触及后,我把止损位提高到 38.38。

图 8-15

2. 股价继续上涨,第二目标在 39.39 达到。

3. 我计划在第一次回测时买入,在 38.99 下单,没有成交,股价上涨离我而去。

4. 当价格突破下一枢纽水平时,我提高买价到 39.49。一段时间后终于成交,我在 38.99 设置止损。

5. 第一目标 39.72 达到,我提高止损到 39.39。

6. 当市场临近收盘时,我的目标和止损参数都没有被触及,于是我在东部时间下午 4:00 以市价 39.78 平仓。

趋势交易市场和震荡交易市场的对比

我们刚才分析的定式大部分是有趋势的市场，我也想演示一下枢纽在震荡市场下怎样发挥作用。图 8-16 是迷你道指在大多数时间里都锁在狭窄区间震荡的一天。实际上，最开始的下跌都在东部时间早上 9:30 现货市场开盘之前。在这张图上我也添加了一些基本的指标，可以看到在震荡日里它们比纯粹基于价格的定式要滞后。这些指标包括基本的指数移动平均值和 RSI 指数。滞后不表明这些指标没有任何价值——重要的是，我们需要记住：一个仅基于指标的交易方法是滞后的方法，尤其在震荡日更加突出。

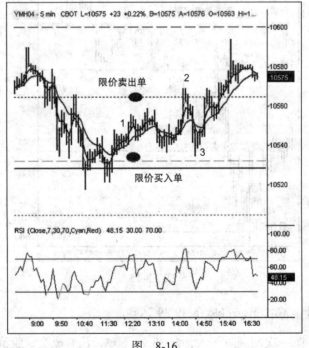

图 8-16

1. 当市场横盘震荡，标普期货指数图上成交量持续低于 25 000 份合约时，适合设置如下"震荡加强"方式的枢纽交易（见图 8-17）。在点 1 处，道指期货价格平稳，我计划与到达最近的枢纽位价格趋势做对赌交易。我不想坐着盯盘让大脑麻木，所以我在与当前价格相邻的低位枢纽设置了多出 3 个点的限价买入单，这样我就在枢纽价格之前。我也在与当前价格相邻的高位枢纽设置了限价卖出单。

第 8 章 | 枢纽位：趋势交易日的暂停点，震荡交易日的反向交易点 239

图 8-17

2. 限价卖出单先被触及，价格接近限价买入单，但是我没有买到。一旦卖出单触及，我就设置了 20 个点的止损。第一目标是固定的，距离入场 10 个点。第二目标是价格下方相邻的枢纽位，即周线枢纽 10 532，所以我在 10 535 设置限价买入单平仓后一半仓位。

3. 两个目标都达到，我退出交易。请注意：当移动平均线最终交叉的时候，市场已经几乎达到了我们的最终目标。基于参数的指标，比如移动平均值，在趋势交易市场中表现很好，但是在震荡市表现得很糟糕。价格统治着震荡交易市场。

这个例子演示了交易者在枢纽交易里会经常遇到的情形：他们将在一天之内多次交易同一个价格水平。一个交易者在市场下跌中愿意做多的价格也是他将回补空仓的价格，反之亦然。

我们再看一下同一张图（见图 8-17），这一次我们看看在这一天出现的所有定式。

1. 点 1，道指期货指数跌到周线枢纽之一，但是没有触及周线枢纽。因为我的限价买入单是周线枢纽加 3 个点，我得以入市价做多。周线枢纽是 10 532，我的买入价格是 10 535。前半仓很快达到 10 个点盈利的第一目标，然后我将止损位提高到枢纽位减 3 个点，也就是盈亏平衡点减 6 个点。

2. 点 2，市场轻松上涨穿过日线中点，我的后半仓通过在这个价位的限价卖出单获利了结。请注意：当市场到达目标价位的时候，移动平均线几乎还没有形成向上交叉。我试图反向做空，但是市场变动太快，我错过了这个做空机会。不错过这个机会的操作方法，是下一个能同时兼顾获利了结和开出空仓的挂单指令。如果交易者做多 10 份合同，想在获利了结的同时做空，那么他们需要做的只是设置一个 20 份合同的卖单，这样他们就可以同时了结多单并且开仓空单。

3. 点 3，当市场跌向周线枢纽的时候我出价做多。周线枢纽是 10 532，我出价多 3 个点，即 10 535。当两个枢纽位如此接近时（至少 10 个点，在这个例子里是周线枢纽和日线枢纽），我设置的买入价格是基于更接近市场价格的枢纽值。多单触及，市场在这个价格横盘半个小时，我的止损虽然很接近，但是没有被触及。第一目标"半仓盈利 10 个点"很快达到，我提高止损位，直到两个小时之后，我的后半仓才达到中点。请记住这个要点：一些交易长达几个小时，而另外一些只持续 10 分钟。关键是等枢纽位被触及，而不是着急入市或者因为焦虑或无聊而退市。尽管人类的情感在建立人际关系上很有用，但是在交易中，情感必须被忽视。

4. 在 3 个多小时后，我的后半仓在日线中点获利了结，因为这是震荡市场，我掉头做空，第一目标是前半仓获利 10 个点，第二目标是下一个枢纽位加 3 个点。

5. 市场价格快速移动，15 分钟之后我的前半仓获利了结，又过了 15 分钟，后半仓也获利了结。我又使用同样的参数掉头做空：前半仓盈利 10 个点，后半仓在下一个枢纽位了结。

6. 前半仓很快获利 10 个点，市场继续向上直到收盘。第二目标没有达到，我在东部时间下午 4:10 以市价退场，距离第二目标只差几个点。请再次注意，当移动平均线交叉向上时，我已经获利了结了一半仓位。

这样去移动止损是枢纽交易操作的关键

我不是特别喜欢激进地跟进止损。如果道指期货朝着我预想的方向移动一个点，我会继续保持原来的止损位而不是移动止损一个点。这种自动移动止损的策略一般都将在第一个正常回测时触及止损，从而使交易者退出市场，而这些价格变动是我愿意承受的。如果我已经设置了多个目标，在且仅在第一个目标达到之后，我才移动止损来保护整笔交易的获利。在交易枢纽定式中，无论是趋势市场还是震荡市场，我都是同样操作移动止损。我等着第一目标达到。一旦达到，我就跟进移动止损位。

1. 这里我们在价格跌向周线枢纽时，用枢纽加3个点作为做多的入场价格，初始止损是20个点。

图 8-18

2. 如果是趋势交易市场，我会等到第一目标，即下一个枢纽位达到后，提高止损位。在震荡交易市场，我在道指上的第一目标是盈利10个点，如同在这个案例里，我的止损位很快就要在第一目标达到后提高。

使用枢纽的要点和窍门

这个枢纽交易定式，以及我使用的所有定式的关键是交易者在开盘之前就已经在图表上做好所有准备。一旦做好准备，交易者需要做的就是观察和等待，或者更好的方式是用语音提示一个定式正在形成或者已经发动。在枢纽交易中，交易者能够提前下单，因为精确的目标、入场点和止损点都在交易之前就知道了。这种情形让交易者能够在其他事情发生时集中在那些事情上。当交易者听到提醒声，他们知道是时候回到交易图表看看发生了什么。这里没有追高，因为订单要么成交，要么没有成交。这个系统，像所有其他我使用的系统一样，其设立的方式自然强化职业交易者的心态，这也是能在金融市场上持续盈利的唯一方式。

关于中点的重点是，你并不需要每次都用。我在两个道指日线枢纽相距40点以上时才会使用中点。这是一个大致的规则，如果只差30点也是可以用的。但是，如果枢纽相距不到30点，那么中点就没有什么作用，因为市场会因为枢纽很接近而直接到达下一个枢纽位。

在我的图表上，我一般使用黑色背景，这在本书里无法显示。我将日线枢纽标注为黄色，周线枢纽标注为浅蓝色，月线枢纽标注为紫色，中点标注为白色。我也将核心枢纽用实心线标注，其他枢纽是虚线。这样很容易从图形上看到市场正在冲击什么水平。

这些年使用枢纽交易已经越来越容易了。我以前用计算器手工计算枢纽，但是最终转向了Excel电子表格，因为我只需要输入最高、最低和收盘价，电子表格就会算出其他值。然而，我仍然每天在图表上手工画出水平线，这大概需要大半个小时。有软件能自动计算枢纽，但是软件使用了的时间周期常常有错，甚至因为使用错误的价格而产生错误。我对这些软件持谨慎态度，所以不得不每天自己标注枢纽位——我想确保它们是正确的。我最终找到一个程序员帮我，成果是一个能自动计算正确的日线、周线、月线枢纽位，并且在我观察的各种图表上进行标注的软件。手工也可以计算、标注,但是软件节省时间,因为我现在有孩子,时间越来越少了!

怎样在枢纽交易里运用斐波纳契数

我经常碰到的一个关于枢纽位的问题,是它们和斐波纳契数有什么关联?简要说明一下,斐波纳契数被交易者用于计算支撑和阻力,最常用的回测值是 0.382、0.50 和 0.618。我的经验是斐波纳契数有时候很奏效,但有时候,市场似乎意识不到它们的存在就一跃而过。然而,在任何一个交易日,我还是喜欢观察斐波纳契簇聚值在哪里。它们比普通的斐波纳契值更准确,一方面是因为它们使用了更多的数据点,另一方面是因为斐波纳契比率的计算方法。得到这些数值很费工夫,我曾经很长一段时间是自己计算。后来我发现卡罗琳·伯罗登在 www.fibonacciqueen.com 的成果,从那时起我就订阅她的服务,因为这是她的专长。她运用斐波纳契比率的重叠,同时研究市场的时间轴和价格轴。在价格上,她根据以前的波段用 0.382、0.50、0.618 和 0.786 计算价格回测,她也根据以前的波段用 1.271 和 1.618 计算价格的延伸。卡罗琳还通过比较同方向的波段用 1 和 1.618 做价格投影。这些工作使她从关键的波段高点和低点得到所有可能的支撑阻力位,从而寻找重叠价位,它们成为市场买卖的关键价格。

我个人对 60 分钟图和日线图上更大的价格位置感兴趣。我用它们做波段交易。有时候这些重叠价位和一些日线图重合,在这些交易日,这些价格水平显然更加有效。我也喜欢用斐波纳契聚集位看其他市场,因为它们为所有市场都提供了关键值。让我们一起看看卡罗琳·伯罗登的一些具体案例。

迷你道指——2005 年 4 月 6 日,2005 年 6 月合约

图 8-19 是迷你道指期货合约的 15 分钟图。从图上可以看到从 4 月 4 日波段低点开始展开的明显的上涨趋势。鉴于这个原因,我们从买入市场的角度关

注价格重叠。我们看到在 10 489 和 10 492 之间形成了一个漂亮的区域。这个区域包括一个 1.618 的价格延伸，一个 0.50 的价格回撤，另一波段的 0.382 回撤，以及一个前期修正性下跌的 100% 的价格投影。最初的低点 10 489 直接在这个价格重叠区域产生。从这里开始，我们看到一个到 10 578，即 89 个点的上涨。

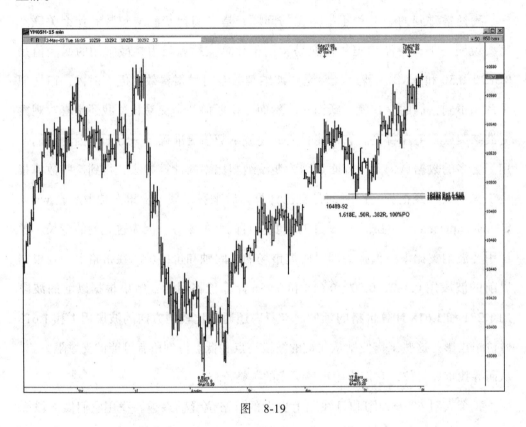

图 8-19

欧元外汇——2005 年 4 月 27 日，2005 年 6 月合约

在图 8-20 的欧元外汇 5 分钟图中，我们在 1.2970 和 1.2971 之间发现了 3 个关键斐波纳契价格的重叠。这包括从 1.2961 低点到 1.2988 高点的一个 0.618 回撤，从 1.2966 低点到 1.2988 高点的一个 0.786 回撤，以及 1.2984 高点到 1.2966（波段）低点的一个 100% 的价格投影。实际的低点在 1.2972。从这个最初低点上涨到 1.2990。

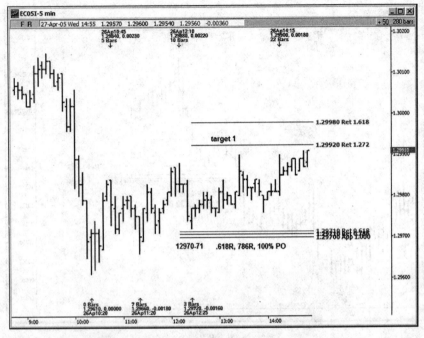

图 8-20

YM 迷你道指——2005 年 4 月 4 日，2005 年 6 月合约

对于入场点，理想的情况是要在我们交易的时间周期中，顺着趋势设置"价格汇聚区"。我们有时为离场或者收紧止损而使用"反趋势"的汇聚区间。在图 8-21 中，迷你道指期货合约在 10 132～10 141 的区域有至少 5 个斐波纳契价格关系的汇聚。这些价位的核心集中在 10 132～10 136 的区域。在这个例子中，实际的低点在 10 140。离开这个区域的入场"触发点"可以到前一根柱状线的高点。在这个时候，初始止损可以放在 10 140 的下方，即在买价触发之前的低点下方，或者在 10 135 的下方，即价格汇聚区低点的下方。最初脱离这个价格汇聚区的价格变动是 58 个点。

这些关于卡罗琳研究的例子展现了斐波纳契价格汇聚区如何在市场中成为支撑位和阻力位，我在日内交易中就像使用枢纽位那样使用它们。它们也可以用来在更大的时间周期中启动波段交易，因为它们可以应用于从 3 分钟图到周线图甚至是月线图的任何时间周期。

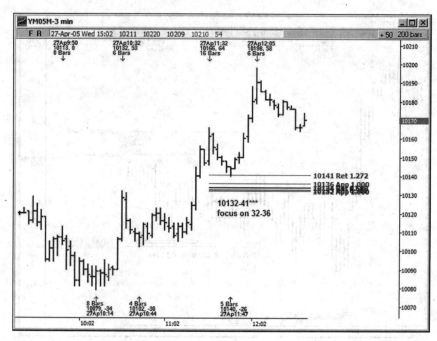

图 8-21

关于这个主题，卡罗琳还写过一本很好的书，名字是《斐波纳契交易：如何掌握时间与价格优势》，这本书在亚马逊上有售。

在商品市场上怎样最好地运用枢纽

在这一章开始的时候，我提到在其他商品市场图上我偏好于只使用周线枢纽。这包括除了股指以外的其他任何交易品种，如外汇、黄金、原油等，就是字面意义的除了股指以外其他任何交易品种。我有这种偏好的原因，是虽然我不介意为了小的价格波动就交易股指，但是一般而言，在交易其他品种时我喜欢更大的行情波动，历时几个小时或者更长时间的交易，而不是几分钟的交易。所以，我在其他商品上看小时图，在这些图上运用周线枢纽的关键价位来观察当前的价格变动。

图 8-22 是 2011 年 9 月 29 日的欧元货币期货合约。我在这张图及其他商品合约的小时图上的关注点是主要中心枢纽的位置。这张图的中心枢纽是 1.3542。在这一周里，欧元像磁铁一样被吸引到这个价格，这种现象很典型。这个月线"中

心枢纽位"是买入仓位和获利了结的关键区域。

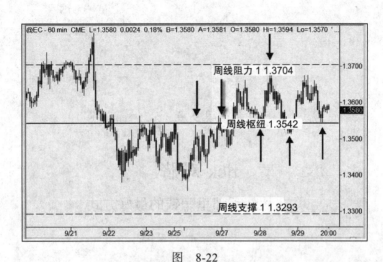

图 8-22

枢纽交易总结

枢纽位奏效主要是因为每天在市场上渗透着的心理痛苦/愉悦的周期。只追随指标的交易者将在价格已经离开枢纽位一半到四分之三的时候追逐入市，正是这些交易者的止损提供了下一轮市场行情的动力。如果你只依靠指标而不是围绕枢纽的价格变动来入市，那么在这些价格周期里，你的买入和卖出都将太晚，你的交易不会盈利。

这个交易系统的优点是交易者入场后不需要紧盯市场。我不是一个激进的跟进止损者。我喜欢在买入仓位后设置好参数，然后集中注意力在其他事情上。根据交易者的工作环境，他能够在办公室这样交易，尤其是在西海岸及当他有一个自动分组的交易系统的时候。这样他就能在设置参数后去开会或者面谈。**让参数看管仓位**。这样做更好，因为它将人类情感剔除到交易之外。

我在 www.simpertrading.com/pivots 创建了视频，提供更多更新的枢纽交易案例及枢纽发挥作用的现场交易实例。

第 9 章

tick 对赌[1]

并非从新手那里赚钱的最好方式

什么是交易者每天的一级行动警报

股票市场大部分时间都在上下波动。就是说，股市飘荡着上涨到阻力位然后转身向下飘荡着又跌回到支撑位，除此之外也没做其他什么事。大多数时间，交易者除了等待也没什么好做的，而这需要极大的耐心。许多投资者却做不到这一点。毕竟，他们是交易者，对吧？他们应该做交易或者管理交易，而不是坐在那里什么都不做。交易者在交易日必须每分钟、每小时都在做交易，无论是现在，还是将来，这都是关于交易最大的错误观念之一。现实是，在任何时间，交易者都可以有三种头寸——多头、空头、平仓。对于日内交易者，平仓代表不做任何交易；这在 60% 的时间里都是最好做法。猫不会去追它看到的第一只鸟，它们会蜷起来等待，有时候要等好几个小时，等待最好的时机出现再跃起。而这正是一个活跃的交易者应该做的。当有趣的事情真正发生的时候，比如市场出现程序化买入或卖出，这给警醒的交易者提供了一个绝佳的短线获利机会。交易的关键

---

[1] 原文为 fade。fade 的含义是趋势衰退转向、退潮交易或逆势交易，本书沿用第 2 版的翻译方式，译为"对赌"。——译者注

是有耐心，管住手，等待这种机会出现。活跃的交易其实意味着活跃的等待。过度交易是日内交易者失败的首要原因。

要抓住交易机会，没有比看 $TICK 或者说"听"$TICK 更简单的方法了。当 $TICK 高于 +1000 或低于 −1000 时，表示极度买入或卖出。在市场运动的这一阶段，大多数的子弹已经打光了。很多业余的交易者被这泡沫和激动情绪所感染，害怕错过一个大行情，于是迫不及待地想追上趋势的快车——恰恰是在这一波市场行情开始减弱的时候。这些交易者就像是抓着背包的人，在反转的时候他们就会被震荡出局。比起加入这种交易，我更喜欢等待，直到出现一个极端的 tick 读数，然后我就与行情对赌。之前我提到过我喜欢"听"$TICK，其实我是说我设置了语音信号提醒我这些水平被触及。这样我就不用盯着图表，不然还有可能因为自己注意力不集中而错失机会。我可能在房间另一头，但是当我听到提醒，我就非常确切地知道发生了什么。

具体来说，每当我看到或听到 $TICK 读数超过 +1000 或 −1000，我就下达市价单来与行情对赌。如果 $TICK 读数超过 +1000，而我之前是平仓，那我就在当前价位做空。如果我已经根据别的信号进场做多了，我就从原来的交易退出并开始建立空头头寸。反之亦然。如果市场在抛售而交易者纷纷加入致使 $TICK 上出现了 −1000 的读数，我就要开始买入了。要和追逐市场的业余交易者对赌，没有比这更清晰的方法了。其他交易者也向我展示过这个定式的几个不同版本。$TICK 这个指标出现很长一段时间了，很多交易者做这个定式的交易已经几十年了，他们交易的一部分与 $TICK 的运动紧紧地联系在一起。

在这一章里，我首先会讲一下对赌策略。在本章末尾，我会给出关于什么时候和怎样"跟进"极端 tick 读数的最新信息，也就是说，当数值达到 +1000 的时候，我怎样才知道应该什么时候等到数值回到零线然后真的去买入并"跟进"极端 tick 读数。要注意我交替使用 $TICK，tick 和 ticks，它们都是一个意思。当我做交易的时候，我会跟别人说"这里 ticks 的读数现在挺高"，而不会说"美元符号 tick 现在挺高"。

什么是对赌交易的卖出规则（买进与之相反）

1. 我研究了从其他交易者那里学来的三种不同的交易定式，把它们加以改变以适用于我自己的交易计划和风格。让我们看一下针对这种"极端情绪"相关交易我所使用的参数。我只在东部时间早上 10 点到下午 3:30 之间交易。很多突发性的行为会在交易时间的最初半小时和最后半小时发生。在做交易前，我喜欢等市场安顿下来。

2. 我在两个市场做 tick 对赌交易——ES 股指期货和迷你道指（YM）。这种交易也可以在 SPY、DIA、E 迷你罗素、E 迷你纳斯达克，以及任何反映了这些指数走势的股票上进行。对于期权交易者来说，使用期权在 SPY 上做这种操作是非常可行的。当然，你这样做的时候应该选择稍微有卖价的期权来操作。我偏爱的，当然是 Delta 值至少是 0.7 的期权。

3. 当 ticks 达到 +1000 时，我以市价做空。我喜欢为 +1000 和 –1000 的读数设置语音提示。这样，我就不用盯盘。如果 ticks 到达 +988 然后掉下去了，我就不会操作，因为我不会听到语音提示。这样可以保持交易定式简洁和明确，而且不受交易者的主观解读的影响。

4. 对于 YM，我使用 30 个点的止损和 20 个点的目标价。在这个交易上我还设置了 35 分钟的时间限制。如果在 35 分钟内我的止损和目标价都没达到，那我就以市价清空头寸离场。我喜欢用一个发出哔哔声的定时器，这样当 35 分钟的时间限制到了的时候，我就可以意识到。大多数的交易者在交易的过程中对时间没什么概念。

5. 对于 ES，我使用 3 个点的止损和 2 个点的目标价，以及同样的时间限制。

6. 如果在这个交易定式上我连着两次被止损离场，那这一天我都不做 tick 对赌交易了。关于"止损离场"，我指的是我设置的硬止损点到了，而不是时间限制到了。注意，在这些日子里，我会切换到"顺势"策略，这一点我会在本章稍后的内容中讲到。

7. 如果到东部时间中午 12:00，85% 的时间里 TICK 读数都在零点以上，我会放弃当天所有的 tick 对赌交易。这表示市场上买入水平非常极端，表明基金正在吃进股票。这样的"能量日"很少见，但它们确实每隔 4～6 周会出现一次。同时出现的是很多超过 1000 的极端 TICK 读数，典型的是 1200～1400。此外，如果过了东部时间早上 10:00，ticks 全部在一边，如全部是正值，我会等到 ticks 出现一些负值再去设置第一个 tick 对赌交易。在这样的时候，这是一个与 ticks 值同方向的"顺势"交易的信号。

tick 对赌交易定式的具体例子有哪些

迷你道指——2004 年 9 月 1 日，2004 年 9 月合约

1. 2004 年 9 月 1 日东部时间早上 10:00 之后不久，ticks 上升，过了 +1000（见图 9-1）。我以市价做空迷你道指且在 10 192 成交。我在 10 222 设置了止损，目标价在 10 172，也设置了 35 分钟的定时。

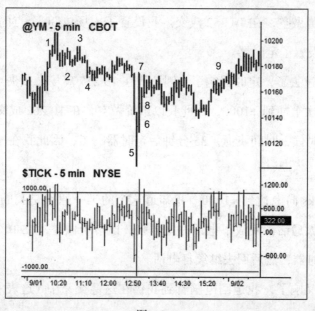

图 9-1

2. 市场下行，但 35 分钟后，我的目标价和止损都没达到，因此我退出市场。我在 10 182 成交，赚了 10 个点。

3. 在点 3 处 ticks 再次到达 +1000，我以市场价做空，在 10 194 成交。我设置了 30 个点的止损和 20 个点的目标价。

4. 市场反转，我的目标价 10 174 在 20 分钟后到达，赚 20 个点。

5. 市场抛售严重，ticks 下到 –1000。我以市价买入，在 10 118 成交。我在进场位 30 个点以下 10 088 处设置止损，而目标价在往上 20 个点的 10 138 处。

6. 我的目标价在 8 分钟内达到，我获利 20 个点离场。

7. ticks 反转很快到达 +1000，我以市场价做空，在 10 168 成交。

8. 市场快速反转，我在 10 148 处获利 20 个点离场。

9. ticks 达到 +1000，但已经是东部时间下午 3:50 了，所以我没做这个操作。记住，根据我的交易准则，东部时间下午 3:30 之后我就不做新的 ticks 对赌交易了。

迷你道指——2004 年 9 月 10 日，2004 年 9 月合约

1. 2004 年 9 月 10 日，东部时间上午 10:00 之后不久，ticks 达到 +1000（见图 9-2）。我以市价做空，在 10 252 成交。我设置了入场位 30 个点的止损和 20 个点的目标价，并设置了定时器。

2. 35 分钟过去了，定时器响了，因此我在 10 257 离场，损失 5 个点。

3. ticks 再次上冲到 +1000，因此我以市价做空，在 10 262 成交。

4. 开心的时候，时间飞逝。35 分钟后定时器响了，因此我在 10 252 离场，获利 10 个点。

5. 日间 ticks 向上达到 +1000。我知道这个的唯一原因是我的语音提醒响了。当时我正在跟人通话，我放下电话冲向电脑，以市价做空，在 10 264 成交。我设置好参数和定时器，然后回去继续打电话。

6. 定时器又响了，我走回电脑看到我仍在这笔交易中（这表示我的止损和目标价都没达到），然后我以市价离场，在 10 255 成交，获利 9 个点。我没有试图精

细地调整这些定时器设置的离场参数,而是直接离开。

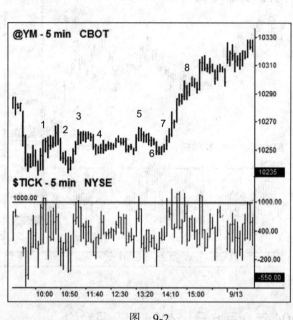

图 9-2

7. ticks 推上 +1000,我以市价做空,在 10 257 成交。我设置了止损和目标价。

8. ticks 继续推高,市场暴涨。我的硬止损达到,损失 30 个点。

迷你道指——2004 年 9 月 9 日,2004 年 9 月合约

1. 在 2004 年 9 月 9 日接近正午时,ticks 达到 +1000,我以市场价做空(见图 9-3),在 10 283 成交。我设置了止损和目标价,并设置了定时器。

2. 35 分钟过去了,我在 10 272 离场,获利 11 个点。

3. ticks 再次推高超过 +1000,我以市价做空,在 10 306 成交。我设置了参数。

4. 市场下滑,25 分钟之后我的目标价在 10 386 达到,我获利 20 余点离场。

5. ticks 再次上行,我以市场价做空,在 10 297 成交。

6. 15 分钟之后,我的目标价在 10 277 达到,我获利 20 余点离场。

7. 在 ticks 读数达到 +1000 的情况下,市场涨得更高,我以市场价做空,在 10 308 成交。

8. 市场反转,我的目标价在 10 288 达到,获利 20 个点。今天的收获比上班强。

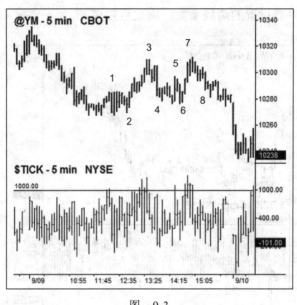

图 9-3

迷你道指——2004年9月8日，2004年9月合约

1. 在2004年9月8日，东部时间10:00之后不久，ticks出现+1000读数，我以市价做空YM，在10 355成交（见图9-4）。我设置了止损和目标价后放松休息。一旦进入这种交易，除了等待无事可做。

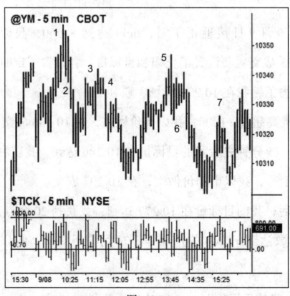

图 9-4

2. 市场快速反转，我的目标价 10 分钟后在 10 335 达到，获利 20 余点。

3. 大约 40 分钟后，ticks 再次向上，我以市场价做空，在 10 337 成交。

4. 市场进入快速变动模式，35 分钟后我的定时器响了，我在 10 335 获利 2 个点离场。

5. 几个小时以后，ticks 开始变得活跃，我在 10 346 做空。

6. 大约 15 分钟后，我的目标价在 10 226 达到，我获利 20 余点离场。

7. ticks 再次上涨，但是我没做这个交易，因为此时已过东部时间 3:30。这笔交易可能会获利 20 余点，但我发现最后半小时的 tick 交易倾向于不怎么可靠。

迷你道指——2004 年 7 月 26 日，2004 年 9 月合约

1. 在 2004 年 7 月 26 日，市场开盘较弱，但直到东部时间上午 11:00 也没有什么极端的 ticks 读数（见图 9-5）。刚过 11:00，我得到一个 –1000 的 tick 读数，以市场价买入 YM，在 9912 成交。我设置了止损和目标价，并设置了定时器。

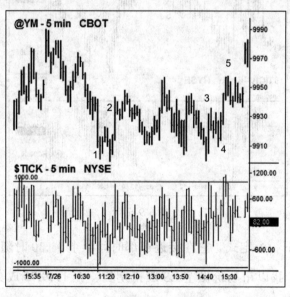

图 9-5

2. 在 30 分钟后，市场开始走强，我在目标价 9932 离场，获利 20 余点。

3. 当天大多数时候市场很平静，然后在接近东部时间下午 3:00 时，我们得到

一个+1000 tick读数，我以市价做空，在9932成交。

4. 在大约20分钟后，我在目标价9912达到，获利20余点离场。

5. 市场出现又一个极端读数，但已经过了东部时间下午3:30，因此我管住手什么都没做。

E迷你标普——2004年9月7日，2004年9月合约

1. 在2004年9月7日，我早早得到一个+1000 tick读数（见图9-6）。我正在观察ES股指期货，我试图做空，但我看一下时间，接近东部时间早上9:50。这早于我的东部时间早上10:00的参数，所以我放弃了这笔交易。虽然这笔交易很可能最后对我有利，但我发现在开盘最初30分钟的tick交易往往是无规律的。

图 9-6

2. 我等待着下一个定式，它在接近东部时间早上11:30时随着一个+1000的tick读数出现了。我以市场价做空ES股指期货，在1119.75成交。我在1122.75设置了3个点的止损，在1117.75设置了目标价。当然，我也设置了定时器在35分钟过去时提醒我。

3. 35分钟过得相当快，其间唯一有趣的事情是我的2尺长的超级红龙（看上

去像大海鲢的来自亚马孙的热带鱼）试图跳出鱼缸，搞得我像要被驱牛棒打到一样地跳起来。不管这个小插曲，我听到定时器响了，因为不管我的目标价还是止损都没到，我下单以市场价离场。我在1121.25离场，损失1.5个点。

4. 之后不久，"ticks 疯狂"的一幕出现，重新达到 +1000。我以市价做空，在 1122.00 成交。我设置了止损和目标价，以及我的定时器。

5. 当我正在享用潘纳拉面包公司的熏火鸡胸三明治时，定时器响了。我在 1121.50 离场损失 0.50 个点。

6. 市场爆发，涨得更高，tick 读数达到 +1000，我以市价做空，在 1123.50 成交。我设置了参数，垫高双脚放松，观察走势。

7. 接下来的 35 分钟很快过去，在定时器的响声里，我下单平仓，在 1123.50 离场，不亏不赚。

8. ticks 再次到达 +1000，我以市价做空，在 1124.75 成交。

9. 这次市场反转，我的目标价在 1122.75 达到，获利 2 个 ES 点。

10. 当进入最后一个小时时，ticks 居然再次达到 +1000。我以市价做空，在 1119.75 成交。

11. 市场反转，我在目标价 1117.75 离场获利 2 个点。

E 迷你道指——2004 年 9 月 3 日，2004 年 9 月合约

1. 在 2004 年 9 月 3 日，可供选择的机会很少。ticks 接近 +1000 和 –1000，但没有真正达到这个水平（见图 9-7）。我不去做这一类交易。要么 ticks 达到了 1000，要么没有。当天直到最后 1 小时我们都没有任何极端的读数。当市场出现一个 +1000 读数时，我跳起来抓住这个机会，以市场价做空。我在 1117.25 成交。我设置了止损和目标价，打开计时器。我躺倒放松，开始观察走势。

2. 在我入场大约 30 分钟后，我的目标价在 1115.25 达到，我获利 2 个点离场。凑巧的是，市场接近当日收盘了，现在我可以做点儿更刺激的事了，比如把食品间的汤罐头按照字母顺序再摆一遍。这是一个很好的例子，告诉我们为什么

有一个特别的交易定式去等待这么重要。如果没有特别的交易定式要等待，一个交易者在像 9 月 3 日那样的交易日很可能会过度交易而自己作死。有时候人们会忍不住做个交易来缓解无聊。这就引出一个问题——交易的目标是"免得无聊"还是赚钱？

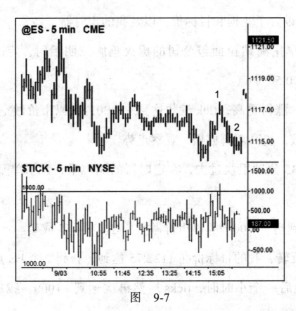

图 9-7

E 迷你标普——2004 年 8 月 26 日，2004 年 9 月合约

1. ticks 在日间早些时候接近一个极端读数，但没有真正达到，只录得 +978 的较高值（见图 9-8）。因为这不是扔手榴弹或扔马蹄铁那样看运气的游戏，我将在一旁观察并等待直到一个超过 +1000 的读数出现。

2. 再次地，ticks 读数接近 1000，但并未真正达到。我继续袖手旁观，什么也没做。这其实没有看上去那么难。我不盯着 tick 的图表；我只有在听到语音提醒时才行动。

3. 终于，我们得到了一个超过 +1000 的读数。我以市价做空，在 1106.75 成交。我设置了参数等待行动——对这个交易定式而言，到现在为止一整天我什么也没有做。

4. 大约 30 分钟后，我的目标价在 1104.75 达到，我获利 2 个 ES 点离场。

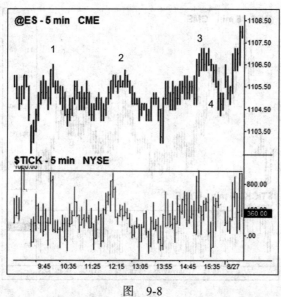

图 9-8

E 迷你标普——2004 年 5 月 24 日，2004 年 6 月合约

1. 在 2004 年 5 月 24 日，市场跳空高开，并在当日早些时候出现 +1000 的 tick 读数（见图 9-9）。由于这时候早于东部时间早上 10:00，因此我像对待一通在来电显示上弹出来电话号码"不在服务区"的电话一样，不予理会。接近早上 10:30 的时候，我们得到另一个 +1000 的 tick 读数，我以市价做空，在 1098.50 成交，设置好了我的参数。

2. 大约 20 分钟后，我的目标价达到了，我在 1096.50 离场，获利 2 个 ES 点。

3. 当天剩余的大多数时间是安静的，但是当接近最后几小时时，我们得到一个极端 tick 读数。我在 1096.50 做空。

4. 大约 25 分钟后，我的目标价达到了，我获利 2 个多 ES 点离场。

5. tick 再次变得疯狂，到达 +1000，所以我做空了，在 1096.00 成交。

6. 市场继续震荡，我的定时器响了。我以市场价平仓，在 1095.50 离场，获利 0.50 个 ES 点。

7. 市场再次爆发，上涨到更高，出现一个极端 tick 读数，然而，那时已经过了东部时间下午 3:30，因此对这个信号我没有采取任何行动。

图 9-9

E 迷你标普——2004 年 6 月 7 日，2004 年 6 月合约

1. 市场跳空向上，ticks 大多数时间在零线以上（见图 9-10）。如果到东部时间中午 12:00 tick 85% 的时间在零线以上，那么我会放弃当天任何进一步的 tick 对赌交易。记住，就是这样的交易日，市场上正在认真地进行买入活动。只有持续稳定基金的买入能把 tick 整日都保持在零线以上。虽然这尚未发生，但我意识到并注意着这种可能。

2. 在东部时间大约早上 11:00，ticks 出现极端值，我以市场价做空，在 1134.25 成交，设置好了参数。我做了这一笔交易因为当时我们还没过东部时间 12:00 的底线。而且，在交易准则里，我提到如果 tick 在东部时间早上 10:00 之前一直在零线以上，我将会看到它至少有一次低于零线才做交易。在本例中，我们确实看到有几次它正好低于零线。这些不是理想的状况，但它们确实通过了测试。

3. 时间过得飞快，我的离场时间到了。我在 1133.00 离场，获利 1.25 个 ES 点。

4. 在东部时间下午 1:00 之后不久，ticks 出现另一个 +1000 的读数。我无视了这个读数因为tick 85%以上的时间都高于零线，指示有大额基金买入。

图 9-10

5. 在东部时间下午3:30，这一切又再次发生了，我出于同样的原因再次无视了信号。今天市场"太火"了，tick持续维持高读数，很少跌到零线以下。因此我放弃了对极端tick值的对赌交易。虽然像这样的日子很少，但知道它们是怎样的从而在这时避免"tick对赌交易"很重要。

tick对赌交易总结

像我在介绍中所说的，金融市场天生就是被设定为利用人的本性来掠夺的。当交易者看到市场跑远而他们没有参与其中时，他们的本能是马上加入这个行动中。虽然这样写出来看着合理，但是这种"错过行情"的感觉导致的交易错误比其他任何情况都更多。这种盲目的冲动迫使散户仅仅因为担心错过很多利润就跳入市场——正好与根据一个已经了解并耐心等待的特定交易定式而入场的方式相反。这种极端的恐慌性买入和卖出能够精确地被ticks衡量，因而极端tick读数为交易者提供了入场机会，也给业余交易者上了有价值的一课。

怎样知道什么时候 ticks 对赌交易不管用

在本书第 1 版中，我专注于"对赌交易"的交易定式。在 2004 年和 2005 年（我写第 1 版的时候）的大多数时间里，股指极端平静，大多数大行情发生在外汇市场。做一个定式交易者的好处是，你最终在哪个市场交易并没关系。真相是，我不交易市场，我交易定式和模式。我根本不在乎一个交易定式是在股票市场、原油市场，还是在黄金市场出现。不管什么市场，只要是马上有行情的就行。

然而，自 2008 年金融危机以来，股票市场的剧烈运动成了新常态——大幅上涨和大幅下跌。哪种情况对我来说都可以，而 ticks 在这种类型的市场也起到了关键的作用。最重要的是，如果市场今天崩盘，那我们会在 tick 达到 -1000 的读数时买入。事实上，我们将用中等强度的 tick 读数（而不是极端 tick 强度）来作为做空的机会。

现在问题变成这样：我们怎样才能知道我们应该与行情对赌还是跟随行情交易呢？还有，如果我们要跟随行情，我们要怎样做呢？

让我们一起来看一下。

我们应该怎样"顺着"tick 操作而不是与行情对赌

本章与内部指标那一章有很多联系。通常交易开始的半小时就能说明这一天将会是什么类型的交易日。这有点儿像我早上醒来试图揣测我妻子的心情。我发现如果她梦到开心的事情和开心的地方，那么这将是积极乐观的一天。如果她梦见我和我们的瑞典帮佣，那么我就知道这天开始的半小时最好的情况也是不确定的，而那一天接下来的时间怎么样就取决于我如何处理最开始的这半个小时。在这些不稳定的时候，我试图跟她保证我本质上是个交易者，如果冒着失去一半财产的风险来和帮佣搞些风流韵事，不过是笔糟糕的交易。有时候这种逻辑有用，但也仅仅是有时候而已。

非常简单，ticks 是一幅路线图，显示了大象在干什么及它们往哪里去。2010 年 7 月，我到南非旅行 2 周看世界杯。这是一次绝妙的旅行。第一周我待在萨比沙酒店，那是理查德·布兰森（Richard Branson）的野生动物保护区，坐落在克鲁格国家公园里面。虽然那里的地貌看起来像得克萨斯州，但是能近距离亲身看到"5 种大型野生动物"在它们的自然栖息地里是件很奇妙的事。对于这 5 种大型动物，最容易发现的是大象。你不光能看到它们的踪迹，还能不由自主地看到被撞倒的树和它们一堆堆巨大的粪便。对它们来说，躲起来是不可能的（相对应的是猎豹，极难发现。做交易的时候，要做一只安静地跟随大象的猎豹）。

大型机构协同的买入和卖出也是如此。如果你知道要查看哪里的话，它们是无处可躲的。$TICK 标记了它们穿越灌木丛的踪迹，以及它们热气腾腾的大便。作为交易者，我们要做的就是跟随它们踩出来的道路。

在图 9-11 中，我们对 2011 年 9 月 30 日周五的 $TICK 和 SPY 截了屏。在这个特别的一天，起初的几个小时交易是平静的。市场大幅跳空向下大约 15 个 ES 点（150 个道琼斯点），这是 SPY 1.5 美元的变化。交易者需要时间消化这个走势，开始的几个小时呈震荡行情。第一个极端 $TICK 读数出现在东部时间早上 11:20，那时 ticks 达到 +1000 线。当天的第一个 $TICK 极端值是对赌交易的好时机。这是第一个试探，而试探一般都不成功。在此例中，市场震荡了大约 20 分钟然后突然开始抛售。

$TICK 回到平静状态，然后大约 1 小时以后，我们得到第一个向下的 $TICK 极端值。在那个时候，即使市场已经跳空向下了超过 15 个 ES 点，仍然在震荡。没有真正的趋势形成。因为市场下跌了这么多，这个 $TICK 也许看上去让人不敢买，但实际上，它是现金交易时段向下方的第一个真正试探（其余的卖出发生在过夜时段）。结论是值得一做。在极端 $TICK 值之后，市场确实出现可观的上涨，因此根据当天第一个 $TICK 极端值做对赌非常好用。

在点 3 处，市场的运动状态发生了改变。最重要的是，市场不再震荡。市场开始创出当天新低。这就不是震荡，而是趋势了。然而在此点之后，事情开始变得有趣。尽管不断尝试，ticks 还是难以推高到 +200 线以上较多；它们一站上去，就被轻易打压下来。现在它们不仅大多数时候在零线以下，还不断地碰触 –1000 线甚至更低。这是真正的关键所在。一方面，如果市场测试 –1000 并反弹回来，这是个试探。而另一方面，如果市场测试 –1000 然后持续徘徊在该水平，甚至测试更低的 \$TICK 水平，那就说明市场上出现了真正的卖盘。能够盖棺定论确认下跌的标志是任何向上回到零线的走势都很快被打压。于是我们就知道大象正在卖出，而且是大量卖出。

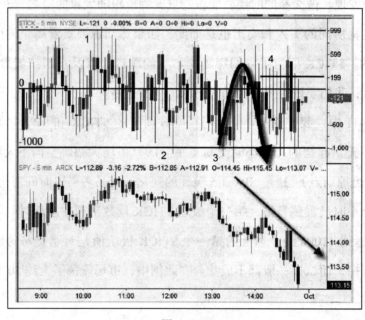

图 9-11

在这种情况下，有两个应对策略。第一，任何回到零线的走势都是做空机会。把止损设在市场在 +600 以上超过 1 分钟或者 4～6 个 ES 点，哪个先到算哪个。把目标设在下一次跌到 –1000 的时候。在这种凶猛的卖出行情下，把空头头寸平仓很正常，然后在 \$TICK 涨到零线时再重新做空就可以了。

让我们来看一个极端的例子。像生活中的各个方面一样，查看一下极端情形以便更好地处理"正常"情况有时候是很有用的。在图 9-12 中，我们会看到在 2010 年 5 月 6 日，那个臭名昭著的"闪电崩盘"日 \$TICK 是怎样变化的。这是个

1分钟图,在图上我设置了8周期的指数移动平均线(EMA)。指数移动平均线对于观察日内"$TICK趋势"很有用。如同我之前提到的那样,移动平均线是个滞后的指标,它对于发现趋势的"即时"变化没用。但是,它们有助于弄清楚趋势"现在发生改变了"。很多交易者为了证明他们是对的而导致爆仓。移动平均线是发光的路标,指示什么时候该认输改变策略。移动平均线已经交叉并走向更高的时候你还在做空的话,那你就自求多福吧。

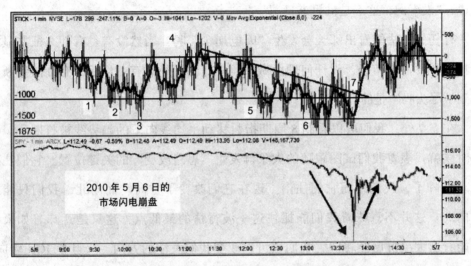

图 9-12

这一天开始得非常普通。我们可以看到在点1处,我们得到当天第一个极端的$TICK读数:-1000。这是个正常的读数。在点2处,我们开始得到持续的极端读数,这是第一个提示,告诉你今天应该是一个"顺势"交易日。然而,此时还没有什么迹象告诉我们接下来会发生什么。在点3处,我们得到当天第一个-1500读数。这是不寻常的,显示市场上有极大的向下压力。此时,我们把$TICK所有的上涨都看成是做空的机会。

几个小时后,市场进入震荡模式。到达零线的上涨(点4)就可以做空,然后在$TICK跌回-1000时可以平仓。够容易吧?

然后很不寻常的事情发生了。在点5处,我们开始得到持续的-1500线的读数,显示出令人难以置信的卖压。这是个非常罕见的读数,显示有什么"丑恶"

的事情正在发生。而这一天确实有可能会是个"崩盘日"。只有 $TICK 读数持续为 –1200～–1500 时，崩盘才会发生。如果 $TICK 读数停留在那个水平，卖盘最终会压垮市场。在点 6 处情况变得更加紧张，$TICK 读数到达 –1875，并且实际上多次测试了 –1700～–1800 水平。市场开始持续抛售了大约 15 分钟，道琼斯指数下跌超过 300 点。然后事情一发不可收拾，5 分钟内道琼斯指数又下跌了 600 点……直到那时反弹才在接下来的 5 分钟发生。"世界末日到了，"我听到几个人在说，"没事的，这不是世界末日。"

有任何办法能看出那天会发生"闪电崩盘"吗？当然没有。有什么征兆显示大量卖压要冲击市场，没任何理由做多吗？是的，绝对有。最后，有办法判断卖压到了尽头吗？是的，有。

在点 7 处，我们可以看到 8 周期指数移动平均线向下的趋势线被打断了。这种时候就代表着我们试图跟随的大象群发生"思路改变"的关键位置。它们往南走了一阵子，我们跟随它们往南。现在它们改变了方向转而向北，我们只能跟随向北。这并不意味着我们能抓住这一波行情的最低点，这只是意味着如果我们能看出大象群已经转向，我们也可以改变我们关注的方向。一旦 $TICK 转向，就到了专注于做多的交易定式的时候了，即使你所有的理智思维都在反对这个想法。

在图 9-13 中，我放大了当日的闪崩部分。点 1 和点 2 显示极端 $TICK 读数 –1500 和更极端的 $TICK 读数 –1800。市场想要"摆脱"这么沉重的卖压是非常困难的。它们表示持续的卖出，以及接下来还会更多。任何时候看到这种情况，我都会预计到当日任何反弹都会被卖压打击而不断创出新低。这种抛售潜在的剧烈程度是绝不能被低估的。

点 2 之后很短的时间，8 周期指数移动平均线走高，接着出现一个小反弹。但是，记住，从上幅图到这幅图我们要找的是趋势的改变。这种改变直到点 3 处才发生，就是图 9-12 中点 7 处趋势线被打断的时候。要跟随大盘趋势，不要和电脑屏幕上展现的市场行为对抗，交易一直都是这样。

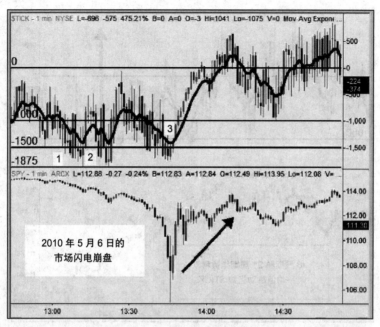

图 9-13

在图 9-14 中，我们有了稍微"正常"些的情况。这是从 2011 年 10 月 3 日周一开始的。这一天早间市场有些震荡，然后反转为持续卖出。我发现在"观察 $TICK 走向"上很有用的一个方法是在 1 分钟图上设置 8 周期和 21 周期指数移动平均线。在此图中，8 周期指数移动平均线是粗的线，21 周期指数移动平均线是细的线。虽然我花更多时间观察实际上的 $TICK，但这些移动平均线有助于衡量"$TICK 趋势"，它全天驱动着价格行为。如果我看到这些移动平均线在零线以上，那我倾向于做多的这一边；如果它们在零线以下，那我会专注于做空的这一边。这些移动平均线的交叉也很有帮助。如果 ticks 在零线以下，8 周期指数移动平均线向下与 21 周期指数移动平均线交叉显示出巨大的卖压。8 周期指数移动平均线向上与 21 周期指数移动平均线交叉（ticks 仍然低于 0 线）显示出卖压缓解。如果 ticks 在 0 线以上，反向的结论也成立。

图 9-15 显示了 2011 年 10 月 3 日剩下时间里的情况，点 1 处的竖线代表图 9-14 中的截止点。

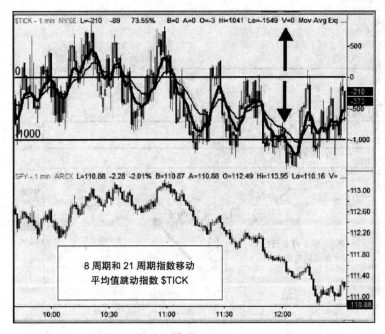

图 9-14

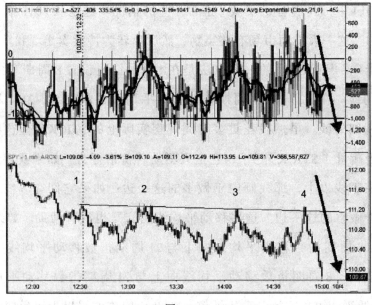

图 9-15

在图 9-15 中，$TICK 和 SPY 反弹到点 2 处，但都被打压下来，形成一个日内波段高点，如果要在收盘前形成有意义的空头回补反弹，这是必须要突破的一个关键点位。在点 3 处，$TICK 变为正的而市场强烈反弹，但再次被打压。最终，在点 4 处，一天中反转最可能发生的时候，$TICK 冲到零线以上，SPY 也大力上扬，但再次被轻易打压。这时市场急跌收盘。这些关键的反弹有什么共同点呢？虽然 $TICK 读数变成正的而市场的反弹看上去也很有前景，但 8 周期指数移动平均线和 21 周期指数移动平均线并没有都穿越到零线上方。只要它们还待在零线以下，市场的压力就是向下的。

在平静的市场中，与 $TICK 及偶尔高到任性的 $TICK 读数做对赌交易是可靠的谋生手段。但是当大象们开始动身的时候要观察好。在那个时候，最好是跟随象群。

我无法想象日内交易股票或股指却不用 $TICK 的信息。学会使用这些指标的最好方法是开始使用它们。我用了超过 20 000 小时观察 $TICK 和市场的互动。我在 www.simplertrading.com/ticks 创建了页面，其中有关于这个交易定式的额外更新，还有实时的交易案例。观察实时交易案例的确是学习怎样最大化利用这份交易资源的唯一途径。

第 10 章

均值回归

获利了结的最佳时机

市场在什么地方停止当前趋势并耗尽燃料

如果你走在街上，正想着自己的事情，突然遇到了抢劫或者攻击，你幸存了下来，你很可能接下来会采取一些行动，比如：①通知警察；②买狼牙棒或者泰瑟枪；③以后避开这条街；④不再选择一个人走。这些都是可以防止这种悲惨的经历再次发生的合理决定。然而，不明白市场的自然起伏涨跌，就像选择再次不带着泰瑟枪而独自走那条可怕的街道一样，"他又回来了？"抢劫犯会不敢相信地说，"我猜他只是喜欢输钱吧。"

在 5 分钟图上，就像是在一条黑暗的街道，虽然可能会遇到各种各样的暴行，但交易者还是不断地走这条道以致损失更多。"下次我会避开这些抢劫犯的。"他们这样想。计算机程序交易（algos）像终结者一样无情地收割你的钱，从敢于和他们竞争的人类中吸取快乐。好消息是什么？许多这种计算机程序只关注一只股票在其平均真实波动幅度（average true raage，本章后面简称为 ATR）之内的波动。无论一只股票或一个市场是在上升趋势还是下降趋势或者在横盘，绝大部分时间它都在 ATR 内。这个难懂的测量法究竟是什么？

这是一个由 J. Welles Wilder 为日线图和商品期货市场所开发的工具。结果证明，它在日线图和个股上都表现出色。思考一下：一只股票会偏离其 21 周期指数移动均线（EMA）多远才能使回归 21 周期指数移动均线的概率开始上升？枢纽可以很好地为日内交易建立波动幅度。但是在更大的时间周期中，如日线图和周线图怎么办呢？有没有办法为波段交易建立适当的扩展位来进行买入和卖出——持有数日或数周而不是几分钟或几小时的头寸？虽然这一章与枢纽无关，但总体思路是一样的。日线枢纽位代表前一日交易的"平均价格"，这也是下一个交易日的价格会吸引到这一价位的原因之一。市场只是需要对它进行测试，看看它能不能坚持住。

平均价格是一个很重要的概念。任何特定的市场在任何给定时间，不是正在远离平均价格，就是正在回归平均价格，即"均值回归"。

在图 10-1 中，我们看到的是黄金的日线图，图上标注了一系列指数移动平均线，如 13 周期指数移动平均线和 21 周期指数移动平均线。它们分别代表了过去 13 天或 21 天的平均价格，也是市场的关键平均价格水平不断调整的表现。这些是特定的价格水平，市场不是正在远离它们就是正在回归它们。然后，关键的问题是，"市场会偏移平均价格区间多远才会开始回归到均值"。

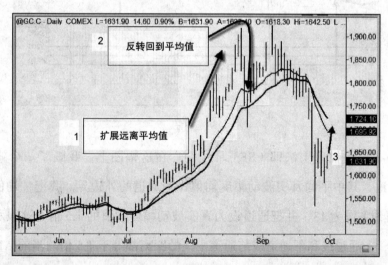

图 10-1

这是一个非常好的问题。

这正是平均真实波动幅度这一概念发挥作用的地方。顾名思义，平均真实波动幅度代表了前14个交易周期的平均价格波动幅度。

在图10-2中，我们看到在底部添加了ATR的同一幅黄金日线图。在点1处，ATR在20附近，在这个例子中表示黄金价格每盎司20美元。为什么这很重要？因为它表示了在大部分时间里，如果价格偏离均值（用13周期和21周期指数移动均线表示的区间）大约20美元，那么它将开始回归到均值。在点1处，价格在这些均线上方偏离超过每盎司20美元，然后开始返回。在点2处，价格在这些均线下方偏移大约每盎司20美元，然后迅速地回到均值。在这一年晚些时候，我们可以看到在点3处ATR增长到了每盎司60美元，这意味着价格在回归到均值以前，可以偏离均线到这个程度。

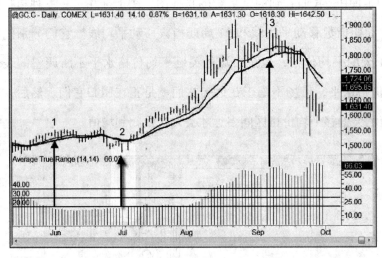

图 10-2

图10-3是一幅瑞士法郎（SF）日线图。在这幅图上，我画了一个修改版的肯特纳通道，其中平均真实波动幅度均值作为通道的外边界。我把"均值"价格（中间的虚线）设为13，并把通道设为真实波动幅度均值的1.5倍。这表示在任何给定时间，上通道线和下通道线与通道中间的距离都等于1.5倍的当前ATR读数。例如，点1处，ATR读数为0.0100，转换成100个跳动点。把这个数值乘以1.5，

得到150个跳动点。点2处，我们看到下通道线距离通道中间150个跳动点，在点3处，上通道线距离通道中间也是150个跳动点。为什么要乘以1.5呢？因为ATR是一个滞后指标，乘以1.5之后，我们可以多一点儿空间容纳最新的价格活动。

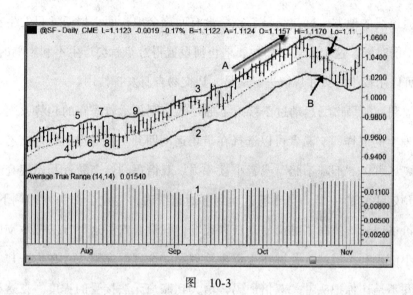

图 10-3

现在，我们需要理解几个关键概念来交易这张图上的定式。

1.通道向上倾斜，表示上行趋势。正因为如此，我只对多头交易感兴趣。我可以在上行通道启动空头交易，但是因为向上通道持续上扬，相对于多头来说，空头策略的内在成功率很低。例如，如果我在A点开空头，市场会一直上涨并把我们止损出局。这样市场仍在ATR的幅度内交易，只是上涨坡度陡峭而已。

2.在点4处，我们遇到一次返回均值的回调。我建立了多头头寸。当SF运动到点5处的通道上边界时，我平仓了结头寸。然后当SF在点6处再次回到均值时，我做多，随后在点7处平仓卖出。在点8处回调时我又买进，在点9处平仓离场。如此这般，循环往复。

3.小窍门：没有必要试图捕捉这些行情的每一个跳动。还记得我说过通道设置为ATR的1.5倍吗？好吧，其实我真正感兴趣的只是相当于1个ATR的行情，或者再稍微少点儿。所以我在点 7 处了结交易离场，尽管还没有达到通道的边界。这是因为我只试图争取一个 ATR（大约 100 个跳动点），而不是 1.5 个 ATR（150 个跳动点）。换句话说，我一直在提前卖出。没必要像猪一样在食槽里吃个不停。

4. 怎样设置止损？在这种情况下，为了达到最好的结果，止损应该设在刚好超过下通道线的地方。这使交易者完全没有回旋余地，而止损通常只发生在趋势发生改变的时候。这个定式是那种如果止损设置得过窄就会产生不利影响的定式。交易者可以用较小的头寸规模进行交易，让交易自身发挥作用。

5. 福利：如果市场运动过于接近下通道线，则预示着潜在的趋势改变，如同点 B 处发生的那样，交易者可以选择在市场运动回到均值时退出这笔交易，这时候平仓离场可以"不赚不赔"或者小额亏损。双倍福利：交易者开始建仓时可以只建立预定头寸的一半，当市场运动到下通道线时再建立全部头寸的剩下一半，然后当价格回到均值时了结交易，获利离场。我最喜欢用这种方法把亏损的交易扭转成小额盈利。当然，关键在于资金管理和完全理解完整头寸在你账户中的比例。这并不是让你把头寸"双倍加码"增大到账户无法接受的程度。在这种类型的交易中继续保持硬止损设置是至关重要的。

6. 另一个小窍门：我被问得最多的一个问题类似于"你在瑞士法郎小时图上会使用什么类型的止损"，或者"你会在亚马逊日线图上使用什么类型的止损"，甚至还有"你在原油 512 跳动点图上会使用什么类型的止损"，又或者"你在 ES 的 15 分钟图上会使用什么类型的止损"，或者还很有可能问类似于"你在欧元 5 分钟图上会使用什么类型的止损"之类的问题（当在几分钟内被第 10 次问到以后，我的左眼开始跳）。答案如下：不管你关注的是什么市场，也不管多长的时间窗口，你可以在你的图上设置 14 周期的真实波动幅度指标。不管这个值是多少，乘以 2，就得到了你的止损。就是这样！

7. 还要注意，市场从点 A 开始就一路上扬，在这样的运动中，连续很多天甚至很多周都回不到均值是很常见的。这个定式适合捕捉平稳市场或横盘市场中的一点或一段行情，它不是用来捕捉趋势动量的。

8. 要点：这个定式的一个主要缺陷是，它可能踏空整整一轮大行情，因为大行情运动会超过 ATR 通道的边界。这也正是挤牌发挥作用的地方，我们随后就会看到。

这听起来棒极了，那为什么不是每个人都这样做

好吧，这时候你很可能在想："既然它这么简单，为什么不是每个人都使用这个定式？"唉，很多人都试过了。均值回归的概念不是想象力的创新。我发现这个定式有两点会让交易者陷入困境。首先是诱惑。比如在这个瑞士法郎日线图上，在明确的上行趋势中当市场运动到上通道线时交易者会忍不住去卖空。是的，有时这确实会成功，但这样做本质上是危险的，就像我们在点 A 处看到的那样。我们要跟随趋势，不要与趋势对抗。在下行趋势中也同样成立，你可以在回撤到均值的时候卖空，没有必要贯彻一个在下通道线买进的策略。这是第一条规则（具有较大规模账户和成熟方法论的高级交易者可以克服这一条——在上行趋势运动到上通道线时卖空，在下行趋势运动到下通道线时买进。但小账户的新手交易者如果试图这样做，就会被市场生吞活剥。不过，使用期权、垂直信用价差可以安全地在这些价位交易，我很快会谈到）。第二条规则是一旦挤牌发出信号，这种交易就变得无关紧要。

图 10-4 显示了一幅瑞士法郎日线图，在图的底部有一个挤牌。我会在下一章详细解释挤牌定式和它的机制。现在这里是一个简短的版本。点 1 处的深色点表明，紧密压缩的波动性即将被释放。在这个例子中，压缩持续了 13 根柱状线。一系列深色点后的第一个浅色点（如点 2 处所示）标志着能量已经做好了释放的准备。在这个时间点上，一笔交易被触发。如果此时柱状线在零线上方（这里正是这样），就表示多头交易。如果柱状线在零线下方，则表示空头交易。

只要柱状图继续上涨，挤牌就一直有效。当柱状图最终失去动量时（由深色柱状条表示），挤牌就不再"发挥作用"。

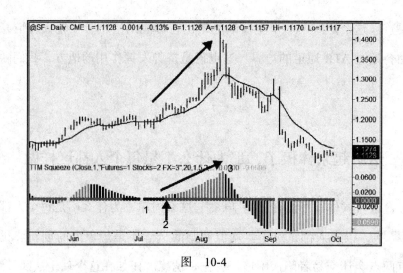

图 10-4

关于挤牌与均值回归交易的联系，以及我使用这个定式的通用窍门，有几点关键事项要说明一下。

1. 我一般只在日线图上关注均值回归（RTM）交易，不在日内图上关注它们。对于长期交易，我有时候会使用周线图。

2. 我用这个定式观察各种商品，包括股票指数期货和股票个股。对于股票个股，我使用这些 RTM 定式交易期权策略，比如买进对冲值（Delta）为 0.70 的期权来捕捉运动回到上通道线的行情（在股票处于上行趋势的情况下）。

3. RTM 交易一直有效，除非出现挤牌信号。

4. 一旦挤牌发出信号，就要彻底放弃通道。它们现在已经毫无价值。当挤牌发出信号后，通道对价格就不再具有控制力。实际上，一旦挤牌发出信号（即图 10-4 中点 2 处我所说的第一个浅色点），我就把通道从图表上移除。挤牌结束后，我会把通道重新添加到图表上。

5. 对于挤牌定式，我会为了做方向性动量交易而进入市场。事情会在这时变得有趣起来。

6. 挤牌实际上扩展了市场的平均真实波动幅度。这就是为什么在挤牌时进行均值回归交易是徒劳的。想象一下，那些不知道或不理解挤牌的人正在试图做着这些回归交易。这种交易在 70% 的时间里效果良好，但是随后他们不仅奉上余下

30%时间里的盈利，还把之前的所有盈利都拱手奉还。这在当挤牌发挥作用而他们对挤牌毫无认识时非常典型。

7. 对于挤牌，我通常喜欢基于扩展的平均真实波动幅度的概念分批离场。例如，如果交易上涨了1个ATR（在瑞士法郎这个例子里是120个跳动点），我会了结1/4的头寸。然后，我会看市场是否可以运动到2个ATR，或240个跳动点。如果达到那个价位，我会了结另外1/4头寸，并把止损收缩至入场点。然后如果市场达到3个ATR，我会再了结1/4头寸。最后的那部分头寸，我会一直持有到动量反转，如图10-4中点3处所示。当然，如果挤牌在交易期间的任何时刻失去动量，都表示挤牌结束，也表示是时候放弃头寸了，即使第一个ATR目标都还没有达到。

图10-5是一幅AMZN的日线图，上面同时有RTM通道和挤牌。在点1和点2处，挤牌发出多头信号。这时，我买进AMZN上的价内看涨期权（Delta为0.70或更高），我的计划是当达到不同ATR价位时先分批了结第一部分头寸，然后在后面的全部运动中持有剩余大部分头寸，这在第一个挤牌下数量是相当大的。这是那种期权可以上涨500%甚至更高的行情。AMZN在大概1个月的时间里稳步地从每股125.00美元上涨到每股160.00美元。注意：对日线挤牌上的期权交易，要做好在交易中停留1～3个星期的准备。因此，如果距期权到期日只有1个星期，可以直接买进下一月份的期权。当然，在挤牌过程中，RTM通道将被完全忽略，直到挤牌失去动量，标志是两根深色的动量柱状线。一旦它们出现，挤牌就正式结束，我们就可以重新进行RTM交易了。在点2处，我们确实也得到了另一个挤牌。这导致股票出现了一个漂亮的上涨，不过行情非常短暂。

点3、4、5、6和7都是均值回归交易的例子。通道中间到上通道线的距离大约是6.00美元。在这些例子中，我在市场回调进入通道内部时买进价内看涨期权，然后在AMZN上涨大约4.50美元后离场。记住：通道是1.5个ATR，而我只对捕捉1个ATR感兴趣。使用Delta为0.70的期权表示我在期权价格上捕捉到了3.15美元。这里的一种典型场景是，在9.00美元买进看涨期权，几天以后在12.15美元卖出。做顺势而行的RTM交易有一个优点是它们通常很快结束。对期权交易来说，这非常有意义，因为如同我们已经从第4章中得知的，期权的溢价衰减得非常快。

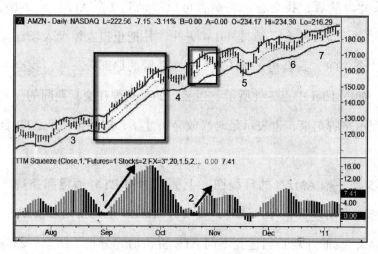

图 10-5

在点5处，这笔交易被止损出局。我在股价回调到均值时买进看涨期权，随后股价大幅下跌。当然，几天以后它又再次回到了上通道线。所以说这就是为什么它们被叫作"交易"，而不是"如何准确地知道接下来市场上要发生什么事情"。

我们已经看过大量上行趋势的例子，所以现在我们看一个下行趋势的例子。图10-6是一幅高盛（GS）的日线图，这是一只原则上我只会做空的股票。既然我们已经熟悉了这个定式，我将开始加快速度。在点1、2、3和4处，我可以买进价内看跌期权（是的，对冲值是0.70），然后在价格回落到下通道线时了结头寸。点4处的交易花了9天时间才达到目标，而其他的交易1～3天就全部达到目标价。在点5处，挤牌发出空头信号，结果它却变成了一笔非常平静的交易，本质上就是正常的均值回归交易。这种情况在挤牌上时有发生。不是每一笔挤牌交易都是大交易，但很多大交易是挤牌的结果。在点6处，我启动了另一笔RTM交易，因为挤牌已经失去动量。

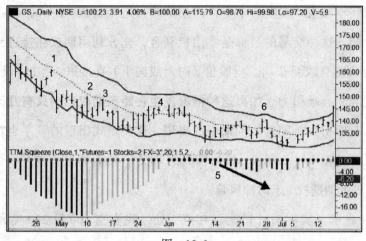

图 10-6

我几乎在一切市场上都使用这个定式,不过我要再次重申,我不会在日内时间段上使用它。虽然日线图是我的首选,但是我也会查看周线图以寻找长期交易的机会。那么,还有其他把这个定式用在期权上的方法吗?当然有。

图 10-7 是 AMZN 日线图的一幅屏幕截图:在 2011 年 10 月 12 日,股价上涨触及上通道线,并达到 241.84 美元的高点。10 月 11 日,根据我们的 www.SimplerOptions.com 期权交易警报服务,我们下达订单计划在每周期权上以 2.30 美元的价位卖出一个垂直信用价差,如果 AMZN 真的上涨达到那个高点,价差就会达到这个价位。股价确实上涨了,订单成交了。

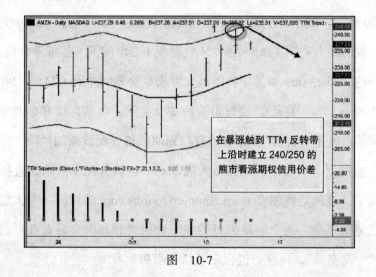

图 10-7

对于那些不知道"卖出一个垂直信用价差"是什么意思的人，我在这里做一个简要的介绍。这种交易的目标是卖出权利金，充分利用期权在接近到期日的时候权利金会快速衰减而获利。当股价（向上或向下）直接进入 TTM 反转通道时，这种策略尤其具有吸引力。**如果这种情况发生在距离期权到期只有几天时间的时候，则更具有吸引力。**随着每周期权的出现，这类定式出现的频率也在增加。这一交易的目标是卖出平价期权（价格较高的期权），然后通过买进下一个执行价的期权（价格较低的期权）来对冲风险。

图 10-8 显示了实际头寸情况。在点 1 处，我卖空 100 份 240 美元的看涨期权（在亚美利交易控股公司的 thinkorswim 平台上显示为 –100）。这表示我把期权卖给了别人，而且我希望它们毫无价值地到期，这样我就可以获得全部的权利金。但是，我也同样不希望有完全开放的风险敞口。万一第二天出了什么疯狂的新闻，AMZN 跳空暴涨 50.00 美元怎么办？那我就倒大霉了。即使这种情况不太可能出现，这种风险也完全不值得承担。为了保护自己并且限制损失，我同时买进 100 份 245 美元的看涨期权，如点 2 处所示。这样，即使 AMZN 像坐了火箭一样地上涨，我的亏损也是有限的，因为 245 美元的看涨期权价格也同样上涨，而我的亏损将局限于这两个执行价格的期权之间的价差。在这幅屏幕截图中可以看到，我在卖出的期权上赚了钱，盈利 31 300.00 美元。在买进的期权上花钱，支出 17 150.00 美元。我的净利润是 +14 150.00 美元。由于我是以 2.30 美元卖出这个价差的，我的最大利润（如果 AMZN 收盘低于 240 美元）是每份合约 230 美元，或 100 份合约，即 23 000 美元。我的最大亏损是价差的差别（245 – 240 = 5.00），即 5.00 – 2.30 = 2.70（美元），或每份合约 270 美元。当然，没有必要持有交易至到期。如果价差处于"价内"，那么就有在到期前被分配股票的风险。虽然这很罕见，但确实会发生，不过也不是什么大问题。一旦被分配了股票，直接了结股票头寸就可以了。这就是我创立 www.SimplerOptions.com 的原因。有大量的方法可以使期权交易更复杂。这个网站的目的在于让初级和高级交易者都可以按部就班地和我们"一起交易"，在这一过程中可以提问和学习。

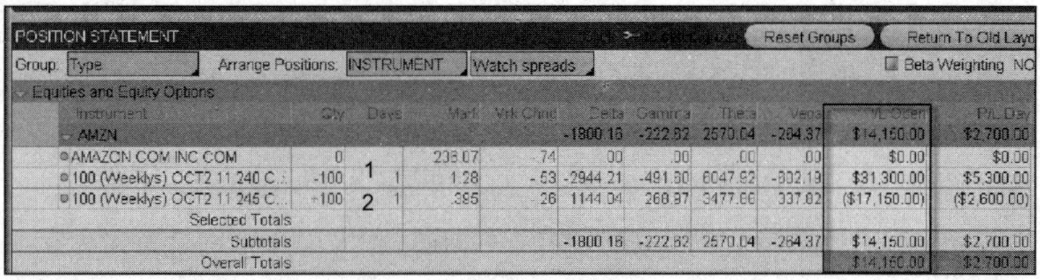

图 10-8

两个期权价格之间的"差别"会被持续地计算，所以很容易跟踪。图 10-9 显示了"240/245"的实际垂直价格。由于卖出价为 2.30，而现在交易在 1.39 出价，1.56 要价，所以我在这个价差上盈利。我在价差上的止损是 3.50，如果垂直组合达到这个水平，我就会被止损出局。一旦你理解了这个概念的力量，随后的工作就变成耐心等待一个漂亮的突破场入价位，比如在即将到期日前对通道边界的冲击。

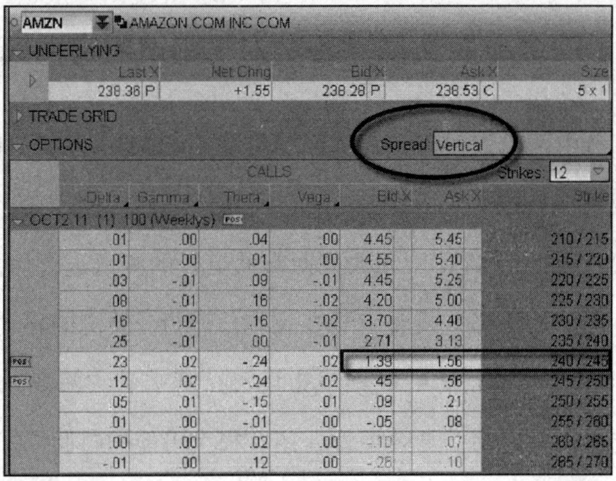

图 10-9

现在我们已经讨论了均值回归，接下来我们可以开始进入挤牌了。如果还想获得更多的例子，可以访问 www.tradethemarkets.com/rtm 了解这个定式在不同市场上的表现情况。

第 11 章

挤牌

参与市场大行情的最好方法是什么

为了现金流而交易,还是为了创造财富而交易

在前面的章节中,我们讨论了均值回归交易(RTM),以及"在没有挤牌发生时"它为什么及怎么样成为最好的交易类型。这其实是一系列的交易——通过一些方法,如枢纽位、极端 $TICK 读数或回归通道外的测试进行均值回归交易,还有寻找"回到"均值的价格。或者,寻找在均值附近(关键的移动均线如 21 周期 EMA)交易并且正在准备挤牌的股票或市场,这意味着它将要从均值开始爆发。向均值回归的交易概率更高,奏效更慢,还有很大可能被打脸。"远离均值"的挤牌交易发生的概率更低,奏效更快,并且它持续与你作对的可能性也低得多。你只需要保持耐心,选择你喜欢的交易方式。我偏爱哪个?这两种交易我都做,但是"远离均值"的挤牌交易排在我名单的最上头。

挤牌是一个我在许多交易,如日内交易、波段交易、头寸交易中经常使用的定式。我发现它是为长期走势建立的最好指标,尤其是在每天、每周、每月等更大的时间周期内。事实上,我发现如果没有这个指标的话看图表就变得很困难。

这个指标在新兴市场，如比特币、以太币上发挥得也很好。通过对它的快速浏览，我可以得到关于当前市场和时间周期性质的大量信息。这里我们不是在谈论"超买或超卖"；"超买或超卖"像大多数 Twitter 的更新一样，意义不大。我们说的是看清市场处在其自然周期的哪个位置，就像我们在第 3 章讨论过的那样。市场正在离开均值，就要到达周期顶部了吗？很好，那么我们来关注均值回归的交易。市场是在均值附近运行、正在积蓄能量（在加仓或出货），并准备好往上或往下释放能量吗？好极了，让我们关注市场远离均值的大行情，也就是"挤牌"。

这些信息对我们选择哪种交易策略、决定什么时候把资金分配到哪些市场是非常有用的。如何通过一个例子来快速地说明这些信息是怎么有用的？你可以想想，当交易即将"耗尽能量"时，挤牌就发出了一个退出当前头寸的信号。不仅如此，这些信息实际上还有更多作用。当一个挤牌耗尽能量时，也是开始卖出期权权利金，如铁鹰策略，与许多其他在市场耗尽能量并回到横向交易时能够获利的期权策略联合使用的一个最好时机。不过这离题了。我们需要先讨论什么是挤牌，它代表了什么，怎么对它进行时间管理以便能充分利用市场行情。

概括地说，我喜欢使用均值回归交易来制造现金流（从账户中提取利润），而在更大的时间周期上通过挤牌式的动能交易来创造财富（随时间推移逐渐增加账户的价值）。不过，在日内交易中，交易者能不能在更小的时间周期上，比如在 5 分钟图上来使用挤牌定式呢？当然可以，我将会通过具体例子来说明怎么使用较小时间周期进行日内交易。尽管如此，在更大的时间周期上，挤牌这个定式才真正闪耀光辉。小时图、两小时图、日线图、周线图、月线图……没有任何理由不去理解在大的时间周期上正在发生什么。并且，当大的时间周期上发出挤牌信号时，没有理由在小的时间周期上去对抗它。比如，如果标普 500 的 60 分钟图发出看多挤牌信号，那么只有那些无知的人才扯着头发进入 5 分钟图上的看空信号。"天哪，"他们说，"这玩意儿一直在走高！"是的，就是这样的。

即使对你的交易计划来说周线挤牌在时间周期上太长了，你至少也要知道它并注意不要在较小的时间周期上"与它对着干"。就是说，如果苹果 AAPL 的股票在周线图上发出了一个看空挤牌信号，那么何必浪费时间在日线图上逢低买入呢？挤牌信号清晰地告诉你目前这一只股票当前阻力最小的路径是股价走低。为什么要与它对着干呢？这种情形下任何做多的交易在周线挤牌看空信号结束之前都很容易被止损出局。这就像一个人付你每小时8美元来做汉堡，而另一个人付你每小时100美元干同样的活。你会接受哪家的聘用？与周线挤牌对着干就跟你明明可以"跟着挤牌走"每小时拿100美元，但你接受了每小时8美元的工作一样。通过跟随更大时间周期上的趋势，交易者总是在阻力最小的路径上交易，也就是与大时间周期上的趋势保持一致。知识就是力量啊！

平均来讲，挤牌信号能持续6根柱状线，有时是8～10根。这意味着月线图上的信号能持续半年，而一分钟图上的信号能坚持6分钟。不论在什么时间周期下，信号都是一样的，只有"在交易中持续的时间"发生了变化。

为什么要纠结于波段交易和持仓过夜呢？我知道有些交易者在有过夜头寸时会感到不安，其实这没什么。就我个人而言，我反而会因为没有过夜头寸而睡不着觉。这种波段交易的好处是交易者处在市场"中"并且已经为市场运动准备了仓位。当日内交易者还在这儿赚一点那儿赚一点时，只有波段交易者才能抓住持续几天甚至几周的大波动。的确，不设过夜头寸，你就不会被第二天早上的坏消息重击——但是，如果你正确设置头寸规模并且使用有限风险的期权策略，那么就算这种坏事偶尔发生了也没什么大不了的。过夜头寸的补偿是所有过夜的市场大行情你都早已身处其中。在两种交易类型中有所偏好是完全正常的。交易的关键在于找到既让你放松又能盈利的专营市场。

市场在交易区间内会花很多时间来为下一次大行情积累能量。行情之火一旦点燃，通常势头极其迅猛，会把很多日内交易者甩在后面。这包括市场开盘跳空而这天的其余时间则在窄区间内波动从而不给日内交易者留机会的情形。这正是我们将这种行情称为"跳空不回头"的原因。通过在波段型交易中保留敞口头寸，我能频繁参与到跳过许多日内交易者的更大波动中。波段交易的秘密在于意识到"布置头寸"是战斗的一半，并且不因为一笔没有立即成功的交易而过度紧张。市场从不因人们的期望而突破，它只会在运行良好并准备好时才会突破，通常还是大多数人对此都没有准备的时候。有时留有头寸意味着要为市场运动行情等待数周时间，这需要耐心及能够站在一边而不是整天盯着图表看的能力。而对很多交易者来说这就是极大的问题。他们坐在那儿，观察图表，情绪激动，被（情绪与图表）欺骗，然后结束交易。典型情况是，一旦这一过程结束，即有尽可能多的交易者受骗，市场行情就开始了。如果每个人都预料有一场大行情，那么每个人都会设好头寸等待；如果每个人都为大跌准备好头寸，那么每个人都已经进入空头角色，那就（没有人买因而也）没有人可以卖出了。这是个很棒的系统。这也是市场一直运行并将永远运行下去的方式。坚持你的定式，让它发挥作用。

我读过最好的关于管理"波段交易者焦虑"的交易图书是尼古拉斯·达瓦斯的《我如何在股市赚了200万》。这是几十年前的书了，但仍是我的最爱之一。这本书读起来很愉快、很轻松，也很有娱乐性。对任何难以坚持住自己的波段头寸从而过早跳出的交易者来说，这是本必读书。

对于波段交易设置正确的头寸规模非常重要。一般来说，如果交易者因为担心隔夜头寸而睡不着觉，就说明他们的头寸规模相对于账户来说太大了。波段交易有较大的止损，因此头寸规模必须相应地减少。有一个简单的方法来设置头寸——确定止损的钱数并从那儿反推。比如，如果交易者不想从交易中亏损超过500美元，那么他必须看看定式的参数，计算一下头寸规模。以500美元作为一个基准，在迷你道指期货交易上设置了20个点止损的日内交易，相当于5份合约的头寸规模。但是，如果迷你道指的波段交易设置了100个点的止损，则同样的交易者只能建立1份合约。从金钱的角度来看，因为在波段交易中减少了头寸规模，这些止损是相同的。

交易者如何重新定义波动性并善加利用

挤牌利用了市场的安静期，其间波动率显著下降，市场在为下一个向上或向下的大行情积蓄能量。我和妻子有三个小孩，最近她认为我已经足够有责任心所以能在星期六一个人在家看孩子。她离开以后，我确认所有能通到外面和卧室的门都关上并锁上了，这样我就不会找不着他们。我很快发现，如果他们在吵吵闹闹，那就没事。但是如果突然变得非常安静，那就一定有什么不好的事在发生。这时我就要从角落里出来，也许就会看到两个大孩子正试图把小的给塞到冰箱里。已经被积蓄起来的能量，正在被释放。

对布林带的信徒来说，低波动率时期被认为是布林带"收紧"的时候。这和"角落里安静的孩子们"是一回事。就是说，市场已经"过于安静"，将要释放巨大的能量了。

当然，事后来看这都是很棒的，但在实时中，一个交易者怎么知道目前的窄布林带是真的足够窄了、可以用以确认低波动率并且将要触发大量能量的释放？通过增加肯特纳通道和动量指标振荡器，挤牌这一定式将回答这一问题。

对那些不清楚这些指标怎么工作的读者，我来花一点儿时间进行解释。布林带是由移动均线向上和向下一个标准差的那些点连起来绘制而成的一个通道。这样在波动率高的时期内布林带就会变宽而在波动率下降的时候布林带就会变窄。在波动率较低的时期，市场横盘整理表现低迷，布林带就向移动均值收缩。肯特纳通道是基于相关股票或市场的移动均线和平均真实波动幅度（ATR）读数的。实际的通道带线是由中央移动均值加上一个正值和一个负值（由 ATR 产生）来生成上边界线和下边界线。随着市场在高波动率与低波动率间变化，布林带会扩张和收缩，而肯特纳通道会维持在一个较平稳的区间里。动能指标振荡器用来估计方向、速度和市场运动的拐点。这样是否清楚了？如果还没有，那也没关系。我也不理解电流是怎么工作的，但我知道把电脑插到电源插座里，电脑就开机了。现在让我们看看我如何在一个定式中应用它们。

当布林带变窄到它们确实进入肯特纳通道内部时，我就确认了我要寻找的安静期。这标志着该时期内市场波动率下降，表明市场正在休息，为它的下次大运动积累能量。交易信号发生在布林带从肯特纳通道里出来的时候。我采用 12 周期动量指标振荡器来决定是做多还是做空。如果行动信号发出时振荡器位于零点上方，我就做多；如果振荡器位于零点下方，我就做空。这些是大多数图表软件包都附带的服务。至于参数设置，我就使用 TradeStation 软件的默认设置。对肯特纳通道，参数是 20、1.5；对布林带，参数是 20、2。我们还会加一个步骤，即把所有这些信息统一转化成一个指标，这样在图表上观察起来更容易。等一下我会解释。

在市场大行情之前正确进入市场的最好方式是什么

在不同的时间周期上我都会使用"挤牌"信号，不论是日内交易还是波段交易上我都喜欢用它。比如，在迷你道指上，一个挤牌信号在 2 分钟图表上或者 377-tick 图表上可以对应 10～20 个点的行情；在 15 分钟图表上可以对应 30～50 个点的行情；而在日线图上可以对应几百个点的行情。当然，时间周期越小，信号发生得就越频繁。一个 2 分钟图表可能在一天内触发 3～5 个挤牌信号，而一个日线图在一年内可能只触发 6～7 个挤牌信号。

虽然在交易日内我花很多时间关注股票指数，但挤牌定式对所有市场都适用。当这些指数在一个比唐纳德·特朗普的政治野心还窄⊖的区间内交易的日子里时，我就把目光投向货币、黄金、债券、石油和个股，准备下一步定式。当然，还包括比特币、以太币、莱特币等新玩意。对于货币，如果你在期货或外汇图表上看到了一个挤牌，记着我也可能（如果不是更有可能的话）买入外汇 ETF，比如 FXE、FXY（即欧元和人民币的 ETF）的货币期权。持有这样期权的交易比持有期货或外汇的交易更加容易。

买入的交易规则是什么（卖出与之相反）

1. 设置 24 小时图，这样在指标定式中就可以把隔夜市场行为考虑进去。

⊖ 2012 年我写下这个句子，回头看真是相当有趣。

2. 指标上的"警告"信息是第一个黑点。这不是交易信号，而是一个警告，说明交易信号正在准备。这表示布林带进入肯特纳通道内。

3. 指示器上的行动信号是一系列黑点后的第一个灰点。这代表布林带已经回到肯特纳通道外面。我会通过后面的图表仔细演示。

4. 一旦第一个灰点在一系列黑点后面出现，如果这时柱状线在零线上方，我就做多。只要信号发出，我就立即用市价下单。这是动量交易，我可不想因为可能无法成交的限价单把事情搞糟。注意：尽管不常见，但的确有这样的情形，即交易信号发出时，动量是负值，但它正在向正的方向提升，那么这也是一个做多的信号。

5. 对日内交易者（看5分钟图或更小的时间周期），我会设置如下的最小金钱管理止损。如果止损位置同时在一个关键价格支撑位附近，我会把这一点考虑进去并相应调整。例如，如果我在S&Ps上的入场点是1104.00，而日线枢纽是1101.75，我就会把止损移到这个枢纽位之下，比如1101.50，采用2.5的止损而不是2。我发现有九成情况我都只用默认止损。此外，要记住，如果你不确定在哪里止损，那么你可以在图表上设置14周期的平均真实波动幅度（ATR），把当前值乘以2，然后用它作为你的止损点。

- 迷你道指（YM）：20个点。

- E迷你标准普尔（ES）：2个点。

- E迷你纳斯达克（NQ）：4个点。

- E迷你罗素（TF）：1.50个点。

- 欧元外汇（EC）：20ticks。

- 欧元兑美元（EURUSD）：20 pips。

- 30年期国债（US）：7 ticks。

- 黄金（Gold）：1.50。

- 股票（Stocks）：50美分。

6. 对波段交易和头寸交易（使用日线图），我设置下面的止损。我把第 4 点中讨论的关键位置考虑进去：由于日线尺度的平均真实波动幅度可能随着波动率的升高或下降而剧烈地扩张或收缩，在日线图上观察 14 周期的 ATR 是非常有帮助的。这里的要点是如果你尝试抓住 ES 的一个大波动，那么设置两个点的 ES 止损就没有意义，因为有很大的概率会被止损出局。

- 迷你道指（YM）：150 个点。

- E 迷你标准普尔（ES）：15 个点。

- E 迷你纳斯达克（NQ）：25 个点。

- E 迷你罗素（TF）：8 个点。

- 欧元外汇（EC）：100 ticks。

- 欧元兑美元（EURUSD）：100 pips。

- 30 年期国债（US）：35 ticks。

- 黄金（Gold）：20.00。

- 股票（Stocks）：2.50 美元。

7. 我的目标是纯粹基于交易动量的。一旦动量指标信号开始减弱，我就从市场里退出。

8. 我不跟踪止损。

让我们先看看本书第 1 版中的一些例子，然后再看一些新例子。

迷你道指——2004 年 8 月 18 日，2004 年 9 月合约

1. 图 11-1 展示了在交易者关心的任何时间周期下怎样设置挤牌定式交易中的要素。对日内交易，我喜欢观察 5 分钟图。1 分钟图和 2 分钟图用于短线获利交易很好，尽管它们也能用于交易，但它们发出的信号没有 5 分钟图那么有力。肯

特纳通道是两道粗黑线，其 TradeStation 上的默认参数值设置为 20 和 1.5。布林带是细一点的灰色线条，其默认参数设置为 20 和 2.0。在图形底部是一个 12 周期（收盘价）动量指标振荡器。在点 1 处，布林带已经进入肯特纳通道内部。这表明市场正在进入安静期，这是一个警告。这并非交易信号——只是警告，提示你当布林带从肯特纳通道里跳出来时，就该交易了。

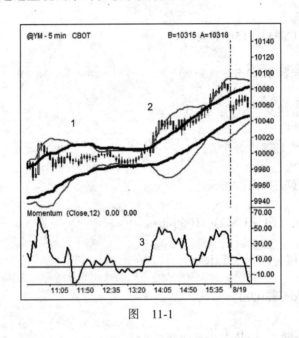

图　11-1

2. 在点 2 处，布林带已经回到肯特纳通道外面。交易的时刻到了。

3. 如果点 2 处的动量指标振荡器在零线上方，我就做多；如果在零线下方，我就做空。我不做限价单。我跳入市场，立即用市价下单。这是关于什么触发了买点和卖点的一个例子。稍后我会详细介绍交易过程。

迷你道指——2004 年 8 月 18 日，2004 年 9 月合约

1. 我们做的一件事是把图 11-1 中的所有信息变成一个容易读的指标。现在我在自己的图表上用的就是这个指标，如图 11-2 所示。在 TradeStation，eSignal，thinkorswim，Infinity Futures，Ninja Trader 和其他交易平台上我们都已经开发了该指标。当布林带进入肯特纳通道时，圆点就变黑。这是市场进入平静期的一个警告。

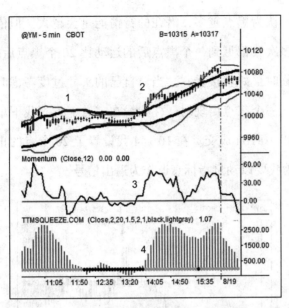

图 11-2

2. 在点 2 处，布林带又回到肯特纳通道外面。由于点 3 处的动量指标振荡器在零线上方，因此这是一个看多信号。

3. 关于图表底部的指标本身，它是通过什么时候当圆点从黑色又变回灰色来衡量的。这在点 4 处发生。黑点是个警告，预示着市场已经"变得平静"并即将释放巨大能量。当我看到一列黑点后的第一个灰点时，我就知道到交易的时候了。如果柱状线在零线上方，我就做多；如果柱状线在零线下方，我就做空。再说一遍，这只是给你说明指标是怎样起作用的。在下面的例子里，我会演示一些真实的交易。我喜欢把价格图表上其他所有杂乱的东西都拿掉，而只用挤牌指标。现在你已经知道它是怎么运作的。

迷你道指——2004 年 8 月 20 日，2004 年 9 月合约

1. 在迷你道指的 2 分钟图上，在刚过东部时间上午 10:00 的时候，我们看到了一个黑点，如图 11-3 所示。这是一个信号，指示布林带已经收窄并进入肯特纳通道内部运行。我知道当我看到下一个灰点时，我就得到了交易信号。在这个例子里，灰点立即出现了。通常会有多于一个的黑点，但偶尔会只有一个，这都没

关系。一般我们会认为黑点越多，潜在的行情能量会越大。但依照我的经验，事实并非如此。很多次我都见到一个黑点后的运动比20个黑点后的运动幅度还大。我发现当信号来临时最好就接受它。当对自己的头寸过度考虑时，人类就倾向于把交易搞乱。当下一个灰点出现时，柱状线在零点上方，我下单以市价买入迷你道指（YM）。我以10 164成交。在10 144我设置了20个点的止损位。我没有预先设定目标，因为我要以动量指标衰退作为退出信号。

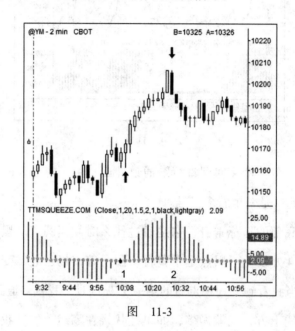

图 11-3

2. 市场推得更高，我一直观察柱状线。只要高点不断变高，我就待在交易中。当市场高点第一次变低时，我就退出交易。在东部时间上午10:30，柱状线上出现了较低的高点，于是我以市价退出交易。这样我在10 198价位以34个点的获利了结。

迷你道指——2004年6月28日，2004年9月合约

1. 2004年6月28日，上午的市场一直窄幅交易，这导致了5分钟YM图上的一串黑点（见图11-4）。记住，黑点代表在这个时间周期上，布林带在肯特纳通道内运行，表示这期间波动率很低。东部时间下午1:30刚过，第一个灰点出现了。柱状线在零线下方，所以我以市价做空。我以 10 426 成交，在 10 446 设置了 20 个点的止损。

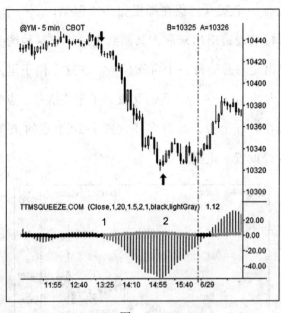

图　11-4

2. 现在的目标是只要柱状线的低点还在变低就停在交易中（相应地，做多时是高点变高）。差不多两个小时后低点第一次变高，于是我以市价退出交易。（如果你一直在观察动量指标振荡器，当它开始变高时你就会退出。）我以 10 325 的价位退出，获利 101 点，即每份合约获利 505 美元——一次流畅的、没什么压力而获利颇丰的交易。这个例子很好地说明了在交易中一直按兵不动直到得到明确的退出信号是值得的。实际上，我的奖励系统中有一部分不是针对收益的，而是关注从进入交易到退出交易我能不能严格执行定式的能力的。每个交易者都应该有这样一个奖励系统：不因赚钱而奖励自己，而为坚持执行定式——留在交易中直到收到一个明确的退出信号。获得小利润很容易，大多数交易者都是这样做的。但这也是大多数交易者失败的原因；他们总是轻易就获利了结，屈服于这种市场鼓励他们养成并不断强化的坏习惯。当一次交易对你有利时，把手放在屁股底下，不要不等到信号就退出。

迷你道指——2004年9月10日，2004年9月合约

1. 2004年9月10日，迷你道指的5分钟图发出挤牌信号（见图11-5）。大约一个小时前，图上有一个灰点，我在那里做多。但是，下一个点又变成黑色了。这表明布林带从肯特纳通道里出来后，又回到里边了。这种情况很少发生，但当它发生时，我就退出交易并等待一个可靠信号。在这个例子里，我一进一出，损失了6个YM点。大约50分钟后，我们又收到了定式信号，点变灰了。在这次交易中，由于柱状线在零线上方，我看多并设置了20个点的止损。我在10 263价位进入，在10 243处设置了止损。

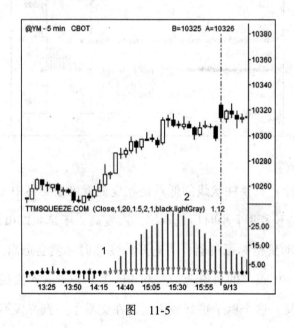

图 11-5

2. 柱状线持续升高，一直到东部时间下午1:30，它才开始失去上升动量。我以10 309平仓，获利46个点。

迷你道指——2004年7月1日，2004年9月合约

1. 2004年7月1日，东部时间上午10:00刚过，迷你道指5分钟图上出现了第一个灰点（见图11-6）。此时柱状线在零线下方，因此我以市价做空。我的入场位置是10 402。

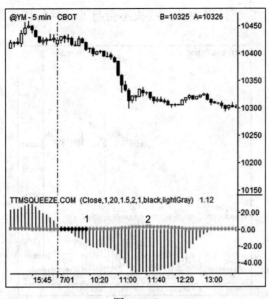

图 11-6

2. 市场逐渐下跌，柱状线开始变得平稳。市场继续创出新低，突然抛售加速，将柱状线向下推至深处。上午 11:20，市场开始触底，而我以市价空头回补，在 10 312 处退出，获利 90 个点。

迷你道指——2004 年 9 月 2 日，2004 年 9 月合约

1. 2009 年 9 月 2 日，在东部时间下午 1:15 左右，迷你道指 5 分钟图上显示了警告信号（见图 11-7）。6 个黑点出现，显示布林带在肯特纳通道内交易。当下午 1:50 下一个灰点出现时，柱状线在零线上方，于是我以市价做多。我在 10 183 价位成交，并在 10 163 处设置了 20 个点的止损。

2. 市场走高，在下午 3:30 时柱状线的高点开始变低。于是我以市价退出市场，在 10 278 处以 95 个点获利了结。并非每个 5 分钟图的挤牌都像这次交易一样有大行情，但是我发现当有大行情时，它通常是从一个 5 分钟图上的挤牌开始的。在交易中我有个原则，就是"绝对不要与 5 分钟图上挤牌的趋势作对！"这一原则超越我所有的日内交易规则和定式。还记得我讨论过所有的市场交易都是相互关联而运作的吗？如果有一个 5 分钟的看涨挤牌，并且市场回升到一个枢纽位，

那么我是不会在那个枢纽位做空的。我决不会与 5 分钟的挤牌作对。

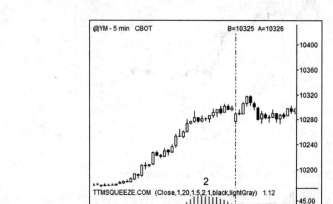

图 11-7

迷你道指——2004 年 8 月 25 日，2004 年 9 月合约

1. 2004 年 8 月 25 日，大约在上午 11:45 时 5 分钟图挤牌给出警告信号，出现第一个黑点（见图 11-8）。大约 20 分钟后，黑点变成灰点。由于柱状线在零线上方，因此我以市价做多。我在 10 113 价位买入，立即在 10 093 处设置止损，没有设定盈利的目标。

图 11-8

2. 大约一个半小时后，柱状线的高点开始变低，于是我退出市场。我在 10 149 价位退出，获利 36 个点。

迷你道指——2004 年 8 月 20 日，2004 年 9 月合约

1. 我喜欢这个例子，因为它清晰地显示了日内盘整运动的力量（见图 11-9）。它就像电影《末路狂花》(*Thelma and Louise*) 中吉娜·戴维斯（Geena Davis）扮演的年轻妻子的生活图表一样。有一阵儿生命的能量在一个狭窄的范围内沉积，然后 Thelma 迸发了，没有什么能阻拦她。她的个性爆发，她终于体验到了生活就像挤牌一样。下午 2:00 刚过，第一个灰点就出现了。柱状线在零点上方，因此我以市价做多。我在 10 172 处成交，设置了 20 个点的止损。

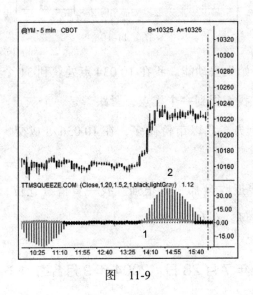

图 11-9

2. 市场飞涨，差一点儿到一个小时的时候，动量开始下滑。我在 10 221 处退出，获利 49 个点。

迷你道指——2004 年 8 月 18 日，2004 年 9 月合约

1. 2004 年 8 月 18 日，早上大部分时间市场都在盘整。随着市场波动率下降，布林带收缩并开始在肯特纳通道内运行（见图 11-10）。这从黑点可以看出。第一个灰点出现时，柱状线在两点上方，因此我以市价做多。我在 10 003 处买入，同时在 9983 价位设置了 20 个点的止损。

图　11-10

2. 市场冲高并开始失去动能。我在 10 034 点处获利 31 个点退出。

3. 几个小时后，我们得到一个黑点，紧跟着是一个灰点。我接受了这个信号。由于柱状线在零线上方，我以市价做多，在 10 056 处成交。我设置了 20 个点的止损。

4. 柱状线直到接近收盘都一直很强。我一直持有仓位，直到下午 4:10 我在 10 082 的价位退出市场，获利 26 个点。

迷你道指——2004 年 7 月 28 日，2004 年 9 月合约

1. 2004 年 7 月 28 日，迷你道指在这天的大部分时间里都在缓慢升高，之后下午 2:00 刚过，我得到一个黑点（见图 11-11）。之后很快就出现了灰点。由于柱状线在零线上方，我做多。我在 10 028 处成交，在 10 008 处设置了 20 个点的止损，没有设置具体的盈利目标。

2. 一个多小时多一点之后，柱状线的高点变低了，于是我退出市场，以 10 103 的价位成交，获利 75 个点。

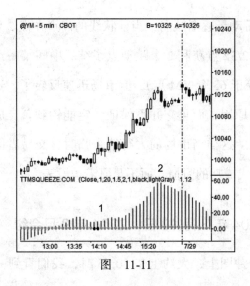

图 11-11

30 年期国债——2004 年 8 月 18 日，2004 年 9 月合约

1. 在迷你道指上我喜欢使用 5 分钟挤牌定式，在其他市场上它也很有效。图 11-12 是一个 30 年期国债的图表。大约上午 11:30 时，圆点变黑，预示着市场进入了波动率很低的一段时期。大约 90 分钟后，在点 1 处我们得到一个灰点。由于柱状线在零线上方，我以市价做多。我以 111 9/32 的价位成交，在 111 2/32 处设置了 7 个跳动点（tick）的止损（如果你对国债不熟悉的话，1 个跳动点是 31.25 美元。因此如果你输了 7 个跳动点，那就是 218.75 美元或者相当于 44 个 YM 点。）

图 11-12

2. 大约40分钟后动量逐渐减弱，当柱状线的高点在点2处变低时，我以市价退出市场。我在111 2/32点获利2个跳动点了结。中间某一点处我曾在交易中上涨了10个跳动点（等于63个YM点），但市场迅速反转了。这种事时有发生。这就是它被称为钓鱼的原因，而且它并不保证一定能钓到鱼。成功交易的关键是守住信号直到信号结束。这样当市场的大行情来临时，交易者能够处在交易中而让盈利增长。要努力养成成功的习惯，而不是盯着盈亏表。

30年期国债——2004年8月10日，2004年9月合约

1. 在国债的5分钟图上，大约上午10:45时，我们看到一串黑点，这时我坐在一边，等待灰点出现（见图11-13）。在中午12:00刚过的时候，点1处，灰点出现了；因为柱状线在零线下方，因此我以市价做空。在111 30/32的位置成交；在111 5/32处，我设置了止损。记住，国债的一个满点等于32个tick。当它达到32/32时，就是一个新点。例如，如果国债是110 31/32，并向上增加1个跳动点到110 32/32，就读作111。

图 11-13

2. 下行动量积聚，国债开始抛售。一旦柱状线的低点变高，如点2处，我就以市价空头回补，并在110 26/32处以盈利4个跳动点退出。

3. 在大约东部时间下午 1:30，我们又进入了黑点模式，这样我为下一笔交易做准备。在大约 45 分钟后，我们在点 3 处得到第一个灰点，因为柱状线在零点上方，我以市价卖空，在 110 21/32 成交，我在 110 28/32 设置止损。

4. 国债被抛售，下跌至收盘。我在点 4 处第一个低点变高的地方离场，以 110 16/32 获利 5 个跳动点退出。市场很快再次下跌，最终收在低点。

30 年期国债——2003 年 4 月 30 日，2003 年 6 月合约

1. 在 30 年期国债的日线图上，我们可以看到市场在 2003 年 4 月的大部分时间里盘整了大约一个月（见图 11-14）。当点 1 处盘整后第一个灰点出现时，我做多，在 113 13/32 处买入。由于这是日线图，我给交易留了更多空间，采用了 35 个跳动点的止损，即设在 112 10/32 处。国债在整个 5 月都在上涨，直到 6 月才失去上涨动能。

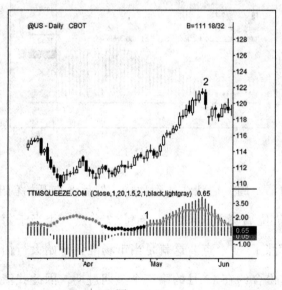

图 11-14

2. 在点 2 处因经济新闻而崩盘前国债涨到近 122。这开始了一个较低的柱状线，于是我在当天收盘时退出市场，以 119 31/32 获利 6 18/32 了结，即每份合约获利 6562.50 美元。这相当于在迷你道指上捕捉到了 1312 个点的运动。

ES 股指期货——2003 年 12 月 2 日，2003 年 12 月合约

1. 在这张标普 E-mini 期货的日线图上，市场从 2004 年 11 月底开始盘整（见图 11-15）。12 月 1 日，出现一个灰点。柱状线在零线上方，因此我在第二天做多。入场公式没有魔法。我醒来后看看图表，如果图表告诉我该行动了，我就进场。我差不多在开盘时进入市场，入场价是 1062.50（点 3 处）。我在 1047.50 处我设置了 15 个点的止损。

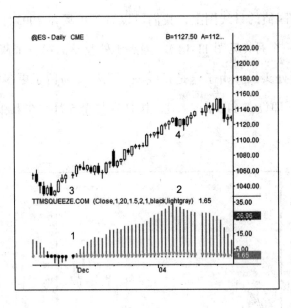

图 11-15

2. 到了 1 月的第一周，柱状线达到顶峰，然后低点开始创出新低。我在 1 月 9 日以 1129.50 的价位离场（点 4 处），获利 67 个点，相当于每份合约盈利 3350 美元。市场又继续涨了 30 个点。这就是当市场准备开始大行情前要"建好头寸"的意义。注意：这份合约在 12 月的第三个星期过期，因此我清空了我的 12 月合约的头寸，再重新买入了 2004 年 3 月的合约，即下个当前月的。我卖掉 12 月的期货，然后又买入新的，是因为信号依然有效，买入 3 月份期货就能待在市场里。这称为"滚动"头寸。

ES 股指期货——2004 年 7 月 8 日，2004 年 9 月合约

1. 在 ES 的日线图上，2004 年 6 月底市场进入了盘整期，一直持续到 7 月的前几个交易日（见图 11-16）。7 月 8 日，出现了一个灰点，由于柱状线在零线下方，我在那天开盘后约 15 分钟时做空市场。我以 1118.25 的价位成交（见点 3 右侧的两根柱状线）。我在 1133.25 处设置了 15 个点的止损。

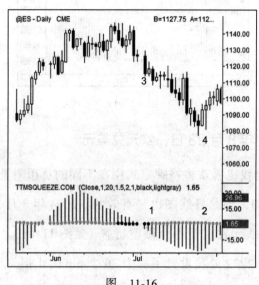

图 11-16

2. 市场走低，到了 7 月底动量耗尽。在点 2，我在开盘时以 1092.25 退出交易，获利 26 个点（见点 4）。

迷你道指——2003 年 12 月 1 日，2003 年 12 月合约

1. 我们已经看过许多次迷你道指的 5 分钟挤牌了，因此我想看看这份合约的日线挤牌。在 2003 年 11 月底，日线迷你道指进入黑点模式，我等待下一个灰点出现（见图 11-17）。12 月 1 日，我们等到了它，由于柱状线在零线上方，我在开盘后很快做多，在 9804 处成交。我设置了 9654 处的 150 个点止损。

2. 迷你道指一直涨到 1 月初，在新年的第二个星期里逐渐丧失动能。我在 1 月 9 日开盘后很快以 10 506 的价位退出交易，盈利 702 个点，即每份合约获利 3510 美元。

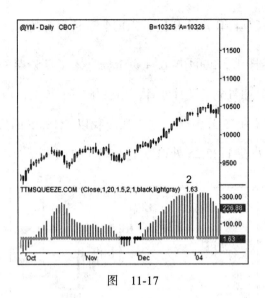

图 11-17

外汇市场——2004年8月23日，欧元兑美元

1. 在外汇市场上我也喜欢将挤牌定式用在不同的货币对上。通常我喜欢使用60分钟图和5分钟图，但是日线图也是有效的。2004年8月23日，我一起床就看到在60分钟图上欧元发出了一个做空挤牌（见图11-18）。我以市价做空，在1.2252处成交。在1.2272处我设置了一个20个pip的止损（记住，货币对上的1个pip相当于1美分的百分之一，亦等于盈亏结算单上的10美元）。

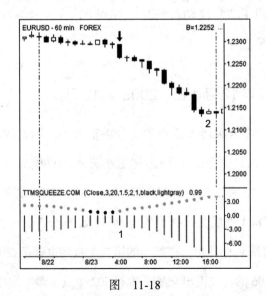

图 11-18

2. 市场抛售得相当厉害，柱状线图上的动量一直没有走到零线上。我全天都待在交易中，直到在点 2 处美股收盘时退出。我这样做的主要原因是，这是一个日内交易，我通常在市场收盘时走出办公室来清理我的头脑。我完全退出市场时价位是 1.2146，获利 106 个 pip，或等于每份合约 1060 美元。这相当于在迷你道指上盈利 212 个点。

外汇市场——2004 年 9 月 8 日，欧元兑美元

1. 2004 年 9 月 8 日，上午 10:00 前，在欧元的 5 分钟图上，我们捕捉了一串黑点。25 分钟后，我们得到了第一个灰点，在点 1 处（见图 11-19）。此时柱状线在零线上方，因此我用市价做多，并以 1.2054 买入。在 1.2034 处我设置了止损。

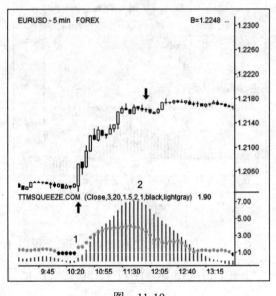

图 11-19

2. 后面 90 分钟内市场稳步攀升，到中午 12:00 之前开始失去动量，见点 2 处。于是我以 1.2153 退出市场，获利 119 个点。

GOOG 谷歌——2004 年 9 月 9 日

1. 我也喜欢在不同股票的图表上观察挤牌，特别是在日线时间段上，因为我

的大多数股票交易都是波段交易。我也用个股的日线挤牌做价内期权交易。这一章我会多讲一点儿我是怎样使用"8/21 EMA"定式来做期权交易的。在这个定式里,我将通过波动股票的5分钟挤牌来寻找潜在的日内交易定式。图 11-20 展示了 GOOG 的 5 分钟图,从中我们可以看到它首次公开发行(IPO)不久后的价格走势。2004 年 9 月 9 日,在当天快结束时股票进入挤牌模式,一直持续到第二天早上。开盘后很快就出现了第一个灰点,由于柱状线在零线上方,我以市价做多。我在 102.33 处成交,在 101.83 处设置止损。

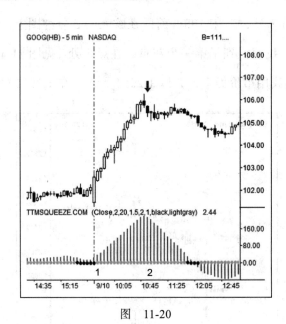

图 11-20

2. 动量积聚得很快,在上午 11:00 左右开始衰退。我以 105.45 的价位退出,获利 3.12 个点。下午另一个挤牌出现,刚过 12:00 就发出信号。这次柱状线是负的,按理说我应该做空,但是由于这是 IPO,普通散户还不能做空这只股票,因此我放弃了这笔交易。

交易新手犯的最大错误是什么

挤牌定式告诉我什么时候市场进入平静模式。而市场进入平静模式的唯一原因就是在为下一次大行情积聚能量。许多交易新手都会犯一个经典的错误，即在早上醒来，然后"寻找哪个市场正在行情中"。他们看到 AAPL 涨了 5 个点于是买入股票，或者更糟糕地，他们买入了价外看涨期权。或者，他们看到欧元跌了 40 个 tick，于是他们稀里糊涂地跟着做空。他们在追逐行情。事实是，他们来晚了，他们最可能的是从像我这样从挤牌定式中看到失去动量于是退出市场的人手中买入头寸。追逐市场的交易者，就像追汽车的狗一样，最终被汽车碾过。

我喜欢在市场平静的时候悄悄地溜进去，那时候还没人知道即将发生什么。使用挤牌定式，我就有了关于交易时机的清晰指示。而一旦我进入市场，我不会胡乱交易。动量开始丧失，时机很明确，就是我退出的信号。

和我交流的很多日内交易者会询问波段交易的智慧。其中问得最多的问题是隔夜敞口头寸的风险。"如果又发生恐怖袭击怎么办？"在市场上交易近 20 年后，我对一件事深信不疑——总有人知道市场接下来的行情并因此提前布好头寸。"9·11"事件后，政府追寻恐怖组织的一个方法就是寻找在袭击前一周那些大量卖空的经纪账户，尤其是保险股和航空股。这导致很多人被抓捕，因为袭击事件的知情人一直在大举做空这些股票。出人意料吗？让我们通过几次市场崩溃看看他们究竟是怎么"出人意料"的。

有没有可能在市场崩溃前布好头寸

我并不是要贬低"9·11"事件，认为它们只是一个"交易定式"。"9·11"事件中，我失去了朋友，我认识的许多人也失去了朋友和亲人。重点是我们不会被这次事件吓得缩在角落里。它不会阻止我们继续去承担风险，不论是乘飞机去国外访问，拥抱来自不同文化的人，还是建立隔夜头寸。处在恐惧中的生活不是真正的生活。

道琼斯现金指数——2001 年 9 月 11 日

1. 图 11-21 显示了 2001 年 9 月 11 日当天世贸中心遭到恐怖袭击之前的道琼

斯工业指数日线图。在点1处，我们能看到8月30日的日线挤牌发出了一个卖空信号。这是第一个迹象，表明市场正在进行大量稳定、平静的抛售。没有任何理由来做多这一市场。如果你有退休金账户或401（k）在股市中投资，那么现在就要全部转成现金或债券，即使当你打电话要这么干而你的"顾问"会试图说服你不要卖出。为什么她会试图劝阻你呢？因为如果你在股市中投资，她就能拿到更多的佣金。你可以在挤牌信号失去向下的动能时重新买回股票。

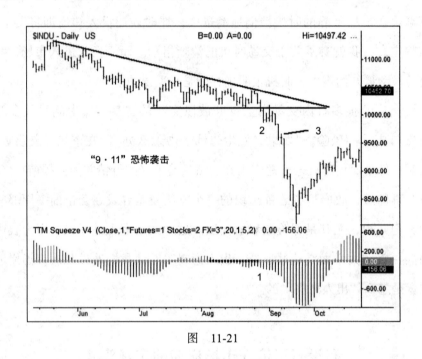

图 11-21

2. 第二天，市场突破了下行楔形支撑。现在有两个有力的做空信号。

3. 6个交易日后，到了9月10日，市场日内盘中创下新低，而挤牌的动量依然很足。我们知道恐怖袭击降临而市场将要崩溃吗？不，我不知道，市场上99.99%的人也不知道。但是，作为交易者和投资者，我的确知道：①没有理由做多现在的市场，卖出全部股票持有退休金账户的现金是我的一个选项；②作为交易者，这里有许多的卖出信号和做空的充足时间。在这样的游戏里，我喜欢买点SPY和DIA至少六个星期后的价内看跌期权，之后我就持有这些期权，等着挤牌出现。

"9·11"恐怖袭击事件之后，市场关闭了，直到9月17日才重开。9月10日道指收在9605点；下一个交易日后，即9月17日则收于8920.70点，下跌了将近700点。再一次，在这种情形下，没有任何理由做多市场。尽管我们不知道下面将要发生什么，但是有些人知道。图表不会说谎。这就是为什么新闻不值得听——新闻能干的就是告诉你已经发生的事情，而对将要发生什么一无所知；在新闻播出期间，还通过广告让别人卖给你东西！谢谢你，先生，能再给我拿一份吗？

道琼斯现金指数——1987年10月19日

1. 1987年10月19日也有一场大崩溃（见图11-22）。那一年我高中毕业，而我最喜欢的交易记忆是在崩溃期间拥有IBM的看跌期权。我真希望我可以说崩盘是我早就预料到的，但其实全是靠运气。当时我手拿大把看涨期权，阅读到关于对冲的资料，就买了一手IBM的看跌期权。这个看跌期权救了我，尽管由于隐含波动率的上升我的看涨期权跌得没有那么糟糕——再次声明，那时候我对隐含波

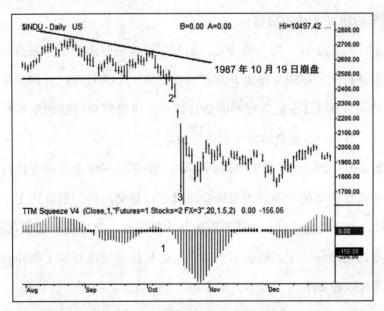

图 11-22

动率全然不懂（见第 4 章）。如果那时候我知道了挤牌定式，我就会早点儿注意到大崩溃 10 天前即 10 月 9 日的日线挤牌发出了一个看跌信号，那么我就不该持有任何看涨期权。我应该跟着市场趋势走；我不该对冲我的看涨期权，而应该直接做空。当然，这些都是事后诸葛了。

2. 之后在 10 月 14 日，市场突破下降楔形模式。现在有两个理由不去做多市场。有时候要在低点买入，有时候要在低点远离。当挤牌发出看空信号时，就要在低点远离市场。

10 月 19 日，市场崩溃了。那些已经为这个行情建仓的人度过了愉快的一天，而那些没有挤牌信号指导的人则刷新了自己对痛苦的定义。

道琼斯现金指数——1929 年的崩盘

1929 年的股市崩盘也不轻松。我曾经与当时在场的一个交易员交谈过，他一直交易直到 94 岁高龄去世。对他来说，什么都没有改变，交易总是同样的游戏。记得在第 1 章里，我讨论过市场运动不是因为人们想要让它们这样运动，而是因为它们不得不这样运动。在例子中，我们讨论了 TASR。沿着同样的脉络，我们简要叙述一下 1929 年的股市崩盘。

1929 年 10 月 21 日，周一的晚上，追加保证金的呼声很高，来自荷兰和德国的电话从海外打来，在周二早上开盘前连夜抛售（见图 11-23）。周二早上，外地的银行和公司发放了 1.5 亿美元的电话贷款，在纽交所开门前华尔街已处在恐惧中。抛售是严重的，但现金的涌入避免了崩盘。

不幸的是，1929 年 10 月 24 日，星期四，更多的保证金追加电话打进来，人们开始尽快抛售手里的股票。卖出指令淹没了市场交易所，报价比正常时候晚了 1 个多小时，市场抛售严重，但还不够被认为是崩盘。交易所要求所有员工到场，因为有大量的追加保证金和隔夜卖出指令。会员包厢里还布置了额外的电话。道琼斯指数那天收在 299 点。

10 月 29 日星期二，崩盘开始了。在开盘的短短几个小时里，价格暴跌，把过去一整年的收益都给抹去了。这天道指收在230点。这相当于今天道指一天下跌了2400点。在10月29日到11月13日之间，超过300亿美元的财富蒸发——这可是1929年的美元啊！后来许多股票花了将近25年才回到原值。

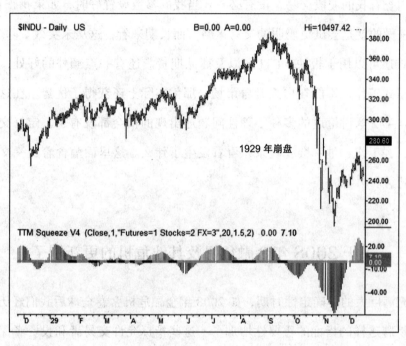

图 11-23

道指最终在1932年7月触底，达到40点。这相当于2005年的道指从10 000点跌到1100点。

回到正题，重要的是要注意到1929年大崩盘之前的日线图曾经发出过一个做空信号。是的，恐怖袭击和大崩盘都是罕见事件，但是挤牌信号可以给交易者一个事前警告信息，告诉他们市场将以何种方式崩溃，这样交易者就不会输得底掉。

对要上班而不能全职交易的人，最好的交易策略是什么

日线图或周线图上的挤牌是我知道的最棒的兼职交易方式之一。它可以用于单只股票交易，也不需要扫描数千个图表。IBD是选股很好的资源，IBD50提供

了活跃交易的 50 只"健康股票"。我只是把这些股票分好类；一旦我看到其中某只股票出现了挤牌信号，我就设置订单，要么买入股票，要么买入 Delta 值为 0.70 的期权。这种交易类型并不需要日内打理。即使我一直都在观察市场，我也不在日内查看我的波段交易，没有必要。当我的参数设置好时，如果我查看头寸，那我唯一做的就是尝试更聪明的交易策略，而长期来看，这从未奏效。除了个股，挤牌定式还可以用于板块、ETF，以及商品期货。还有一点额外的好处，如果你有一份正式工作，不能在白天盯着市场，那你实际上还获得了优势。在这种情况下，我在第 2 章讨论过的多种心理性问题连出现的机会都没有了。定好交易，设好参数，去工作，过一会儿登录，看看发生了什么。这里面蕴含着这一交易定式的多重智慧。

关于 2008 年金融危机及其他危机的更新例子

在充满巨大的不确定性时期，如 2008 年金融危机席卷全球后我们经历的一段时期，挤牌这样的指标的重要性增加了。这些指标允许交易者和投资者保持平静地做决策而不会陷入周围散播的各种像牛屎一样的错误信息。让我们通过几个例子看看这是怎么运行的。别忘了在第 5 章中我关于澳元兑日元（AUDJPY）的讨论。在今天的金融市场上，这一点对于理解"接下来到底会发生什么"非常重要。知道对冲基金在什么时候买入、什么时候要卖出永远都是有用的，这样你就可以避开跑到你面前的货运火车。

在图 11-24 中，我们看到的是白银市场的周线图。这是挤牌的一个经典案例。在点 2 处，白银市场已经在 15～20 美元盘整了一年多。在 20 美元买入的人很焦虑，在 15 美元买入的人则感到舒服一点儿。对那些想要一直拿住白银的长期持有者来说，这不是什么大问题。但是对于交易者来说，关键是知道"何时把资金放在何处"。那么，在一年半前以 20 美元的价格买入白银可能就太早了，从投资的角度讲，这笔钱本质上就成了"死钱"，因为它本来可以用在别的地方来生钱。

第 11 章 | 挤牌：参与市场大行情的最好方法是什么　313

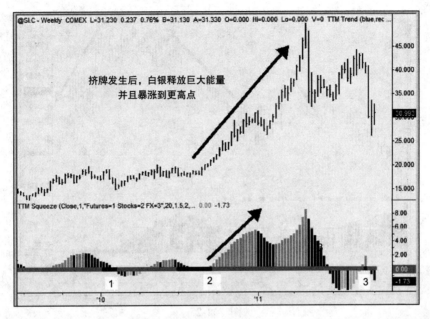

图 11-24

在点 2 处，我们可以看到有一个挤牌已经准备好几周了。当然，这意味着白银市场正在准备释放巨大的能量。在这种情况下，市场运动行情，最后银价涨到 50 美元 1 盎司。正是在这个时期，在"挤牌"期间，交易者想要在白银上建立头寸。这可以通过多种方法实现：买白银的 ETF（SLV），买 SLV 的看涨期权，买白银的期货，买白银期货的看涨期权，买银矿的股票，甚至直接买银条。交易者可以更进一步建立期权头寸，这样就可以从 SLV 的价格上涨中受益——裸卖看跌期权等。关键在于知道并理解这个信号（在例子里的情况下，能看到白银可能会走高），然后围绕这个信号选择最适合你的个性及交易目标的交易策略。

在点 1 处，白银市场上挤牌定式点燃了一个做空信号。从图中可以看到，尽管银价又从 20 美元跌回 15 美元，但这次行情持续时间不长。下一章我会讨论怎么对挤牌信号做过滤，从而把这些不能完全确信的挤牌模式过滤掉。

图 11-25 展示了标普 500 期货的周线图。点 1 处显示了一个挤牌信号，这导致了连续几个月 20% 的上涨。而当时由于欧洲紧急援助计划，市场弥漫着极度悲观的情绪。尽管如此，但是市场无视这些消息，依然上涨了。

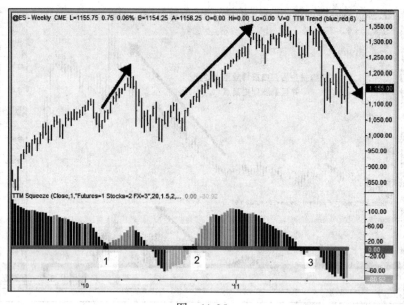

图 11-25

在点 2 处，欧洲的情况继续恶化，股市出现了严重抛售，从 1200 点一路跌回 950 点。人们情绪紧张。在点 2 处，一个挤牌成型发出看多信号，标普 500 开始了近期最强劲的一次反弹，幅度高达 35%。一天又一天，一周又一周，空头在这次反弹中遭到重创，因为他们每一步都在和预测对抗。为什么不呢？每天的新闻都是负面的！遵循挤牌定式的交易者不会与之对抗。他们就跟随定式做多，然后等待下一个信号发出后退出市场，不论金融媒体的评论如何负面。

在点 3 处，在 2011 年 7 月，标普 500 开始建立另一个挤牌，这次发出的是空头信号。和以前一样，一旦挤牌信号发出做空信号，没有任何理由做多市场，不管新闻怎么报道，不管激进的交易者可能进一步去提前做空。这不是比每天花几个小时浏览新闻，试图弄清楚接下来发生什么更容易吗？当然，如果标普 500 发出了挤牌信号，个股也会跟进。如果我观察到标普 500 在建立一个挤牌信号，我也会考虑对一些重要的个股，如 AAPL、BIDU、PCLN 等进行建仓，因为它们，我会从标普 500 的行情中受益。

挤牌图表中的王牌是月线图。尽管在这些图上挤牌信号不经常形成，几年才会出一次，但它们非常强大。图 11-26 展示了黄金的月线图。黄金通常会开始一个坚实的行情，盘整 12 ～ 18 个月，然后再开始新的一波行情。这些都可以通过挤牌来描述和抓取。点 1 展示了 2002 年中期开始的一个看多挤牌。点 2 展示了一个 2005 年年底开始的看多挤牌。下一个挤牌出现在两年后，大约在 2007 年年底，见点 3。两年后，2009 年年底，另一个月线挤牌出现，金价从 900 美元 1 盎司上升到 1800 美元 1 盎司。2011 年 10 月我在写《驾驭交易》第 2 版时，又到了黄金再次"平静"12 ～ 18 个月的时候，直到下一个大的月线挤牌信号出现。和白银交易一样，有许多方式可以利用挤牌信号，通过股票、期权、期货等来实施相关交易策略。

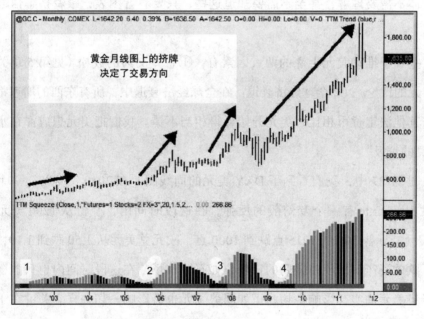

图 11-26

另一个要观察的关键图表是美元指数——DXY（也称为 Dixie）的周线图。美元的基本面是众所周知的，并且总是预示着我们所钟爱的货币的贬值。这说明，没有市场直直地上涨或下跌，尽管 Dixie 基本面上令人哭泣，但是有那么一些时刻，它也会闪耀并持续闪耀。回到那些美好的旧时光，因为我们的经济与其他经济体相比很强健，所以美元会上涨。这一时期，美元会在全球经济动荡的时期反弹。意识到这一点很重要，因为在某种程度上美元价格会影响全球几乎所有的其他资产。美元涨了，你猜怎么着？石油、黄金、粮食，以及其他很多大宗商品，甚至很多个股，都随之下跌，因为它们都用美元结算（随着美元更加值钱，买同样数量的黄金、石油等花的美元更少）。

量化宽松呢？是的，按下一个按钮就会导致大量新货币诞生，从理论上讲，这会推动美元走低。如果这么多美元没有被通缩的房地产压力所摧毁，那这就会成真。例如，2009年，量化宽松创造了1.1万亿美元。同时有1.6万亿美元的债务被下跌的房地产价格摧毁。这意味着在2009年，尽管有量化宽松，但是美元的供给实际上减少了5000亿，这导致市场上的美元变少而价值增加。幸运的是，个体不需要理解，甚至不需要知道这些，只要看看图表，跟着挤牌信号走就行了。

这些日子推动美元上涨的两大因素有：①息差交易的放松（见第5章关于澳元兑日元的讨论）；②全球经济衰退。在全球经济衰退中，所有东西的增速都在放缓，与其他法定货币相比，美元开始显得相当不错。我们把美元想成浮在水面的"最不臭的垃圾"。

在图11-27中，我们看到了DXY美元的周线图。在2010年年初，一个看多信号发出，Dixie有一个梦幻般的反弹。在这段时间内，金价从1200美元跌到1000美元，标普500从1215点跌到1000点，欧元兑美元从1.50跌到1.19，还有很多下跌的资产。即使是强劲的市场，如石油市场，在这段时间内也只能横盘交易。强势美元确实会影响一切，正如弱势美元也会影响一切一样。关键在于不要逃避现实而认为美元将会持续直线下跌。在点2处，有一个看空的挤牌；而在这段时间内，随着美元抛售，几乎其他所有资产都反弹。股票、黄金、石油、欧元，随便什么，都反弹。我写到这儿时是2011年10月8日，美元刚刚发出又一个看多挤牌信号（在对全球经济衰退的恐惧下——当然，原因是什么并不重要，跟着信号走就行了），将美元推到更高。随着黄金、白银、股票、石油等的不断下跌，这一直是个有力的信号。

周线挤牌对于消除那些令人困惑的、彼此矛盾的噪声也很有用。2010年9月，

RAX（Rackspace）——一家网络托管公司，被很多的负面报道影响。股票太贵了，P/E（市盈率）值太高，随着对冲基金预期股价大幅下跌而做空股票，市场上的做空兴趣持续攀升。

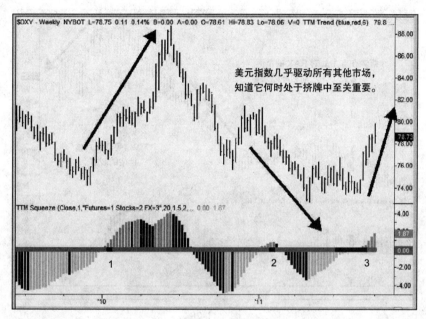

图　11-27

图 11-28 展示了 RAX 的一个周线图。在这一时期内，媒体不断给出负面评论"这只股票被高估了"，而一个周线挤牌缓慢、静悄悄地开始构建。到点 2 处发出信号时，它发动了行情，导致股价翻一倍还多。对于周线挤牌，交易者可以购买股票，也可以购买几个月后的价内期权。对于 RAX，那些听信了媒体负面评论的人去卖出股票，或更糟糕地，做空该股票。那些查看了周线挤牌并无脑跟随信号的人则享受价格的猛涨。

关于挤牌，还有一件事是它并不真的在乎你看的是什么市场。图 11-29 是大豆期货的周线图。作为交易者，在点 1 处做多大豆期货是完全有利可图的交易。对这些信息还有别的使用方法。如果一个农场主试图决定要不要以 10 美元对冲他的作物（通过做空大豆期货），这个挤牌就被证明是有用信息。"先不要对冲，"它叫着，"至少等挤牌结束。"等挤牌结束了，大豆价格接近 13.50 美元。这时农场主可以做对冲并锁定利润。对黄金和白银也可以同样操作。卖出实体黄金或金条可能带来痛苦。但是，如果你知道怎么读取挤牌信号，那么对实际持有物进行对冲就变得超级简单。

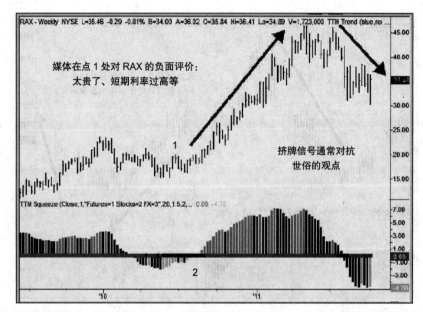

图 11-28

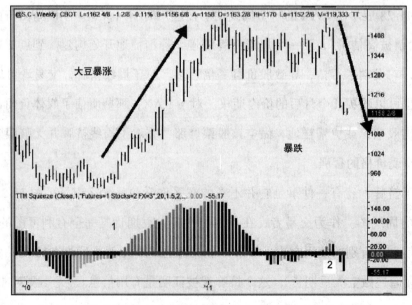

图 11-29

过滤掉那些可能不生效的挤牌信号的最好方式是什么

在图 11-24 中的白银周线图上，在点 1 处，我们看到了一个挤牌信号，充其量也就是不温不火。它有点儿作用，但作用不大。还有些挤牌根本就不起作用。这在周线图和月线图上不常见，但在日线图上是一个因素，比如 5 分钟图上，或者更长时间的如 39 分钟图上（我喜欢观察个股的 39 分钟图，因为 39 分钟图显示了 10 根同样规模的柱状线，这是由于现金股票交易有 390 分钟的交易活动导致的）把这些潜在的糟糕交易过滤掉的最好方式是什么？

如同我在前面章节说过的，知道在更大的时间周期将要发生什么是非常重要的，即使你的交易计划里不包含在这些周期的实际交易。图 11-30 展示了一个 ES 股指期货的周线图。这个挤牌信号在 2010 年 9 月末发出了一个看涨信号，将指数直线上推了 300 多点。这次行情非常凶猛，与它对抗令许多交易者深受重创。

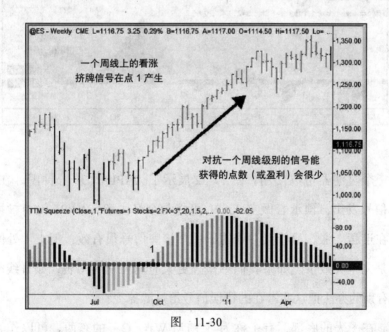

图 11-30

在图 11-31 中，我们深入查看一直到 2010 年 11 月底标普 ES 股指期货的小时图，此时图 11-30 的周线图仍然处在一个强劲上涨挤牌中。交易过程现在变得异常简单。小时图正在发出一个做空信号，恰好和周线图上的挤牌方向相反，就像点 1 那样，是不是呢？不要做这笔交易。这是一种与更大的主导趋势相悖的低概率交易。另外，下一个挤牌是否发出了做多信号，和周线图的方向一致，就像点 2、点 3 那样？这就是为什么了解更大时间周期上的情况永远都很重要。这些情况可以作为较小时间周期上的过滤器发挥作用。

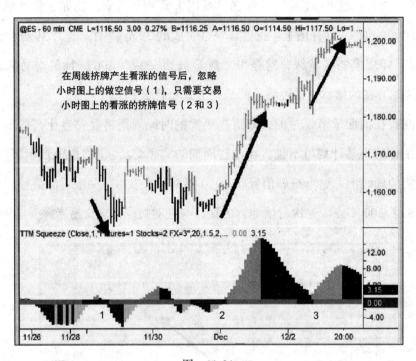

图　11-31

还有一个过滤器可以使用。图 11-32 展示了 AAPL 的 39 分钟图。在点 1 处，一个做空信号发出，预示着做空 AAPL 可能是个好主意。AAPL 没有被抛售，事实上，它在迅猛上涨。尽管点 2 处的下一个挤牌信号很有效，但点 1 处的第一个挤牌信号是完全失败了。如果我们不检查更大时间周期的图表，如日线图、周线图，有没有别的办法把这些潜在的错误信号给过滤掉呢？

有的。在图表的底部，有个称为"TTM Wave C"的东西，可以作为方向过滤器。TTM 指的是"Trade The Markets"。要点是如果 TTM 在整个图上是正的，那么就可以忽略做空挤牌，反之也成立。如果在图上，TTM Wave C 是负的，那么就可以忽略做多信号。如果你要查看很多图表，觉得用现有的工具追踪所有的大时间周期的情况非常困难，那么 TTM 是个很便利的工具。下一章我们会深入探讨这一工具。

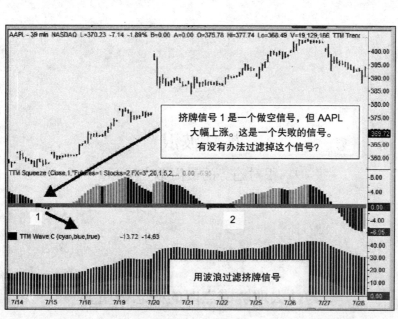

图　11-32

关于挤牌定式的信息和案例更新，包括加密货币，请去网站 www.simpler-trading.com/squeeze 查询，那里有一系列的视频和图表。

第 12 章

抓住波浪

跟对趋势的最简单方法

为什么理解锚点图的概念很重要

很长时间我都在没有任何可靠过滤器的情况下观察挤牌信号。我对风险收益比感到满意，也知道并非所有的信号都能奏效。不过，我确实注意到，有时候，特别是在日内图表上，挤牌信号并不一致。这也并不少见。这种事在大量的交易中都会发生，有时是连续两三个无效信号之后才有一个真正有效的信号被触发。发生了什么事？怎么才能找到其中的共同点呢？观察"锚定图"会很有帮助。这是指一个在较小时间周期上进行交易之前先对更大时间周期的市场进行观察和参考的过程。例如，如果我使用每小时的图表作为我的锚，而它是看跌的，上面所有的东西都指向更低，那么我为什么要采用一个 5 分钟图上的看涨信号呢？在这种情况下，通过查看小时图上的"锚"，我就能看到，最好是保持耐心，等待 5 分钟图上的看跌信号，从而和更大"锚定"的方向保持一致。

图 12-1 展示了两张图。左边的那幅是 ES 的小时图，而右边的那幅是 ES 的 5 分钟图。小时图上的点 1 处，做空挤牌信号被触发。在这个信号发挥作用期间，

市场在点 2 处进入盘整模式。如果我们放大这个盘整过程，在 5 分钟图上的点 3 处可以看到一个较强的上涨趋势。而且，看，一个挤牌定式正在酝酿……也许现在值得尝试做多，抓几个 tick。心情激动之下，这看起来是个好主意。为什么不试着多挣一点儿钱呢？

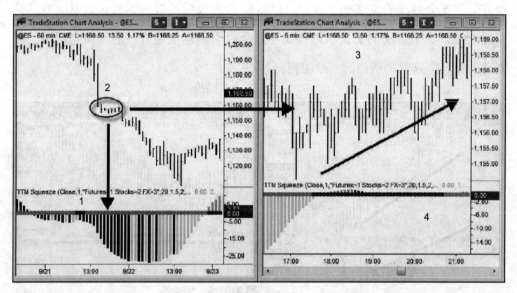

图 12-1

这轮反弹从下一根柱状线开始就遭遇惨败，快速连续下跌 50 个 ES 点（每份合约 2500 美元）。看一下小时图，显然没有理由做多，因为下跌方向的挤牌仍在发挥作用。如果把 5 分钟图放大，看起来似乎真有一轮反弹正在形成。这就是锚定图如此重要的原因。它们能让我们正确把握市场的整体走势。更重要的是，它们可以防止交易者陷入糟糕的交易，然后完全错过眼前正在展开的好交易。这是在失败的交易中苦苦支撑而不知道止损退出的主要危险之一，当你所有的注意力都被用来盯着屏幕上支离破碎的盈亏值时，你会对周围所有的好机会视而不见。正如我以前的一位交易导师多次告诉我的那样："当你能挣整点数（points）时，为什么还要追着小跳动（ticks）到处跑？"确实，有些最好的交易正是被我们无意识的决定放弃的。

图 12-2 显示了相同的图表，但是在图表底部添加了"TTM Wave C"（简称为

"C波浪",在本章的其余部分中也用该简称)。在小时图上,我们已经从图12-1中知道信号是下行的。添加的C波浪强化了这个判断,随着挤牌做空信号产生,它向下穿过零线。锚定图的缺点是,有时很容易忘记参考它,尤其是当交易者在关注多个市场时,特别是在行情剧烈的炽热时刻。这就是TTM C波浪派上用场的地方。在5分钟图的点2处,我们可以看到C波浪明显低于零线。这意味着,从本质上说,这个市场的更长期趋势,在这个时间周期上是看跌的。换句话说,没有理由做多。这就是所谓的"踏浪而行"。

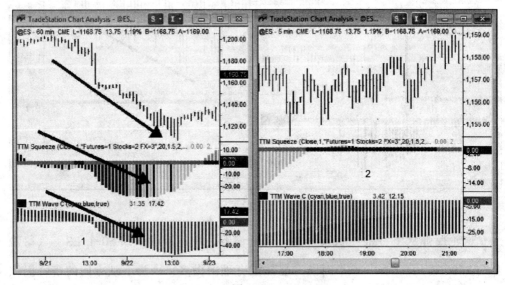

图 12-2

这些波浪究竟是什么,它们是如何工作的

这些波浪是一个交易伙伴罗德尼·朱利安(Rodney Julian)介绍给我的。我花了几个小时向他解释我的锚定图概念,在我讲完后,他看着我说道:"约翰,这是一个简单的数学问题。你只需要使用这些就可以。"他给我展示了"这些"他过去几十年开发的一系列指标。这是其中三个,他管它们叫波浪,如下:

- 短期趋势:A波浪。

- 中期趋势：B 波浪。

- 长期趋势：C 波浪。

波浪本质上衡量的是交易者在观察的任何市场任何时间窗口上的各种趋势。A 波浪衡量的是大约前 6 个柱状线的趋势，B 波浪是大约前 15 个，而 C 波浪是大约前 30 个（这是我最接近的猜测，因为罗德尼不会告诉我细节）。

图 12-3 显示了 GS（高盛）的带有 C 波浪的日线图。虽然罗德尼喜欢观察波浪的涨落，但我真正关注的是它们是高于零线还是低于零线，以及它们如何与当前的挤牌信号相一致。

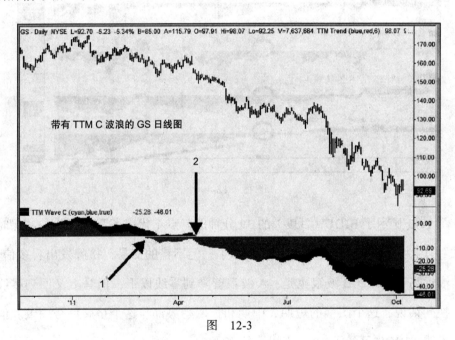

图 12-3

在点 1 处，C 波浪开始逼近零线以下。这对我来说是一个"警告"，提示我 GS 的上升趋势可能即将结束。在点 2 处当 C 波浪完全低于零线时，GS 的长期趋势就正式转入下行趋势。

图12-4更进一步，将 A 波浪和 B 波浪以及挤牌添加到图表中。在点 1 处，挤牌发出做空信号。A、B 和 C 波浪在这个时候都向下穿越零线，这对于做空来说是一个很好的信号。与通常情况一样，这种挤牌在 6 根柱状线后很快

就耗尽燃料。此时，交易者可以选择锁定利润平仓转到下一笔交易。另一种策略是减持一半的头寸，把止损点移到进场点，一直持到C波浪（图中最下面的波浪）低于零线。毕竟，这个波浪衡量这个市场的长期趋势。为什么要和它对抗呢？

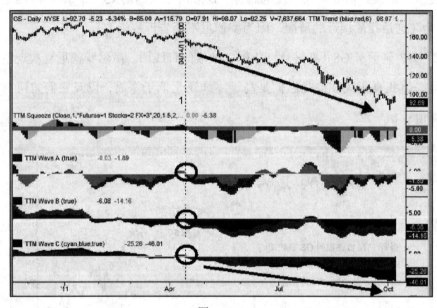

图 12-4

图 12-5 显示了 BIDU（百度）的 39 分钟图。点 1 代表了我所称为的"保时捷定式"，因为所有指标都聚在一起而预示了一笔不错的交易。挤牌发出看多信号。C 波浪远高于零线，B 波浪也是。A 波浪曾降到零线以下，但马上又回到零线以上。换句话说，这个图上的短期、中期和长期趋势都与这个挤牌信号一致。信号确实不错，BIDU 开始了 10 个点以上的涨幅。

在点 2 处，一个点的挤牌信号出现并提示做空。我们要接受这个信号吗？不。C 波浪仍远高于零线，因此试图通过做空赚点快钱来和长期上涨趋势对抗是没有意义的。点 3 处产生了一个挤牌信号，这个点的 C 波浪高于 0。这是一个好信号吗？这里正是理解波浪可以对交易非常有帮助的地方。在这个例子中，A 波浪低于零线，始终不能超过零线。这是一个信号，表明这个市场的短期势头还没有准备好上涨。挤牌信号给出的是做多，但 BIDU 很快就下跌了。而点 4 产生了另一个一个点的做空挤牌信号，当然我们要忽略它，因为 C 波浪明显在零线以上。

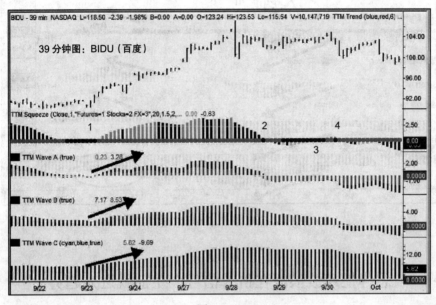

图 12-5

这张图是一个很好的例子，说明你要有耐心等待一个"天时地利人和"的定式。我把这种定式也称为保时捷定式。图中其余三个定式都是杂斑马定式。如果你做选择，你愿意开保时捷还是开可能着火的车？

图 12-6 显示了欧元的 2 小时图。点 1 显示了做空的挤牌信号。A、B 和 C 波浪都是一致的。点 2 则是一个做多的挤牌信号。虽然 A 波浪和 B 波浪一致，C 波浪却不一致。最终交易走高，但行情短暂。这是我发现使用波浪最大的好处之一。它们可以将趋势良好的信号与那些逆势短线行情信号区分开来。如果我看到一个像点 2 这样的挤牌信号，并决定采用它，那么我会期望波动只能达到 1 个 ATR（平均真实波幅），然后我就会赶快逃离。因为这是逆势交易。我事先就知道了，所以我不会妄想一个持续的行情或一个大的波动。另外，对于点 1，我会寻找和期待一个更持久的趋势运动，并且我知道我可以坐等交易发展。

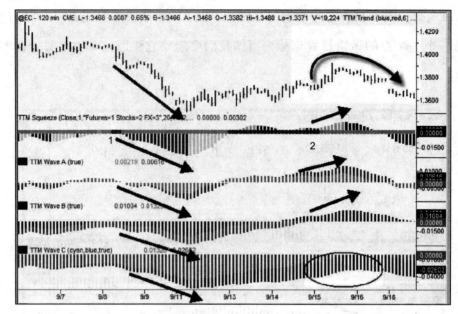

图 12-6

怎样使用波浪能在挤牌信号产生前就进入趋势

多年来我观察挤牌信号时发现，在较长的时间周期上，如日线、周线和月线图上，挤牌信号是非常一致的，在这些较长的时间尺度上交易者并不需要使用波浪过滤器。然而，对于任何在较短时间周期上进行的日内交易来说，这些过滤器都是极其有用的，也是非常必要的，因为在较短的时间周期上，正确把握当前趋势至关重要。也就是说，我最喜欢的利用波浪的一个方法是潜入更大时间周期上的挤牌信号。

图 12-7 是黄金 ETF-GLD 的周线图。这张图显示了三个清晰的挤牌信号，它们都被触发了，在每一个信号的作用下 GLD 被推得更高。在知道波浪技术之前，我会耐心地等待挤牌信号产生，然后适时地入场。有了波浪技术，我发现我可以在挤牌信号真正爆发之前潜入其中。怎么回事呢？

一旦我看到第一个黑点在点 1、3、5 处，我就知道发生了挤牌。我不知道要花多长时间来启动行情"触发"挤牌信号，但我确实知道，这个市场已经进入了一个特殊的时期，为可能的大幅波动做好准备。但是它会向哪个方向波动呢？挤牌会发出做多信号还是做空信号？

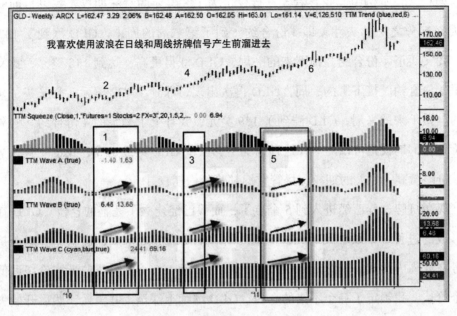

图 12-7

我的发现如下：如果在挤牌出现第一个黑点时（在点 1、3 和 5 处），波浪值大于零，并且有上升趋势，那么这个挤牌有 90% 的可能是做多信号。当然，相反的情况对应于下跌趋势。

知道了这一点，当这个场景出现时，我会早点开始建仓，我通常在挤牌信号出现之前就建立完整的仓位。例如，在点 5 处，我看到一个挤牌过程开始，A、B 和 C 波浪趋势都在走高。（注意：重要的是 B 波浪和 C 波浪也高于零线。A 波浪可以低于零线，但它应该走高。）我看到这个定式符合早期潜入的标准，于是我就开始这样做。当第一个黑点出现时，GLD 的交易价格为 131 美元。我的目标是在 GLD 上建立最多 20 个看涨期权的完整头寸。注意：如果没有提前潜入的定式，那么我就像往常一样等待挤牌信号触发。

第一个黑点出现在 2011 年 2 月 4 日，即图上点 5 处。因为这是周线图，我意识到这出戏可能会持续好几个月。因此，我希望购买还有几个月才会到期的期权。

在本例中，我查看了 5 月份的看涨期权，这些看涨期权将在 2011 年 5 月 20 日到期，即该月的第三个星期五。正如第 4 章所讨论的，当涉及期权时，我更喜欢买价内期权。在本例中，我查看 5 月行权价为 128 美元的看涨期权。我以目前的价格买入五分之一的头寸，即 4 份合约。到了第二周的周末，GLD 涨到了 132 美元，我又买了 4 份合约。接下来的一周，GLD 涨得更高，达到 135 美元，我又买入了 4 份合约。接下来的一周，GLD 再次出现，涨到了 137 美元，我又买了 4 份合约。接下来的一周，GLD 涨到了 139 美元，我补上了剩余的 4 份合约。购买行权价不同的期权是可以的。在这种情况下，由于 GLD 继续走高，我也一直在买入行权价略微高一点儿的期权，尽管它们都是价内期权。

现在挤牌过程已经进入到 5 个点了，而我已经建立了完整的仓位。GLD 在挤牌形成的过程中下跌了几美元，但最终挤牌上出现共 8 个点，这意味着这个挤牌信号在 8 周内形成。当它最终触发时，GLD 接近 139 美元。我的平均价格远低于这个价格，我锁定了一个不错的仓位。GLD 继续上涨至 150 美元，然后开始失去动能，此时我将减持一半头寸。但由于 C 波浪仍有上升趋势，我决定持有剩下的一半仓位，随着 GLD 继续走高，我将逐步减仓。

这种建仓方式的美妙之处在于它可以分批进入；相比于等待挤牌信号发生才建仓的交易者，这种建仓方式最后会拿到一个更好的平均成本。在这个例子中，挤牌信号触发时，GLD 交易价格为 139 美元，远高于挤牌信号开始形成的时候。我也在日线图中使用这个策略。

还有其他使用波浪的方法，罗德尼喜欢在不同的时间周期上观察波浪的涨落，当波浪翻转时就开始交易。我们在 www.simplertrading.com/waves 上建立了一个免费视频，提供更多的例子和使用技巧。

第 13 章

帮助交易者避免过早离场的最佳工具

入场点不稀罕，离场点才能让你赚大钱

本章将是非常短小而简单的一章，我们从看图 13-1 开始。它显示了两幅相同的 GC（黄金期货合约）小时图。左边的图（图 A）上是常规的 K 线图柱状线，右边的图（图 B）上是 TTM 趋势柱状线。除此之外，这两幅图完全相同，显示了从 2011 年 8 月 14 日到 17 日这三天完全相同的价格走势。

我从交易者那里听到的最大的问题之一是，"我怎样才能学会守住获利的头寸？我总是过快地止盈。我就是控制不住自己，不管做什么好像都无济于事"。过早获取利润的诱惑是巨大的。记住，市场诱使我们认为这是一个好主意，而这实际上正是交易者在市场上苦苦挣扎也不能持续获利的主要原因之一。简而言之，这是一个很坏的习惯。那么交易者怎样才能坚持住而成为赢家呢？

我知道很多交易者都是从看 K 线开始自己的交易生涯的，它们有利于评估价格走势。对于它们，我唯一不喜欢的一点是它们很容易让交易者，尤其是新手交易者过于关注当前柱状线的走势。交易者很容易变得目光狭隘，过于重视"现在"

正在发生的事情，而不是以之前 6 根柱状线为背景考察整体走势。一根难看的阴线足以驱使大多数交易者离开多头头寸；反之亦然，一根阳线足以使空头头寸的交易者惊慌出逃。这些 K 线确实让人神经紧张。但是很多时候市场在短暂修整之后继续朝既定方向运动。更糟糕的是，因为市场的行情还在，很多交易者为了重新建立头寸而"追逐市场"。"哦，伙计，"他们想，"这还没有结束！"而这就是阻止交易者以交易为生的一个坏习惯。这真是一个恶性循环。在这种情况下发生的事情就是，交易者从一个非常好的交易中被"震荡出局"，因为他过于看重一根单独柱状线的走势。这是需要解决的问题。

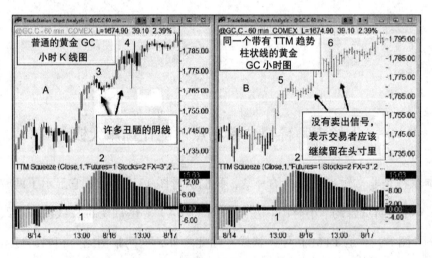

图 13-1

我更喜欢看 TTM 趋势柱状线（类似于 HA 图，Heikin-Ashi bars），它在做出看涨或看跌的判断前将前面 6 根柱状线的走势也考虑进来。这项技术将前 6 根柱状线价格做平均。如果前面 6 根柱状线的平均价格位于交易区间的上半部分，则把当前柱状线涂成蓝色，代表偏向看涨和稳定的买方压力。然而，如果前面 6 根柱状线的平均价格位于交易区间的下半部分，那么当前柱状线将被涂成红色，代表偏向看跌和稳定的卖方压力。图 13-1 中右边的图（图 B）上，这种"看涨的蓝线"显示成浅灰色柱状线，而"看跌的红线"显示成黑色柱状线。让我们看一下，这里是所有要素开始共同发挥作用的地方。

图 13-1 显示一个挤牌发出多头信号。我们在挤牌那一章中已经学过，一旦失去动量，市场行情就被认为结束，即点 2 处发生的情况。这是一个有效的离场策略。然而，我注意到很多时候，市场在这个离场信号出现后还会继续上涨。我该怎么办？我会在失去动量的点 2 处了结一半的头寸，把止损点设置为我的买入点。然后我将等待 TTM 趋势柱状线连续两根柱状线都改变颜色后，退出剩余的头寸。

市场要把我的头寸震荡出局时我应该如何保护自己

图 13-1 在左边（图 A）的点 3 和点 4 处显示了"难看的 K 线"。这看起来很可怕，仿佛真正的卖盘正在进入市场。这是退出的迹象吗——在市场夺走我们更多利润前疯狂地离场吗？或者，这只是假动作吗？毕竟，市场在这两次"短暂且丑陋"的抛售狂欢之后继续漂亮地上涨。坦率地说，这就是假动作。其意图是把交易者震荡出局。并不是特指高盛的什么人试图把我们震荡出我们的头寸，然后他们可以在更低的价位重新入市……

我们如何应对这种情况？看一下图 13-1 的图 B。这是同一笔交易。同样的点位在图上标记为 5 和 6。但是在图 A 上看起来像是难看的卖出 K 线在图 B 上显得"无关紧要"。在图 B 上没有卖出信号。记住，由于我们是多头，所以我们寻找的是两根黑色柱状线（在彩色图上会显示为红色）作为退出的标志。这两根黑色柱状线代表的是真正的卖出，和这段时间里市场上将出现潜在的趋势改变。图 B 上没有离场信号。当到达这幅图顶部黄金交易在 1795.00 美元时，我们仍然持有多头，而很多新手 K 线交易者在图 A 的点 3 和点 4 处已经被震荡出局。

交易并不容易。它在大部分时间欺骗大多数人，没有人可以让你很容易地保住头寸。还有人会试图吓退你，这样他们就可以用更便宜的价格夺取你的头寸。否则，你以为流动性和成交量是从哪儿来的？如果你卖出得过快或者惊慌失措地过早退出交易，那么，流动性就来源于你。虽然一根可怕的 K 线很容易欺骗交易者离场，但是，已经把当前价格活动的因素考虑在内的交易者，将有能力承受住那些意在把他们震荡出局的小幅的逆势冲击。

让我们看看另一笔交易。图 13-2 显示了一幅曲折的 ES 合约 2 分钟图。ES 以在马上开始下一轮行情前把交易者震荡出局著称。挤牌信号上午 8:30 触发，让交易者得以在 1171.00 处多头入市。价格辗转上涨了大约 10 分钟，然后，砰，价格从 1176.25 迅速下跌到 1172.75，如图 A 中点 1 处所示。许多追踪止损设置得太窄的交易者在这里被止损出局。其他交易者看到难看的 K 线就直接离场，很可能就在低点附近。他们在这笔交易上还能赚到钱吗？能，在 ES 上赚 1.75 个点（7 个跳动点），或者每份合约 87.50 美元并没有什么不对。但是，看一眼图 B，点 2 处的恶意抛售从来没有形成"两根黑色抛售柱状线"，所以在这里什么也不用做，只需要持有头寸等待这一状况在图上发生。这种情况最后确实发生了，大约在一个半小时以后，在点 3 处。这时交易者可以在 1182.50 附近离场，获利 11.50 个点（46 个跳动点），即每份合约 575.00 美元。这就是被欺骗过早卖出和守住头寸直到交易真正结束之间的差别。

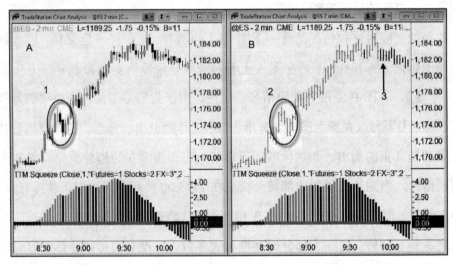

图 13-2

我使用 TTM 趋势柱状线来管理离场。我一般不把它们用作入场信号，我更愿意等待一些像挤牌这样的信号来建立头寸，或者使用本书中谈到的其他入市技巧。不管怎样，我发现 TTM 趋势柱状线是更适合作为管理离场的工具。

到目前为止，我介绍的指标是一些可以通过程序实现的"想法"，可以从我们的网站 www.simplertrading.com 下载，或者在其他平台上找到。图 13-3 显示了亚美利交易控股公司的 thinkorswim 平台，我们的一些指标已经整合进了这个平台。如果是其他平台，比如 TradeStation、eSignal、Ninja Trader 或者 Infinity Futures 等，从我们的网站上可以下载适用于这些平台的指标。有一些指标是免费的，其他指标收取的费用我们会与整合这些指标的程序员一起分配。如果你熟悉编程，重建你自己的指标会非常容易。

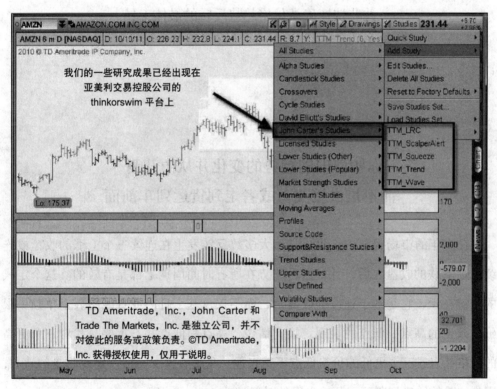

图 13-3

要获取更多关于 TTM 趋势的视频，我们在过去的几年里开发的其他"基于柱状线"的交易管理工具，以及最新的关于我如何应用这些指标的方法，请访问 www.simplertrading.com/trendbars。

第 14 章

抢帽子警报

并非快速确认价格趋势反转的最佳工具

**你如何识别趋势的变化并从中获利，
而不是去接飞刀或者走到货运列车前面**

在多年的市场观察中，我注意到大多数反转发生在连续三个上涨的收盘或连续三个下跌的收盘之后，并且这种趋势在所有时间周期上都是有效的。这个定式的关键在于，它是基于连续的收盘价，而不仅仅基于日内或日线图表上单独一根价格条上的高点、低点的表现。换句话说，高点和低点并不重要。我对三个更高的价格高点或三个更低的价格低点不感兴趣。我想看这个行情落定或收盘的地方，因为这是轮胎碰到路面、开始出发的时候。

从事这种交易，尤其是日内交易，一种辛苦的方式是盯着图表，跟踪连续下跌或上涨的收盘价，直到你连续得到三个。这可能会让一个人把眼珠子都瞪出来，更不用说发疯了，而且这法子只能推荐给那些能从"生活中的小事"中获得兴奋感的人。我不太喜欢盯着图表看；如果我用肉眼这么盯着的话，我可能会成为精神病院的头号候选人。因此，我开发了一个简单的指示器，它将在第三根柱状线达到信号形成的标准后给序列中的第一根柱状线"涂色"。一旦我看到被涂色的柱状线，我就会用市价下订单，这样我就进入交易了。更棒的是，我设置了一个音频警报，这样就算我在大厅另一头，也能听到信号，然后回到我的电脑前进行交易。当我和我妻子在打电话的时候，这种方法也很奏效，尽管她还没有意识到这个信号的重要性，以及我在电话打到一半时就要把它挂断的迫切需要。这就是交易者的生活。

在指示器上，我确实添加了一个关键的过滤器。我发现，有时候如果股价在盘整过程中出现一连串下跌收盘价，我可能会从正在盘整的交易（例如，上涨旗形）中被震荡出局。所以，如果出现了三个下跌的收盘价，但是这一价格行为没有走得低于信号柱状线的低点，那么我就忽略这个信号。当指示器用于看涨信号时，触发柱状线将是比前面柱状线有更高低点的第一根柱状线。而下一个收盘收在触发柱状线的高点上方的柱状线，就给刚才说的、触发柱前面的这根较低的柱状线（现在它成了波段低点）"涂色"。大多数情况下，所有这一切都与"三个上涨的收盘点"同时发生，但有时情况没有那么规范，而这些情形就要与一个真正重要的确认指标（价格）一同被考虑。

我在不同的时间周期上都会使用这个信号。在 ES 上，我喜欢使用 233-tick 的图，因为它上面的信号非常快。在 YM（迷你道琼斯指数）上，我将使用一个 144-tick 图来抓反转信号，并使用 5 分钟图来捕捉任何一天出现的一到两次反转。对波段交易，我会同时使用 60 分钟图和日线图。我主要喜欢把它用在股指期货和主要货币对上，但它在任何市场、任何时间周期上都是一样有效的。这一指标很简单，而且完全基于价格行为。对我跟踪的个股我也会使用这个信号。

为什么 tick 图最容易抓反转信号

对于 tick 图（不要与前面讨论的纳斯达克交易所的 $TICK 混淆），我喜欢使用斐波纳契数列。如果你在 Google 输入这个短语，它会显示出这样的一列数字：5、8、13、21、34、55、89、144、233、377、610、987、1597、2584、4181……当然，序列一直继续，但我们并不需要所有的数。没有必要去测试 144-tick 图和 143-tick 图哪个更好。为什么选择用 tick 图呢？每 377 笔交易就会形成 377-tick 图上的一根新柱状线。当成交量较小时（特别是在隔夜交易中），这个图会缓慢移动。当交易量和交易都既快速又激烈时，tick 图就跟着以快得多的速度展开。总之，当市场低迷时，图也如此。tick 图不像 2 分钟图那样不考虑成交量，每两分钟就必须形成一个新的柱子，那样的图在成交量小的情况下很容易发出错误的信号。当交易很迅速时，信号也跟着变快。tick 图能够根据市场去调整，而且我发现它们对日内交易特别有用。我们如何知道使用哪个 tick 图呢？对此没有严格的方法，但经验法则是，成交量越大，tick 图的 tick 值越高。比如，我在 ES 中使用 987-tick 图，而在 YM 中会使用 144-tick 图。二者唯一的区别是成交量。根据经验，377-tick 图适用于大多数大宗商品的日内交易，也适用于成交量较大的个股。

让我们迅速看一下，对以前从未使用过 233-tick 图的人来说它到底是什么东西。记住，每发生 233 笔交易这种图上就会形成一个新的柱状线。这些交易的规模不重要，只要有 233 笔交易完成了就行。有两个原因使得我喜欢在抓反转信号的时候使用这些图。第一，在真正关键的时候——当交易频率增大时，它们比常规的时间图要快。相比之下，一个 2 分钟图要每两分钟才会形成一根柱子，却不考虑交易是快是慢。在 tick 图中，当交易频率降低时，在这段时间内发出的信号也会减少，因此，当市场毫无动静时，这些图自然会让交易者远离市场。第二，场内交易者对 2 分钟图或 5 分钟图上的时间没有概念。他们关注的是交易的实际频率，2 分钟图上的突破对他们来说毫无意义。虽然在 ES 的盘中波段交易上我喜欢使用 987-tick 图——这意味着我可以在半小时或更长时间内进行交易，但我有时会使用 233-tick 图来寻找更快的反转信号。下面介绍一些使用 tick 图进行交易的例子。

买入的交易规则是什么（卖出的情况相反）

1. 在日内图表上建立一个 24 小时图，这样在这个指示器设置中就可以把过夜交易考虑进去。在任何时间周期上都可以这么做。时间周期越大，参数和潜在的运动就越大。对于日线图，我会使用标准的交易时间。

2. 在出现了连续三次上涨收盘价之后，我在第三天收盘后对市场做多。

3. 我会停留在交易中，直到连续三个下跌收盘价出现，那时我就退出交易。日内交易时如果市场仍在开放，我将退出多头，同时建立新的空头头寸。我不会在日内图表交易中使用止损，因为反转信号就是我的退出策略，无论这时我是亏损还是盈利。对于日线图，我将在导致信号发出的那根柱状线的低点处设置一个止损，也就是连续三个收盘序列中三根柱状线中的第一根那儿。

4. 如果我进行的是日内交易（15 分钟图或更小时间周期的图），市场在给出退出信号前收盘，我会在东部时间下午 4:10 以市价退出。

5. 对于 60 分钟或更长的时间周期，我将持有隔夜头寸，并在下一个信号发出时退出交易。这可能是 60 分钟图上的第二天，也可能是日线图上的一个月后。

抢帽子警报的买卖定式具体例子

ES——2004 年 10 月 3 日，2004 年 12 月合约

1. 图 14-1 是 ES 的 233-tick 图，这是在市场上进行快速抢帽子交易时我最喜欢的时间周期之一。图上点 1 在所讨论的涂色柱的右边一点儿。"涂色"是由 TradeStation 软件添加的，它是把柱状线盖住的重重的黑色标记。这条线被涂色，是因为它是连续三天上涨的收盘价序列中的第一根柱状线。

2. 当我看到涂色的柱状线信号时，我在市场上做多。我在 1133.25 价位处成交，也就是图上点 2 处收盘的地方，它是这一串上涨收盘价中第三根柱状线的收盘位置。（我发誓，交易的余下部分会变得容易些）

图 14-1

3. 现在我会一直停在交易里，直到得到一个信号表示反转已经开始。在稍后的交易时段中，我得到了下一个被涂色的柱状线的信号，它表明连续三个下跌的收盘价已经发生。于是我下订单卖出我的多头头寸。注意：除非是反转，否则下一个信号不会显示出来。在此次反弹中，出现了一系列更高的收盘价，但由于看多信号在最开始时已经发出了，因此它们没有一个构成反转，因而就被忽略了。

4. 我在股价 1138.50 的时候退出，它在图上一串连续下跌收盘价序列中第三根柱状线收盘的位置，即图上点 4 处。这笔交易的收益是 5.25 个点，或等价于每份合约 262 美元。值得注意的是，在这笔交易中，所有的震荡指标在 1135.00 点附近都测量到有超买发生，这可能诱使一些交易者出局并导致其他交易者开始做空。使用这个定式时，唯一重要的事情是价格，这也是现实中唯一重要的事情。

ES——2004 年 10 月 5 日，2004 年 12 月合约

1. 2004 年 10 月 5 日，在美国东部时间下午 1:00 左右，我在 ES 的 15 分钟图上看到一个做空反转信号。信号发出后我立即进入市场（见图 14-2）。

图 14-2

2. 我在 1137.00 处成交。接着我等待下一个反转信号来回补我的空头并做多。

3. 接近东部时间下午 3:00 时,我们得到一个信号,我回补空头头寸,同时开始做多。

4. 我退出时的价位是 1134.00。这样我退出空头交易时在标普指数上面盈利了 3.00 点,同时我已经建立了一个新的多头头寸。

5. 另一个反转信号直到东部时间晚上 8:00 左右才出现。然而,由于它不在盘中图表上(15 分钟图或更短的时间周期图),我在东部时间下午 4:10 以市价抛出了这个头寸,我在 1133.75 点平仓,损失了 0.25 点。

6. 我认识的一些交易者喜欢一天 24 小时观察市场动态,他们会一直交易到点 6 处。其实他们本可以在 1136.50 的位置获利 2.50 点时了结交易。因此我不推荐这种做法。股指期货在收盘后的走势缓慢而令人恼火,我宁愿用这些时间做许多其他事情。如果你想在东部时间下午 4:00 收盘后积极交易,那么目前为止流动性和机会最好的地方是在外汇市场。在这方面,我更倾向于外汇现金市场,因为在下午 4:00 以后的时间段内,各种货币对的流动性更强。当市场活跃且流动性强时,它们是可以交易的。当它们安静的时候,不要去交易。

ES——2004年9月30日，2004年12月合约

1. 2004年9月30日下午12:30，我在60分钟ES图上得到一个信号，表明反转发生了（见图14-3）。被涂色的柱状线发生在上午10:30。请记住，即使上午10:30的柱状线被涂色了，信号实际上直到下午12:30第三根柱状线收盘时才发出（10:30的柱状线是第一根，11:30是第二根，12:30是第三根）。

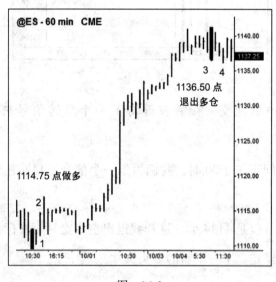

图 14-3

2. 下午12:30，我以市价做多，我在1114.75成交，并等待下一个反转信号发出时退出头寸。

3. 几天后在10月4日，我得到下一个信号。

4. 我在1136.50价位离场，在标普500指数上获利21.75点，或等于每份合约1087.50美元。60分钟图非常适合捕捉持续2～5天的波动。对于那些拥有一份全职工作，没有时间整天盯着市场的人来说，这是一个很好的定式。此外，对那些进行日内交易且目前正在赔钱的人来说，这也是一个很好的定式。这个60分钟图上的定式制定了强制性纪律来防止交易者过度交易，而这是迄今为止大多数交易者未能在这个行业赚钱的首要原因。

ES——2004年6月28日,2004年12月合约

1. 在 ES 的日线图上,一个信号在 2004 年 6 月 28 日发出,并给 6 月 24 日的日线图涂色(见图 14-4)。(6 月 26 日和 27 日是周末)

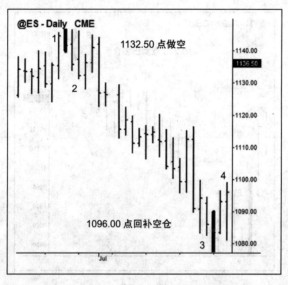

图 14-4

2. 我在第三天收盘时做空,此时信号被触发。我的成交价格是 1132.50。现在我将待在交易中,直到得到反转信号。我使用 1153.50 的价位作为止损点,这是 6 月 24 日柱状线的高点。以我的经验来讲,实际止损点很少被触发,因为反转信号会在市场达到那个水平之前发出。

3. 一个月后的 7 月 28 日,我拿到了反转信号,它给 7 月 24 日的柱状线涂上色。

4. 我在 7 月 28 日股市收盘时退出。退出价是 1096.00,盈利 36.50 点,或每份合约 1825 美元。

我要再次说明,对于那些需要工作、没有时间整天盯着市场的人来说,这个定式非常好。此外我觉得,对于全职交易者来说,设两个账户很重要,一个用来做日内交易,另一个用来做波动交易。在一段时期内,如果一个交易者的日内交易不顺利,他可能在波段交易账户里用与此类似的定式来抓住一个大波动。

迷你道指——2004年8月10日，2004年9月合约

1. 在这张道琼斯迷你期货的日线图上，一个看多信号出现在2004年8月10日，它给8月6日的柱子涂色（见图14-5）。

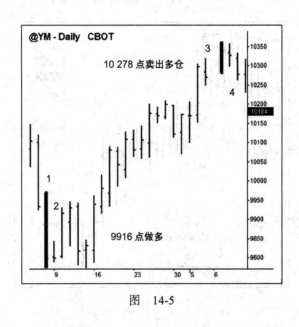

图 14-5

2. 我在8月10日收盘时做多，以9916的价格成交。接着我等待下一个反转信号退出交易。8月6日的最低点是9809，在这里我设置了止损点。

3. 下一个信号在差不多一个月以后的9月7日出现。

4. 我在10 278点退出，获得了362个YM点，即每份合约1810美元。我喜欢这些波段交易的一个原因是，它们往往会自己按规律运行。与活跃的、有时甚至是疯狂的盘中交易节奏相比，波段交易就像是买了一套房子用来出租，然后把维护工作交给一家管理公司。一个人选择的交易类型实际上反映了他的个性。天生就是一个波段交易者的人在日内交易中会感到很艰难。

KLAC (KLA-Tencor Corp.)，2004年4月5日

1. 在股票KLAC的这张日线图上，反转信号在2004年4月5日出现（见图14-6）。

图 14-6

2. 我在收盘时做空，在 52.51 的价位处进场。我的计划是在我得到下一个反转信号之前一直持有该头寸。我的止损点设置为信号柱的高点，即 53.97。

3. 大约一个月后的 5 月 3 日，我得到了一个反转信号。

4. 我在 42.96 点出清空头头寸，获得 9.55 点的收益。对于只关注股票的交易者来说，这是一个很好的定式，可以用来在日线图抓住反转。

原油——2004 年 9 月 9 日，2004 年 9 月合约

1. 需要注意的是，这个定式是完全基于价格行为的，因此适用于所有市场（见图 14-7）。2004 年 9 月 9 日，在原油市场上出现了一个反转信号。

2. 这一信号对应的看涨入场价是 43.60。

3. 9 月 28 日，反转的涂色柱出现。

4. 我以 49.50 的价位退出交易，盈利 5.90 点。注意：这个退出信号柱状线又成了一个新的重新看涨的进入信号，因为市场又（从看空）立即反转，形成了三个连续上涨的收盘价。如果你对原油市场不熟悉，那我可以告诉你，1 美元的波动相当于大合约上的 1000 美元和迷你合约上的 500 美元，因此 5.90 点的波动相当

于 5900 美元的大合约（代号是 CL）和 2950 美元的迷你合约（代号是 QM）。一个人要想获得实时原油价格，需要到纽约商品交易所查看代码 NYMEX。eSignal 和 TradeStation 中提供了这项服务，交易者也可以通过大多数老牌报价供应商获得。

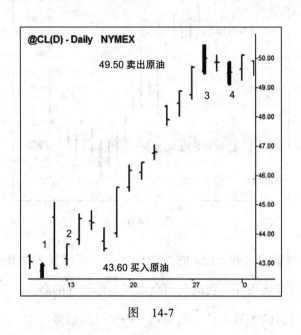

图 14-7

迷你道指——2004 年 10 月 6 日，2004 年 12 月合约

1. 我想用这个例子来展示一下我是如何在日内进行买卖的，包括多头和空头（见图 14-8）。这最好在小时间周期的日内图表上完成，如 5 分钟图表或 233-tick 图。2004 年 10 月 6 日，YM 上第一个信号在东部时间上午 10:35 被涂色。

2. 这意味着我要在三根柱状线序列的最后一根收盘处做空，即 10 176。

3. 下一个反转信号标记在图表上点 3 处。

4. 我在 10 169 处回补并同时反手做多。这么做最简单的方式是将你在退出订单上所交易的合约数量翻倍。因此，如果你做多了 10 份合约，那么你就下了一个卖出 20 份合约的订单，以退出你的 10 份多头合约，同时建立一个新的 10 份合约的空头头寸。

5. 下一个反转信号发生在点 5 处。

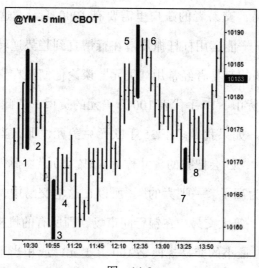

图 14-8

6. 我在 10 186 处出清多头头寸,并同时在同一位置反手做空。

7. 下一个反转信号发生在点 7 处。

8. 我在 10 173 处出清空头头寸,同时在相同位置反手再做多。

接下来我想分享在外汇市场上使用这一定式的一些例子,并对用这些工具进行交易继续添加一些心得。让我们从一个大多数交易者都熟悉的市场——欧元兑美元开始。

外汇市场——欧元兑美元,2004 年 10 月 15 日

1. 在欧元兑美元的日线图上(见图 14-9),一个看多信号在 2004 年 10 月 15 日出现。我在点 1 附近以 1.2469 做多。记住:止损设置为信号柱的最低点。

2. 市场从这一水平稳步走高,并在 11 月初暂停盘整一周。不过,这段时间没有发出任何反转信号,所以我按兵不动,继续持有头寸。之后欧元兑美元重拾升势,强势上涨直到 12 月底。这时,市场反转,许多人开始获利了结。但是,同样地,这一定式还没有发出卖出信号。最后,2005 年 1 月 3 日,最初的买入信号发出后将近两个半月时,一个卖出信号在点 2 处产生。因此我在 1.3467 点退出,获得 998 个 pip 的收益。按照每个 pip 10 美元计算,每一手(lot)交易获利 9980 美

元。对于每一手交易,交易者的账户里需要有 1000 美元。这是外汇市场有巨大吸引力的一个原因——能运用杠杆抓住潜在行情直到趋势逆转的同时还能制定明确的止损。外汇市场的交易者经常用 "美元" 谈论他们正在交易的合约:一手合约代表 10 万美元的货币,10 手代表 100 万美元的货币,依此类推。做多 10 手合约被称为 "1 美元"。如果我做多了 35 手欧元兑美元,那么当我需要打电话给我的经纪人改变订单时,她会把我的头寸称为 "3½ 美元"。此外,盈利 1 美分,或 100 个 pip,也被称为赢了 "一把大的"。所以在这笔交易中,我们几乎赢了 "10 把大的",这当然是一笔大交易。在银行间市场,即所有的机构和大型基金都在里面交易货币的地方,最小的交易规模是 100 万美元,或相当于通过你的外汇零售经纪人交易了 10 手。

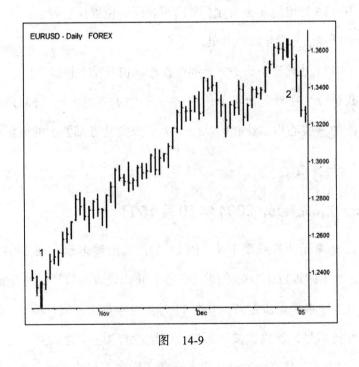

图 14-9

外汇市场——英镑兑美元,2005 年 5 月 9 日

1. 在英镑兑美元(GBPUSD)的日线图上(见图 14-10),一个看空信号在 2005 年 5 月 9 日点 1 处发出。因此我在 1.8837 处做空。

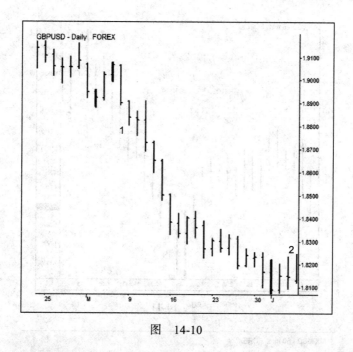

图 14-10

2. 市场稳步抛售。2005 年 6 月 3 日，在点 2 处，一个反转信号发出。我在 1.8148 处回补头寸，获利 689 个 pip，或者等于每份合约 6890 美元。或者，用外汇交易者的行话，差不多赢了 "7 把大的"。

外汇市场——英镑兑美元，2005 年 8 月 2 日

1. 我们这一反转信号在外汇市场的日线图上很奏效，对于日内交易来说它在日内图上表现也很好。在这张英镑兑美元的 5 分钟图上（见图 14-11），一个看多信号在 2005 年 8 月 2 日点 1 处形成。入场点是 1.7696。

2. 大约一个小时后，相应的反转信号在点 2 处发出。这是出清头寸的警报。此时价格水平为 1.7724，获利 28 点，或每份合约 280 美元。

外汇市场——澳元兑美元，2005 年 7 月 31 日

1. 2005 年 7 月 31 日，澳元兑美元在 60 分钟图上点 1 处产生了一个看涨信号（见图 14-12）。入场点是 0.7560。

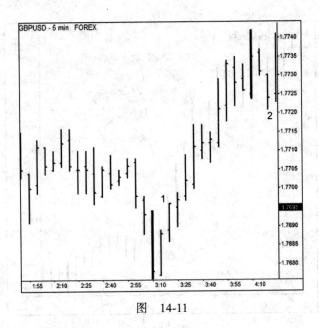

图 14-11

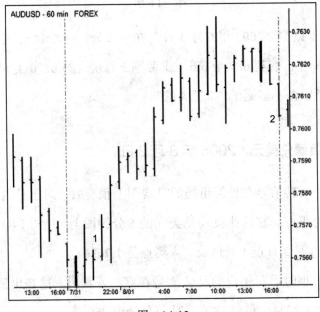

图 14-12

2. 第二天，也就是 2005 年 8 月 1 日，在点 2 处发出了一个反转信号，我们在 0.7604 点退出交易，获利 44 个 pip。请记住：任何以"USD"结尾的货币对，其每个 pip 的价值是 10 美元，因此这笔交易的收益为每手交易获利 440 美元。我交易的三种以"美元"结尾的主要货币是欧元（EURUSD）、英镑（GBPUSD）和澳元（AUDUSD）。如果一种货币以"USD"结尾，这意味着它通常会与美元指数的走向相反。如果美元走高，那么欧元、英镑和澳元将遭到抛售。在这三种货币中，欧元和英镑与美元的关系最为密切。澳元还与大宗商品价格密切相关，因为澳大利亚是各种大宗商品的巨大出口国。正因为如此，澳元的走势有时并不与美元直接挂钩。让我们看看其他主要货币对。

外汇市场——美元兑瑞士法郎，2005年7月21日

1. 2005年7月21日，美元兑瑞士法郎在60分钟图上的点1处发出了一个看涨信号（见图14-13）。入场点是1.2855。

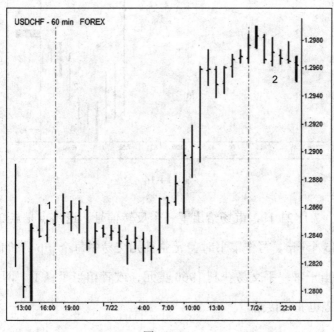

图 14-13

2. 几天后，7月24日，反转信号在点2处出现，我们在1.2971点退出，获利116个pip。由于该货币对没有以"USD"结尾，因此pip的估值与前面的例子略有不同。这笔交易进行时，一个pip的价值大约是7美元。因此，在这个例子中，116个pip等于每一手交易获利812美元。瑞士法郎与美元的交易非常密切。如果美元走高，瑞士法郎也会走高。

外汇市场——美元兑日元，2005年7月20日

1. 2005年7月20日，美元对日元在120分钟图上点1处发出了一个做空信号（见图14-14）。入场点是112.85。

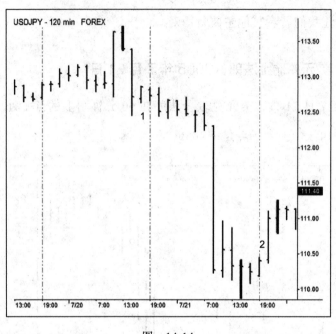

图 14-14

2. 第二天，7月21日，市场给出了一个反转信号，退出点是点2处110.40的价位，获利245个pip。写作本书时美元兑日元交易中每个pip的价值是8美元左右，因此这相当于每一手交易获利1960美元，或者相当于赢了"两把大的"。日元与美元的走势也非常接近。

外汇市场——美元兑日元，2005年7月22日

1. 2005年7月22日，美元兑日元在111.12点处发出看涨信号（见图14-15）。此后不久，市场平静下来，但又稳步地攀高。

2. 大约一周后，7月28日，一个反转信号出现在图上的点2处，提示在112.10处要退出交易。这样就获利95个pip或等于每手交易获利784美元。所有

这些外汇交易中讨论的"一手"（lot）都是基于零售的标准"一手"，价值10万美元。这与价值1万美元的"mini"正好相反。

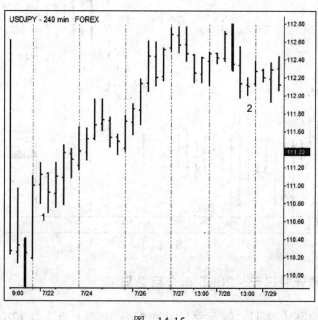

图 14-15

外汇市场——美元兑加元，2005年7月21日

1. 2005年7月21日，USDCAD在点1处发出看涨信号（见图14-16）。入场点是1.2169。市场盘整了几天，几乎让人想退出这笔交易，但卖出信号从来没有触发。在这种情况下，除了等待退出信号，无事可做。我们已经确定了为什么人类的情感会发出糟糕的"退出信号"（所以不要情绪化决策）。

2. 将近一周后，7月27日，一个反转信号在点2处出现，我们在1.2360点出清多头头寸，获利191个pip——几乎是"两把大的"。在这个货币对交易中，每个pip的价值约为6美元，这意味着每手交易的收益为1146美元。

在回顾了这笔交易之后，我们现在介绍的已经涵盖了大多数交易者关注的6种主要货币对。不过，还有其他货币对也很适合交易，下面我将重点介绍我最喜欢的两种货币对。

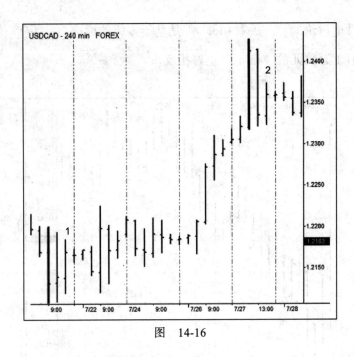

图 14-16

外汇市场——欧元兑日元,2005 年 8 月 2 日

1. 在 2005 年 8 月 2 日,欧元兑日元在 15 分钟图上点 1 处 136.66 点位发出一个做空信号(见图 14-17)。市场震荡了大约一个小时,然后开始崩溃并抛售。

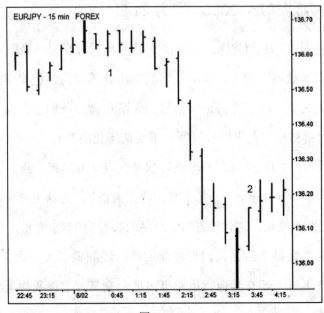

图 14-17

2. 大约两个小时后，一个反转信号在点 2 处发出，于是我在 136.18 点退出交易，获利 48 个 pip。这个货币对在这笔交易进行时每个 pip 的价值大约是 8 美元，这意味着每手交易获利 384 美元。

外汇市场——欧元兑英镑，2005 年 7 月 19 日

1. 2005 年 7 月 19 日，欧元兑英镑在 240 分钟图上的 0.6912 价位处发出看涨信号（见图 14-18）。市场开始攀高。

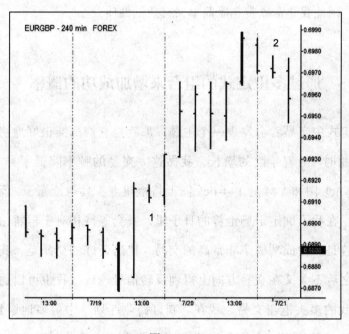

图 14-18

2. 两天后，我们得到了三个连续下跌的收盘价，反转信号在点 2 处发出。多头头寸的退出点是 0.6970，或 58 个 pip。在这个市场上，每个 pip 的价值约为 18 美元，这使得每手交易的收益为 1044 美元。这实际上是一个非常安静的货币对，但当它波动时，它非常稳重，似乎没有什么可以阻挡它的行动。由于这种特性，我们给这种货币对起了个绰号——"坦克"。

抢帽子警报总结

抢帽子警报对那些喜欢买入底部或做空顶部的交易者尤其有用。虽然仅仅因为市场"太高"而做空市场或者因为市场"太低"而买入是愚蠢的，但一旦你通过这个信号得到反转确认，那么做空那个高企的股票或买入那个全面下跌的股票就是没问题的。这并不意味着股市已经见顶或见底，但它确实意味着力量发生了暂时的转移，这是一个进场建仓的有效信号。无论是5分钟图上的日内反转，还是日线图上的整体市场反转，概念都是完全相同的。此外，这个定式是基于纯粹价格行为的，因此我非常欣赏它既简单又有效的性质。

通过多重定式的组合来增加成功的概率

在我的定式中交易者会发现一个主题，那就是它们都能很好地协同工作。当我做反转交易时（随着年龄的增长，我做这一交易的频率降低了），我特别喜欢在ES的233-tick图和YM的144-tick图上将枢纽点工具与抢帽子/反转信号警报组合在一起。在我不确定市场走势的日子里，我会等待相对于枢纽位的反转信号确认，因为这是一种成功概率非常高的交易。比这还好的交易是，我先进入一个枢纽交易，之后不久又在交易方向上得到反转信号确认。我也可以通过反转信号确认来出清我的多头枢纽交易。我在"制订商业计划"中更多地谈到了这一点，但这里面的核心是找到适合你和你的个性的策略，然后对它们进行相应的混合、匹配。

你还可以结合其他工具来使用这个指示器，如价格通道，它在找到高概率反转方面非常有效。我们已经开发了www.simplertrading.com/scalper网站来更新这个指示器的最新相关信息。另外，该网站上还有其他与它组合起来很有效的免费工具，以及更多例子。

| 第 15 章 |

砖块交易

市场在交易日中间趋势反转

在迷你道指上利用砖块来抓住日内反转

最好的日内交易产生在一个交易者能够抓住日内趋势反转的大部分行情的时候。做这种交易的最好方法之一是运用一种叫作"砖块"的特定价格形态。我们之所以称之为砖块，是因为所形成的价格形态看上去像一堆建筑砖块，被叠放在普通 K 线图之上。这些建筑砖块因为特定的价格走势而在图上形成。连续三个交易日收盘价不断上升会形成一块"上涨"砖，而连续三个交易日收盘价下降会形成一块"下跌"砖。

如果你难以决定交易的时机，那么结合买入止损和卖出止损指令使用这个定式是一个很好的选择，你马上就会看到这一点。如果在决定交易时机上没有问题，那么你就可以干脆等待信号，然后以市价进入交易。这是那种很难解释但很容易演示的交易方法之一。在这种情况下，一幅图胜过千言万语。接下来我们先熟悉一遍交易规则，然后研究几笔交易实例。

买入的交易规则（卖出的规则正好相反）

这是一个确认动能逆转的交易。

1. 在日内交易图上设置一个 24 小时的时间段，从而将隔夜交易纳入这个指标的考量。虽然这个定式可以用在日线图上做波段交易，但是它最适用于较小的时间窗口，通常小于 5 分钟。

2. 一旦市场发生逆转（这由砖块改变颜色来表示），往回数到第三块砖块。

3. 在倒数第三块砖块的顶部画一条水平线。

4. 一旦价格向上突破了这条水平线，就入场做多。

5. 对于较小时间窗口图的抢帽子交易，我在迷你道指上使用这个定式，开始时我在距离入市点 10 个点的位置设立止损。如果市场上涨 10 个点，我会卖出一半的头寸，并把止损上移到入场点 –3 的位置（如果入场点是 10 545，那么新的止损位就是 10 542）。如果市场继续上涨 10 个点，那就卖出 1/4 的仓位，并把止损向上移动 6 点到入场点 +3 的位置（如果初始入场点是 10 545，那么在第二目标实现后的新止损位就是 10 548）。最后 1/4 的仓位将一直持有到根据自己的判断出场，或者是依据一个出场信号，如 TTM 趋势，或抢帽子警报。简单一点儿的做法是当砖块发出相反的卖出信号时卖出最后部分的仓位。

6. 我会使用 20 个点的止损做同一笔交易。在上涨 +15 个点的时候卖出一半仓位，然后直到相反的方向形成一个砖块——一个相反的卖出信号时离场。我不使用跟进移动止损。这两种方法都奏效，很好地展示了对相同的定式可以采取最适合自己个性的不同出场方法。

我们来看一些交易实例。

迷你道指——2005 年 2 月 25 日，2005 年 3 月合约

1. 在这张 2005 年 2 月 25 日迷你道指期货的 5 分钟图上，美国东部时间上午 10:00 左右出现了一个多头信号（见图 15-1）。这发生在价格走势反转并上穿这一序列倒

数第三块砖块形成的水平线时。序列中的第一块砖是标记为点1的黑色砖块，第二块砖块标记为点2，第三块标记为点3。入市价格为10 696。这根水平线是手动画上的。最初它是从位于当前点3水平线上面的砖块开始的，位于10 710附近。但是，由于市场不断走低形成了新的下跌砖块，水平线也就相应跟进倒数第三块砖。只要新的砖块不断形成，这条线及它所代表的多头的入场点就会一直跟进向下。只有在市场转头向上穿越序列中的倒数第三块砖块时，交易信号才会产生。在彩色图上，上涨砖块是蓝色，下跌砖块是红色。在这些图上，上涨砖块是浅灰色，下跌砖块是黑色。

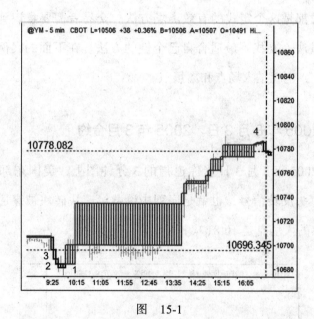

图 15-1

2. 在这个例子中，一旦进入交易，YM在反转前上涨到接近10 790。不久以后在点4处的10 778价格产生反转信号，共上涨了82个点。

我还想讨论一下用这个定式交易的三种不同方法。第一种也是最直接的一种方法是从入场持仓到离场，捉住全部行情。在这类交易中，我的初始止损是20个点，直到反转信号出现才离场。这种交易方式的缺点是，市场可能上涨18个点然后扭转向下，将交易者止损出局。

第二种交易方法是根据一个纯粹机械的价格目标了结一半的仓位。这是我的交易方法。通过在预设定的机械价位上卖出一半的仓位，一部分利润将落袋为安。这可能决定着这笔交易是亏损还是不赚不赔。也可以说，这个定式的第二种交易方法是，使用20个点的初始止损，然后在一个机械价位上，如获利15个点时，了结一半的仓位，然后在价格反转时了结后半部分的仓位。这是我在砖块定式中通常采用的方式。

第三种交易方法是使用10个点的止损，然后几乎马上开始逐步减仓。在这个案例中，上涨10个点的时候就卖出一半的仓位，上涨20个点的时候又卖出1/4的仓位，然后到反转发生时卖出剩余的仓位。注意，这些离场策略可以用在本书讨论的所有日内交易上。

这几种方法都是这个定式的有效离场方法。交易者需要意识到每一个定式都有不同的交易方法，要找到最适合自己个性的方法。在下面的案例里，我将集中在实际反转点上，也就是入场点和离场点。

迷你道指——2005年3月3日，2005年3月合约

1. 在这张2005年3月3日迷你道指的3分钟图上，美国东部时间下午1:00左右发出一个多头反转信号，也就是序列中倒数第三块砖块被穿透（见图15-2）。这个买入止损单的入场点是10 817。

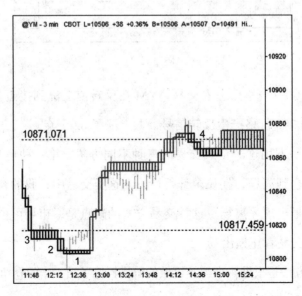

图 15-2

2. 关于离场，现在我们等待一块下跌（黑色）砖块的形成，一旦出现，我们会利用上涨砖块所形成的跟进三块砖块的止损。这个方法让我们在 10 871 离场，获利 54 个点。

迷你道指——2005 年 3 月 9 日，2005 年 3 月合约

1. 2005 年 3 月 9 日，在美国东部时间快到中午之前，这张 YM 的 5 分钟图上发出一个砖块定式卖空的信号（见图 15-3）。使用卖出止损订单的入场点是 10 916。

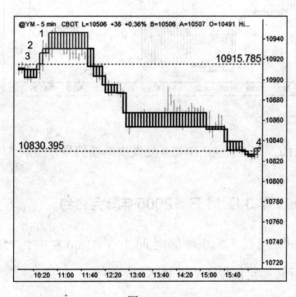

图 15-3

2. 关于离场，目标是等待一个上涨的砖块，一旦出现，使用倒数三块砖来跟进止损。止损在 10 830 被触发，盈利 86 个点。我喜欢这个交易的原因是，这个定式帮助交易者在东部时间下午 1:00—3:00 的震荡和虚假上涨中一直留在市场中。这又展示了使用特定离场策略的重要性——离场只能使用特定的离场策略。

迷你道指——2005 年 3 月 10 日，2005 年 3 月合约

1. 2005 年 3 月 10 日，临近中午的时候 YM 的 3 分钟图在 10 829 发出一个砖

块定式多头信号（见图15-4）。

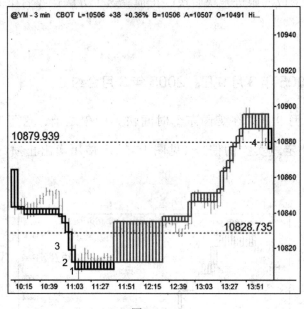

图 15-4

2. 几个小时后定式反转，在10 880处发出离场信号，盈利51个点。

迷你道指——2005年3月11日，2005年3月合约

1. 2005年3月11日，美国东部时间上午11:00左右，YM的2分钟图在10 864发出一个反转卖空信号（见图15-5）。

2. 市场不断下跌，直到交易的最后一个小时在10 806产生一个离场信号，盈利58个点。我想再次指出这张图上从上午11:30到下午将近2:00的所有噪声。有多少交易者在这段时间被振出局？有多少人追高买入？有多少人空头恐慌回补？交易者如果遵循特定的定式，使用一套具体的参数，那么他就比那些所有"在交易中试图依靠他们的主观判断"的人拥有了巨大的优势。

迷你道指——2005年3月16日，2005年3月合约

1. 2005年3月16日YM的2分钟图上，在美国东部时间下午1:00刚过的时

候，在10 699处出现一个反转卖空的砖块信号（见图15-6）。

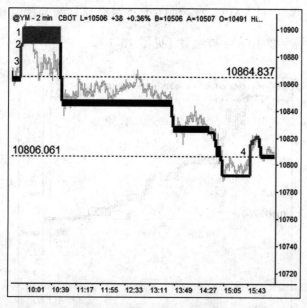

图 15-5

图 15-6

2. 市场继续下跌，直到收盘前大约20分钟砖块一直处于抛售状态。这时一个反转信号出现，交易在10 657用卖出止损指令离场，获利42个点。

迷你道指——2005年3月22日，2005年3月合约

1. 2005年3月22日YM的2分钟图上，在交易日的晚些时候发出一个空头信号，卖出止损指令在10 622被触发（见图15-7）。

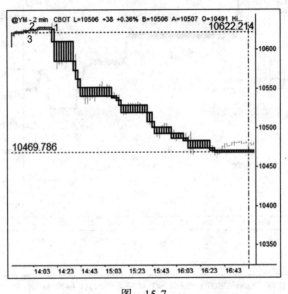

图　15-7

2. 市场一路下跌到收盘，没有发出离场的反转信号。在这种情况下，我们就在美国东部时间下午4:15迷你道指的收盘时间来退出交易。尽管YM持续交易到下午5:00，但市场流动性在ES市场收盘后就干涸了。在这个案例中，在收盘时退场价为10 469，获利153个点。为什么会有如此大的跌幅？因为这天是联邦公开市场委员会公告日，再次加息1/4个点的消息让市场大跌。这个例子很好地说明了我在交易中最大的信条之一——经济报告对市场总体进程的影响非常有限。市场只会按照自己的计划运行。交易的关键是要关注定式，忽略其他噪声。

迷你道指——2004年10月27日，2004年12月合约

1. 在这张YM的日线图上，接近2004年10月底的时候砖块产生了波段交易信号（见图15-8）。这笔交易的入场点是9927。

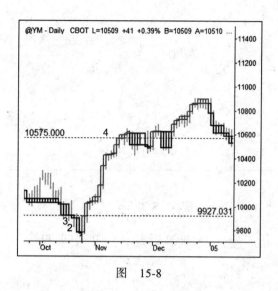

图 15-8

2. 直到 11 月底，日线砖块一直处于买入状态，当卖出信号在 10 575 产生，这笔交易获利 648 个点。当市场在 10 月底反转的时候，市场上有很多人看空。这再次指出了一个事实：人们如何看待市场、感觉市场可能怎样发展都不重要，重要的是市场在做什么。像砖块这样的交易定式排除了所有的情绪。

砖块定式总结

砖块定式非常适用于捕捉日内反转。太多的交易者尝试这样做，最后却是遍体鳞伤。他们卖空市场，但市场价格不停上涨；或者他们买入多仓，市场却又盘旋停滞。在市场行情中没有理由去捕捉精确的最高点或者最低点，那样做的风险太高而成功率却很低。而使用这个确认信号可以让交易者清楚知道什么时候行情逐渐减弱并开始反转，即使他不能够抓住精确的最高点或最低点，他也可以抓住"行情的主干"。

我们在 www.simplertrading.com/reversals 上提供了免费视频，更新了在当前市场条件下这个定式的应用方法，以及抓住市场反转的其他方法。

| 第16章 |

3：52 定式

点一支上等雪茄，结束交易日

这就是其他人开始恐慌的地方

3：52交易是我在一个交易室里工作时观察了100多个交易者每天是怎样参与市场起伏后发现的定式。交易者普遍知道，东部时间下午3:30是市场的一个关键反转点。有趣的是，我会看着房间里挤满了盯着3:30开始的反弹（或抛售）的交易员，他们等啊，等啊，然后再等。他们等待着确认，等待一个基于指标的买入或卖出信号，等待他们的母亲打电话告诉他们可以进行交易，或者其他什么。重点是他们等待自己投入行情中。最终，他们会屈服于进场的压力，恰好在行情即将耗尽燃料的时候进场。在这天剩下的时间里，我会着迷地看着他们指点着，旋转着，对着电脑屏幕大喊大叫，因为市场正在偏离他们（期望）的方向。通常他们会尽可能等到最后一分钟才退出他们的标准普尔指数期货交易，也就是东部时间下午4:15的时候。他们会充满希望地等待市场回到他们这边来，把这短暂的时间全都花在祈祷他们的头寸能成功上。有时这奏效了，但通常都不奏效，因为有太多被困住的日内交易者在祈祷同样的行情。当市场接近下午4:15时，他们别无选择了。他们不能再继续等待，只能被迫了结头寸。就像沉船上的老鼠一样，这些交易者都会立刻出场。如果他们本来是多头，他们会立刻全部卖出。如果他们本来是空头，他们会立刻全部买进。

这个故事里一个有趣的部分是，东部时间下午 4:00 之后，流动性就干涸了。由于从下午 4:00 到下午 4:15 流动性下降，这些交易者很容易在收盘前最后几分钟造成市场的过度波动。这也导致市场跟他们反向而行。我看着他们日复一日地这样做，想着有一天他们会醒悟。他们从来没有醒悟，而不久之后，我就坐在那里与他们做反向操作，这样当他们哭喊的时候，我则在赚钱。这个定式到今天还有效，而且这是我几乎每个交易日都会做的事情。就像在菲力牛排后来一杯麦芽威士忌一样，这是结束交易日的一个好办法。

买进的交易规则（卖出与之相反）

这是一种对赌交易。东部时间下午 3:30 市场逆转时我任其发生，然后 22 分钟后，在 3:52，我将与行情进行逆向操作或对赌交易。

1. 我在 ES 股指期货和迷你道指期货上使用这个定式。

2. 我设置一个 1 分钟柱状线图，图上没有任何其他指标或干扰。

3. 在东部时间下午 3:30，我在期货交易的价位做标记。在这个例子中，期货应该在东部时间下午 3:30 开始上涨。

4. 在 3:52，我用市价指令做空。我在 3:52 的 1 分钟图柱状线开始的时候做空。这样做的前提是假设与 3:30 交易的价位相比，ES 至少偏离 1 个点，YM 至少偏离 10 个点。在这种情况没有发生的日子里，我不做这种交易。

5. ES 上我的止损设置为 2 个点，YM 上的止损是 20 个点。这种交易中我不做跟进止损。

6. 我会持有这个交易直到东部时间下午 4:13，在那时我按市价离场。从技术上讲，我可以持有到 4:15，但是我不想陷入这种交易过夜，这就是为什么我留出了2分钟的自由度。如果我发现电脑被锁住了，那我仍有足够的时间打电话给经纪人来退出交易。（我雇用的是一个会真的接电话而不让我等着的经纪人。）

7. 尽管迷你道琼斯指数直到下午5:00才会收盘，但我仍然会参照E迷你股指期货市场而在下午4:13离场。到4:15，我已经准备好结束一天的交易然后开始休息了。

E迷你标准普尔——2004年10月14日，2004年12月合约

1. 东部时间2004年10月14日下午3:30，标普开始反弹，由于它们在3:30反弹，我会在3:52做空这个市场（见图16-1）。通过看1分钟柱状线图，我能看到在下午3:51，柱状线收在1104.75。然后在下午3:52，柱状线开在1104.50，我进行反向交易，做空市场，并在1104.50成交。我在1106.50设置了2个点的止损。

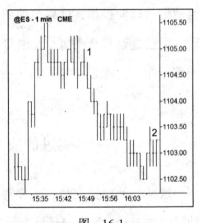

图 16-1

2. 那些在下午3:30跳进市场这一波晚盘"爆发"行情的交易者，现在开始看着他们的交易被市场淹没。他们坚持的时间越长，心里就越紧张，然后要么他们的止损开始被触发，要么他们直接使用市价指令抛售头寸。这使得市场进一步下跌。在下午4:13，1分钟柱状线开在1103.00。这是我退出的时间信号，我获得了1.50点ES盈利。我喜欢这个交易的原因之一是它有一个时间限制。我知道什么时候进入，我知道我会在21分钟之后退出。我也知道我不期待大行情。我在心理上做好了准备，接受一个小的短线反转盈利时，而当行情对我不利时，由于我实际的止损很少被触发，这通常也会是非常小的损失。

E迷你标准普尔——2004年10月4日，2004年12月合约

1. 在东部时间2004年10月4日下午3:30，市场以抛售进入下午3:52时间段

（见图16-2）。因为市场从这个时间反转点开始在卖空，而我想与这个行情对赌，所以我做多。现在我要做的就是等到下午3:52，这是我进入交易的触发时间。在3:52，我在1136.00买入并设置止损位为1134.00。为什么我一定要精确地等到3:52来对赌这个行情？这正是我在长期反复试验的基础上设置的时间。我无法用数学方法证明在3:52进入市场比在3:50进入市场好。就像问人们是喜欢金发还是深色头发的女人，他们可能有自己的偏好，但最重要的是，他们能够接受自己的选择并付诸行动。

图 16-2

2. 市场以窄幅来回波动，在下午4:13，我在1135.50以0.50点的亏损离场。有趣的是，我很少在这种交易中被止损出局。虽然用这个定式我确实可能亏损，但是它们通常是非常小的损失。

E迷你标准普尔——2004年7月27日，2004年9月合约

1. 从东部时间2004年7月27日下午3:30开始，市场以反弹上涨进入3:52时间段（见图16-3）。下午3:51，1分钟柱状线收在1094.75。我在下一个柱状线开始时以1094.75做空，我在1096.75设置了2个点的止损。

2. 市场开始下跌，当下午4:13柱状线开始时，标准普尔的报价为1093.25。我平仓离场，盈利+1.50点。

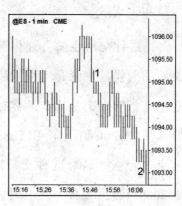

图 16-3

E迷你标准普尔——2004年7月28日，2004年9月合约

1. 在东部时间2004年7月28日下午3:30，市场反弹，我在下午3:52以1096.75

做空（见图16-4）。我在1098.75设置了2个点的止损。

2. 市场下跌，最低点为1094.75，然后开始回升。在下午4:13，我在1096.50获利0.25点离场。

E迷你标准普尔——2004年7月29日，2004年9月合约

1. 从东部时间2004年7月28日下午3:30到下午3:52，市场在抛售（见图16-5）。在下午3:52，我以市价1099.00买入，我将止损设置在1097.00。

2. 市场在下午4:00之后开始上涨。在下午4:13，我以市价卖出，在1100.50获利2.50点离场。

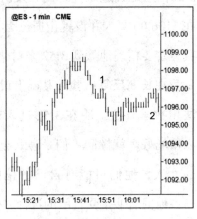

图 16-4

迷你道指——2004年7月1日，2004年9月合约

1. 这种交易也适合迷你道指。我在做这种交易的时候，并没有更喜欢哪一个市场。因为迷你道指的成交量比E迷你标准普尔要小，有时从下午4:00到下午4:15这个市场的波动会有点儿夸张，这对这种交易定式来说是好事。在2004年9月8日，迷你道指以抛售进入下午3:52，所以我进入多头，以10 311买入（见图16-6），我设置了20个点的止损，即在10 291。

2. 市场在下午4:00之后因为空头回补而开始上涨。在下午4:13，我以10 322获利21点离场。

图 16-5

图 16-6

迷你道指——2004年9月13日，2004年12月合约

1. 在2004年9月13日，东部时间下午3:30，迷你道指在抛售，所以在3:52，我使用市价指令买入，在10 309成交（见图16-7）。我把止损设置在10 289。这是一个很好的例子，因为市场在下午3:40左右趋于稳定并开始走高。我是否应该对这个上涨做空直到3:52呢？不！要寻找的关键因素是下午3:30以后的主要行情。还记得我们在交易室里的那些朋友吗？他们看到3:30的行情，然后他们等啊，等啊，等着入场。所以在这个例子中，他们会在这个行情的最低点

图 16-7

做空，然后他们在剩余的时间里做的就是空头回补，产生亏损。做这项交易时我的基本规则是，如果定式不是特别清晰，那我就不做这笔交易。例如，如果市场在交易日最后一个小时非常安静，下午3:30没有任何反应，那么我就没有交易要做。要么这个定式非常明显，要么没有定式。通常每5天中的4天都有明确的定式。

2. 空头回补一直持续到收盘，在下午4:13，我在10 321以12点盈利离场。注意：这笔交易也可以在2004年9月的合约中完成，该合约仍然有效，尽管它将于9月17日星期五到期。记住，月合约在展期那一周内，即在合约到期前的那个星期的星期四最活跃。这个合约有效期为9月17日星期五，因此12月的合约在9月9日星期四成为正式的即月合约。在展期周内，两份合约的交易都会很活跃，但是成交量会涌入下一份合约，交易者希望在合约到期前一周的周四开始交易下一份合约。

迷你道指——2004年9月14日，2004年12月合约

1. 在2004年9月14日，市场在接近东部时间下午3:30开始抛售（见图16-8）。因为是在抛售，所以我等着到了我的入场时刻就去做多。我的时间入口在3:52出

现了，我使用市价指令买入，在 10 318 成交，并且在 10 298 设置了 20 个点的止损。

2. 在下午 4:13，我在 10 324 平仓，盈利 6 个点。这揭示了短线反转获利和波段交易的巨大区别。这样的交易无法偿还抵押贷款，但它确实能让我下次去星巴克时多喝一杯意式浓缩咖啡。当然，这里的想法是短线反转交易用于产生每月的收入，而波段交易用于创造财富。

图 16-8

迷你道指——2004 年 9 月 24 日，2004 年 12 月合约

1. 在 2004 年 9 月 24 日，迷你道指在东部时间下午 3:30 开始抛售（见图 16-9）。因为是在抛售，我一直等到下午 3:52，我使用市价指令买入，在 10 037 成交，并且设置止损在 10 017。

2. 市场大幅上涨，在下午 4:13，我在 10 044 了结我的多头，盈利 7 个点。

图 16-9

迷你道指——2004 年 9 月 27 日，2004 年 12 月合约

1. 2004 年 9 月 27 日，市场在东部时间下午 3:30 开始抛售（见图 16-10）。我坐下来，想象着所有追逐市场的交易员都在做空。在下午 3:52，我使用市价指令买入，在 10 037 成交，并且设置止损在 10 017。我下了一个做多的市价单，并在 9988 成交。市场继续卖空，接近 9968，也就是我设置的 20 个点的止损。

2. 我现在能看到，那些追逐市场空头的交易员开始受到一些冲击，并开始回补。市场强烈反弹，但这次反弹的大部分只是让我盈亏平衡。在下午 4:13，我把合约拿出来卖掉，我以 9990 盈利 2 个点成交。好吧，我不能用这笔交易买更多的星巴克意式浓缩咖啡，但我还是很感激我还能穿着拖鞋去办公室。

迷你道指——2004 年 10 月 6 日，2004 年 12 月合约

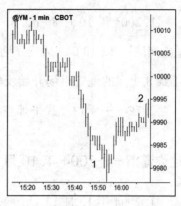

图 16-10

1. 2004 年 10 月 6 日，市场在东部时间下午 3:30 开始抛售，大约 10 分钟之后稳定下来，然后开始上涨（见图 16-11）。因为下午 3:30 的最初走势是下跌，我打算反向操作并买入。在下午 3:52，我使用市价指令买入，在 10 220 成交，并且设置 20 个点的止损，即 10 200。

2. 所有追逐下午 3:30 空头行情的交易者都遭受打击。他们的困境变成了我的利润，在下午 4:13，我卖出了我的合约。我以 10 239 盈利 19 点成交。今天我可以用最后一笔交易为交易室里的每个人买星巴克的咖啡。这可

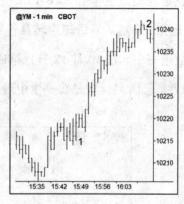

图 16-11

不是开玩笑。这些天，当我们走进星巴克的时候，星巴克的员工们总是窃窃私语："头儿来了。"还有什么地方可以让五个人走进一家咖啡店，花 20 美元只为买到一杯有味道的水？原则上，我必须买这家公司的股票，这样我就不会觉得自己被宰了；我只是在让我的投资增值。那句话怎么说来着？否认㊀不是埃及的一条河。㊁（当然了，这些天我走进星巴克只会买一杯花草茶，这在很多层面上都是错的。）

㊀ 音似"尼罗河"。
㊁ 这句话指拒绝承认明显存在的事实。

迷你道指——2004年10月8日，2004年12月合约

1. 2004年10月8日，市场从东部时间下午3:30一直涨到下午3:52。这时我做空市场，以10 049成交（见图16-12）。我把止损设置在10 069。在离我的止损不到8个点的地方市场开始反转。

2. 在下午4:13，我平掉空仓，以10 037成交，获利12个点。

迷你道指——2004年10月13日，2004年12月合约

1. 2004年10月13日，东部时间下午3:30，市场涨势很好，到了下午3:52，我迅速地做空（见图16-13），比一名波士顿红袜队的球迷在他的球队以0∶3落后于纽约扬基队最后却逆转赢得第七场比赛后喝啤酒的速度还快。（我必须把这件事放进书中。在10月18日，第四场比赛中，我在本垒板后面第6个座位。这场比赛持续了14局，这是我一生中最难忘的经历。）我以9994成交，止损设置为10 014。

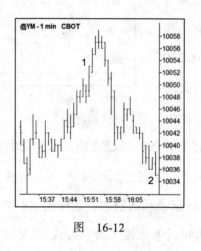
图 16-12

图 16-13

2. 市场迅速下跌，在下午4:13，我获利10个点在9984卖出。

3:52定式总结

我喜欢这种交易，因为它简单有效，而且它显然与那些在下午3:30这一反

转时间段追赶行情的众人背道而驰。不管你喜不喜欢，期货交易是零和游戏。有人赢，就要有人输。这种交易显然利用了交易者的情绪，并清楚地区分了赢家和输家。

这一章自第1版出版以来有什么更新吗？这一章是我的挚爱，而且这个定式真正触及交易的真谛，那就是为了赚钱，你必须从别人那里取得。这个定式清楚地显示了谁在拿走交易者的钱，以及为什么。否认也没用，作为交易者，我们不是圣人。我们只是在竞技场上和其他角斗士较量。

我不得不对这个定式做一些修改。现在在我的每日新闻视频中，我把这个称为"日终交易"，虽然理论仍然是一样的，但有一些调整把内部指标也考虑了进去。为什么要调整？实际上，我真不应该以书的形式出版这个定式。因为它是一个小成交量的定式，当太多的人投入一个小成交量的定式中时，就会稀释这个定式的有效性。这本书的其他定式就不这样，它们都发生在能够容纳大成交量的市场及时间周期中。然而，这一特殊的定式能利用成交量小的优势，让交易者惊慌失措地抛出头寸。这真的是一件很美好的事情。即使当我发现自己在这样的交易中处于劣势时，我仍然欣赏它的简单。一个人的收获是另一个人的痛苦。在www.simplertrading.com上可以获得这个游戏更新的信息。我在www.simplertrading.com/tradingtheclose上放了我使用这个特别交易方式的一系列更新的免费视频。

| 第 17 章 |

HOLP 和 LOHP

抓住趋势反转而不被市场碾压

因为价格低而做多市场或者因为价格高而做空市场都是危险的，除非你像这样操作

关于金融市场，最重要的一点是当前价格由且仅由一个因素决定：在此时此刻，人们愿意支付的价格。一个随机指标可能显示超买，一个MACD（异同移动平均线）可能掉头向下成为一个潜在的做空信号，而移动平均值可能会被偏离到极端。无论什么指标都不意味着价格会反转。当然，大概率下会这样，但是并不一定会发生。与此相反，在这些极度超买或者超卖的指标读数下，价格还是会持续上升或者下降很长时间。在1999年，超买持续了数月之久。而在2000年和2001年，超卖几乎一直延续着。在2008年金融危机中，一些股票（如雷曼兄弟公司股票）一直超卖到股票消失为止。每一个在价格下降途中尖叫着"太便宜了"的人无数次地品尝到痛苦的滋味。

几乎每天，我都从人们那里听到这样的故事，他们"因为看上去太便宜"而购买了某一只股票，结果只看到它每天都在继续暴跌。其中一些，比如EXDS

（Exodus Communications，Inc.）和 WCOM（WorldCom，Inc.），在短期之内就变得特别便宜。最终，那些在价格下降的过程中购买了这些股票的人或者因为过于沮丧不再能够承担这种痛苦而卖出股票，或者在很多情况下，他们采用这个世界上最好的一种屡试不爽的卖出信号出场——公司宣告破产，股价归零。这个故事的另一面同样真实发生：我听说过很多战争故事，讲述交易者"因为价格看上去太高了"而做空一只股票。结果，当股票价格继续疯涨并摧毁他们的账户时，他们很快就会经历战争创伤。

说到做空，我总觉得券商说因为潜在损失"无穷大"所以做空很危险是可笑的事情。我尚未看到一只股票的价格涨到无穷，但是我已经看到大量股票的价格归零。事实上券商和交易公司正是通过与散户的交易反向操作而获利丰厚。

在交易中，因为价格"看起来太低"或"看起来太高"而试图抓住一把正在落下的刀（在剧烈抛售中购买股票）或者是挡在一辆货运火车前（在急剧的上涨中做空）永远都不是一个好主意。那么，一个交易者该怎样抓住一个价格反转而又不冒生命危险呢？

这就是本章要讨论的这个定式发挥作用的时候了。这种抓住市场顶部和底部的方法所基于的是交易中最重要也是唯一的因素——价格。

卖出的交易准则（买入的规则正好相反）

这是一个反转交易。只有当这个定式信号确认后，我才会在顶部做空和在底部做多。我一般用这个定式做波段交易，但是它其实适用于所有的时间周期，包括日内交易所用的更短的时间周期。HOLP 和 LOHP 是"低价格时段的高点"（high of the low period）和"高价格时段的低点"（low of the high period）的首字母缩写，发音是"HOPE"和"LOPE"。

1. 找出一个趋势向上的市场或者股票，理想状况下它正要创出 20 天（或者周期）价格新高。这是一条大致的规则，正在创出 17 天或者 18 天（或周期）价格新高的市场也可以。关键是你要看到一个显著的趋势，并准备好在趋势逆转时就入场。

2. 在这个上升趋势中找到一个最高 K 线。这根 K 线通常就是当前的这根。但是也可能是几根 K 线之前的一根。"最高 K 线"是指在整个向上的行情中包含最高日内价格的那一根 K 线。

3. 一旦确认这根最高 K 线，我就在收盘价低于这根最高 K 线的低点时做空股票。（快速重复这句话三遍。）

4. 初始止损就是最高 K 线的最高价格。如果到了第三天或者第三个周期，我还在这笔交易中，那么我就开始使用两根 K 线的跟进止损。在当前 K 线收在此前两根 K 线跟进止损的价格之上时，我就会退出这笔交易。

5. 因为行情中的价格回撤形态，有时候必须把两根 K 线的跟进止损设定在当前的"止损 K 线"直到趋势恢复继续下行。一旦趋势继续，两根 K 线跟进止损也能重启使用。这种情况不是经常发生，我也意识到这段文字意思表达不够清晰。别担心，这个不是很容易解释，但是当你看到一个具体的例子就会明白了。我会在图 17-13 集中讲解这一点。

这个定式在所有市场的所有时间周期都起作用。我一般在 60 分钟图和日线图上运用这个定式交易个股和对应的期权，以及股指期货和外汇。

E 迷你标准普尔——2004 年 10 月 7 日，2004 年 12 月的合约

1. 图 17-1 是一个入场方法的案例。这张图是 E 迷你标准普尔股指期货的日线图。一旦我讲述完这个入场方法，我们就可以跳到出场策略。理解怎样进入这个交易很重要。标注了点 1 的白色 K 线代表着上升趋势中的"最高 K 线"。这根 K 线的最低点是 1133.50。这根 K 线的最高点代表着过去至少 20 天的最高价格。事实上，E 迷你标准普尔上一次在这个价位是

图 17-1

2004年7月1日。

2. 因为标注了点 2 的黑色 K 线向下突破了最高 K 线的最低点,我们在收盘时入场。我的入场点是 1131.50。在截取这张图的时候因为没有出场信号发出,这笔交易还没有退出。在我讨论这笔交易的时候我通常会收到几个问题。一个是:"我能不能在日内一看到最高价格的日 K 线低点被向下突破的时候就入场,而不是等到收盘?"我的回答是,你可以这么做,但是我的确想看到收盘价以此来确认市场是认真的。很多时候,我在盘中入场,却发现收盘价格收在了最高 K 线的最低点之上,这个交易就不成立了。而等到收盘,你就有额外的保险保证这个反转是有效的。另一个我常收到的问题和入场点有关:怎么知道哪一根 K 线将是最高 K 线呢?当然,在价格突破之前,你无法知道哪一根 K 线将成为趋势反转的最高 K 线。是这一根,还是会有一根更高的?你所能做的就是持续观察这些 K 线的发展。当我确认一根最高 K 线时,我会特别留意价格是否收在最高 K 线的最低点之下。如果下一根 K 线更高,那么这根新形成的更高的 K 线就成为最高 K 线。本质上,我在跟进移动一个想象中的卖出止损单。当价格持续上涨时,我的入场点也会跟着上升,直到价格最终向下跌破最高 K 线的最低点。尽管这是一个简单的概念,但我发现初学这个定式的人需要一些案例来掌握它。所以,让我们再多看几个例子。

E 迷你标准普尔——2004 年 10 月 7 日,2004 年 12 月的合约

1. 这张 E 迷你标准普尔股指期货的日线图(见图 17-2)和图 17-1 是一样的。但是,这张图聚焦在起初从最低点反转向上的交易。标注了点 1 的 K 线发生在 9 月底,是这段行情的最低点,尽管它不是 20 天的最低点,但它是 18 天的最低点,这也是符合定式的。我要在收盘价高于最低 K 线的最高点时买入。这天的最高点是 1112.50。

图 17-2

2. 第二天，收盘价高于这根 K 线的最高点，我在东部时间下午 4:00 正常交易时间结束的时候买入。我的成交价是 1115.25。我的初始止损是标注为 1 的 K 线的最低点，也就是略高于 1100.00。

3. 这笔交易持续了七天。在标注为 3 的那一天，标准普尔指数收在前两根 K 线的低点之下。一旦这种情况发生，我在下午 4:00 之后就获利了结这笔交易，我的出场点是 1132.25，获利 17.0 点，也就是每份合约获利 850 美元。注意：这个多仓的出场点也恰好是图 17-1 中新的做空仓位的入场点。这种情况不总是出现，但是偶尔的确会出现。

迷你道指——2004 年 8 月 6 日，2004 年 9 月合约

1. 2004 年 8 月 6 日，迷你道指在当前趋势里创出一个新低，然后开始反弹（见图 17-3）。这根 K 线标志着最低点交易日，所以我打算在突破这个最低 K 线的最高点买入。

2. 过了好几个交易日，最终到 8 月 17 日收盘价才突破这个价格最低日的最高价格。我在这一天盘后的 9974 点入场。最初止损是触发了这笔交易的日 K 线最低点，9770 附近。两天后，我还在这笔交易中，我开始用两根 K 线跟进止损的方法。

3. 8 月 26 日的 K 线收在前两根 K 线跟进止损的收盘价之下。我在 10 121 处出场，盈利 147 点，也就是一份合约盈利 735 美元。

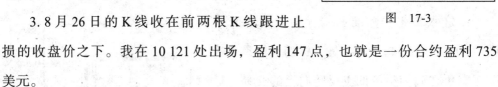

图 17-3

迷你道指 YM——2004 年 6 月 23 日，2004 年 9 月合约

1. 2004 年 6 月 23 日，迷你道指期货走出一个漂亮的最高 K 线（见图 17-4）。这个最高点交易日的最低点是 10 343。

2. 6 月 28 日，在点 2 处 YM 收盘价低于最高点交易日的最低点。我在这天收

盘时于10 329建立做空仓位。我的初始止损位是最高点交易日的最高点,一旦进入交易两天以后,我开始使用两根K线的跟进止损。记住,我寻找的出场信号是收盘价高于这些价格水平。

3. 7月27日,我在K线3收盘时以10 061离场,盈利268点,也就是每份合约盈利1340美元。

纳斯达克电子期货——2004年8月13日,2004年9月合约

1. 2004年8月13日,纳斯达克电子期货最低价格交易日内的最高价格是1317.50(见图17-5)。

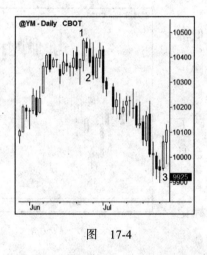
图 17-4

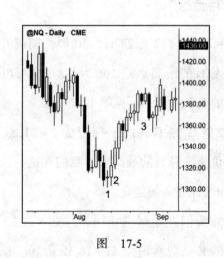
图 17-5

2. 8月16日,由于标记为2的K线突破了最低价格交易日的最高价格,所以我在这天收盘时以1322.00入场建仓。

3. 8月30日,我在K线3收盘时以1367.00离场,盈利45点,即每份合约盈利900美元。

纳斯达克电子期货——2004年6月30日,2004年9月合约

1. 2004年6月30日,纳斯达克电子期货日线图上最高价格交易日的最低价格是1506.00(见图17-6)。

2. 7月1日，由于标记为2的K线向下突破了最高价格交易日的最低价格，我们在这天收盘时以1494.00入场建仓。

3. 随着纳斯达克电子期货被抛售，我们开始使用两根K线的跟进止损。7月29日，收盘价高于我们的跟进止损，我们在标记为3的K线收盘时以1401.50离场，盈利92.50点，即每份合约盈利1850美元。

图 17-6

30年长期债券——2004年7月28日，2004年9月合约

1. 2004年7月28日，30年长期债券最低价格交易日的最高点是106 26/32，这可以在标记为1的K线上看到（见图17-7）。

2. 7月29日，由于标记为2的K线突破了最低价格交易日的最高点，我们在这一天收盘时以106 31/32入场建仓。

3. 我们开始跟进止损，并在8月23日标记为3的K线收盘时以110 16/32离场。长期债券变动一个整点的价值是1000.00美元，所以3 17/32点的价值是每份合约3531.25美元。

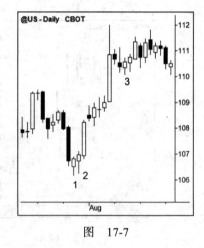

图 17-7

外汇市场——欧元兑美元，2004年12月31日

1. 2004年12月31日，欧元兑美元向下突破并且收盘价低于最高价格交易日的最低点（见图17-8）。这笔空头交易的入场点是1.3553。

2. 市场连续下跌了5个交易日才见底。1月12日，止损被触发，我们在1.3254离场，盈利299个小点，即每份合约2990美元。

图 17-8

3. 2月4日，欧元兑美元市场创出近20天的新低，成为这个定式的候选市场。2月9日，收盘价高于最低价格交易日的最高点，入场信号发出。我们于1.2803入场。

4. 市场继续向上，直到两根K线的跟进止损在3月1日于1.3186被触发。这笔交易盈利383个小点，即每份合约3830美元。

谷歌公司（GOOG）——2004年9月2日

1. 2004年9月2日，谷歌（GOOG）日线图上最低价格交易日的最高点是标记为1的K线上的102.37（见图17-9）。这个低点不是20天的最低价格，但是GOOG在11天前的2004年8月19日才刚刚公开上市。

2. 9月10日，由于标记为2的K线突破了最低价格交易日的最高点，我们在这天收盘时以105.33入场建仓。

图 17-9

3. 我们开始跟进止损，10月12日，在K线3收盘时我们以136.55离场，盈利刚好超过30个点。

旅游动物园公司（TZOO）——2004年8月30日

1. 2004年8月30日，旅游动物园（TZOO）日线图上最低价格交易日的最高点是标记为1的K线上的42.37（见图17-10）。

2. 8月31日，由于标记为2的K线突破了最低价格交易日的最高点，我们在这天收盘时以45.00入场建仓。

3. 9月28日，我们在K线3收盘时以56.42离场。从事后来看，这笔交易如果在股价突破两根K线的跟进止损时离场就是"天才"的交易。那时的离场价是70美元左右。但是，这种定式的两种做法我都用过，我发现日内突破止损往往会使交易者过早离场，错过一大段行情。无论如何，我们还是在这笔交易上赚到了将近12个点。

卓越海运公司（EXM）——2004年9月2日

1. 2004年9月2日，卓越海运（EXM）日线图上最低价格交易日的最高点是标记为1的K线上的23.50（见图17-11）。

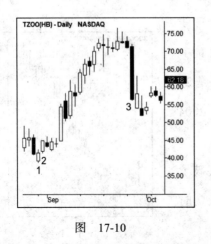

图 17-10

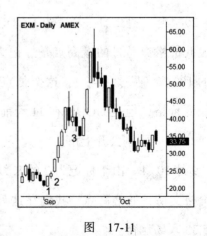

图 17-11

2. 9月3日，由于标记为2的K线突破了最低价格交易日的最高点，我们在这天收盘时以24.21入场建仓。

3. 9月15日，跟进止损被触发，我们在K线3收盘时以38.00离场，盈利将近14个点。在这笔交易中，我们的出场点刚好在这只股票在3个交易日内又飞涨30个点之前。这又是一次"事后诸葛亮"。

外汇市场——欧元兑英镑，2005年6月16日

1. 我喜欢这个特别的案例，因为它演示了交易者坚持自己的定式有多么重要。6月16日，欧元兑英镑创出新低，第二天价格反转，收盘价高于这个最低价格交易日的最高点，发出多头信号（见图17-12）。

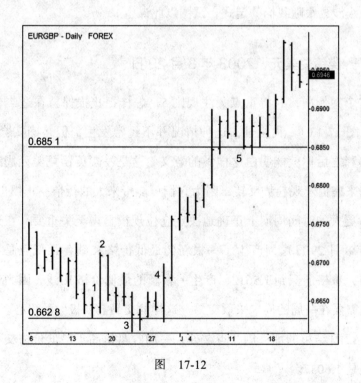

图 17-12

2. 我买入多仓，和我一起工作的一群其他交易者也做多。我们的入场点是0.6709。

3. 欧元兑英镑反转下跌，收盘低于我们的两根K线跟进止损位。我们在6月

23 日的点 3 处,于 0.6632 离场,亏损 77 个小点。这根 K 线也创出一个新低,因此成为这个定式中的新信号 K 线。

4. 6 月 29 日,点 4 处,收盘价高于最低价格交易日的最高点,我在 0.6680 入场。和我一起工作的其他外汇交易者因为第一笔交易损失的刺痛而放弃了这个定式。

5. 欧元兑英镑涨势良好,7 月 13 日点 5 处两根 K 线跟进止损位被触发,价位是 0.6851,盈利 171 个小点。这个案例的意义在于它显示了不因为你的感受而过滤掉某个定式的重要性。如果上一个定式导致亏损,很多新手交易者会因为采纳这个定式的不良情绪而不立刻采纳下一个定式。实际上,我们的情绪与下一笔交易将会怎样展开毫无联系。我们永远不会真正知道市场下一步要做什么,但是我们可以坚持跋涉,跟随我们的定式,试图以此谋生。

外汇市场——英镑兑美元,2003 年 8 月 29 日

1. 在这个案例中,我将重点关注规则 5,怎样把止损保持在适当位置直到趋势恢复(见图 17-13)。我说过,这种情况并不经常发生,但是确实会偶尔出现,在我演讲解释之后你就能明白这样做的意义。这是一幅英镑兑美元周线图。我喜欢用周线图来捕捉宏观趋势反转,因为它们可能带来大的行情。止损也设得更宽,所以在这种更大的时间周期上正确地决定仓位规模显得至关重要。在这幅周线图上,2003 年 8 月 29 日这周产生了一根新的最低价格 K 线,最低点是 1.5620。紧接着下一周,价格下探到 1.5612,产生一根新的最低价格 K 线。因为这是一根周线,所以只需要在一周的周末采取交易。这样的交易需要极大的耐心。

2. 9 月 12 日结束的那一周,点 2 处,一周收盘价高于最低价格交易周的最高点,入场点是 1.6037。

3. 英镑兑美元在接下来的一周强劲上涨,随后几周也继续攀升。在 11 月 9 日这周,点 3 处,价格在这周内下跌到两根 K 线跟进止损位以下,但随后反弹,一

周收盘价高于最低点 30 个小点。这时候，如果我们把两根 K 线的跟进止损向前移动到下一根 K 线，就会立即被止损出局，因为价格已经低于这个新止损位了。这就是我在规则 5 中谈到的情形。因此，我让收盘时止损价位保持不变，就是从点 3 处延伸较长的那根线所指示的价位。我会把止损价格维持在这里，直到被止损出局或者价格创出新的趋势高点。

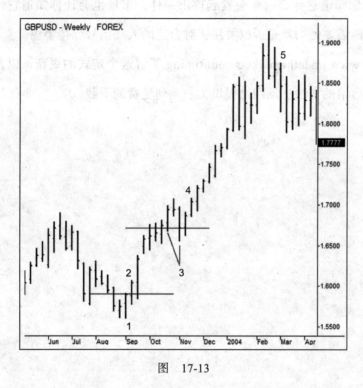

图 17-13

4. 点 4 处，价格创出新的趋势高点，而我也恢复使用两根 K 线的跟进止损。

5. 英镑兑美元强劲上涨，直到我的两根 K 线跟进止损在 2004 年 3 月 5 日结束的这一周被触发。这时距离入场大约 6 个月，盈利 2424 个小点，即每份合约 24 240 美元。这正是使外汇市场极具吸引力的交易类型，因为在这个例子中交易者可以用一个 5 万美元的账户在这笔交易中赚到 100 万美元。当然，也有亏光全部 5 万美元的显而易见的风险。如果交易是简单的也就没那么有趣了。

低价格时段的高点（HOLP）和
高价格时段的低点（LOHP）交易总结

　　试图捕捉市场顶部和底部有两种方法：错误的方法和唯一正确的方法。仅仅因为价格太高就卖空一只股票或者一个市场，这是交易者的自杀方式。就像一条狗通常会让你知道它什么时候会发起攻击一样，市场也会让你知道它什么时候即将反转。你所需要做的就是予以关注，对合适的入场信号保持警惕。

　　请访问 www.tradethemarkets.com/timing 了解这个定式的更新，以及其他在交易之前确认行情的方法。该网站提供了一系列免费的下载。

| 第 18 章 |

推进器交易

应用股票、个股期货和股票期权
来做波段交易

为个股更大的行情做好准备

对我来说，华尔街最大的冒险者中有一些是长线投资者。他们会固执地拿住三年前买的股票，因为他们具有"长期眼光"。公司用铅管殴打他们的债权人没关系，股价自买价下跌80%没关系，甚至公司的CFO最近被看到和玛莎·斯图尔特一起坐牢也没关系。有关系的是不管水深火热，他们盲目相信只要他们放手用长远眼光来看待事物，最终一切都会变好。结果好则一切都好，对吧？当然。但可惜这不是莎翁的戏剧，这是华尔街。

2000年年初以下事情绚丽多彩地展现于我面前。首先是超级碗。我甚至不记得谁参加了那次比赛，但我记得那18个在30秒的广告时间里挥霍着它们全年营销经费的各类互联网公司的广告。我还记得这是南加州首次举办"日内交易博览会"的时候。最后，我记得我的冰箱坏了。并不是冰箱坏了有多重要，重要的是那个我从黄页上找来修冰箱的人。他用了正好84分钟来干这活儿。前12分钟用来修冰箱。剩下的时间他用来向我鼓吹他看好的纳斯达克股票，以及为什么思科公司值 500 美元 1 股。他演讲的过程中，我试着打断他，告诉他在他的下巴上挂着口水，但他根本不停。当他宣讲互联网福音的时候，我意识到此时市场上人们是如此兴奋以至于当崩盘来临时到底会下跌多少已经不重要了——他们成了信徒，会一直持有股票直到被通知追加保证金。当修理工离开的时候，我开始在图表上寻找产生前高交易日的日内低点的跌破信号。那天我一个也没找到，但一个月后就有很多了。

我确实也在花力气寻找一些较新的公司，它们有潜力以新产品来搞出点儿大动静。我从 IBD 来寻找备选公司，找那些有可能收益巨大的新公司。市场上有很多长期的跟随趋势的机会，不管是做多还是做空。然而，找到下一个微软不是我的交易方向。如果我确实找到一个，很棒，但同时我会继续寻找交易定式。因此，我在股市中大多数的长期努力是关于波段交易的，我最喜欢的交易定式之一被我称为是推进器交易。这是一套系统地建立头寸并持有数日到数周的方法。在 70% 的时间里，个股只是在很窄的区间来回盘整，为下一个大行情积蓄能量。这一方法是要寻找那些已经完成了"休息阶段"准备再次爆发上涨（或下跌）的股票。

这个交易定式的想法是当股票开始推动上涨（做多）或推动下跌（做空）时已经持有头寸而不是在日内追着操作。我喜欢这样做的原因是很多时候市场很少有股指交易定式的日内交易机会。有的板块上涨，有的板块下跌，导致整个市场震荡但又安静。然而，这种时候，总会有个股出现行情。当我已经持有了这些股票头寸几天到几周的时候，我就不会在没有真正的交易定式出现的时候被迫做日内股指期货交易。这是因为我已经持有那个可以在下一个"微小行情"获利的股票头寸。

对于这个交易定式，我主要专注于个股。然而对于有个股期货（SSF）和期权的股票，我也准备做这些方面的交易。因为 SSF 是新的品种，此外，还因为大多数人错误地在做期权，所以我要花点儿时间回顾一下它们是怎样运作的，以及我怎么操作它们。让我们开始回顾吧。

个股期货的交易者指南

个股期货是个股对应的期货合约。目前有大约 130 只著名股票有个股期货，如 GOOGL、AMZN、PYPL、COP、MSFT 和 MA。这是个还没被广泛关注的新发展，直到 2000 年年末美国国会才通过立法解禁这些已经在欧洲和其他国家交易的产品。很多交易型基金也有期货合约。如果要知道所有的这些期货合约，可以浏览 www.onechicago.com。One Chicago 是一个电子化交易所，和 Chicago Board Options Exchange（CBOE），the Chicago Mercantile Exchange Inc.（CME）以及 Chicago Board of Trade（CBOT）合资。当然，CBOT 和 CME 现在都属于同一家公司——CME Group。那么，SSF 的原理是什么？交易者又该怎么使用它们呢？

很多经纪商对这些新的交易工具适应很慢，但他们也开始跟上了。因为是期货合约，所以交易者需要有期货账户来交易它们。此外，他们还需要和那些设置了能交易这些品种的经纪商来交易，毕竟不是每个经纪商都设置好了能交易这些品种。一旦这一步完成，它们就可以像普通的期货合约一样交易，并且能从 eCBOT 和 Globex 获取它们的数据，就像迷你股指期货一样。

迷你股指期货合约，像 YM 和 ES，是按季度交易；而 SSF 是按月交易。不熟悉各种月份代码的交易者需要把它们写下来贴在墙上以备参考。这些代码适用于所有期货合约：

F = 1 月份

G = 2 月份

H = 3 月份

J = 4 月份

K = 5 月份

M = 6 月份

N = 7 月份

Q = 8月份

U = 9月份

V = 10月份

X = 11月份

Z = 12月份

要在 Trade-station 上得到 EBAY（eBay, Inc.）个股期货合约的报价，交易者要输入 EBAY（标的股票代码）1C（1 Chicago）V（月份代码）05（年）。因此 EBAY 2005 年 10 月的个股期货代码看起来像这样：EBAY1CV05。

个股期货有几个我觉得很有吸引力的特征。第一，"2.5 万美元日内交易规则"不适用。一个账户有 5 万美元而把 2.6 万美元锁定在期权交易的活跃交易者会突然发现他们开始有麻烦了。因为经纪商不把期权价值算进交易者的资金，他们将无法进行新的股票和期权交易。这种情况会把他们的有效账户余额拖入 2.5 万美元以下，他们将被禁止进行新的交易。这确实是个烦人的情况。个股期货则提供"恰好实值"的期权杠杆而没有"日内交易者模式"和账户大小的限制。一些额外的关键点如下：

- 对于股票账户，交易者会有 2∶1 隔夜保证金，而收取的利息和一般信用卡的利息相同。而对于 SSF，会有 5∶1 的保证金并且没有利息。

- 5∶1 的杠杆率等于只需投入标的股票买价的 20%。一个买入了价值 1 万美元 IBM（100 股，股价 100 美元）的投资者通过 1 个 IBM SSF 合约只需付 2 000 美元。以 95 美元买了 10 个 IBM1C 合约（价值 9.5 万美元的 IBM）的交易者只需支付 1.9 万美元，以此类推。

- 当做空股票的时候，交易者需要等到上涨跳动才能成交（虽然这个规则应该很快被改变）。做空 SSF 合约的时候则没有任何上涨跳动规则。随着越来越多的股票在向下跳动时也能做空，这一点变得不那么重要了。

- 一份 SSF 合约相当于 100 股股票。

- 一个点的变化相当于每份合约 100 美元。

- 它们是月度合约，在每个月的第三个周五过期，像期权一样。如果交易者在过期日拥有 2 月合约，他们需要卖掉 2 月合约而买入 3 月合约。这也被称为"滚动"进入下一月。如果交易者拿住合同直到过期，股票就会被"交割"进他们的账户。然而，不必担心会忘掉，经纪商不想面对这些，他们会打电话督促你在过期之前平仓。

关于 SSF 我遇到的最大问题和它们的成交量有关。对很多合约来说，目前没有很大的成交量，这对于交易者来说是个明显的问题。然而，重要的是要注意到 SSF 合约"真正的成交量"是在于标的股票本身。SSF 产品的 LMM（领导做市商）和 MM（做市商）靠买卖 SSF 合约并立即用标的股票对冲或套利来赚钱。因此，他们会让任何与标的股票成交量一致的下单成交。因为大多数这些股票有百万级别的股份在交易，下单成功不是问题。有些日子，我是唯一一个在交易某个 SSF 的，但我买入和卖出都没问题。因为成交量在稳步增长，后来那些日子就很少出现了。但在那些日子，知道自己是整个世界上唯一在这个交易上赚钱的人这一点太有趣了。

从交易者那里我了解的另一个问题是关于价差的。如果没有人下单，LMM 和 MM 会保持很宽的价差。这样他们不至于变成在交易中互相对抗。然而，一旦有人下单，他们会缩小出价和要价的差距直到与标的股票的价差一致并抢单。因此，当我进入 SSF 交易时，我从不用市价下单。我只是观察标的股票的交易然后根据标的股票的价格来下一个限价单。

一个要记住的关于 SSF 的事情是它们的图表目前没什么价值。它们的成交量零零星星，因此图表不是很整齐。最好的事情是看标的股票的图表然后基于标的股票做出所有进出 SSF 的决定。我会做的是设置标的股票的图表然后把股票和 SSF 的报价都放在下面，这样我就可以看到目前的出价/要价是多少。然而，因为我大多数的 SSF 交易是波段交易，日内交易我甚至不看图。我只是在前一天夜里根据股票图表设好限价单然后等到一天结束去看我有没有成交。

稍后我们会看一看 EBAY 和 QCOM 的几个交易示例。我先快速讨论一下期权。

做股票期权的唯一方法

我写这一章是基于这样一个前提，即读者至少知道一点关于期权是什么和期权怎样运作的知识。如果不知道，也没关系。外面有足够多的网站详细解释这些。如果你打算用期权交易，我推荐你去多读些关于期权是什么，以及它是怎样运作的等知识。我将只给出一个纲要并分享我是怎样把它整合进我的交易计划的。（当然，本书的这个新版本有一个关于期权的新章节——第 5 章。）

有许多复杂的期权策略可用，也有很多人花上几百个小时来寻找能产生"保障收益"的完美策略。当市场在区间内运行的时候这些策略大多数很有效——市场大多数时候确实是在区间内运行。然后不可逆的暴涨或者转折性的大跌来了，这些人就惨遭打击。20 世纪 90 年代中期有那么几年，很多交易者和基金裸卖看跌期权赚了不少。裸卖看跌期权是指卖期权的人未持有标的股票做空头寸的期权。这样做的目标是让期权到期时一钱不值，这样卖期权的人会得到权利金。很多关于发现了"神奇的快速致富"的交易策略而成为"的士司机百万富翁"的书开始上架。然后 1997 年 10 月 27 日到来了。

市场从 1997 年 10 月开始下跌，很多的士司机和几个有上亿资产的大基金忙着裸卖看跌期权。基金的经纪商开始变得紧张，因为头寸已经开始对基金不利，到了一个不用再跌多少就会被迫追缴保证金的地步了。不理解基金交易策略的经纪商开始偷偷给其他交易者打电话，询问接下来的一两个星期"如果道指再跌几百个点"会怎样。答案很简单——这些基金会因为要追缴保证金而被迫卖出头寸，而这会对整个市场造成巨大的向下卖压。在 CME 的标普 500 场内交易者风闻了此消息，开始为"大屠杀"做准备。

1997年10月16日，道指跌穿其最近的上涨趋势线，如图18-1的点1处所示。随后道指反弹，于10月22日收于8034.65，正好位于点2处被跌破的趋势线下方。这是发生于所有市场上的一种普遍现象——一旦趋势线被跌破，市场会涨回来，在反转之前做最后一次试探，我称之为"和趋势线吻别"。10月24日，在点3处，道指收于7715.41，下跌319.24点。这开始了新一轮的盘后被强制追缴保证金，这发生在周五。而追缴保证金引起的抛售会在下周一发生。星期一道指开盘在7633.14，下跌82.27点。然后，由追缴保证金引发的强制抛售开始了。标准普尔的那些场内交易者知道是怎么回事，因此只是置身事外并回避出价。由于市场没有支撑，道指快速下跌，收于7161.39，即当天下跌了554.02点，如点4处所示。当周一收盘的钟声响起时，每一个裸卖看跌期权的人都损失巨大。那些卷入的基金不仅亏光其管理下的所有资金，而且最终还欠下经纪商的钱。好吧，准确来说，是那些投资了这些基金的人亏光了所有的钱，而且最后还欠了比他们的投入更多的钱。此时我脑海里出现很多比喻，但是不提了，因为它们大多数本质上是图形化的。一旦所有这些人都被清理出局，市场就准备上涨了。紧接着的第二天，市场推低到新低点，在点5处触及6927，在形成坚实的底部之前，3个交易日内下跌了刚好超过1000点。道指随后在7498.32收盘，当天上涨336.93点，然后开始稳定上涨。一旦所有裸卖看跌期权的人都被清理出局，市场就别无选择地重拾涨势。

我到底怎样应用期权呢？我用期权的主要方式是把它作为以更便宜的价格拥有股票的手段。因为权利金和时间损耗，我对于要买的股票有很具体的要求。比如，我不会买价外期权，因为它全部是权利金，是给受骗者玩的游戏。因此，我会去看价内期权（价内说明看涨期权的行权价低于当前股票市场价而看跌期权的行权价高于当前股票的市场价），起码要买权利金在购买价格中占比低于30%的期权。在2005年早期，期权权利金普遍很低，因此我通常只要买第一个价内期权就符合标准。而在1999和2000年，期权权利金达到极端，我通常要越过

5～10个价内的行权价才能买到符合我标准的期权。我记得 QCOM 在它 1999 年年底声名狼藉的"冲向千元"之前，股价是 250 美元。平价看涨期权的价格是 45 美元。为了买权利金只占 30% 的期权，我要在价内越过 15 个不同的行权价。

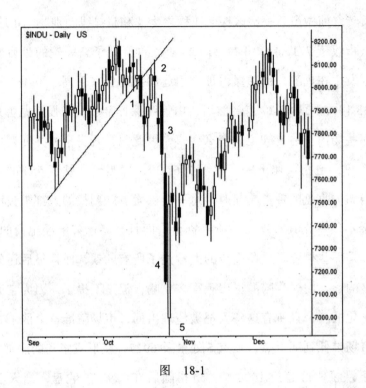

图 18-1

图 18-2 呈现的期权表展现了 GOOG 不同的行权价和到期日的期权。2004 年 11 月初，在这个表绘制出来的时候，GOOG 股价是 191.67 美元。如果我要买入这个股票的看涨期权，我会开始看近月的实值合约。因为 GOOG 是一个高价活跃股票，权利金就会高——波动性越高，权利金越高。在这个例子中，我查看了 11 月行权价为 180 美元的看涨期权，这是下行了 2 个行权价的价内期权。权利金还是过高，为了符合我的权利金在总价格中占比少于 30% 的标准，我需要到下一个行权价，11 月行权价为 175 美元的看涨期权。业余的期权交易者在此例中会买 11 月行权价为 220 美元的看涨期权，因为它很便宜，只有 2.55 美元，而不去管其实它会毫无价值地过期。对于看跌期权，我首先查看了 11 月行权价为 200 美元的看跌

期权，但是太贵了。我看了 210 美元的，这个差不多了。但是考虑到我愿意付的权利金，220 美元的更好。记住，我要做的是以更低的价钱买入（或做空）实际的股票。这意味着我不想付出太多权利金。看看 12 月的期权，同样的行权价价格升得太高了，所以我要买近月的期权。如果有需要的话，在到期日再滚入 12 月的合约。稍后关于怎样算出权利金我会给出更多的解释（像我在第 5 章中提到的，一个简单的办法就是买 Delta 值为 0.7 或更高的期权）。

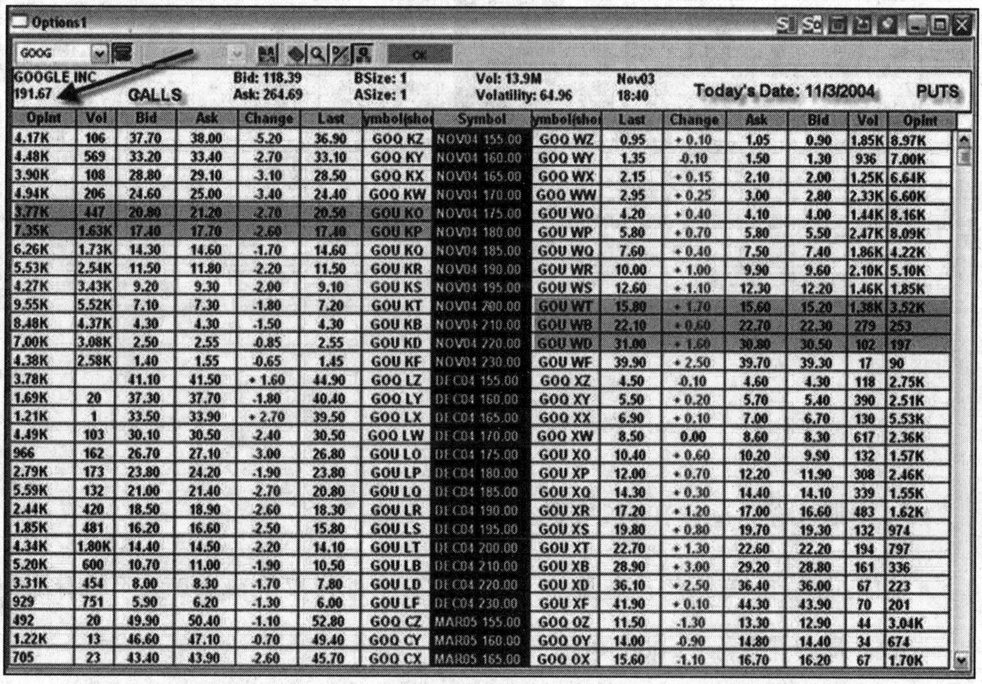

OpInt	Vol	Bid	Ask	Change	Last	ymbol(sho	Symbol	ymbol(sho	Last	Change	Ask	Bid	Vol	OpInt
4.17K	106	37.70	38.00	-5.20	36.90	GOO KZ	NOV04 155.00	GOO WZ	0.95	+0.10	1.05	0.90	1.85K	8.97K
4.48K	569	33.20	33.40	-2.70	33.10	GOO KY	NOV04 160.00	GOO WY	1.35	-0.10	1.50	1.30	936	7.00K
3.90K	108	28.80	29.10	-3.10	28.50	GOO KX	NOV04 165.00	GOO WX	2.15	+0.15	2.10	2.00	1.25K	6.64K
4.94K	206	24.60	25.00	-3.40	24.40	GOO KW	NOV04 170.00	GOO WW	2.95	+0.25	3.00	2.80	2.33K	6.60K
3.77K	447	20.80	21.20	-2.70	20.50	GOU KO	NOV04 175.00	GOU WO	4.20	+0.40	4.10	4.00	1.44K	8.16K
7.35K	1.63K	17.40	17.70	-2.60	17.40	GOU KP	NOV04 180.00	GOU WP	5.80	+0.70	5.80	5.50	2.47K	8.09K
6.26K	1.73K	14.30	14.60	-1.70	14.60	GOU KQ	NOV04 185.00	GOU WQ	7.60	+0.40	7.50	7.40	1.86K	4.22K
5.53K	2.54K	11.50	11.80	-2.20	11.50	GOU KR	NOV04 190.00	GOU WR	10.00	+1.00	9.90	9.60	2.10K	5.10K
4.27K	3.43K	9.20	9.30	-2.00	9.10	GOU KS	NOV04 195.00	GOU WS	12.60	+1.10	12.30	12.20	1.46K	1.85K
9.55K	5.52K	7.10	7.30	-1.80	7.20	GOU KT	NOV04 200.00	GOU WT	15.80	+1.70	15.60	15.20	1.38K	3.52K
8.48K	4.37K	4.30	4.30	-1.50	4.30	GOU KB	NOV04 210.00	GOU WB	22.10	+0.60	22.70	22.30	279	253
7.00K	3.08K	2.50	2.55	-0.85	2.55	GOU KD	NOV04 220.00	GOU WD	31.00	+1.60	30.80	30.50	102	197
4.38K	2.58K	1.40	1.55	-0.65	1.45	GOU KF	NOV04 230.00	GOU WF	39.90	+2.50	39.70	39.30	17	90
3.78K		41.10	41.50	+1.60	44.90	GOO LZ	DEC04 155.00	GOO XZ	4.50	-0.10	4.60	4.30	118	2.75K
1.69K	20	37.30	37.70	-1.80	40.40	GOO LY	DEC04 160.00	GOO XY	5.50	+0.20	5.70	5.40	390	2.51K
1.21K	1	33.50	33.90	+2.70	39.50	GOO LX	DEC04 165.00	GOO XX	6.90	+0.10	7.00	6.70	130	5.53K
4.49K	103	30.10	30.50	-2.40	30.50	GOO LW	DEC04 170.00	GOO XW	8.50	0.00	8.60	8.30	617	2.36K
966	162	26.70	27.10	-3.00	26.80	GOU LO	DEC04 175.00	GOU XO	10.40	+0.60	10.20	9.90	132	1.57K
2.79K	173	23.80	24.20	-1.90	23.80	GOU LP	DEC04 180.00	GOU XP	12.00	+0.70	12.20	11.90	308	2.46K
5.59K	132	21.00	21.40	-2.70	20.80	GOU LQ	DEC04 185.00	GOU XQ	14.30	+0.30	14.40	14.10	339	1.55K
2.44K	420	18.50	18.90	-2.60	18.30	GOU LR	DEC04 190.00	GOU XR	17.20	+1.20	17.00	16.60	483	1.62K
1.85K	481	16.20	16.60	-2.50	15.80	GOU LS	DEC04 195.00	GOU XS	19.80	+0.80	19.70	19.30	132	974
4.34K	1.80K	14.40	14.50	-2.20	14.10	GOU LT	DEC04 200.00	GOU XT	22.70	+1.30	22.60	22.20	194	797
5.20K	600	10.70	11.00	-1.90	10.50	GOU LB	DEC04 210.00	GOU XB	28.90	+3.00	29.20	28.80	161	336
3.31K	454	8.00	8.30	-1.70	7.80	GOU LD	DEC04 220.00	GOU XD	36.10	+2.50	36.40	36.00	67	223
929	751	5.90	6.20	-1.30	6.00	GOU LF	DEC04 230.00	GOU XF	41.90	+0.10	44.30	43.90	70	201
492	20	49.90	50.40	-1.10	52.80	GOO CZ	MAR05 155.00	GOO OZ	11.50	-1.30	13.30	12.90	44	3.04K
1.22K	13	46.60	47.10	-0.70	49.40	GOO CY	MAR05 160.00	GOO OY	14.00	-0.90	14.80	14.40	34	674
705	23	43.40	43.90	-2.60	45.70	GOO CX	MAR05 165.00	GOO OX	15.60	-1.10	16.70	16.20	67	1.70K

图　18-2

相较于 GOOG，IBM 是只更为稳定的股票，权利金也不是那么高。当 IBM 股价为 91.2 美元时，我先看了 11 月行权价为 90 美元的看涨期权，但权利金太高了（见图表 18-3）。85 美元附近比较符合要求。在看跌期权那边，第一个价内期权，行权价在 95 美元左右的就很好。注意：我甚至可以买下个月的，即 12 月行权价在 95 美元左右的，只要多付一点点权利金。我喜欢专注于近月合约以降低权利金。但是，如果期权只有不到两周时间就过期，那我就干脆买下个月的，即使要买更深一点儿的价内期权。

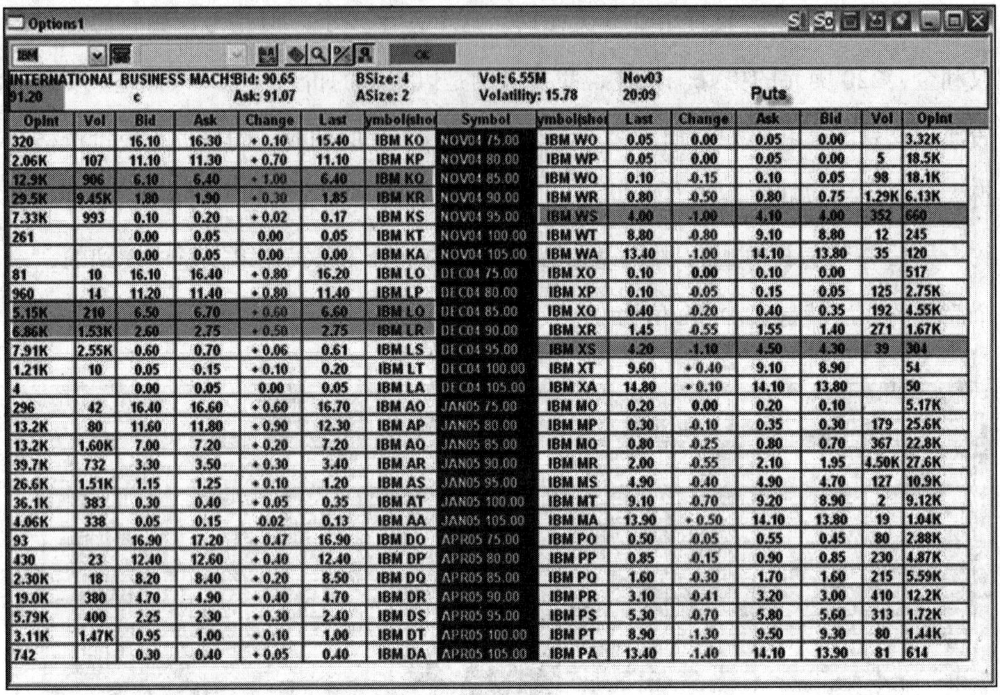

Options1

IBM

INTERNATIONAL BUSINESS MACH: Bid: 90.65 BSize: 4 Vol: 6.55M Nov03

91.20 c Ask: 91.07 ASize: 2 Volatility: 15.78 20:09 Puts

OpInt	Vol	Bid	Ask	Change	Last	ymbol(sho	Symbol	ymbol(sho	Last	Change	Ask	Bid	Vol	OpInt
320		16.10	16.30	+0.10	15.40	IBM KO	NOV04 75.00	IBM WO	0.05	0.00	0.05	0.00		3.32K
2.06K	107	11.10	11.30	+0.70	11.10	IBM KP	NOV04 80.00	IBM WP	0.05	0.00	0.05	0.00	5	18.5K
12.9K	906	6.10	6.40	+1.00	6.40	IBM KO	NOV04 85.00	IBM WO	0.10	-0.15	0.10	0.05	98	18.1K
29.5K	9.45K	1.80	1.90	+0.30	1.85	IBM KR	NOV04 90.00	IBM WR	0.80	-0.50	0.80	0.75	1.29K	6.13K
7.33K	993	0.10	0.20	+0.02	0.17	IBM KS	NOV04 95.00	IBM WS	4.00	-1.00	4.10	4.00	352	660
261		0.00	0.05	0.00	0.05	IBM KT	NOV04 100.00	IBM WT	8.80	-0.80	9.10	8.80	12	245
		0.00	0.05	0.00	0.00	IBM KA	NOV04 105.00	IBM WA	13.40	-1.00	14.10	13.80	35	120
81	10	16.10	16.40	+0.80	16.20	IBM LO	DEC04 75.00	IBM XO	0.10	0.00	0.10	0.00		517
960	14	11.20	11.40	+0.80	11.40	IBM LP	DEC04 80.00	IBM XP	0.10	-0.05	0.15	0.05	125	2.75K
5.15K	210	6.50	6.70	+0.60	6.60	IBM LO	DEC04 85.00	IBM XO	0.40	-0.20	0.40	0.35	192	4.55K
6.86K	1.53K	2.60	2.75	+0.50	2.75	IBM LR	DEC04 90.00	IBM XR	1.45	-0.55	1.55	1.40	271	1.67K
7.91K	2.55K	0.60	0.70	+0.06	0.61	IBM LS	DEC04 95.00	IBM XS	4.20	-1.10	4.50	4.30	39	304
1.21K	10	0.05	0.15	+0.10	0.20	IBM LT	DEC04 100.00	IBM XT	9.60	+0.40	9.10	8.90		54
4		0.00	0.05	0.00	0.05	IBM LA	DEC04 105.00	IBM XA	14.80	+0.10	14.10	13.80		50
296	42	16.40	16.60	+0.60	16.70	IBM AO	JAN05 75.00	IBM MO	0.20	0.00	0.20	0.10		5.17K
13.2K	80	11.60	11.80	+0.90	12.30	IBM AP	JAN05 80.00	IBM MP	0.30	-0.10	0.35	0.30	179	25.6K
13.2K	1.60K	7.00	7.20	+0.20	7.20	IBM AO	JAN05 85.00	IBM MO	0.80	-0.25	0.80	0.70	367	22.8K
39.7K	732	3.30	3.50	+0.30	3.40	IBM AR	JAN05 90.00	IBM MR	2.00	-0.55	2.10	1.95	4.50K	27.6K
26.6K	1.51K	1.15	1.25	+0.10	1.20	IBM AS	JAN05 95.00	IBM MS	4.90	-0.40	4.90	4.70	127	10.9K
36.1K	383	0.30	0.40	+0.05	0.35	IBM AT	JAN05 100.00	IBM MT	9.10	-0.70	9.20	8.90	2	9.12K
4.06K	338	0.05	0.15	-0.02	0.13	IBM AA	JAN05 105.00	IBM MA	13.90	+0.50	14.10	13.80	19	1.04K
93		16.90	17.20	+0.47	16.90	IBM DO	APR05 75.00	IBM PO	0.50	-0.05	0.55	0.45	80	2.88K
430	23	12.40	12.60	+0.40	12.40	IBM DP	APR05 80.00	IBM PP	0.85	-0.15	0.90	0.85	230	4.87K
2.30K	18	8.20	8.40	+0.20	8.50	IBM DO	APR05 85.00	IBM PO	1.60	-0.30	1.70	1.60	215	5.59K
19.0K	380	4.70	4.90	+0.40	4.70	IBM DR	APR05 90.00	IBM PR	3.10	-0.41	3.20	3.00	410	12.2K
5.79K	400	2.25	2.30	+0.30	2.40	IBM DS	APR05 95.00	IBM PS	5.30	-0.70	5.80	5.60	313	1.72K
3.11K	1.47K	0.95	1.00	+0.10	1.00	IBM DT	APR05 100.00	IBM PT	8.90	-1.30	9.50	9.30	80	1.44K
742		0.30	0.40	+0.05	0.40	IBM DA	APR05 105.00	IBM PA	13.40	-1.40	14.10	13.90	81	614

图 18-3

以下是关于期权合约的更多要点：

- 1 份期权合约等于 100 股股票。
- 如果你在 12 美元的价位买 10 份 GOOG 11 月行权价在 190 美元的看涨期权，那会花费你 12 000 美元。
- 在 190 美元的价位买同样的 1000 股股票要花费 190 000 美元。
- 如果 GOOG 上涨 10 个点，这些期权会上涨 6 个点。这取决于行权价和股价差价有多大。行权价越低于股价，期权价格和标的股票价格的变动就越接近“1 美元对 1 美元”。
- 如果你在 18 美元的价位卖掉这 10 手 GOOG 看涨期权，你会获利 6000 美元。
- 这笔交易最大的亏损就是期权的费用，12 000 美元。

- 和最后一点相比，如果一个交易者以190美元的价格买了1000股GOOG，但是它因为季报跌了30个点，则交易者会亏损30 000美元。期权如果买对了确实会限制风险。现在我们已经回顾了SSF和股票期权，让我们看看怎样操作。

买入逆市交易的交易规则（卖出与之相反）

这是一种逆市交易玩法，专注于持续几天到几周的波段头寸。我试图在强势时卖出，弱势时买入。

1. 对于这些交易，我使用日线图。因为这些交易应该持续数日到数周，所以我对5分钟图或15分钟图上显示的内容没有兴趣。我喜欢能退后一步从更大的角度来看，不受日内各种图表的噪声干扰。

2. 在日线图上我唯一设置的指标是8周期和21周期EMA（指数移动平均线）。

3. 做多的时候，我希望看到8周期指数移动平均线在21周期指数移动平均线之上。一旦这种上涨交叉发生，我就开始寻找交易定式的出现。

4. 一旦8周期指数移动平均线向上穿过21周期指数移动平均线，我所要寻找的具体交易定式是价格回撤到8周期指数移动平均线。

5. 最初的止损设为21周期指数移动平均线或股价的4%，哪个更大就算哪个。典型情况下，最初止损是在4%的水平。注意：这个4%是基于股价而不是我的资产。这就是说，我不是拿总资金的4%在一个交易上冒险；我是拿股价的4%来冒险。我可能同时有10只股票。

6. 一旦我的头寸上涨4%（我把这个叫作我的水印线），我就把止损设在21周期指数移动平均线。我之后就用21周期指数移动平均线作为跟踪止损直到达到我的目标价或者到了跟踪止损位。

7. 我的目标是比买入时的股价上涨8%。虽然我主要把这个方法用于股票操作，但也可以用于股指期货。然而，百分比会不同。在日线图上，我仅用1%作为目标价，用0.5%来止损，而不是用8%的目标价。如果迷你道指在10 604，那我的目标是106点，而我最初的止损是53个点或者21周期指数移动平均线，哪个大就用哪个。在60分钟图上，我把这些指标减半，用1%的一半做目标价，用1%的1/4或者21周期指数移动平均线做止损，哪个大就用哪个。为了计算这些，我就只要用指数价钱乘以0.005作为目标价，然后再乘以0.0025作为止损。这种交易的示例在第23章中有讨论。

8. 搞定所有这些数值的最简单方法是迅速地设置一个内置计算公式的Excel表格（见图18-3）。

9. 一个能稍微增加做多胜率的方法是只交易那些周线图上8周期指数移动平均线高于21周期指数移动平均线的股票。这种状态在周线图上可以持续数月到数年。如果周线图上出现这种交易定式，那就只要在日线图上等着入场点出现即可。这种方法在第23章中我们会更详细地讨论。

图18-4中Excel表格的快照跟我用来计算关键止损和目标价的完全一样。我要做的只是在高光的格子里输入价钱。如果我做多一只股票，那我就使用"做多"格，反之亦然。一旦价钱输进去了，Excel表格会自动为我计算所有的价位。计算公式很简单。比如，目标价通过把买入价乘以0.08（8%）来计算。最初的止损通过把买入价乘以0.04（4%）并从买入价中减掉它来计算。4%的水印线是通过把买入价乘以0.04（4%）然后加上买入价来计算的。我曾经全部手工计算这些，手工计算真是个让人头疼的活儿。

LONG			
Enter Price	$ 88.45		
		Points	Price
Target		7.08	95.53
Initial Stop		3.54	84.91
Up 4%		3.54	91.99
SHORT			
Enter Price	$ 25.10		
		Points	Price
Target		2.01	23.09
Initial Stop		1.00	26.10
Up 4%		1.00	24.10

图 18-4

EBAY (eBay, Inc.)——2004年8月19日

1. 在2004年8月10日，EBAY上穿了8周期指数移动平均线（见图18-5）。

然而，因为8周期指数移动平均线还是在21周期指数移动平均线之下交易，我对于现在就设置一个买入指令还不感兴趣。在我设置我的第一个买入指令之前，我需要等待8周期指数移动平均线上穿21周期指数移动平均线。注意：在所有这些图表上，8周期指数移动平均线是那条细一点的移动平均线，而21周期指数移动平均线是那条粗一点的移动平均线。

图 18-5

2. 在8月19日这天，8周期指数移动平均线上穿21周期指数移动平均线。这时候我准备好了出价做多，我的买入点会是回撤到8周期指数移动平均线的时候。次日，当市场回撤到8周期指数移动平均线我以79.28美元的价格成交。现在我已经进入交易了，我需要确定把止损放在哪儿。21周期指数移动平均线在79.08美元的位置，离我的买入点不是很远。4%的止损会被放在76.11美元。因为4%的止损较大，我会采用它作为开始。我的目标是比买入价涨8%到85.62美元。记住，一旦我的头寸涨了4%，我会把止损上提到21周期指数移动平均线。这笔交易的最初止损和目标价位用横线在图表中标记出来了。

3. 在8月25日这天，EBAY推进到更高价位达到我的目标价，我以每股略高于6美元（6.34美元）获利离场。现在我已经离场了，是时候寻找下一个到达8

周期指数移动平均线的回撤了。交易者也可以在个股期货和价内看涨期权上使用同样的玩法。稍后我会回顾一下这样做的可能性。

4. 在 9 月 9 日这天，10 个交易日之后，EBAY 回撤到 8 周期指数移动平均线，我以 87.95 美元的价格成交。我做了个快速的计算，看出我的目标价将会是 95.78 美元而我的止损在 84.43 美元。我设置好参数用指令看护我的头寸。

5. 4 个交易日之后，我的目标价达到了，我获利离场。

6. 在 9 月 17 日这天，市场再次回撤到 8 周期指数移动平均线。我开始交易，以 91.74 美元成交并设置好了参数——止损在 88.07 美元，目标价在 99.08 美元。在我做这个图的时候，我还在这个交易中，因此它处于"活跃"状态。

我要花点时间仔细地检查一下图 18-5 中的第一笔 EBAY 交易。这个交易也可以用个股期货或者价内看涨期权来操作。把这些交易和实际的股票交易对比来了解怎样通过不同的交易工具来执行这个交易定式是很有用的。这会让交易者了解每种情况的风险收益比。虽然是用三种工具做同一个操作，但是用来承担风险的金额和收获的金额在三种情况下是不同的。让我们大体看一下：

- 以 79.28 美元的价格买入 1000 股 EBAY，总花费是 79 280 美元。

- 以 79.28 美元的价格买入 10 份 EBAY1C 9 月个股期货（SSF）合约，总花费是 15 856 美元（79 280 美元的 20%）。

- 以 6.10 美元的价格买入 10 份 EBAY 9 月行权价为 75 美元的看涨期权，总花费是 6100 美元。

为了算出期权合约的权利金，大家可以看 Delta，或者如果对这个够熟悉，可以用算式：对于股价在 79.28 美元的股票，一个行权价在 75 美元的看涨期权花费 6.10 美元。75 美元 +6.10 美元 =81.10 美元，81.10 美元 –79.28 美元（股票实际的价格）=1.82 美元，因此，具有 4.28 美元的内在（真正）价值和 1.82 美元的权利金。这个比率是 29.84%（=1.82/6.10 × 100%）。

现在我们已经看过了每种方法的总花费，让我们看一下卖出的情况：

- 以 85.62 美元的价格卖出 1000 股 EBAY，获利 6340 美元，或者 8%（或者 16%，如果加杠杆买入）。

- 以 85.62 美金的价格卖出 10 股 EBAY1C 9 月 SSF 合约，获利 6340 美元，或者说是 40%。

- 以 12.20 美金的价格卖出 10 份 EBAY 9 月行权价为 75 美元的看涨期权，获利 6100 美元，或者说 100%。

如你所见，用同样的交易定式，交易者可以拿出 79 280 美元的现金去买股票（或者 39 640 美元，如果使用杠杆），15 856 美元去买个股期货，或者 6100 美元去买期权。三种交易情形的获利是很接近的——稍多于 6000 美元。通过应用 SSF 或者正确行权价的价内期权，交易者可以和股票交易获得同样的盈利而冒较少的资金风险。由交易者自己决定是要专注于股票、SSF、期权或者三者混合应用。

QCOM (Qualcomm, Inc.)——2004 年 8 月 19 日

1. 8 周期指数移动平均线推进到高于 21 周期指数移动平均线，我出价了（见图 18-6）。2 天后，在 2004 年 8 月 20 日，我以 35.47 美元的价格成交。我在 34.05 美元的价位设了止损，而目标价在 38.31 美元。到那天交易结束时，股价比我的买入价已经上涨 4%，因此我上移止损到 21 周期指数移动平均线——35.34 美元。

2. 周一，8 月 23 日，QCOM 继续推高上涨，我的目标价达到了。我立刻设置了出价去买入下一个 8 周期指数移动平均线的回撤。

3. 在 8 月 30 日，我的追踪出价单成交了，我以 37.51 美元的价格买入。我在 36.01 美元设了止损，而目标价在 40.51 美元。

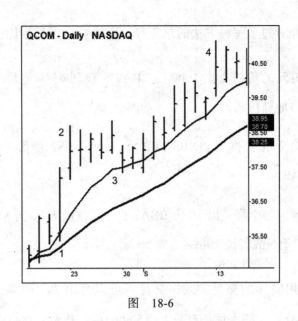

图 18-6

4. 大概 2 周之后，在 9 月 13 日这天，我的目标价达到了。注意：当股票从 9 月 17 日我的买入价上涨 4% 以后，我提高了止损到 21 周期指数移动平均线——37.42 美元的位置，而且我跟踪这个止损价直到达到我的目标价位。

像我对 EBAY 的做法一样，让我们看一下用三种不同的交易方法来操作同样的 QCOM 会怎样。以下是交易的分解细节：

- 以 37.51 美元的价格买入 1000 股 QCOM，总花费是 37 510 美元。

- 以 37.51 美元的价格买入 10 份 QCOM1C 9 月的 SSF 合约。总花费是 7502 美元（37 510 美元的 20%）。

- 以 3.10 美元的价格买入 10 份 QCOM 9 月行权价为 35 美元的看涨期权，总花费是 3100 美元。

要计算 QCOM 期权的权利金，只要把 35 美元 +3.10 美元 =38.10 美元。其中有 2.51 美元的真正价值（37.51 美元 −35 美元）和 0.59 美元的权利金（3.10 美元 −2.51 美元 =0.59 美元），比率是 19.03%（=0.59/3.10 × 100%）。

我们已经看了每种方式的总花费，现在让我们看一下卖出的情形：

- 以 40.51 美元的价格卖出 1000 股 QCOM，获利 3000 美元，或者说 8%，或者 16%（如果使用杠杆）。

- 以 40.51 美元的价格卖出 10 份 QCOM1C 9 月 SSF 合约，获利 3000 美元，或者说 40%。

- 以 5.90 美元的价格卖出 10 份 QCOM 9 月行权价为 35 美元的看涨期权，获利 2800 美元，或者说 90.32%。

再一次地，使用这同一个交易定式，一个交易者可以拿出 37 510 美元的现金去买股票（或者 18 755 美元，如果他使用杠杆），拿 7502 美元去买个股期货，或拿 3100 美元去买期权。这三种情形的获利情况是非常接近的——大约 3000 美元。现在你已经有概念了，本章接下来的部分我将会专注于实际股票的操作。当然，不是所有股票都有个股期货和期权，因此，这些做法有的只能用实际股票来做。

KLAC（KLA-Tencor Corp）——2004 年 7 月 9 日

1. 当 8 周期指数移动平均线向下穿越 21 周期指数移动平均线，而且价格移动到低于这两条线时，我开始寻找下一个做空机会（见图 18-7）。我想在上涨到 8 周期指数移动平均线的时候做空，因此在 2004 年 7 月 9 日，我以 46.19 美元的价格成交。我设置了 48.04 美元的止损和 42.49 美元的目标价。在 7 月 13 日，我的头寸上涨 4%，因此我把止损上移至 21 周期指数移动平均线——46.84 美元。

2. 在 7 月 14 日，KLAC 开盘跳空低开跌穿我的目标价位。我在开盘时以优于目标价 88 美分的 41.81 美元的价格成交，获利不少。KLAC 仍然在 8 周期和 21 周期指数移动平均线以下，所以我在上涨至 8 周期指数移动平均线的地方设置了下一个做空订单。

3. 在 7 月 20 日，市场上涨至 8 周期指数移动平均线，我以 41.81 美元的价格成交。我的止损设在 43.48 美元，而目标价设在 38.47 美元。在 7 月 22 日，股票比我的买入价上涨 4%，因此我把止损下调至 21 周期指数移动平均线，在 42.84 美元。

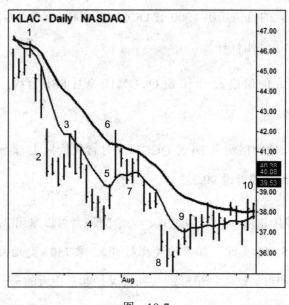

图 18-7

4. 在 7 月 26 日，我的目标价达到了，我获利 8% 离场。我开始寻找在涨到 8 周期指数移动平均线处再次做空的机会。

5. 在 7 月 29 日，我以 39.33 美元的价格做空。我设置了 40.90 美元的止损，而目标价在 36.18 美元。

6. 第二天，KLAC 因利好跳空高开至我的止损位。我损失 4% 离场。我注意到 8 周期指数移动平均线还没有上穿 21 周期指数移动平均线。我安坐静等，因为一旦 KLAC 交易并收盘到 8 周期指数移动平均线以下，我就要下单在下次回到 8 周期指数移动平均线处做空。

7. 数日后，在 8 月 3 日这天，KLAC 收盘低于 8 周期指数移动平均线。我下单在回到 8 周期指数移动平均线处做空，在 8 月 4 日，以 39.93 美元成交。我设置了 41.53 美元的止损位和 36.74 美元的目标位。股票推进得更高，在 8 月 5 日，股价达到极其接近我的止损位，但最终并没有真正达到，最后在离高点较远处收盘。

8. 在 8 月 10 日，我账面盈利 4%，因此我上移止损到 21 周期指数移动平均线，在 40.29 美元处。在 8 月 11 日，KLAC 跳空低开并全天向下，达到目标位。

9. 依据8周期和21周期指数移动平均线，KLAC仍趋势向下，因此我再次下单在涨回8周期指数移动平均线处做空。在8月17日，KLAC上涨，我以37.15美元的价格成交。我设置目标价为34.18美元而止损在38.64美元。

10. 市场上上下下了一阵子，在9月1日，我亏损4%被止损出局。

QLGC（QLogic Corp）——2004年6月14日

1. 在2004年6月14日，QLGC的8周期指数移动平均线下穿21周期指数移动平均线，形成了一个我可以开始新交易的局面（见图18-8）。次日，我下单在回到8周期指数移动平均线处做空，以28.14美元成交。我设置止损在29.27美元而目标价为25.89美元。

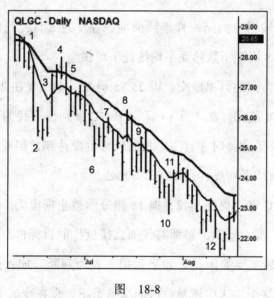

图 18-8

2. 在6月16日，QLGC一天挣扎下跌了不少，接近了我的目标价位但没有完全达到。因为在这笔交易中，我的头寸已经上涨了超过4%，我把止损下调至21周期指数移动平均线，在28.22美元的位置。第二天，正好我的目标价25.89美元达到了。

现在我在QLGC没有头寸了，我开始寻找新的买入点。当然，新的买入点意味着上涨回到 8 周期指数移动平均线。

3. 我下了单然后在 6 月 22 日以 26.68 美元成交。我设置目标价在 24.55 美元而止损在 27.75 美元。

4. QLGC 继续上涨，在 6 月 25 日，我以 4% 的亏损离场。

5. 在我被止损出局的次日，QLGC 回到 8 周期指数移动平均线以下并收盘在其下方。这是我设置下一个交易的触发点。为了开始新一轮下单做空，我需要看到一个重回低于 8 周期指数移动平均线的收盘。第二天我在涨回 8 周期指数移动平均线的位置下单做空，在 6 月 28 日以 26.86 美元的价格成交。止损在 27.93 美元而目标在 24.71 美元。QLGC 向着我希望的方向移动，在 7 月 1 日，我的头寸上涨超过 4%。此时，我上移止损开始以 21 周期指数移动平均线作为跟踪止损，从 27.12 美元开始。

6. QLGC 像个被困住的猪一样继续失血，在 7 月 6 日，我以达到目标价位离场。然后我在涨回 8 周期指数移动平均线处下单做空。

7. 在 7 月 9 日，我的订单成交，以 25.85 美元做空。我在 26.88 美元处设置止损而目标价在 23.78 美元。在 7 月 14 日，QLGC 来到接近我的目标价位处。但是"接近"只有在你扔手榴弹时才有用。我的目标价没达到，但我确实把我的止损下调到 21 周期指数移动平均线，在 26.03 美元处。

8. 次日，QLGC 涨得更高，我亏损 18 美分而被止损出局。这种情况下我通常会被问一个问题："嘿，既然股票那时候那么接近你的目标价，为什么你不干脆止盈？"我不这样做的主要原因是，如果我把"人为判断"加入这个等式中，会发生两件事。第一，这个本来应该是放松的交易系统，现在变成了一个紧张的系统，因为你要在日内密切观察股票变动以决定什么时候离场。第二，我发现大多数交易者，当他们身处一笔交易中时，会失去所有的客观性。通过活跃地管理这笔交易，很多人会在走势刚刚于己不利时就离场，或者会过早止盈。考虑到这方面，你就像在无计划地做日内交易，而这正是你亏钱的普遍原因。选择你的交易定式，选择你的参数，然后坚持住。如果你不遵守参数，你怎么判断系统的有效性？

9. 在 7 月 16 日，QLGC 以低于 8 周期指数移动平均线收盘，因此我下了另一个做空单。我以 25.10 美元的价格成交。我的止损设在 26.10 美元而目标价位是 23.09 美元。

10. QLGC 跌得更低，我的目标价在 7 月 28 日达到。记住，一旦我的头寸上涨到 4%，我就开始以 21 周期指数移动平均线作为跟踪止损点。

11. 在 7 月 29 日，QLGC 涨回到 8 周期指数移动平均线上方，我以 24.09 美元的价格做空。我的目标价在 22.16 美元而止损在 25.05 美元。在 8 月 5 日，我的头寸上涨 4%，因此我下调止损到 21 周期指数移动平均线，在 24.23 美元。

12. 在 8 月 12 日，我的目标价达到了，我获利 8% 离场。

CEPH（Cephalon, Inc.）——2004 年 5 月 3 日

1. 在 2004 年 5 月 3 日，CEPH 的 8 周期指数移动平均线下穿 21 周期指数移动平均线（见图 18-9）。我下单在下次涨回 8 周期指数移动平均线处做空。在 5 月 5 日，我以 57.42 美元买入。我的目标价在 52.83 美元，而止损在 59.72 美元。

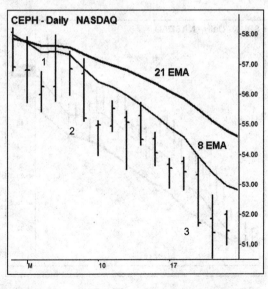

图 18-9

2. 在 5 月 7 日，在给我庆生之余（在 21 岁之后，庆生有什么意义呢），CEPH

下跌超过 4%，因此我调整止损到 21 周期指数移动平均线处，在 57.30 美元。这个现在成了跟踪止损，我在每个交易日结束的时候要更新一下。

3. 在 5 月 19 日，我的目标价达到了。这是一笔比较典型的波段交易，这种交易我持有头寸略超过 2 周，而我每周对这笔交易的管理绝对最少，这样我可以专注于其他事情。这段时间，一个纯粹的日内交易者进进出出 CEPH 市场，可能轻易地做了超过 30 次交易而除了一沓交易费用单子以外无所收获。

SBUX（StarbucksCorp.）——2004 年 5 月 24 日

1. 只要有日内交易者存在，星巴克就可以给一杯咖啡想定价多高就多高。对于大杯拿铁来说，没有出价和要价。交易者会以"市价"成交。在 2004 年 5 月 24 日，SBUX 的 8 周期指数移动平均线上穿 21 周期指数移动平均线（见图 18-10）。这是我出价在下一个回撤到 8 周期指数移动平均线处买入的信号。在 5 月 25 日，我下单以 38.64 美元的价格成交了。我在 37.09 美元处设止损，而目标价在 41.73 美元。

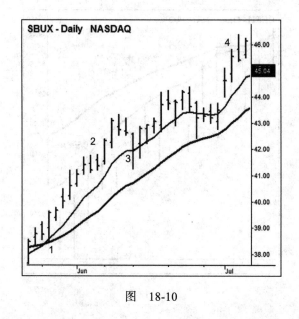

图 18-10

2. 在 5 月 27 日，SBUX 从我的买入价上涨达到 4%，因此我上移止损，使用

21周期指数移动平均线作为跟踪止损。这天我的止损上升到38.71美元。股票继续推高,在6月3日,目标价达到。我开始设置我的下一个回撤到8周期指数移动平均线处的出价。

3. 在6月14日,SBUX回撤,我以41.96美元成交。我的止损设在40.28美元,而目标价在45.32美元。股票在这个点位开始缓慢上升,在6月18日达到我的水印线。我以21周期指数移动平均线为指引线收紧止损。我的新止损点在41.51美元处。在6月25日和6月30日,股票回撤到非常接近21周期指数移动平均线,而且明显很接近我的止损点位。然而,并没有达到该点位,我继续留在这笔交易中。

4. 在7月2日,SBUX表现强劲,我的目标价达到了,获利3.36美元,或者说8%。

GS (The Goldman sachs Group,Inc.)——2004年8月24日

1. 在2004年8月24日,GS的8周期指数移动平均线上穿21周期指数移动平均线(见图18-11)。我开始在下一个回撤到8周期指数移动平均线处下单。在8月25日,我以87.75美元成交。我设置止损在84.24美元而目标价在94.77美元。

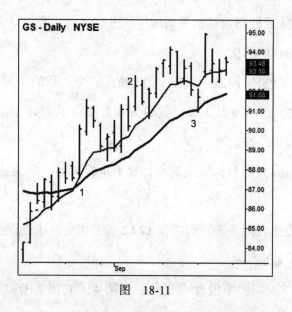

图 18-11

2. 在 9 月 7 日，该头寸自买入点上涨 4%，我根据当前点位调整止损至 21 周期指数移动平均线，此例中是 89.06 美元。

3. 每天结束时，依照 21 周期指数移动平均线的变动，我会调整更新止损的设置。在我开始使用跟踪止损 9 天后，GS 回撤到达它的 21 周期指数移动平均线。我获利 3.30 美元，或者说 3.76%，我在 91.05 美元处离场。这是又一笔低维护而持续了接近一个月的交易好例子。这是一种全职上班的人也能搞定的交易类型。我确实知道这一点，因为这些是当我还在公司做我那份工作的时候操作的主要交易类型。

PSFT (PeopleSoft, Inc.) ——2004 年, 8 月 7 日

1. 我喜欢这个示例因为它确实比你以为的更频繁地发生。这个交易定式让你与最近的指令潮流保持方向一致。以典型的例子来说，当股票出现很好或很坏的新闻时，总有"消息灵通"的人在新闻出来之前就建立头寸迎接行情。当这些有内幕消息的人减仓或抛出股票时，会在新闻发布之前就把股票推向更高（当有好新闻时）或者更低（当有坏新闻时）。当新闻发布了，他们就离场——我经常也能做到，因为我跟随这些交易定式。对于 PSFT 来说，2004 年 8 月 25 日 8 周期指数移动平均线上穿 21 周期指数移动平均线（见图 18-12）。我下单去买第一次到达 8 周期指数移动平均线的回撤。

在 8 月 27 日，PSFT 回撤，我在 17.11 美元成交。我的止损设在 16.43 美元，目标价在 18.47 美元。在 9 月 1 日，我的头寸上涨到了 4%，因此我开始用 21 周期指数移动平均线来跟踪止损。

2. 在 9 月 3 日，我的目标价达到了，我下单去买第一个到达 8 周期指数移动平均线的回撤。

3. 回撤其实发生在同一天，而我在 17.62 美元成交。我设置止损在 16.92 美元而目标价在 19.03 美元。

4. 接下来的 3 天，股票没什么变化，但第 4 天它因为 ORCL（Oracle Corp.）

收购的新闻而以 19.97 美元的价位跳空高开，比我的目标价高出 94 美分。我获利 13.34% 离场。虽然我对于这个新闻的发布毫不知情，但是基于这个特定的交易定式，我确实知道这个股票的指令流向是正向的，因此赢面在我这一边，毕竟阻力最小的路径会走得更高。

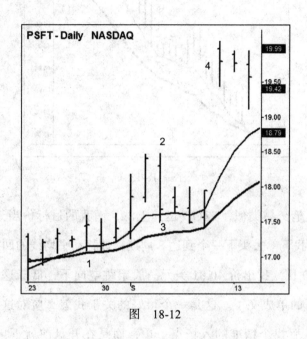

图 18-12

TZOO（Travelzoo，Inc.）——2004 年 8 月 13 日

1. TZOO 是 2004 年被炒作的股票之一。应用这个交易定式，我也抓住了几次行情。在 2004 年 8 月 13 日，8 周期指数移动平均线上穿 21 周期指数移动平均线（见图 18-13）。这个情况一发生，我就下单买下一个回到 8 周期指数移动平均线的回撤。几天后，在 8 月 18 日，我以 30.29 美元成交。我设置了 29.08 美元的止损和 32.71 美元的目标价。

2. 在我买入之后不久，TZOO 迅速上涨，当天就达到了我的目标价。我离场之后，下了另一个单买入 8 周期指数移动平均线的回撤。

3. 在 8 月 24 日，回撤发生了，我在 37.03 美元成交。我把目标价设在 39.99 美元而止损在 35.55 美元。

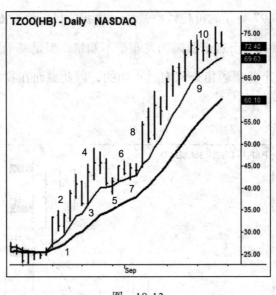

图 18-13

4. 和我的上笔交易类似，TZOO 迅速上涨，而我的目标价当天就达到了。像个机器人一样，我下单去买下一个到达 8 周期指数移动平均线的回撤。

5. 在 8 月 30 日，我出价 40.81 美元。股票跳空向下，低于这个水平在 39.24 美元开盘，我下的单成交了。这是一个很好的关于我怎么应对这种情况的示例，我没有等到开盘后找个精准的入场点下单，而是在开盘前就下单了。如果你事先设好了限价单而股市以低于你的限价开盘，你的限价单就变成了市价单，因为限价是要求"这个价格或者比之更好的价格"。但是，我会根据我实际的入场点来更新我的止损和目标价。在此例中，我的入场价是 39.24 美元，因此我用下跌 4% 来做止损，应为 37.67 美元。而目标价是比入场价高 8%，为 42.38 美元。

6. 在 8 月 31 日，紧接着的第二个交易日，我的目标价达到了。我知道此时我要干什么——我会为下一个回撤到 8 周期指数移动平均线出价。这就像早晨上班时跟你的伴侣吻别一样，做一段时间之后就成为自动的了，不需去想。

7. 在 9 月 2 日，我以 42.36 美元成交。我设置止损在 40.67 美元而目标价在 45.75 美元。

8. 数日后，我的目标价达到了，是时候去买下一个回撤了。

9. 市场回撤数次，但在 9 月 20 日之前从未真正到达 8 周期指数移动平均线。我以 66.34 美元成交。我在 63.69 设置止损而目标价在 71.65 美元。

10. 我的目标价在紧接下来的第二天就达到了。

SNDK（Sandisk Corp）——2004 年 8 月 31 日

1. 在 2004 年 8 月 31 日，我买进 SNDK 到达 8 周期指数移动平均线的回撤，在 23.30 美元成交（见图 18-14）。我在 22.37 美元设置止损而目标价在 25.16 美元处。在 9 月 8 日，SNDK 接近我的止损价并在低位收盘。看到这里，我预计第二天我会被止损出局，但重要的是我没有去更改我的参数设置。只要我不改变参数设置，我怎么想的并不重要。

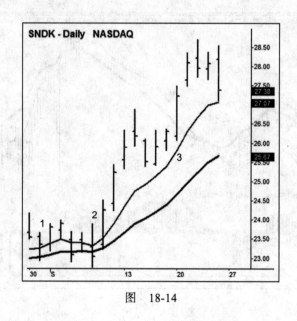

图 18-14

2. 两天后，股票回涨，我在 9 月 10 日达到目标价离场。是时候出价去买入 SNDK 的下一个 8 周期指数移动平均线回撤了。

3. 我跟踪向上出价，在 9 月 20 日差一点儿就成交了，9 月 24 日也是，但差一点儿还是没成交。这个时间段我这一单没有再次成交。

推进器交易的更新

这一章自我写第 1 版的时候起没什么大的变化。但是，我想增加几个更新的图表，这和我在本书之前讲的内容有关。图 18-15 为 2011 年上半年 E 迷你标普 500 日线图。在点 1 处，我们有一个清楚的 8/21 周期指数移动平均线向上交叉，我们有很好的机会去买入回撤，就像这个交易定式显示的一样。但是，这个图还同时有 TTM 趋势。只要柱状体保持浅灰色，它就表示买压，直到出现连续 2 条黑色柱状体，否则就没理由离场。这是很棒的，因为可以让交易者待在一个趋势里"足够久，和趋势一样久"。然后，在点 2 处，当 8/21 周期指数移动平均线下穿时，一个挤牌也在点 3 处形成。太棒了！交易者此时可以应用第 11 章讲到的概念提前进入这个交易，准备好头寸迎接潜在的爆炸性行情。

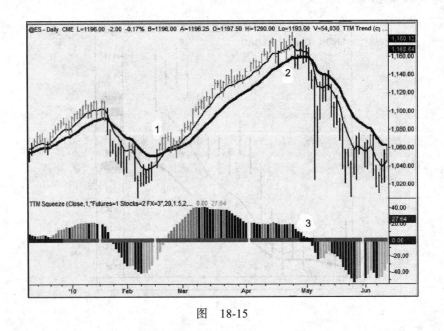

图 18-15

图 18-16 是 CMG（ChipotleMexican Grill Inc.）的日线图。这只股票在大多数时间里都挫败了空头。在此图中，我也加入了第 12 章讲的 C 波。在点 1 处，我们有一个挤牌加 8/21 周期指数移动平均线交叉。当股票开始上涨得更高时，我们可以了结部分头寸，然后用 21 周期指数移动平均线跟踪止损。这取决于交易者的勇

气，他们可以尽享这波行情的巨大上涨，直到 CMG 向下推进到低于 21 周期指数移动平均线。有趣的是在点 2 处，8/21 周期指数移动平均线向下交叉。这是个值得做的交易吗？呃，如果我们看看 C 波，就能清楚地看到它在零线以上，指示这只股票长期趋势会走得更高。我们肯定可以在此处做空，但是至少 C 波在提示我们做多更容易赚钱。在此例中，等待下一个做多信号，点 3 处的挤牌加 8/21 周期指数移动平均线的交易定式是值得的。

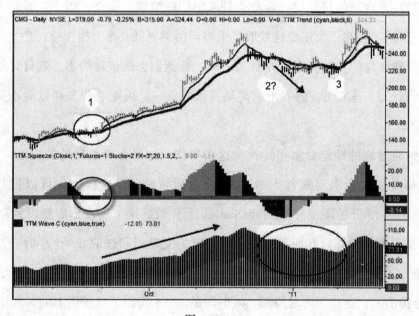

图 18-16

虽然本书的所有概念都可以单独使用，但制定出提高你交易技能并适合你个性的组合才是乐趣所在。

推进器交易总结

我喜欢推进器交易主要在于两点。第一，我不需要整天盯盘来找入场点。我可以在前一天晚上设置指令然后在一天结束去查看哪个指令成交了。第二，这些交易有特定的目标。我尝试过只用跟踪止损的方法，但结果没那么好。当然，偶尔我会抓住一个走出抛物线行情的股票，但更多时候是由完美的获利回落成一个不赚不亏的交易。经过不断试验，我发现通过用 GTC（取消前一直有效）指令设置一个确定的 8% 的目标价，我的盈利增加了。（注意：如果你结合挤牌和 TTM 趋势使用这种方法，你也可以在一半头寸上使用 8% 止盈，然后把止损设在盈亏平衡点并用 TTM 趋势来管理你剩下的头寸。）记住，你并不想成为被证券公司员工取笑的众多客户之一。他们把 GTC 指令称为"接近前一直有效"，因为任何时候当股价接近客户的目标价，客户会打来电话取消这个指令，因为"看起来它还会走得很高"。当然，大多数这些股票最终回落到更低并被亏损卖掉。建立参数指标，然后对待你的参数像对待好员工一样，让他们去做该做的事。制订计划然后遵循你的计划。想在 8% 的一半就离场？很好。一旦决定了要怎样做就不要再改变计划了。

讲到通过你的经纪商来实际执行这些操作，这里有两点额外的提示。第一，深度钻研并实时全天观察每天的 EMA 会有所帮助。要这样做你可以把每天的 EMA 叠加到 15 分钟图上。在 TradeStation 上要做到这一点，你需要设置一个 15 分钟图然后做些计算。在股票交易中，通常的交易时间选取 6.5 个小时，这相当于 26 条 15 分钟的柱状线。26 个时段 × 8 EMA=208，26 个时段 × 21 EMA=546。在 15 分钟图上，这些 208 时段和 546 时段的 EMA 模拟了日线图上的 8 周期和 21 周期的 EMA。如果你喜欢，你可以调整加上盘前和盘后的时间。通过观察日线图和日线图 EMA 的叠加，交易者可以真正地盯住交叉什么时候发生和在哪里下单。第二，像枢纽一样，我觉得能正好在移动平均线的前面一点交易很有用。比如，如果 8 周期指数移动平均线在 43.40 美元而你在试图买回撤，那就设个高出 10～15 美分的限价单，比如 43.52 美元，以便能成交。一旦交易定式出现，就不要丢了西瓜捡芝麻。

关于这个交易定式的更新，交易者可以登录 www.simplertrading.com/moving-averagecrossover 去看现在我怎么应用它，以及其他我结合使用的指标。

我们到了第二部分的结尾。是时候进入真实交易世界了，我会在第三部分进行讲述。什么交易定式最有效？我应该有什么样的交易计划？我要用什么样的电脑交易？在第三部分，我们会看一些真实交易世界的案例及交易中实际应用的部分。拿杯咖啡，伸展一下腿脚，好好学吧。

现实中希望才是万恶之首，因为它延长了人类的痛苦。

——弗里德里希·尼采（Friedrich Nietzsche）

没有行动的愿景是个白日梦；没有愿景的行动则是个噩梦。

——日本谚语

长远来看，用汤匙喂养的填鸭式教育教给我们的只有勺子的形状，别无其他。

——E.M. 福斯特（E.M. Forster）

| 第三部分 |

返回真实的交易世界

| 第 19 章 |

我的交易旅程和策略

作者：亨利·甘博

> 生活的真正奥秘在于，完全投入你当下正在做的事情，并且别把它当作工作，而是当作游戏。
> ——艾伦·瓦特

> 任何足够先进的技术都和魔法无异。
> ——阿瑟·克拉克（Arthur Clarke）

约翰·卡特的说明：我很荣幸能够有机会近距离目睹亨利成为专业交易者的旅程。在这个过程中，我从他那里学习到很多，我很欣慰地看到随着职业生涯的深入，他个人也在成长。是亨利向我推荐了艾伦·瓦特，这帮助我平衡了生活中的每件事情。私下里，我们帮助彼此保持理性和理智。

你想成为交易者吗

当你确定自己已做好准备成为一名交易者的时候,有两方面独特的原则需要掌握。这两方面是心理层面和技术层面。不同的人可能告诉你心理层面占据交易的 50%～90% 不等,我倾向于占 90%。你需要扎实地掌握这两方面并熟练应用。特别地,如果你心理上还没有准备好以交易者的心态去对待生活,那么即使你有好的交易定式也还是会亏钱。

我是通过对技术分析的追求开始交易的朝圣之旅的。我在极客小分队工作过几年,有技术背景,所以相比于学习市盈率,技术分析对我而言是更好的路径,更不用说我发现技术分析比基本面分析更有趣。我的交易之路从阅读第 1 版《驾驭交易》并运用书中的交易定式开始。在我看来,这些定式纯粹基于机械交易。几年后,直到我完成了几百笔交易,我才开始意识到有一套可靠的心理方法非常重要。

这几百笔交易并没有给我带来预期的结果,这让我不得不反省自己的交易方式,并想想将来该怎么改变。对我来说,改变意味着好几件事。首先,我必须停止交易期货。让我先说明一点,期货交易可以是很棒的,而我也鼓励交易者学习每一种可交易市场的每一点知识。然而,当我刚开始和约翰一起工作时,我是这样开始交易的:我对自己说,"我已经找到了交易知识的圣地,我将学习并在交易中运用所有知识"。由于之前一直从事技术工作,因此对于坐下来读本书,研读数遍书中内容,然后就有能力期待早早退休这种生活愿景,我是很能接受的。当然这要是真的就好了。

学习关于交易的所有知识的旅程是以足够谦逊的方式开始的。我用了三本书并在随后的岁月里多次参考它们:乔·多尔特(Joe Duarte)的《写给无知者的期货和期权》(*Futures and Options for Dummies*)、约翰·卡特的《驾驭交易》(第 1 版)、卡罗琳·伯罗登的《斐波纳契交易:怎样掌握时间和价格优势》。获得比这几本书的内容更多的交易知识是我们共同的追求。尽管这些书没有提供给你关于交易的所有知识，但它们确实奠定了基础，使你能制订出一个可获利的交易计划。

我需要在交易之前理解金融产品运作的基本原理，所以我选择从《写给无知者的期货和期权》这本书开始。遇到约翰之前，我通过史考特账户（Scottrade）购买我认为有潜力的公司股票，那时我还没有听说过期权。在进入金融杠杆产品世界之前，我需要一些基础知识，然后我可以学习约翰和卡罗琳笔下技术性更强的那部分内容。

从这些书中我受益匪浅，特别是《驾驭交易》和《斐波纳契交易：怎样掌握时间和价格优势》给了我很大的帮助。作为回馈，我写本章这些补充内容也是为了帮助交易者避免犯我曾经犯过的错误。从失败的定式中我总能学到更多——那些定式在图形上非常完美但就是不能奏效。了解这些能帮助你少走弯路并且避免犯我刚开始交易时常犯的错误。

不设止损

我希望对于每个读到此处的读者来说"只交易你能输得起的资本"已经是个常识。我的理念是你不仅应该只交易你能输得起的资本，而且应该本着让生活更平静和简约的原则来规划人生，绝不要过负债的生活。我有幸成长于一个父母都很坚持省钱而不举债消费的家庭（可以贷款买房或车，这个灵活度是可以的）。我很早就受到这种生活方式的影响，对我在交易中培养一种放松的心理非常有帮助。我不会因为一笔和我的预期反向的交易就惊慌失措，因为那会导致我没法付车贷。我2005年买的福特小红车已经不需要付款了。这样当我进入市场的时候就能只想着市场。

"只交易你能输得起的资本"这一理念带我确立了我交易系统中最关键的方面之一：承担的风险就是投入交易现金100倍的损失。如果你还在寻找盈利的资本曲线，这是至关重要的。如果我的买入期权价格是12.85美元，那么我愿意承担的风险是1285美元的损失。如果我用3.45美元卖出一个10美元宽的看跌期权信用价差（put credit spread），那么这笔交易我承担的风险是 655 美元的损失。我不设置止损，我的交易金额小到止损就是我愿意在交易中承担的全部风险。以前我试图交易更大金额并使用很窄的止损，但是止损似乎总是被触发。我的浅见，是止损从来没用。像任何坚定的信条一样，这个观点也可以追溯到某个特定经历。

我记得某一天我持仓 AMZN（亚马逊）看涨期权过夜。我的账户大概有 5000 美元，我购买了三张单价为 1300 美元的看涨期权。那时候 AMZN 比现在便宜多了，所以我能玩这些短线价内期权，寻找几个点的向上空间，风险是同样几个点的向下空间。第二天，股价跳空下跌了 25 美元，我的止损，从心理上来说是完蛋了。每个合同我愿意承担 4 美元的风险，现在每个合同的损失已经接近 10 美元。这是我第一次做"被车头灯照到的鹿"的时刻。约翰短暂地指导了我，安抚我说："我能够解决这个问题。"我告诉自己永远不要再让这种情形发生。从那时起，13 美元的期权在我的思考里就是 1300 美元的风险。这样我再也没有经历过我无法控制的情形，至少在交易中是这样！

我从来不提倡对期权交易尤其是价差（spread）交易设置止损的其中一个原因是在止损的价格位置就变成所谓的市场流动性了。当你看到行情和自己的预期反向时，你正好止损在低点，然后看着行情抛下你一路向上。你设置的止损就是别人有利可图的买价，所以你推动了这个行情的市场流动性。而如果你承担的风险是你支付现金的 100 倍（或收入价差中的价差），那么你就可以让你的策略充分实现，从而胜算更大。

像我们刚才讨论的 AMZN 跳空情形，总是最痛苦的教训之一——你认为你只会损失 500 美元，但是结果损失了 1500 美元。这些是进步途中尖锐的踏脚石。而确定自己永远不会有一个无法掌控的仓位是在交易中保持心理稳定的第一步。如果你知道你绝对不可能在交易中损失超过 X 美元，那么你就能开始考虑交易定式，而不是你那一天的利润损失比。

"不设止损"的方法非常有帮助的另一个原因是你能够真正开始让你的波段交

易定式充分实现。当交易者购买看涨期权,思考着"我的看涨期权买价是16美元,止损是11美元"时,他们没有考虑到日内的波动。股票价格滑落,触发了止损位,然后价格反弹回来并一路向上,收在全天最高点,这种情形总是让人沮丧。这就是为什么必须对收在21周期指数移动平均线之下的日内收盘价概念有清晰的理解。如果你的交易计划要求你看到收盘价,你就不能够使用任何止损。如果你的交易基于收盘价,那么你必须承受这一天中部时间下午三点收盘之前的所有情形。也许一天下来你还是基于收盘价格结束了这笔交易,但是很多时候你能够在噪声中持仓,直到实现预定的交易计划。

我还能说出很多我喜欢这种思路的原因。当然,它们不能运用在类似比率价差(ratio spreads)和日历价差(calendars)的策略上。但是如果你能成功地用这种方式思考,那么接下来当你用到有不确定风险的策略时,它会对你有所帮助。

寻求成功

有一种思维方式让我顿悟,它是如此之好以至于我真希望还能记得是在哪里听到的。当你从别人那里学习的时候,这是一个需要理解的重要概念,尤其是当它是一个关于金融的建议的时候:

只有当你知道自己配得上成功的时候,你才会成功。

为了解释我这个观点,也为了促进完全的透明,让我告诉你我曾经的想法吧:遇到约翰时,我认为自己发现了在市场上保持成功的圣杯。"真是太欣慰了,我已经找到一个清晰了解市场的人,我所需要做的就是跟随他交易,这样就万事大吉了!"两年之后我意识到这个想法真是大错特错。我不仅开始了一个自己尚不理解的行业,而且我还是一个和世界顶级职业选手决斗的新手。世界上像这样在一开始完全不懂的时候就需要和最好的玩家去竞争的职业并不多。竞技扑克也是这样,也许这是我深爱德州扑克这个游戏的原因,接下来我们还会看到两者间更多的对比。

后来，我发现约翰的确做过一些非常成功的交易，但是有时他的浮亏都能覆盖我的全部账户，即便这对于他交易的账户大小是很平常的。我的交易对于我的账户而言太大了。我的潜意识认为，既然我就是要跟随别人，而且是懂得比我多的人，那么这就是正确的做法。事实上，对于约翰而言，某一笔失败的交易只是25笔交易中的第13笔，他对这笔交易几乎没有情绪；而对我而言，我的整个世界都取决于这一笔交易的这一个决定。

随着时间的流逝，你会学习到：每一笔交易都只是很多笔交易中的一笔。我追求这样的生活方式是因为我想要自食其力，而不是一辈子让别人用勺子喂食。为此，我做了如下工作：

- 我去计算斐波纳契价位。
- 我通过分解指数来寻找哪些成分股即将展开行情。
- 我去研究分析历史数据，因此我知道财报后的异动胜算将在我这边。

一旦我做完这些工作，我知道我值得拥有成功。这样，在我的交易生涯里我翻过了关键的一页。

集中意念和保持灵活

我职业生涯中的另一页是那些事与愿违的时刻，它们不免让人感到灰心。我相信很多交易者也经历过，但不一定知道如何处理。灰心也可以换成其他词语，如抑郁、焦虑、生气、暴怒及难受。交易者不可避免地会产生各种不良情绪，不被这些情绪左右是很重要的，不要让自己跌入恶性循环中。集中意念和保持灵活可以有多种不同的形式。我发现，对我来说酒精是简单有效的，它方便且接受度高。像其他很多东西一样，适量的酒精很美妙，但是在生活中的某些时刻，我知道它不再能帮助我解决问题。我必须做出改变。

我不能说我已经完全弄清楚了这一整段的建议。我仍然喜欢喝酒，但是冥想才真正帮助我在那些可能已经超出自己极限的日子里回归正常生活。生活中会有这样的时刻让你意识到必须做出改变，我幸运地在这个时刻发现了艾伦·瓦特。他的系列讲座"放空心灵"（Out of Mind）正是我所需要的，而且让我意识到冥想可能对我有帮助。我在极客小分队工作时的压力远远不及期权交易时的压力，在我真的要因为压力发疯的时候，那些讲座的标题似乎就是为我而写的。我的冥想实践并不完美，但是冥想的医学好处有据可查。你可以认为这是对大脑的按摩。在一天里面哪怕是将你的思想关闭几分钟也是极其有益的，它会改变你应对压力的方式。

与此相似，我在阅读迈克·A.辛格的《臣服实验》（The Surrender Experiment）之后，开始更加专注地练习瑜伽。约翰向我推荐这本书，我鼓励每个人都去读一读。迈克也制作了这本书的有声版本，很适合大家在上下班通勤时听。他在书中讲述的故事让我相信瑜伽可能对我有帮助。于是我就开始跟着 YouTube 上的瑜伽基础视频练习瑜伽了。YouTube 上的确能找到不少好内容。我发现"Sarah Beth 瑜伽"频道对我特别有用，如果你对我讲的这些有共鸣，这个频道是一个好的起点。

我发现瑜伽除了有众所周知的好处，如提高柔韧性，在下述两个方面也对我有帮助。第一个方面是，学会面对不舒服和痛苦。瑜伽中的几个体式虽然没有运动，但是很不舒服，这很像交易中的某些时候，你的仓位让你很不舒服，但是你知道正确的做法就是继续持有这个仓位。当然，不舒服和剧烈疼痛是有区别的，就像暂时忍受煎熬和止损的区别一样。如果你能够执行计划，在不舒服之中继续呼吸，那么你成功的概率就大为增加。瑜伽教你怎样在不舒服的时候呼吸，学习面对痛苦是成功的交易生涯的一部分。

第二个方面是保持灵活性。你的身体变灵活并不意味着你的心灵也即刻变得灵活，但是身心是紧密联系的。约翰告诉过我生活会和交易产生共鸣，我总是从我的个人经历发现这是真的。如果你能够在交易中集中意念和保持灵活，那么你不仅会得到更好的交易结果，而且你的生活也会随着更好的交易而变得更好。

交易是场赌博

那些认为交易不是赌博的人总让我感到好笑。他们似乎总是在用陈述事实的口吻告诉你，好像他们不得不对霸道的论点进行自我辩护。我想请你看着交易说，这绝对是赌博。一旦你同意交易就是赌博，关于交易的几点就会成为共识。这包括"我不知道接下来会发生什么"，以及"我冒的风险永远不能超过我真的愿意失去的"。当一个交易者坦陈市场上有他百分之百完全无法控制的风险，他的注意力就不再是找到肯定能成功的交易，而是怎样控制风险。

一旦能够控制风险，你就可以开始考虑交易次数。换言之，如果你有一个成功率是65%的交易策略，你需要运用足够多的次数来实现这个成功率。如果你只运用三次，你可能看不到两次都成功，甚至三次都可能失败。但是这并不是这个策略成功率的准确反映。就像在扑克游戏中，你有最好的一手A（翻牌前最好的手牌），还是可能被打败，但是这不会阻止你继续玩全手A。你将在这个高成功率下交易几百次，每一次不一定能赢，而且你猜不出哪些时候会赢，哪些时候会输，所以只有交易得足够久，才能获得关于成功率的信心。

最好的10手是交易和扑克玩家的另一个相似之处。在德州扑克里有169种不同的两张卡起始组合。有时候当我一早起来看到一长串股票扫描单的时候，也会感到太多。"我要看169种定式，怎么才能缩小到10种呢？"在德州扑克里答案很简单，从最好的AA、KK开始，然后是AK组合。交易中定式的选取更复杂，因为有无穷多种标准和变量。但是，当我们开始进行技术分析，你可以看到我使用什么标准来选择类似于"最好的10手"定式时，你就可以将交易缩窄到自己喜欢的范围。

技术分析

技术分析有无穷种方法。有些方法可以追溯到 19 世纪，也有每天都被创造出来的新方法。有些人说没有必要理解图形形态，期权链就足以帮助交易。另一些人反驳说期权链不会为决策增加任何新信息，买一只基本面好的公司股票，在股市沉浮中保持耐心就好。

我发现争辩的双方都有道理。只用期权链交易将忽略大量信息。技术分析有优势，也值得花时间学习，但只用图形交易会让你为期权支付更高的价格，最后将导致更低的成功率。不用技术分析能挣钱吗？当然能。但是，你的机会没有达到最大化。如果交易中有什么圣杯，那就是最大化你的机会。

在一天结束的时候，你最好的交易来自所有因素共振产生的情形。要小心不要陷入分析瘫痪的陷阱，因为这太容易了。但是如果你结合最好的技术指标和最好的基本面指标，而且有纪律地交易，那么你就有机会挣钱。

当我开始分析的时候，我优先参考如下内容：

- IBD50 指数（来自《投资者商业日报》）。

- 我从卡罗琳·伯罗登的网站 www.feibonacciqueen.com 下载的图表里所提到的任何内容。

- 来自 Chaikin Analytics 的推荐。

- 来自 SimplerTrading 网络扫描的股票（我们设置了这个扫描，并且多年来不断更新完善）。

接下来将讨论我的波段交易图布局。这是到目前为止我采用的分析技术的精华，也是我做决定的基础。虽然这是我推荐的完备的波段交易布局，但它并不是无所不包。我的确会（慢慢地）在图上添加新的技术指标，并在观察了几个月之后在波段交易决定中考虑使用它们。

时间周期

当我们开始思考波段交易，第一个需要定义的是我们交易的时间周期。任何波段交易都将至少是持仓过夜。这不意味着我们不再使用比日线图更短的图表。我喜欢约翰多年前分享的时间周期，将交易时间平均分配成日内的线柱。

比如，每日交易时长是390分钟。如果你把它分成两段，每段就是195分钟。分成3段就得到3根130分钟的线柱。这个分段法可以一直继续直到得到3分钟的图形。我做波段交易不会看比15分钟更短的图形，这样我在每日交易中看26根线柱，以下是关于这个概念的时间周期：

390分钟=1根每日柱状线
195分钟（或3小时15分钟）= 每交易日2根柱状线
130分钟（或2小时10分钟）= 每交易日3根柱状线
78分钟（或1小时18分钟）= 每交易日5根柱状线
65分钟（或者1小时5分钟）= 每交易日6根柱状线
39分钟 = 每交易日10根柱状线
15分钟 = 每交易日26根柱状线
10分钟 = 每交易日39根柱状线
6分钟 = 每交易日65根柱状线
3分钟 = 每交易日130根柱状线

我使用的第一个时间周期是月线图，包括所有我能得到的历史数据。通常而言20年就足够，但是我用大量数据来看是否有任何需要注意的在日线或者周线图上看不到的主要回撤或者延伸。我在月线图上寻找的另一个现象是挤牌。如果挤牌提供了7～10根柱状线的动能，意味着月线挤牌，那么交易能持续7～10个月，从跟随趋势的角度来说，这是一个非常有效的信号。在写这本书的时候，黄金有一个月度的挤牌，试图走向多方。图19-1显示了黄金自1999年有多达9个的月线挤牌，在2005年和2009年的两次挤牌更为有效，那么我们怎样从那些不那么有效的信号中区分出这些很强的月线信号呢？下一个我用来做决定的时间周期是周线图。

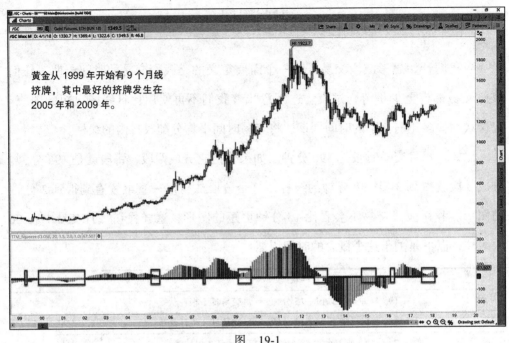

图 19-1

周 线 图

  当我们开始讨论周线图的时候，值得指出的是在这个时间周期，我整个的趋势跟随概念都围绕着"均值回归"的观点，即每日价格向 21 天指数移动均线回归。21 天指数移动均线是一个趋势回撤然后再次前行的好位置。我发现仅使用 21 天指数移动平均值并在价格接近低于这个水平时离场（假设持有看多仓位）的问题是，你常常刚平仓就发现趋势又恢复了，市场走向和你最初计划的又一致了。

  为了更宽松地运用这个概念，在我的周线图上，我采用了 10 周期简单移动平均线和 34 周期指数移动平均线。从图 19-2 中可以看到移动平均线在标题栏里，对应值在最右边及标题栏，最后的交易价格显示在股票代码的右边。这有助于决定交易者在图形上参考什么指标和价格水平。至于怎样使用这些价格水平，你要从交易的方向开始。因为月线图上出现挤牌信号，我关注的就是做多黄金的方向。我想在周线上找到一个类似的信号。由于在周线图上，我没有看到挤牌，所以我将通过移动平均线来了解趋势。

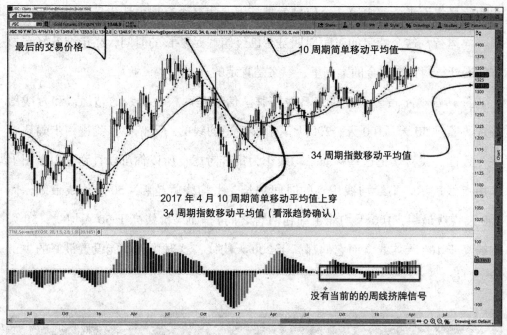

图 19-2

当 10 周期简单移动平均线高于 34 周期指数移动平均线时,我会买;而当 10 周期简单移动平均线低于 34 周期指数移动平均线时,我会卖。这给了我市场形态的总趋势,告诉我应该集中在偏牛还是偏熊。自从 2017 年 4 月以来 10 周期简单移动平均线都上行穿过 34 周期指数移动平均线,这一形态显示我应该集中在多方。然而,我能看到这不是一条直线上升。为了在市场偏牛但震荡时旁观,而在市场偏牛且具有动能时能持仓,在周线图上当 10 周期简单移动平均线在 34 周期线上边且收盘在一周底部并收在 10 周期简单移动平均线之上时,我将买入看多。这让我知道我的交易是顺风推动(因为选对趋势),并且在该价格处我应该看到动能发挥作用(因为高于 10 周期简单移动平均线)。

日 线 图

就像从月线图转到周线图一样,当我想更细致清楚地看周线的时候,我就转向日线图。在日线图上我增加了一些技术指标,但我的大多数决定都能从一个不大的信号集而来。其中第一个信号就是挤牌。我是否有理由认为日线图会像月线图一样运行？这个特定的时间周期是否已经筑底足够长的时间，终于准备好选择方向展开行情？在黄金的案例里，答案是肯定的。

图 19-3 显示黄金正在进入日线挤牌。信号是两根柱状线的站稳，和月线图一致。通过 50 天、100 天、200 天简单移动平均线的一致偏牛，我进一步确认了该一致性。我喜欢把这些移动平均线作为集合考虑，所以你可以看到它们在图上都用点线表示，描绘均线用到的时间越长，平均线就越粗（50 天均线最细，而 200 天均线最粗，100 天均线粗细在两者之间）。如果价格高于 50 天均线，50 天均线高于 100 天均线，而它们都高于 200 天均线，这时候你就能设置最好的牛市定式。

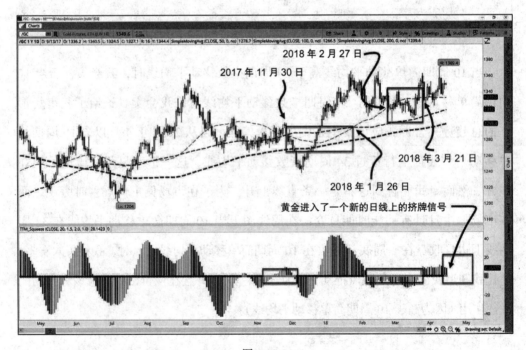

图 19-3

我们也可以通过看那些我不会去做多黄金的时间段的图形来了解这一思路。第一个时段是 2017 年 11 月 30 日～2018 年 1 月 26 日，这段时间里 50 天均线低于 100 天均线。第二个时段是 2018 年 2 月 27 日～2018 年 3 月 21 日，由于价格低于 50 天均线，所以我会避免交易黄金。由于我试着基于月线图买入黄金，我将等待日线图上价格重新回到 50 天均线之上，然后在下一次回撤时买入。

为什么使用简单移动平均线

为什么使用简单移动平均线？经验告诉我，这些是基金和其他常用的指数报价机构最常跟踪的长期平均线。简单移动平均线给予过去所有数据同样的权重，所以无论我看多少数据，它们都能给我一个均衡、长期的看法。

这是我成长之路上看到卡罗琳一直使用的指标。美国全国广播公司财经频道（CNBC）评论的也是这些指标。每一个人都盯着这些简单移动平均线。我发现对于日内分析，它们已经足够有用，所以我将它们纳入我的每日分析。你能使用 50 天指数移动平均线代替 50 天简单移动平均线吗？当然可以。只要记住我们要观察的东西类似于大海中的波浪。我们想要寻找更高的高点和更高的低点（或者更低的高点和更低的低点）这样的形态，并试图在阻力最小的路径上寻找适当的时间进入。这些定义不同的均线就像波浪的低谷，你的激进程度可以用你进入市场时所采用的移动平均线来衡量。在这个例子里，50 天简单移动平均线是最激进的，而 200 天简单移动平均线最保守。

图表颜色

当我为这本书设置颜色调配的时候，不仅仅是为了满足出版商的要求做出的努力，也是为了配合我的视力。自从我知道有色盲存在，我就一直是色盲了，当然之前也是。这个发现和我第一次检查视力发生在同一天。我们没必要讨论这个，但是你需要知道我的配色方案是为了避免很多色盲者对红绿色区分的问题。而且这种配色有助于任何阅读本书的人，无论是纸质书还是可显示颜色的电子书。我的 K 线图同样配色简单：白色 K 线代表偏牛，黑色 K 线代表偏熊。

当我处理挤牌时，我用了两种相似的方法。浅色点是最重要的。它们是"炽热的白色"，在重要的时刻提醒我们：波动收缩了，从价格上看，我们要准备开启一波大行情了。在挤牌图上从浅色点到深色点的转变（如果用默认的颜色，就是红到绿）就是我们要捕捉的大波动。当信号亮起时，我们最好是已经进入市场，这样才可以抓住价格大动的大部分。这些信号出现是需要时间的。大多数时间里股票都没有大行情，只是在区间内游走。我真希望在交易早期能对这一概念认识得更清楚。抓住一波大的日内行情很有成就感，但是大多数时候，股票价格都在花时间站稳、巩固。当管理一个波段交易的投资组合时，铭记这一点是至关重要的。

8周期和21周期指数移动平均线

深入进行日线分析的下一件事是加入指数移动平均线。指数移动平均线赋予近期价格的权重更大，因此比简单移动平均线更能抓住短期趋势。这允许我们能够参与更加激进的趋势，而不用总是等到价格到50天简单移动平均线时才买入。

我选择8周期和21周期指数移动平均线为我的交易服务。这些数字是斐波纳契数列的一部分，它们很适合我以方向和动能为基础的交易方法。这是另一个可以把移动平均线看成市场波浪的地方。斐波纳契数列是0, 1, 2, 3, 5, 8, 13, 21, 34, 55, 89, …，每个数字和前一个数字相加，直到无穷。我不用1到5，因为我认为它们离现价太近。但是如果我知道8周期指数移动平均线和21周期指数移动平均线，我就大致知道13周期指数移动平均线在哪里。我也不使用任何超过21周期的指数移动均线，因为我的简单移动平均线会管用，我将寻找在50天、100天、200天均线的支撑（见图19-4）。

让我们用一个交易FSLR的例子来看看这个理念。在4月4日，FSLR开始形成日线挤牌的第一根柱状线。与此同时，它被抛售，价格降到50天简单移动平均线处。如果这里你之前没有在50天简单移动平均线处设置好买入订单，那么之后你就没有机会了。此后的几个交易日，价格在颇高于50天简单移动平均线的地方站稳，这时 8 周期指数移动平均线和 21 周期指数移动平均线开始发挥作用了。后面 7 个交易日，价格在 8 周期指数移动平均线和 21 周期指数移动平均线之间波动，我每天在这些价格附近增加 200 股，直到我有 1000 股，这是我在这样的交易里愿意承担的最大风险。4 月 17 日，一天内股价收盘时上涨 3.5%，我们的日线级别挤牌开始了。挤牌的动能发生改变，下面我们就只要等着看信号发出，也就是布林带跳出肯特纳通道。理想状况下股价能涨到 81.45 美元，也就是 127.2% 的价格延伸处。4 月 19 日，日线挤牌发生，价格向上攀升到日内高点 78.95 美元，比我们的目标价低了 2.5 美元。这时我们入场时所用到的"均值回归"概念重新发挥作用。挤牌发生后，只要收盘价格保持在 8 周期指数移动平均线和 21 周期指数移动平均线之上，我就继续持有仓位并希望最终能达到 127.2% 的目标价。这个例子里，FSLR 精确回撤到 21 周期指数移动平均线，然后携日线信号的力量恢复上升，三天后紧跟着亮丽财报达到目标价。如果有一个好的例子能讲述我怎么能把从约翰和卡罗琳那里学到的概念整合在一起，就是这个了（见图 19-5）。

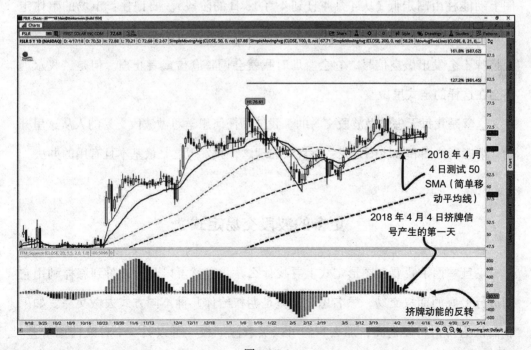

图 19-4

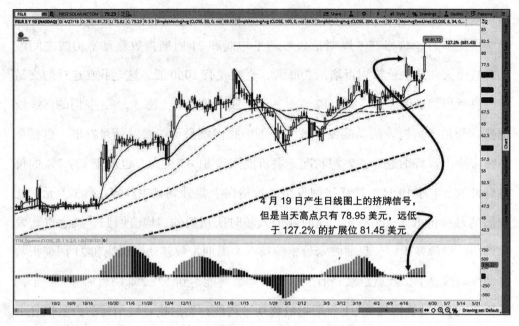

图 19-5

初学挤牌的交易者容易犯的错误是认为挤牌是一个偏熊的信号,因为在直方图上动能柱由高走低(从4月4日到4月16日的阶段)。要记住:市场的整体走势是第一重要的。然后动能的变化让行情最主要的部分与趋势保持一致。这不是说挤牌不会发出做空信号,它会。那时我就会调整仓位或者止损。但是,我永远不会在这样的定式里做空。

这就是我每天怎样做波段交易的。我鼓励任何想学习做波段交易的人从这里开始。掌握周线图和日线图是我一直喜欢的理念,我发现这是最基本且有用的办法。

更多的波段交易定式

一旦掌握了我要在图形定式上寻找什么,我们就可以开始进阶到怎样利用它们进行最好的期权交易,顾名思义,就是期权给你几种不同方式去做交易。如果我们认为价格将要走高,那么我们可以买看涨期权,可以买一个看跌信用价差,也可以考虑一个牛市蝶式期权(bullish butterfly)。有这么多不同的交易策略,怎么选择就取决于你的个性和交易目标。重要的是，你一定要在交易前确定好你的个性和交易目标。交易一个日线挤牌最激进的方法之一是方向性期权（directional option）。大多数时间我都关注市场的多头，所以买看涨期权是我常用的策略。买看涨期权常被认为是一个成功率很低的策略。这很有道理：由于期权权利金衰减很快，买看涨期权要求你必须选择正确的时机和方向，二者缺一不可。虽然如此，但是在公司发布财报前的两到四周交易期权是非常高效的交易方式。这段时间的 θ 值或时间衰减仍然对仓位不利，但是如果你在财报当周买入看涨期权，则由于财报日前波动率不断增长，期权价格会大幅提高。如果你能掌控入场的时机，买对了方向，又能借助隐性波动率上升带来的助推作用，那么这三连击将会带来很棒的交易。

实现这样的交易看起来需要几个变量结合起来，但其实这些条件比你认为的更常见。基于这个观点，我想感激奥菲尔·戈伊利布（Ophir Goyylieb）在 CML TradeMachine 的工作。CML TradeMachine 是基于网络的期权分析工具，对确认那些我在知道这个工具之前就使用的技术信号特别有帮助。这一工具还给出一些新的交易观念，它们与我的图表是一致的。比如，2017 年 MSFT（微软公司）发布了四次财报，其中三次财报前都有日线级别的挤牌；当 2018 年 4 月 26 日财报临近时，我们又一次看到日线级别挤牌。我们当然可以只依靠这些信号购买 MSFT 的股票。但是我把挤牌的交易定式与 CML TradeMachine 的信息比较时，发现它们认为"MSFT 在财报发布前七天的上涨动能形态，超过了过去三年半北美的任何一只其他股票"。这个信息非常强大，使我在这笔交易上考虑使用"核心仓位"，也就是说我的仓位承担了我允许自己承担的最大风险，来试图抓住一次漂亮的波段交易。你可以通过 www.simplertrading.com/cml 获得一个打折的链接来更清楚地了解 CML 这一工具。

对 称

对称是又一个对我来说不可或缺的概念。斐波纳契分析和对称通常紧密关联。

简单起见,我在这里只集中讲解对称(见图 19-6)。

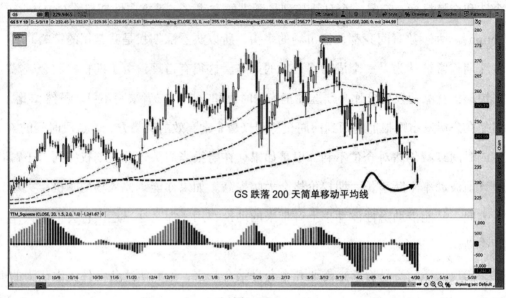

图 19-6

对称,即"由完全相似的部分组成,彼此相对或围绕轴的特性"。我们可以在蝴蝶身上的双边对称发现这一性质,建筑和自然界也有类似性质。在市场上我们想要寻找独立的沿着 X 轴和 Y 轴的对称关系。我一直很喜欢运用对称性,不仅因为它能帮我找到好的交易,还因为它能帮我用全新的视角看待市场,从而停止追高。

这一点高盛(GS)给了我们一个很好的例子。2018 年 5 月 3 日开盘时,GS 的日线看着非常熊。股价低到 230 美元以下,而就在几周前股价还高于 260 美元。这个时候我的头脑里有一个声音告诉我,"高盛要归零了"。当然,这有点儿夸张。我并不是真认为高盛要破产,但是我会找出一些理由来做空。然而,有了时间上对称的新视角,我知道不仅不应该做空,而且可以向做空的人出售看跌期权。

看看从 2018 年 3 月 12 日到 4 月 2 日 GS 的股价下跌图。这段下跌用了 15 个交易日完成,然后有连续 9 个交易日的反弹。当时股票连续下跌一段时间又健康反弹,难道 5 月 3 日早上不也应该这样吗?这是从 4 月 13 日的高点连续下降的第

15个交易日，因此是时候考虑接下来几个交易日的反弹了（见图19-7）。

图 19-7

当然，总有这种可能——定式给出反弹建议，而价格继续滑落，但是如果我们知道在确定的一天会看到股票的短期底，那么考虑一个及时对抗该时刻的触发点是合理的。触发点只是你确认自己初始想法的一种方式。据此，在进场之前，你先试着验证自己的想法是正确的，而不是盲目购买。当GS被持续抛售到230美元以下的时候，由于我们预先知道自己在寻找买入的理由，因此我们就观察15分钟图，在更小的时间周期上来确认买方进场。股票最低价达到227.40美元，但是30分钟后我们才确认这就是短期底。通过两个15分钟的柱状线，即用了30分钟，价格反弹并超过最低点柱状线的最高点，接着触发了我们的看多买单。直到2018年5月14日，我写这篇文章的时候它都是GS的短期底。我相信观察这个低点能否守住，以及看看你读到此处时GS的股价会很有趣。综合而言，价格和时间的对称能成为一个卖丰厚的权利金的好方法。这也能帮助你进行策略性思考而不是用对情绪做反应来决策（见图19-8）。

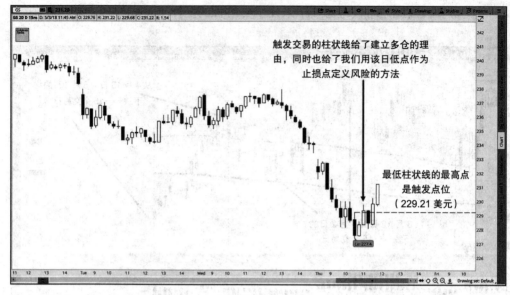

图 19-8

结 束 语

交易是艰难的。它激发你的情绪，测试你的极限，一天的交易下来能让你诚意地了解自己是怎样的人。我无法想象自己从事任何其他职业，我永远感激交易进入了我的生活，让我在高低起伏中找到平衡，在每晚休息时都知道自己非常勇敢地努力过。

  重要的不是评论家，也不是那个指出强者如何跌倒或者实干者本可以做得更好的人。功劳属于那个真正在竞技场上的人，他汗流浃背，拼命努力却不断犯错、不断失败，因为不存在没有错误或失败的努力。但是他满怀热情，全情投入，将自己奉献给值得的事业。最好的结局是他最终取得伟大成就，品尝胜利的滋味；如果他失败，最差的结局是他至少知道自己非常勇敢地努力过。所以，那些既不知道胜利也不知道失败为何物的冷漠而胆怯的个体永远不能与他相提并论。

——西奥多·罗斯福（Theodore Roosevelt）

| 第20章 |

对我来说最好用的交易定式

作者：丹妮尔·谢伊·古姆

约翰·卡特的说明：我在本书第 6 章介绍过丹妮尔。本章你们会见证她的坚韧和坚持。

五星级的定式

在我目前的交易生涯中，我是一名专注于方向性期权交易的技术分析师，追求账户的大幅增长。我也有其他的用于不同情况下的交易定式，比如每月末日期权、季报和震荡市等情况。总的来说，我主要关注方向性交易。我每天的目标就是选出最强劲的图表去交易。我怎么做到这一点呢？这都靠我学过的交易定式的组合（这些定式很多都在第二部分讨论过了），再加上我的深入研究方式和对图表模式的分析，以及我创造的用于辨识五星级交易定式的严格规则。对我来说，图表只不过是另一种需要破译的语言，这是一切的基础。我对每一个图表都用同样的公式来分析。

给你的交易定式评分

约翰总是说要按五分制给你的交易定式评分,然后根据你的交易定式有多强大来决定放置多少资金来冒险。他解释说很多时候都能找到比其他定式更好的交易定式。他说,关键是要理解为什么有的比其他的都好,并注意以不同的方式来用它们进行交易。谈到以不同的方式用它们进行交易,这意味着使用不同的期权策略,设置不同的风险承受水平,或者简单地排除某个交易定式,因为它不符合五星级定式的条件。

他使用的类比对我来说很有道理,所以我着手制定一套能辨认出最好的定式的规则。对我来说,一切都归结于技术分析能力的强弱。在我看来,没有理由去交易一个获利少于四星的交易定式。而且,当我看到一个五星级定式的时候,我需要能辨认出来。然后我就可以想办法最好地利用它了。我想澄清一下,我永远不会考虑用五星级定式的标准来衡量钉价交易和财报交易。这是另一种交易类别了。

当我说我在找五星级的交易定式时,我是说我正在努力找出最可靠的图表,以便于我以激进的且方向明确的方式来交易。

标准从何而来

我对于强弱的评定标准是基于我从我们交易团队的优势中所收集到的知识。当我刚参加简单交易这个团队的时候,作为一名学生,我注意到了一些特别的东西——除了约翰和亨利之外,每一个交易员都不使用彼此的定式。从很大程度上来说,他们也确实不需要这样做。他们都是专业人士。他们专注于自己的交易和自己的内容创作。然而,对于我,一个学生,有些事情就很清楚了。每个交易员都有他自己的"高概率交易定式"。那么,我做了什么呢?我把他们每一人的交易定式中我最喜欢的部分组合起来,创立了我自己的五星级交易定式。

我最喜欢的交易定式

我喜欢且交易算得上品种繁多的方向性的交易定式。有一些我们称为"趋势延续"的交易定式，我们只是在趋势继续阶梯式上升或下降的时候顺势交易，这是非常棒的。这可以是一个使用保守期权策略的好机会，如在平缓的趋势下卖出信用价差。我也喜欢斐波纳契数列丛集和对称交易定式，这在某些特定的图表上会给我方向性偏差和总体的期待。

然而，对我来说，最好的方向性的交易定式是锚定在挤牌。我在寻找暴风雨前的平静或爆发前的紧缩。挤牌的全部目的和荣耀在于它让你有方向地交易，而且在巨大的行情爆发前入场，而不仅仅是在一个阶梯性上升的行情时入场。找出最好的挤牌交易是我的首要目标。

交易者可能认为他们可以在图表上设好挤牌然后就搞定了。然而，这与事实相去甚远。你肯定会比没有设定挤牌的人走得更远，但是，学习如何正确地将它添加到你的交易计划中需要花费大量的时间和精力。一旦你把挤牌和其他分析标准（如图表模式、时间周期、斐波纳契数列、基本面、市场环境和总体情绪）结合起来考虑，那就不仅仅是一个简单的挤牌了，还有很多因素要思考。

记住：并不是所有的挤牌都有一样的效果。因此，我将挤牌的知识与其他因素结合起来挑出那些胜率最高的。这一切都是为了尽可能给自己最好的优势。当然，你永远不会完全消除你的损失，这没什么，交易本就如此。但是，你可以尽量多地消除带来损失的交易。

我最喜欢的挤牌

作为一名波段期权交易员，我喜欢的挤牌是强势板块中的技术性强势股票的周线图、日线图和195分钟图上出现的挤牌。我会交易多个时间周期的挤牌，在同一个图表上跨越不同时间周期的挤牌。我也会交易三重挤牌，同时出现在指数、板块和具体股票上的挤牌。此外，我喜欢那些在有很高的做空比的股票上出现的挤牌信号。如果我发现了一个很漂亮的斐波纳契数列丛集或者对称交易定式，再加上挤牌，你猜对了，我也要交易。基本上，一切都是关于把挤牌和其他准则最大限度地联合应用。

用于研究的公式：我是如何找到它们的

> 练习意味着参与到一种仪式中。全力投入，对承诺的日常练习，意志和专注的意图。
>
> ——史蒂文·普莱斯菲尔德
> 《成为专家：挖掘内在能量，创造你的人生》

我的一天（或一晚）从分析整体市场状况开始，主要看标准普尔500指数、纳斯达克指数和道琼斯指数期货。这是我自顶向下分析的起点。我用这个公式来找出我最喜欢的指数，在这些指数中，我选择我最喜欢的板块。到了这一步，我就在我选定的范围内找股票。我把同样的技术分析公式用在这些图表上。在分析了图表之后，我缩小我的选择范围。我专注于识别有最大可能的方向性的图表模式。

进行大量的研究是选择方向性交易时要做的最重要的事。今天的交易者有很多选择。感谢互联网，让世界尽在我们的掌握中。我的研究包括对以下指标的检查：自定义扫描，简单交易扫描，板块SPDR，《投资者商业日报》前50名单，纳斯达克，标准普尔500和道琼斯指数期货，同事卡罗琳·伯罗登的斐波纳契定式，最后，也是几乎同样重要的，我们交易室的会员和同事所推荐的股票。以上每一个来源都有自己的优势，而且对于找到高质量的交易很重要。

我喜欢在晚上做交易研究，这样我就可以专注于市场而不受交易日和伴随着市场时间而来的情绪的干扰。

所有这些准备工作花去我大约一个小时的时间，但这是唯一的为下一个交易日做好准备的方法。在过滤了成千上万的图表后，我创建一个简短的列表，为接下来的交易日做准备。我使用特定的标准来缩短我的列表，关于这些标准我将在下一节中讨论。

约翰总是说："让10岁的孩子看看这张图表。它是要上，或者下，还是横盘？你应该在三秒钟内知道答案。如果你不知道，这可能表示你应该放弃它。"我的交易好转的最大迹象之一，就是我能够看着图表，马上知道我是不是要做这个交易。

这究竟该怎么做呢？比如，我检查了总体市场状况，我认为标准普尔指数相对于纳斯达克和道琼斯指数更强，或者在那一刻的某个时候会有一个大行情。那我就看标普的板块，看我看好哪一个。现在来说，我通常找三个看起来有利于做多的板块。或许工业和医疗板块都在启动行情，但工业板块有一个买入点的优势，因为医疗保健已经开涨了。接下来，我就找那些符合定式的工业类股票。在分析了该板块中排最前的10只股票之后，我得出结论：BA（波音）和HON（霍尼韦尔）技术图形最强，而且还有强劲的买入定式。在一个小时的分析后，我决定做多BA和HON，因为这是我挑选到最后的最好选择。

基于我用来寻找定式的程序和它们要符合的标准，我认为符合这个特别规则的定式是五星级交易定式。但是你要问了：这个标准到底是什么呢？

过滤我的选择

这个清单是用来缩小选择的过滤器。结合我考虑的每一只股票，我按照以下顺序来分析。

过滤器清单

1. 市场环境。

2. 板块分析。

3. 挤牌。

4. 趋势的强度。

5. 有优势的入场点。

6. 斐波纳契分析：

（1）对称性。

（2）丛集的确定。

7. 基本面的支持。

8. 交易定式的汇集。

在分析了以上的清单以后，我做出是否交易的决定。每个分析需要怎么做？阅读接下来的章节后，你会更多地了解我怎么分析过滤器清单上的每一项内容。

市场环境

首先，我想知道哪些（如果有的话）指数可以买，这样我就可以在该指数中加入额外的多头（或空头）。什么指标告诉我这个指数处于买入模式呢？理想情况下，我会看以下指标：

1. 日线和/或195分钟图上的挤牌。

2. 强劲看涨趋势，表现为多头均线排列，以及股价在50周期简单移动平均线以上。

3. 价格图上通过斐波纳契分析得出的牛市趋势。

这是理想的状态，但我也能接受稍不完美的状态。一个与标普股指期货趋势一致的195分钟图的挤牌也可以给我提供足够的操作空间。

这里的关键是发现整体市场将要有大行情的能力。当你做方向性交易时，这种市场的大行情是很重要的。85%的股票跟随更大的市场而动。当整体市场都动的时候，那也是上车参与的时候了。

反之，看出某个指数（或整体市场）看起来不稳定也是很重要的。这时候最好保守操作或者管住手不操作。最好的状况是所有指标一致，你必须知道怎样辨识这种状况。除了这个，还有"好但还不是很好"的做多的时候和"糟糕的"做多的时候。在你操作任何交易之前，你必须知道怎样在整体市场的大背景下辨别这些状态。分析整体市场环境永远是第一步要做的事。

板块分析

进行市场分析之后就是板块分析。就像主要指数一样，主要板块也有可能处于适合买入状态。这种板块异动会慢慢传递到该板块中权重最大的品种，也会传到板块内其他股票。

我怎样才能知道某个板块适合买入呢？使用我做指数分析同样的标准。一个板块的可买入状态可能持续一两个星期或一两个月。其实能持续多久并不重要，因为当能量离开一个板块，另一个板块又在形成一轮行情。无论如何，你必须知道怎样辨识这个趋势。

当你选择了一个刚进入买入模式的板块和一只在买入模式的股票，很大概率你会赢。这时候你要找到你的优势和胜率较高的交易。

有什么情况比一只股票跟板块趋势一致更好的呢？那就是当指数、板块和股票同时处于可买入模式。这种情况不如股票和板块趋势一致的情况出现得多，但它一旦出现，我就会激进地跟随直到趋势结束。

趋势的强度

当我决定只做确定的趋势明确的图形时，我的交易迎来了一个突破。当然，一个波动的图形或者一个向下的趋势会出现一个适合做多的挤牌定式，但是这不是我关注的重点。我专注于那些证明了有极大可能会继续沿着我操作的方向发展的图形，不管是向上还是向下。在决定我要操作哪个挤牌定式之前，我必须考虑趋势。趋势检查列表是我定义一个确定的趋势的原则。

趋势检查列表
（用于做多，反之可用于做空）

1. 总体图形模式为更高的高点和更高的低点（阶梯模式）。

2. 图形显示出稳定地靠近移动平均线而未曾大力回撤的模式（回撤不跌破50周期简单移动平均线）。

3. 股价目前和移动平均线的关系（在50周期简单移动平均线以上很重要）。

4. 多头排列的移动平均线（最短的移动平均线在最上面，按时间降序排列）。

5. 这种图形模式必须在过去的至少6个月有效，时间越长越好。

作为一个额外奖励，我喜欢寻找接近历史新高和/或有很高做空比的图形。这两条不是关键性的，但我喜欢这种额外的保证。

在一个完美的世界里，我乐意看到移动平均线整齐地按照时间顺序排列而且股价高于34周期指数移动平均线。每次创新高之前图形显示良好且整洁的靠近移动平均线的回撤。我热爱在这样的模式里出现一个良好的挤牌、一个稳定的回撤让我买入。

不过，既然这是理想状态，我也愿意操作一个不是完全符合这些指标的图形。但是当我确实看到完美符合的情况时，我愿意冒我能冒的最大风险。

趋势示例：微软公司（MSFT）

这张微软的日线图显示了一个明确的趋势。你可以看到股价围绕着短时的移动平均线——8周期指数移动平均线波动，还有整齐排列的移动平均线出现在一个有小幅回撤而不是大举抛售的图形上。回撤时股价仍高于50周期简单移动平均线。但这是一个罕见的情况，不会经常出现，这个图形模式起效超过6个月，实际上还要更长（见图20-1）。

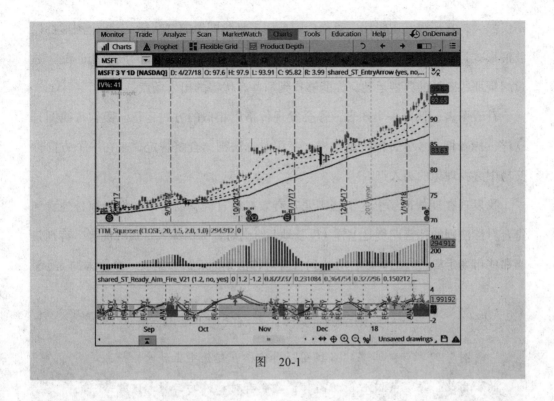

图 20-1

斐波纳契分析

斐波纳契分析在我的交易中的重要性怎么强调都不为过。斐波纳契分析本身就能找出高胜率的交易定式。用它来交易，你已经有了优势。而当你把它和有爆炸效果的挤牌定式结合使用时，你会得到更棒的结果。

当我的方向性交易存在优势的时候，我用斐波纳契丛集、对称法则或者时机定式来确认胜率高的时机。当和其他的做多定式结合使用时，这个技术性的交易定式变得更加强大。我也用对称法则来帮我决定当一个交易变糟时是否仍然留在里面，或者更好地，用来警醒我在超过预定目标的时候离场。最简单的是斐波纳契延伸目标，我用它来决定阻力位和止盈目标。

对称法则

对称法则是个简单的概念。它通过测量之前的波动来辨认现在的波动在什么时候结束或什么时候开始。虽然如此简单，但对称法则依然是一个强大的工具。

不仅强大，它还很有逻辑性。对称法则被用来量化图形的"特征"。每个图形都以波浪形式运动。你通过测量这些波浪来看它们是否跟之前类似的波浪相匹配。通过测量那些图形的典型运动，你能够找到那些有优势的出入场点。

看看图表，任何一个图表，你会发现价格以相似的方式运行。微软日线图是这样，标普期货 5 分钟图也是这样。我用对称法则结合挤牌定式来在一个方向性交易中寻找理想的买入点。

我发现在期货市场上这个法则尤其有效。做日内交易的话，你会惊喜地看到符合对称法则的标普期货是怎样（反复地）给交易者提供买入定式的优势。特别是当那些市场走势不行的时候，寻找到符合对称法则的突破会给我一个巨大的提示。

对称法则示例：奥多比系统公司（ADBE）

图 20-2 所示为奥多比日线图，当价格在起伏中上升时，回撤是对称的。由此，每当 ADBE 创新高时，就会有对称性的回撤。这就给交易者一个确定的回撤区间可以在此再次做多。

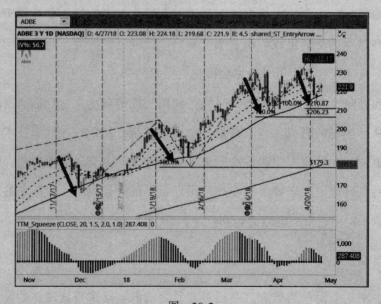

图 20-2

回撤

在我的方向性交易中，观察回撤水平是很关键的。我能看出市场可能会在哪里暂停，并预期它会发生。没有什么比开始了一个绝妙的方向性交易然后发现它停滞不动，而且不知道会怎么样更让人灰心丧气了。我经常会在那个点位发现一个简单的斐波纳契回撤水平。那个时候我就对这个回撤水平有预期并意识到在这个地方出现暂停并非奇怪的事。

延伸目标：斐波纳契回撤的下一步是斐波纳契延伸目标。利润目标是我交易计划的关键部分，而且它和方向性的交易定式比如挤牌结合得很好。我用这些指标再结合我的整体交易定式来决定什么时候离场。

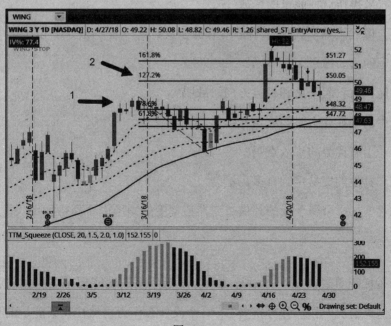

回撤和延伸目标示例：阿拉米达（WING）

1. 点 1 显示的是回撤点，这包括了 0.50、0.618、0.786 的回撤水平。这些是典型的阻力位，但是强劲的图形会冲过这些点位（见图 20-3）。

图 20-3

> 2. 点 2 显示了延伸目标。第一个唾手可得的目标在 127.2% 延伸，第二个目标在 161.8% 延伸。这是我交易中会用到的两个基本目标位。

丛集区域

我非常喜欢斐波纳契丛集区域——由至少三种级别包括斐波纳契回撤、延伸目标和对称法则任意结合在一起构成的支撑或阻力区域，当你在交易中用到清晰的丛集区域时，结合触发点，你就会找到你的优势。这个优势如果有挤牌出现还会更强。

挤牌：一个有优势的入场点

要是没有挤牌定式我将身处何方？挤牌指标用来辨认市场中的盘整期。一般来说，市场要不就在一段平静盘整期，要不就在股价垂直回归期。通过辨识出这些平静的时期，我们有更好的机会进行行情更大的交易。一旦市场进入挤牌，我们就观察整个市场的动能以便预知市场方向并等待市场能量的释放。我热爱用做多看涨期权来操作这种能量的释放。

然而，像我之前所说的，不是所有的挤牌都有一样的效果。以下是一些关于挤牌要考虑的重要因素。

1. 动能：它看起来是和趋势方向一致吗？
2. 挤牌出现在什么时间周期？
3. 有一个有优势的买入点吗？
4. 它和其他的交易定式有多少汇合？

我也希望在一个属于我的其他过滤器清单上的图形中看到挤牌定式。

动能

挤牌指标很重要的一个方面是动能。我希望看到动能爬得更高，或者转向更高，我把这种情况叫作"弹弓挤牌"。一个没什么作为仍然在积聚能量的"平坦挤牌"不能和一个显示出向上的动能并即将启动的挤牌相提并论。我喜欢在它们正要启动的时候参与。

挤牌的时间周期

作为一个期权波段交易者，我专注于 78 分钟图、195 分钟图、日线图和周线图。我在这其中找交易定式。一个挤牌在你正交易的时间周期的图形上可以持续 8～10 根柱状线，每个图形定式可以给你不同的交易时长。对我而言，我喜欢的是 195 分钟图和日线图，特别是当它们同时都出现挤牌的时候。我喜欢持续几天到最长两周的交易。这个时间周期让我可以以这种节奏交易。

当做日内期货交易时，我也喜欢用挤牌，但是在更短的时间周期上使用。比如，当操作标普股指期货时，我会在 5 分钟图、15 分钟图、30 分钟图和 78 分钟图上找一个良好的日内趋势。这些交易一般占用我 20 分钟到几个小时不等。

无论是一个波段期权定式还是日内期货定式，我喜欢在数个不同的时间周期上看到多个挤牌，而不是一个时间周期上出现一个挤牌，因为那样的行情更强劲。一个挤牌可以发动，引发下一个时间周期发动，以此类推，直到你抓住一个美好的大行情。

多重时间周期挤牌示例：百胜餐饮集团（YUM）

百胜餐饮集团（YUM）出现了多重时间周期的挤牌，这可能是一个潜在的比单一时间周期挤牌更加强大的定式（见图 20-4）。

1. 点 1 显示了 195 分钟图上的挤牌。
2. 点 2 显示了日线图上的挤牌。

典型而言，当更短的时间周期的挤牌发动时，会引发高一级的时间周期的挤牌发动，导致指数级别的行情。

优势买入点

在挤牌发动之前进入是很关键的。如果挤牌已经发动了，那你找到这个定式也毫无用处，完全没理由再去追。有这么多标的物可以交易，你总能找到另外一个无须去追的。我必须绝对有一个确定可靠的买入点。

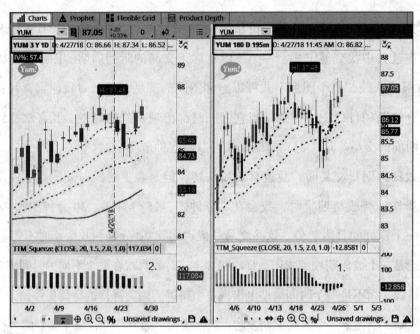

图 20-4

对我而言，挤牌的最佳切入点是股价和移动平均线的关联。典型来说，我希望一个贴近21周期指数移动平均线交易的日线图上看到挤牌还在巩固期。你必须查看21周期指数移动平均线和斐波纳契延伸目标之间的距离来确保当你参与时你的图表不至于延伸太过。有那么多的选择，你完全不必追逐某个特定的交易。从理想情况来讲，介于8周期指数移动平均线和21周期指数移动平均线之间的买入点是最棒的。

> **优势买入点示例：现在服务公司（NOW）**
>
> 在这个示例中，你可以看到当挤牌在巩固的时候股价是如何回撤到移动平均线的。这造就了一个绝佳的买入优势，因为它在对称支撑和50周期简单移动平均线（我的止损点）之上（见图20-5）。

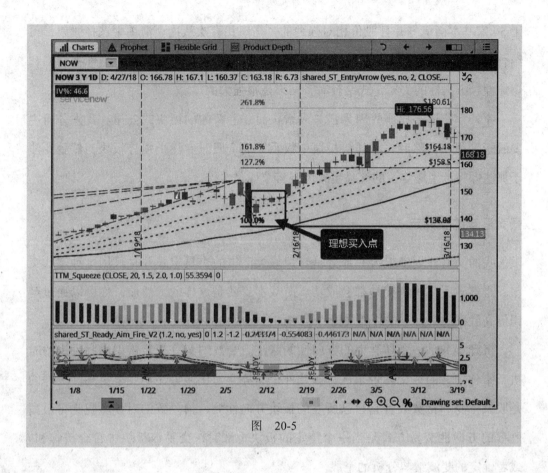

图 20-5

汇集

虽然你可以交易单一时间周期的一个挤牌，然而，汇集越多就越好。我喜欢看到我以上的过滤器清单里的 7 个不同类别出现越多汇集越好。这里的目标是辨识出哪里市场最强，它总是出现在汇集最多的地方。

基本面评级

虽然我属于技术分析派，但我也开始把基本面加入到我的方向性交易定式里。因此我开始使用查金分析（Chaikin Analytics）。我喜欢结合我的交易定式标准去寻找那些被评定为上涨或强势上涨的股票，这样我就得到了既有强劲基本面支持又有强大技术交易定式的股票。

我也经常应用 IBD。它们的 IBD50 清单是对领涨股票的旗舰级的筛选，选出了 50 家基本面优等并且股价相对强劲的公司。我喜欢从这个清单中选择股票，再结合我的五星级标准来评定。这些是已经比市场表现更好的股票。当你把它们和爆炸性、方向性的交易定式结合时，结果是很强大的。

此外，我还寻找那些因为强势或增长而登上新闻的板块或公司。我先分析主要股指和板块，然后关注强势板块中权重大的个股。专注于强势板块，然后专注于那些即将产生爆炸性的交易定式的强势个股是关键。

最大汇集的交易定式

我的交易计划中很大一部分是辨识最大汇集的交易定式并且只用这种定式交易。当然，不是每次交易都会成功。游戏本身就是这样的。然而，你可以通过辨识最高胜率的交易定式并随之操作而增加自己成功的可能。

挤牌本身是一个高胜率的方向性的赌注。斐波纳契分析能辨识出高胜率的时机，给你的方向性交易带来优势。此外，顺势交易比逆势交易胜率更高。更好的是股票本身和指数或者它自己所在的板块方向性的行情一致的时候。我觉得最高胜率的方向性交易方式是当一个特定的板块上涨时，交易该板块中符合挤牌和/或者确定的斐波纳契分析的个股。

亚美利证券（AMTD）：2018 年 2 月

当整体市场在 2 月早期的调整中刚经历了一次暴力回撤时，AMTD 的日线图（见图 20-6）展现了以下技术分析特征。然而，AMTD 还是保持强劲。

明确趋势　直到我进入交易的点位，AMTD 从 2017 年 9 月一直维持了明确的趋势。这体现在：均线多头排列，稳定的更高的高点和更高的低点的模式，且没有暴力回撤。

对称法则　2018 年 2 月 12 日左右发生的回撤和之前的三次回撤完全对称。这个对称的回撤形成并触发了做多。

挤牌　日线图上有个很好的挤牌，它展示了在图形平静时期向上的动能。

优势买入点　2018 年 2 月 12 日回撤到 34 周期指数移动平均线再加上对称定

式是个绝佳的买入点。

AMTD 也具有良好的基本面支持，它进入了 IBD50 的清单。图上交易定式的汇集强大到令人难以置信，出现了趋势、对称定式、确定的挤牌和很好的回撤买入点。所有这些使 AMTD 符合一个五星级的交易定式。

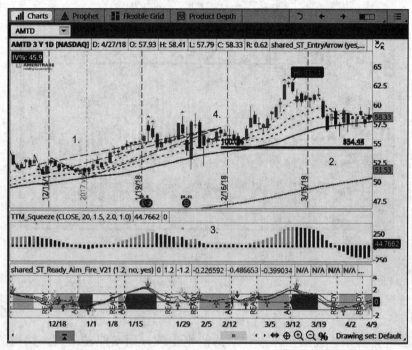

图 20-6

交易 AMTD

鉴于有这么完美的因素汇集，我喜欢激进地操作这些定式。我的方式是买入大约一个月到期的 Delta 值为 0.7 的看涨期权。对于这笔交易我分批买入并分批卖出来限定风险并使利润最大化（见图 20-7）。

关键点

1. 第一次入场点在对称的回撤时。

2. 第一个盈利目标在 161.8% 延伸。

3. 第二次入场点在回撤时。

4. 在261.8%延伸最后退出所有交易。

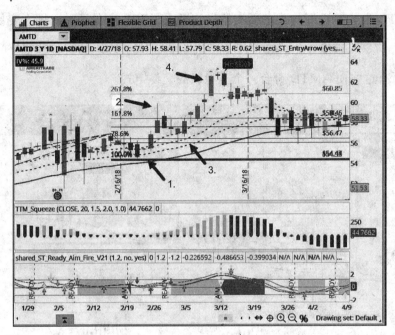

图 20-7

总 结

在这笔交易中，我的买入点在对称法则出现，而动能转向买入这边的时候。我喜欢30分钟图上的8周期指数移动平均线和34周期指数移动平均线交叉的触发点，也喜欢日线图上的准备发射触发点。这给我一个较窄的止损点，该点位在对称法则支撑点54美元线上，也恰好在50周期简单移动平均线上。

最初我通过观察斐波纳契回撤来管理我这笔交易。它很快被击破，这让我对这笔交易有了进一步的信心。一旦市场突破56美元线，我就盯住了第一个127.2%的斐波纳契延伸目标58美元。我的第二个目标价位在58.46美元，是161.8%延伸目标。第三个也是不大可能达到的目标价位，图中你可以看到其实达到了，是60.85美元。261.8%的目标价位是个很难达到的目标，但我发现在IBD50清单中的股票当出现五星级的交易定式时达到这个目标价位挺常见的。

做这些交易的时候，我一般会在第一个延伸目标价位分批卖出，如果这个定式还没结束，则我会在额外的回撤时增加头寸。在这笔交易中，我在第一个 161.8% 延伸目标止盈，然后在回撤到 21 周期指数移动平均线时重新买入以便二次上车。

雷神公司（RTN）

RTN 的日线图展示了当工业板块，尤其是防御型股票，表现出不可思议的强劲势头时，技术分析特征如下。

确定的趋势 RTN 在过去两年半时间里维持了一个非常确定的趋势。这体现在：多头均线排列，稳定的更高的高点和更高的低点模式，没有暴力回撤。

对称法则 2018 年 4 月 4 日发生的回撤和之前的两次回撤完全对称。这个对称的回撤站住了脚并引发做多。

挤牌 日线图上有个良好的挤牌呼应了 195 分钟图上的挤牌。这些挤牌显示了在图形平静时期的正向动能。

优势买入点 2018 年 4 月 4 日的向 50 周期简单移动平均线的回撤，同时和对称法则重合，是个很好的入场点（见图 20-8）。

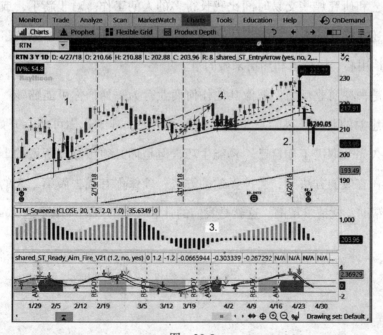

图 20-8

当市场上防御板块上涨的时候，RTN 也获得上涨的动能。总的来说，关联股票比如洛克希德公司（LMT）和诺格公司（NOC）也可看到价格上涨。此外，这只股票也在"冲击财报"的范围内。这意味着，从历史数据看，我可以试着做财报。这最终实现了。这个图表的交易定式的汇集很强大，有趋势、对称法则、稳定挤牌和绝好的回撤买入点。所有这些使 RTN 符合五星级标准的定式。

总　　结

> 如果你自己不想学，没人能帮你。如果你决意要学，没人能挡得住你。
>
> ——出处不明

虽然我入行已经 5 年而且这段时间取得了很大的进步，但我总是提醒自己：旅程其实才刚刚开始。这是我一生的道路，我会长久走下去。我的目标是继续磨炼我的手艺和研究那些交易时间比我长得多的人的工作。对于新手，或者对于你们中那些还在挣扎的人，只要记住几件事。成功不是来自你偶尔做的事情，它来自你持续地用心、用意志和热情来做的事。

交易是一种商业行为，就像其他任何商业行为一样，你可能赔钱。这个过程可能比你想象的要长。风险总是比利润先到。过一阵子，你可能会开始弄明白，但要过多久完全取决于你自己。熟能生巧，但是你必须跟踪你所做的事情。把注意力集中在有效的方法上，去掉无效的方法，确保你有钱去做第二天的交易。如果你需要帮助，就请求帮助。这就是我们的社区存在的原因，就是这么简单！

| 第 21 章 |

一笔赚了 140 万美元的交易

以下是根据阿龙·法菲尔德（Aaron Fifield）主持的播客"和交易者聊天"（Chat with Traders）中对我的采访而整理的文字记录。他的问题充满洞察力，这个采访成为一次关于我如何看待市场、思考市场的很有分量的回顾。我们讨论了我在一笔期权交易中是如何处理情绪的，那笔交易让我获利 140 万美元，是目前为止我最大的日内交易盈利。

起初的时候

Aaron Fifield（AF）：就在刚开始的时候，你说了一件有趣的事情，市场行情启动而你并没有参与其中，你很沮丧。你怎么处理这种情况？当你意识到刚刚可能已经错过了这个行情时，你是什么也不做，还是以一个小一点的头寸追入其中呢？

John Carter（JC）：你知道，我一直积极地交易了大约 25 年——这很疯狂，因为说起来就像昨天一样，但是随经验而来的还有耐心。在大约交易了 6 年之后，我的一位导师让我坐下，然后说："记住，交易者能不能以此为生的区别就是耐心——等待合适机会的耐心，在一个成功的交易中坐着不动的耐心……否则就玩完了。"我父亲也说过一些类似的话。当我刚开始交易时，我说："上帝啊，我简直不敢相信我错过了这波行情！"我父亲笑了，他说："看，我保证市场明天还会开盘并且还会有另一个机会出现。"干坐一周什么也不做是会很沮丧。曾经有一段时间，道琼斯指数每天下跌300点，如果我持有正确的头寸，我本可以赚大钱。这令人沮丧，但是我从很多次这样的实践中学到的是，当你情绪化地去追赶行情时，你会让自己陷入一种思维情境，那就是你正在错过发生的事情。当真正的机会来临时，你因为还在追赶而没有准备好；你的情绪投资在不是真正的定式上。你就是觉得自己被排除在外，经验使你认识到这一点。我的意思是说，在某一时刻，你会打个响指说："好吧，我再也不追赶市场了。"但是过一阵子，你将会知道这样做的机会成本。首先，你通常是最后一个进场的。其次，你的大脑一片混乱，因为这纯粹是情绪化交易，而情绪化交易从长远看并不会始终如一。我就是这样学会怎么去处理这种情况的。

　　AF：这个回答中有很多有见地的见解。你提到了在你的家族中流淌着市场的血液，跟我们谈谈你是如何开始交易的。

　　JC：在我18岁的时候，我在一家商场里的饼干店工作，这个工作费力不讨好，我每小时赚4美元，制作曲奇面团并把曲奇饼干卖给跟着妈妈来的孩子们。经过一个夏天，我赚了大约1000美元。在夏天即将结束的一个周日晚上，我下班回到家时，我的父亲和他的朋友们正围坐在桌旁。他们在看《投资者商业日报》（Investor's Business Daily），当我从旁边走过时听到有人说："嗯，你知道，我很可能在这笔交易中赚1000美元。"我的脑海里在想："好吧，我的银行账户里现在就有1000美元。"所以我问："你们在说什么？"他们解释说，他们准备在那周买入英特尔公司（Intel）的一些看涨期权。虽然我不知道什么是英特尔，我也不知道什么是看涨期权，但是我想：我18岁，我没什么输不起的。我问："我能开一个账户做这笔交易吗？"他们告诉我，我没有足够的时间开一个账户并完成所有的书面工作，但是他们说他们能替我做。他们说："把那1000美元给我们，我们会为你买10份合约，如果亏钱了，你就倒霉了，但是如果赚钱了，我们会把它给你。"我说："成交！"这些期权以每股1美元买入，以1.8美元卖出。所以……我努力工作了3个月，每天8个小时，一周5天只赚了1000美元，而现在，在5天之内，我啥也没做，却赚了800美元。在那一刻，我入迷了。我意识到了让你自己的钱为你工作而不是亲自劳作的力量。我的意思并不是说体力劳动有任何不好。能出去工作很好，但是底线是我们比别人愿意付给我们的时薪更值钱。

AF：我想这就是许多交易者意识到的，也是让他们从事这行的原因，我完全明白了你是从哪里开始的。在过去的采访中你谈过你开始交易后，经历了一些繁荣与萧条的周期，我非常想问你，这些繁荣与萧条的周期是什么样的？

JC：无论出于何种原因，我一直都是个比较不错的风险承担者。我想可能是天性如此。当我开始交易时，我很擅长赚很多钱，然后输掉它。在我早期的交易生涯中有三次，我有1万美元，在大约一年的时间里，我把它变成10万美元。我在头寸调整方面冒疯狂的风险。我会把我的整个账户放到一笔交易中，如果成功了，很好，如果失败了呢，好吧。最典型的场景是我有1万美元，它会暴涨到2万美元，退回到1.3万美元，涨到2.7万美元，退回到1.8万美元……但是当我赚到11万美元或12万美元的时候，我会后退一步说："哇！我的账户刚从1万美元到了10万美元，现在将从10万美元到100万美元！"但是我当时过于关注在赚100万美元上——我花了很长时间才弄明白这一点。以前，我只是交易，我没有目标。我就像这样：这是一笔交易，让我们做吧，我想赚点儿钱。但是当我开始关注于赚100万美元的时候，我改变了我的交易方法。如果我有一笔亏损的交易，在以前我会止损离场，而现在我会说："天哪，你知道，我正在努力赚100万美元，我不能接受这样的损失。我至少要盈亏平衡。"所以，我开始做蠢事。这在我身上发生了三次，我赚了一笔钱，把它亏完，在第三次之后，我经历了一个痛苦的学习周期和与自己对话——你知道，我想一直经历这些吗？那时候，我正要结婚，我想：如果我要结婚并要小孩，我将让我的家人经历这些吗？我必须处理好我正在做的事情。我那时偶然读到了由马克·道格拉斯写的《自律的交易者》和《交易心理分析》，这些对我帮助很大。然后我跟一些交易者交谈，我说，好吧，既然我要从事这一行，我就要做得专业。我学会了不试着"赚100万美元"，这改变了我的交易。显然这并不意味着我不再有赔钱的交易，但在那之后，我再没有把一个账户毁掉。

成为一个成功的交易者需要多少风险

Aaron Fifield（AF）：显然，你天生就有很大的风险偏好。在许多方面你都很自在地承担大量风险。你认为这是成为一个成功交易者的必备素质吗？

John Carter（JC）：这之间有微妙的区别。有时候你承担的风险可能太大了，但是我不知道哪样更糟：是你过于偏好风险，还是你太过保守。这两者我都见过。显然太多的风险会导致这种场景——你赚了许多钱，然后就把它亏光了。如果你太恐惧，虽然好消息是你不会亏太多，但是你也无法以交易为生。我想这是人们感到困惑的事情之一。我想许多人的目标之一，这当然也是我一段时间的目标，是马上能以交易为生。当我在公司上班时，我每年的收入大约是10万美元。我把它绘制出来并思考："好吧，如果我要辞掉我的工作，我每个月需要通过交易赚8500美元！"如果在那种情况下你过于激进，你的账户就会产生对实现目标毫无意义的波动。但是如果你太恐惧，你将不会赚到能达成目标的足够的钱。恐惧最大的问题是你会一直等待确认。在交易中等待确认的问题是，当有些东西被确认，并且所有的指标都一致指向这是一个买入信号，这通常是你应该获利了结的时候。所有人都在看同样的图表，如果每个人都觉得某些东西看起来不错，并且每个人都在看多，就没有什么可以买入了，并且就在那个点，它会因为现在人们都在使用的自动跟踪止损的作用而反转。这就是为什么有时候看起来你进入了一个模式，一旦你买入，就开始下跌，好吧，通常这是因为人们一共查看27个指标，现在它们终于都一致了。你感到交易是"安全"的，但那很显然正是专业人士离场的时候。

AF：我听你提到了马克·道格拉斯的《交易心理分析》。这本书的哪些地方给你提供了巨大的帮助，使你可以持续稳定盈利？这本书的哪个地方真正和你产生火花？

JC：当我第一次读这本书的时候，我并不认识马克。我最终认识了他，我们成为朋友。他的去世使我震惊。他在市场、人类心理，以及这两者如何互相作用等方面的学识是无与伦比的。那些正在自己做交易决定的人（不是仅仅把它交给计算机），不阅读马克·道格拉斯的书将处于劣势，因为他对于市场如何掠夺人们有一种直观的感觉，市场确实是这样的——它在错误的时间把人吸入场。从马克的书中学到的主要东西是，要想交易成功，你必须理解在交易时你的思维应该如何思考。概率是关键。你需要有一个概率思维，意味着你必须接受任何事都有可能发生。仅仅因为我在买进不代表股票会上涨，任何事都有可能发生。并且如果你能意识到任何事都可能发生，那么你将更放松。你更关注风险，你不会小盈即止，因为如果任何事都能发生，那么只要控制好风险就可能成为大赢家。当我开始那样思考时，我的交易就改变了。我的盈利在变大，损失在变小。这太棒了。他也提到一些事情，比如那些没有解决的情绪问题会在我们的交易中创建"隐藏的任务"，我们却浑然不知。那些隐藏的任务，比如"我会向他们展示我是一个胜利者"从来都不是好事。

你的学习曲线是什么样的

Aaron Fifield（AF）：好的，我们深入地谈一下这一点——从你开始交易时起，你经历了三次繁荣与萧条的周期，直到达到了某种盈利稳定性，这段时间有多长？

John Carter（JC）：天哪，这是一个好问题。我可以说我交易的学习曲线很可能比大部分人长。这是因为我坚持的时间比我本应该花的时间长。我认识的很多人尝试交易了大概两年时间，没有成功，他们就放弃了。所以，我能坚持更长的时间是因为当我经历这些繁荣与萧条的周期时，我可能用1万美元赚到了13万美元，然后我会想："好的，我将赚100万美元！"我可能做的唯一明智的事情是我拿出了3万美元投资了房地产。我为一些复式住宅付了首付并把它们出租出去。当我第三次爆掉了我的账户时，我拥有一个相当好的房地产组合。所以，当我最终决定"动真格的"交易时，我能卖掉一些房地产，筹集另一笔本金。

AF：从你第一笔交易开始到你达到这一点经历了多长时间？

JC：当我最终读了马克·道格拉斯的书并经历了这一切的时候，已经8年过去了，而且我让我的未婚妻经历了一些艰难的时刻。曾经有一次，就在我们试图买一座房子的时候，我爆掉了我最后的账户，这个故事我在我的书里讲了。那是一种令人难以置信的痛苦。我们现在还在一起，并且有了三个孩子，我很感恩有这么优秀的妻子。我不认为其他任何人需要花8年时间从挫败到学会如何交易。我想你必须投入时间，我的意思是没有人会在第一天就学会，但是我喜欢与其他人一起压缩学习曲线。我自己用了8年时间，我认为对于拥有合适工具的普通交易者来说，可能需要2年时间。人们必须看到不同的市场条件，他们必须相信：如果他们不专注于控制风险，市场就可以拿走他们所有的钱。无法知道的是人们如何做出反应。如果你投入了钱，市场正在与你反向或者不利于你，你会如何反应？你会惊慌失措吗？你会成为"车前灯下的鹿"吗？或者你能冷静地采取行动吗？这对每个人都会有点儿不同。你越快地开始只去关注概率，释放对结果的任何情绪依附，你就会越快地达到稳定盈利。

你现在是如何交易的

Aaron Fifield（AF）：好的，让我们更多地关注你现在怎样交易。你怎样描述你的具体方法和对市场的整体途径？

John Carter（JC）：我发现每个交易者最好都能找到最适合他们的方式。你的交易需要符合你的个性。对我来说，有四种交易：抢帽子/日内交易、波段交易、头寸交易和投资。我最喜欢的是波段交易，持仓几天或几周。我对在1分钟图上抢帽子，买进3分钟后卖出没有兴趣。它的工作量太多，而回报太少。现在它看起来是安全的，也确实能产生大量肾上腺素，但是大部分人没有意识到的是这样做会产生太多佣金以至于很难赚钱。如果你的账户上有2万美元，而你是个日内交易者，非常可能的情况是你每年要花2万美元的佣金。因此你每年必须赚到100%来支付经纪人的费用。人们只有在开始追踪记录之后才会意识到这一点。所以，对我来说最佳的方式是大的时间段，30分钟及以上的图。追踪你期望持续几天或几周的交易，这笔交易的回报是值得付出努力去寻找并且持有的。在日内交易时，我不看5分钟图，顺便提一句，我曾经做过的最好的事情就是拿走我的5分钟图并扔掉它们。我会看30分钟图、小时图、日线图和周线图。我只会寻找定式：我想参与到一段好的行情走势中。如果我在星期二买入，我最早会在星期四卖掉它们，除非我被止损出局，这样的交易方式是适合我的。你可以很激进，你可以抓住好的小波动，市场也倾向于那样做。它们倾向于小幅波动然后横盘调整。这就是我在寻找的东西，它对我真的很有用。

AF：好的，那你在哪些市场或产品上交易最活跃呢？

JC：我对股指期货很有经验，所以我喜欢美国的股票指数——E迷你标准普尔500股指期货合约（E-mini S&P 500 futures）（ES）、E580迷你纳斯达克期货合约（E-580 mini NASDAQ futures），但我也是大的个股期权交易者。这两者非常互补，所以如果我看好ES，那很好，最强的股票是什么？特斯拉（TSLA）、谷歌（GOOGL）、亚马逊（AMZN），或者其他有行情的股票。然后我会买一些它们的看涨期权，所以对我来说，所有这些共同起作用。我也很看重相关性，如果你的期货合约正在上涨，这是不是意味着股票将要走弱？很好，哪些股票会受到最大的影响，我能买哪些看跌期权？我确实很喜欢看这些杠杆工具。

我也看澳元。说起这个，有一个有趣的故事。2008年，我飞往澳大利亚发表演讲。在去一个国家之前我会购买那个国家的一些货币，以防我的信用卡用不了或者坐出租车的时候只收当地货币。在去之前一个月我买了澳元；我买的时候澳元对美元的汇率是1∶1。当我在2008年10月去澳大利亚的时候，汇率跌了一半。这对我来说真是一个糟糕的交易，因为我是以1美元的价格买入的，等我去那里的时候已经只值一半的价钱了。

世界经济都是紧密联系在一起的，对此我有了第一手的认知，因为我手中的纸币价值崩溃了。但事实是：你不需要知道这个。你不需要知道如果日元走高，股票也许会走低；你只需要有一些好的定式。我的那些导师，他们都是从事了30多年的交易者，他们都说："我有3个定式，我看4个市场，就这样。"他们不关心其他股票、其他市场怎样，他们不看新闻，他们不找最新的提示。他们有专营的市场，为之努力，然后赚钱，我非常相信这一点。我认为你有越少和新闻相关的信息，你就会做得越好，因为新闻信息越多，你就越分心。记住，电视上的人只是想让你逗留下来看广告而已。

AF：我认为你提出了一个非常好的点。稍早前，你提过交易者在投入两年的努力后，可以看到某种稳定盈利，原因是在那期间他们经历了不同的市场环境、不同的方法。根据我们正在经历的市场类型，你的交易是如何变化的？

JC：这是一个好问题，因为我花了很长时间才学到的一件事是，你不能一直都做同一种交易。这是一个看涨的市场，还是一个看跌的市场？交易的艺术归结为几件事，其中之一是知道你可以有3种头寸：你可以做多，你可以做空，或者你可以空仓。我从事交易越久，越能认识到空仓是最好的头寸之一，因为当你空仓时，你的想法是中立的。我从一个朋友那里听过一个谚语，他是伦敦的一个交易者。他说："不要浪费你的筹码。"在美国，我们说："不要浪费你的资本。"如果没什么事情可以做，你又很无聊，就去做别的吧，耐心等待。

现在，市场在某种程度上挺有趣的，因为我们在1月的时候有极度看跌情绪，然后在2018年2月，我得到的所有信号都是做多，但是我的大脑在尖叫着喊空，这很有趣。我已经学会去相信信号，而不是我的观念：这是一个看涨信号，买入它。而且我学到的最主要的东西是，没有两个交易日是相同的，但是周期是存在的。如果是看涨周期，那很好。如果你在一个看涨周期的开始，而且你得到了一些相应的信号，那就装船起航吧。

当前，从 2016 年 2 月初到 2018 年 4 月，我们有了一个极好的反弹。这不是开始做多的时候，这也不是开始做空的时候，因为没有做空的信号。我现在几乎轻仓。我保持空仓和中立，等待时机来临。我有点类似于在一个"快点儿 – 等等"的模式。我在交易中发现如果你可以在一个交易年中保持耐心，保持专注并且心态中立，那么每个月会有一到两天让你可以开始行动，用一个比通常大的头寸，赚大钱，然后退出，又保持空仓。事情就是这样。作为一个交易者，这很难做到，因为你认为你应该一直在交易。当人们感到无聊就以交易来减轻他们的无聊时，他们只是在浪费他们的资本。因此当一个大的交易机会来临的时候，他们只是回到原来的样子。学着等待。我认为那是最难做的事情，但是我觉得它是最重要的事情之一。如果你看着市场发现没有事情可以做，那就什么都别做。如果你回顾你的交易并说这个交易真不错，就回头看看是什么使这个交易不错，然后等待它再次发生。如果你对你的风险控制有信心，就用一个稍大的头寸，否则就停下来等待。不要在平庸的定式上浪费你的资本。这是你在一开始不会知道的东西，但是渐渐地，你会学会，因为它是一个巨大的教训。

当你决定退出交易时你的思想过程是什么

Aaron Fifield（AF）：绝对如此。现在转到交易的另一端，你在决定何时何处退出交易时的思考过程是什么？你怎样形成一个退出计划？

John Carter（JC）：这是一个好问题。总的来说，买入是容易的。要成为一个好的交易者，你必须成为一个退出的大师。那意味着，当然是止损价，但也意味着目标价。这在期权世界里相对容易，因为期权用所谓的期望走势来定价。当然，由于交易的收益有限，利用价差可以很容易地找出你的目标。对于方向性的交易，是预期的走势。我说的预期走势是指做市商和计算机研究一个股票，通过隐含波动率和一些其他的读数，基于他们认为股票在期权到期前可能交易的价格范围给期权定价。举例来说，如果奈飞（Netflix）的股价是 300 美元，做市商在未来两周给它的走势定价是 20 美元，那么，猜猜看，如果你参与这笔交易，然后它上涨了期望的 20 美元（如果你买进了看跌期权就是下跌 20 美元）……离场！它上涨到比那高很多的可能性不大。如果有的话，它会在那个级别受到阻力然后开始回归到你入场时的水平。当你做多期权时，那样的回撤会吸走所有盈利。

另一个我非常喜欢的是斐波纳契扩展。无论是一个 30 分钟图、一个日线图，还是一个周线图，如果一个股票从摆动低点上涨，创出新高并达到了 1.272% 延伸位，你已经达到了可能的最高价位。它近期继续走高超过这个点位，比如达到 1.618% 延伸位，却没有一个大的回撤的可能性很低。拿着这个伸手可得的目标离场吧，你要知道哪些钱容易赚到。

我也许看到了一个非常好的定式然后决定做 10 份合约，比方说期货合约。我将做 10 份标准普尔指数期货合约，如果我们得到了 1.272% 延伸位的价位，我将卖掉它们中的 7 份。在这个价位我们先拿掉大部分风险。如果我们能达到 1.618% 延伸位的价位，很好，但是我把在剩余的 3 份合约上的止损价位上移到盈亏平衡点，所以在那时我交易中的风险大大减少了。我不仅把桌上的筹码拿走，还减少了我正在玩的筹码的风险。我不会指望事情永远神奇地朝对我有利的方向发展。

AF：我喜欢那个形容——触手可及的目标。既然你提起了期权，我们多谈谈期权吧。我知道期权是你现在的主要关注点之一，但是在这 25 年交易生涯中，你曾在几乎所有的市场中交易过。你觉得期权交易的什么特点真正吸引了你？

JC：嗯，如果我看黄金，我可能会说，好的，我看好黄金，我该怎么做？我去买黄金期货还是买实物金条，或者在 ETF 上买跟随黄金价格的 GLD 的看涨期权？好吧，如果我想多样化我的资产，我会买一些金条然后把它们藏起来。然而，如果这只是一笔交易，帮我参与到价格走势中并为交易账户赚钱，那么我需要决定参与那个行情的最好方式。关键是这样的：持有期货合约比持有期权合约要难得多。期货价格一直在波动，因为扫止损而臭名昭著，而且经常大幅下跌，特别是在隔夜的疯狂走势之后。或者，我可以买 60 日的 GLD 看涨期权然后把它忘掉。我知道我最大的风险是什么。我不需要盯着图表。在期货市场上会把我止损出局的大幅波动在持有 ETF 期权时并不成问题。我喜欢期权的是，你可以说：我只想冒 5000 美元的风险，仅此而已。此外期权是不断贬值的资产，因此你也可以卖掉它们。这有一个例子：美国市场一只非常流行的股票是 AAPL（苹果公司）。如果苹果公司股价在 250 美元，你可以用大约 1 美元买入一个 270 美元的价外看涨期权。你在下一个赌注，AAPL 是一只神奇的股票，它将涨到 290 美元，这样你就是一个大赢家。可是，事情可能不像你想的这样发展。

然而，你可以采取反向交易卖期权。你以 1 美元价格卖出，它毫无价值地到期，你就能保留所有的钱。所以，你可以用期权做很多有趣的事，你可以卖掉它们，保住许多其他交易者在权利金衰减方面输掉的钱。你与其他买入到期时毫无价值的期权的人反向操作。期权有很多的灵活性。

AF：你最近参加了克尔克·杜普莱西斯（Kirk Du Plessis）的 Option Alpha 播客。你对他说的一件事是你发现期权帮助你看到了更多的持续平稳盈利，类似于最小化了你实际账户的损失并减小波动性。这与你交易期权的选择有关系吗？

JC：嗯，这取决于你的目标。如果你在找更稳定的净值曲线，意味着你不想它疯狂地上涨或者下跌，你可以用期权进行结构化的交易，使它持续稳定盈利。现在，持续性也意味着你限制了盈利潜力，但那对大部分人来说不是坏事。比如，你可以以 8 美元买入 TSLA（特斯拉）的看涨期权，它要么涨到 16 美元，要么跌到 0 美元，或者你可以卖一个特斯拉的价外看跌信用价差，而你在这笔交易中赚钱的概率为 90%。

期权的一个好处是你可以决定你想承担哪类风险。你想要哪种净值曲线？交易者的工作是拥有一条从屏幕左下角到右上角的净值曲线。它不断走高。它与对错无关，而与管理净值曲线有关。我是一个激进的交易者，所以我的净值曲线会有点曲折，但是有些人不喜欢那样。他们想让它更平稳。期权的好处是你能以这种方式构建你的交易，你永远不会有任何大爆炸的意外，但是你也不会有任何突然上升的惊喜。你只是在稳步地赚钱，这非常棒。期权的精彩是你能以符合你的个性和个人交易目标的方式构建你的交易。显然，最终最重要的是，每个人都能明了他们的交易目标，并找到合适的工具去达到这些交易目标。

AF：你在那个播客里提到一个术语"为交易融资"。我不是特别理解，但我觉得它很有趣。你能详述一下当你提及用期权为交易融资时是什么意思吗？

JC：当然，有几个方法来做这件事。既然我们早前在聊黄金，我在这里再以它为例。比如我认为GLD在未来的3个月里将上涨，我将买入一个3个月到期的看涨期权。嗯，比方说执行价格是120美元，我能做的是即使我的看涨期权3个月之后到期，我也可以卖空一个30日到期的行权价是125美元的期权，而且在一个完美的世界里，它会无价值地到期，有点儿像拥有一个出租房产。这个交易被称为一个对角：你买入一个长期的期权，同时对应卖出一个短期期权。如果股票有条不紊地上涨（或者是看跌时，有条不紊地下跌），你可以用某种方法做到以卖出足够多的期权来支付它自己，这很有趣。

你可以结构化你的交易，这样你不仅收取权利金，也同时保留你的上涨空间。在一个看涨的行情中这样做，你可以买入10个看涨期权，然后卖出30日看跌信用价差合同，它们到最后无价值地到期，最终为整个看涨期权交易付钱，所以你现在得到了一笔免费的交易。期权的好处在于存在这样可以去做的事情。很显然，做任何这样的事情都会有风险，但是好处是你可以为一笔交易融资，而且一旦融资成功，你就可以放手看它能做什么。

你对新手期权交易者有什么建议

Aaron Fifield（AF）：好的，那听起来有点儿高级，但是非常有趣。在我们结束期权的话题前，你对新手期权交易者有什么建议？这些建议也许是假设你刚开始接触期权时将会对你非常有帮助的建议。

John Carter（JC）：我会说第一件事是，如果你是一个新手并想进入期权交易，通常如果你认为股票会上涨，你就会买看涨期权。如果你认为会下跌，你就会买看跌期权。这只是一些基础知识。大部分新手期权交易者会犯的错误是他们寻找便宜的期权。如果你在看一只股票，我们以APPL（苹果公司）为例，比如，它的股价是100美元，你会看着它说："哇，它的股价是100美元，行权价为95美元的看涨期权价值7美元，但是行权价为110美元的看涨期权价值只有1美元，所以我要买行权价是110美元的期权，因为它们便宜。"这是你可能犯的最大的错误。基本上对期权来说，这些价外期权被设计用来无价值地到期。它们被设计来吸引人们。所以如果你买一个价内期权，即使它"更贵"，你也要想想：花7美元买一个期权，而不是花100美元买苹果公司的股票，这比真正拥有苹果公司便宜多了，你将以这种便宜的方式参与到苹果公司的价格走势中。如果要买期权，我会专注于价内期权。如果你掌握了这一条，就可以开始考虑价差，卖出看跌信用利差或者看涨信用利差。

我记得当我第一次参加期权讨论会，开始听到关于蝶式期权这类东西时，我完全无法理解。但是如果你能领会下一步（如果股票上涨，看跌期权会失去价值），那么在下一个拉回到支撑线时，不是买入看涨期权，而是卖出看跌期权，而且以价差的方式操作，这样你的风险会固定。现在你和那些专家一致了，他们喜欢卖期权，因为他们可以利用权利金衰减。当你买入期权时，权利金衰减从你的口袋里掏钱。当你卖出期权时，权利金衰减往你的口袋里放钱。我喜欢两样都做，利用权利金衰减同时保留比预期更大的上涨空间。如果你看涨某样东西，买价内看涨期权、卖出平价看跌信用利差就完事了。如果你看跌某样东西，买价内看跌期权、卖出平价看涨信用利差，就完事了。这么做就够了。

AF：那么当你说你不需要继续深入的时候，你是在说只有早期的时候那样还是在任何时候都不重要？最近你会这样做吗？

JC：不，我不觉得任何时候都不重要。不要误解我，其实我越来越喜欢买蝶式期权。期权的那些希腊字母很容易使人不知所措。西塔（Theta）、得耳塔（Delta）、伽马（Gamma）和维加（Vegas），如果它们令人困惑，只要你理解我刚刚谈到的基础知识就不用担心了。如果它很迷人而且你想继续深入，那非常好。它们的重要性真的取决于你的交易风格。如果你在看着图表找股票买入和卖出信号，那些希腊字母就不那么重要。我不是在攻击希腊字母，因为它们对其他类型的交易很重要。但是我看一个图表，并且我基于定式得到了这只股票会上涨的观点。嗯，这很简单。如果我认为它会上涨，我就买入正确的看涨期权（价内，至少30天到期），而且我应该添加额外的卖单来卖出一个看跌信用利差来最小化西塔（Theta）衰减，理想状态下这会抵消我在买入看涨期权时损失的权利金。那是一场双赢。

你最喜欢的定式是什么

Aaron Fifield（AF）：好的，这是很好的建议。让我们聊一聊技术分析和指标，从技术分析开始。你在交易中怎样使用技术分析？你在图表中会找什么关键吗？

John Carter（JC）：好吧，我最喜欢的是一种叫作挤牌的定式。那是当布林带收窄到位于肯特纳通道的内部，这意味着一个股票或市场的标准差正交易在它的平均真实波动幅度（ATR）内。它也许听起来有些复杂，但是可以这样想：如果奥林匹克运动员刚刚参加了一个100码短跑项目，他们不会在那之后马上进入另一个100码短跑项目。他们要休息，他们要喝一些电解质，而且他们要为下一个项目做准备。对股票也是一样。它将会有一个行情，然后它将休息放松，类似于为下一个行情做准备。

我发现当布林带缩小到在肯特纳通道里面交易时，顺便说一下，在大多数平台上这些都是默认的设置，那是在告诉你，嘿，小心，它又要准备好起跑了，休息快结束了。我们创造了一个叫作挤牌的定式，这样这个定式可以被扫描或者搜索到，那是我在感兴趣的股票上寻找的第一件事。它正在形成挤牌吗？如果没有，我会继续在其他的股票上寻找。当我看到一个挤牌时,我知道某种行情将要发生的概率大幅增加了;它已经准备好了。如果处于上升趋势中,这个上升趋势有 87% 的机会会继续,我可以利用它,如果反之,是在下降趋势中,亦然。我尽量让它保持相当简单。还有许多其他指标,但是我总是以此为基础。

AF:我不是故意总是回到 Option Alpha 的博客采访中去,但是你说过一件让我真的感到震惊的事情是,你看一张图表不会超过一瞬间。如果你能分享你的理由,我将非常开心。

JC:是的,这是我学到的另一个艰难的教训。好的定式就在你面前,如果你看一张图表超过一瞬间,这意味着你试图强行往那张图表上加入一些图表上不存在的东西。你瞬间就可以识别出最好的定式,如果你不能,就转到下一张图表。你也许会从新闻中读到一只股票看涨,但是当你看图表时,那图表看起来像垃圾。但是在你意识里,它应该是看涨的,所以你继续看着它并试图强迫它进入那个场景。如果你下定决心,你一定可以在那张图表上找到一些看涨的因素来证明你的观点,即使它与你过去看过的一切毫无关系。底线是,如果你看了一张图表并在一瞬间没有看出任何东西,那么你也就没有任何东西可以操作,继续前进就行了。

AF:你认为你能快速地识别出定式是因为你有超多 25 年的市场经验和多年的看图表经验吗?还是说,你认为新手交易者在他们的交易中也能试着这样做?

JC:我认为这有点是两者的组合。在这样做了超过 25 年之后,你开始学会识别带来最好结果的定式,我称之为"高概率时刻"的定式。任何时候发生这种情况,我都会建立头寸。作为一个新手交易者,"寻找圣杯"是一种自然的倾向:持续调整图表,加入更多指标。如果一个新手交易者希望买入某只特定的股票,他就会持续地看这只股票直到找出买入的理由。即使它是这个地球上最看跌的定式,如果你真的想,你也可以找到一个买入的理由,所以这个故事的寓意是,找一个你喜欢的定式并让它保持简单。

不要与一只股票结婚,而要与一个定式结婚。如果在 NTFX(奈飞)上没有出现,那看看这个定式是不是在别的地方出现。然后设定一个警报,如果它在奈飞上出现,它就会跳出来提醒你。直到那时并且只有那时再去交易 NTFX(奈飞),而不是因为你在推特上读到了什么。

我发现如果你无法向一个 12 岁的人解释你的定式,它就太复杂了。你不需要许多指标;事实上,你真的不应该有超过 3 个的指标。除了价格和成交量,我喜欢看衡量波动性的工具,如挤牌,以及衡量合理价格目标、动量和转折点的工具。如果你的工具比这个多,那你的图表上指标太多了。关键是识别定式。你可以使用类似一个挤牌或者一个移动平均(MA)交叉——具体是哪个真的不重要,只要确定定式是什么,然后追踪它。无论何时你找到了一个定式,只需要连续做 25 笔交易,在 25 笔交易结束之后,查看你在这批 25 笔交易中是赚钱还是亏损。即使在 75% 概率的定式上,赚钱和亏损也会随机分布。仅仅因为你做了 4 笔交易并不意味着它们中的 3 笔将赚钱,你可能有连续 4 次亏损。但是在 25 笔交易结束之后你将有一个好的样本定式,如果你在上面赚钱了,你将对继续追踪那个定式的能力更有信心。你将能够说:"好的,每次我看到这个定式,我将进行交易。"这就是你所做的事情也是你所要养成习惯去做的事情。在一瞬间,你说:"就是它,它就是我寻找的定式。我要用它交易。"否则,继续寻找。在一周里拥有两笔经过深思熟虑、精心策划的交易比做 12 笔因为无聊而做的平庸交易要好多了。

AF:这真是一个很好的观点。你几次提到了指标,指标什么时候起作用?什么时候是没用的噪声?

JC:我认识只看价格走势的交易者。当你看价格走势和成交量时,有时那是有道理的。我记得当我是一个新手交易者时的一个很好的例子。市场在回升,根据随机或相对强弱指数(RSI)或任何我在看的东西,发生了超买。我的反应是,"好吧,我猜我不该买进"。然后我看着市场从那点开始上涨,而且感觉好像永远在上涨——那个点就是我认为行情结束,我不能买进的点。归结到最后,重要的是价格走势。指标只是一个用来解释价格走势的衍生品。指标没有任何魔力,它只是数字。你不想让指标妨碍屏幕上真正发生的事情。第一重要的事情是价格。在那之后,你看几个指标,看看发生了什么。当唯一重要的事情是市场在上升或下降时，交易者反而很容易迷失在一堆指标中。阻力最小的路径是什么？价格是最重要的；指标只是对它的解释。

能请你分享一下140万美元特斯拉期权交易的故事吗

Aaron Fifield（AF）：说得好，我喜欢。现在我很想问你的是那次你在一笔交易中赚了140万美元的事。我不太确定它是什么时候发生的，但是能请你跟我们分享一下那个故事吗？你能一步一步地介绍它吗？我认为这个故事听起来会非常有趣。我在你的网站上看了你做这件事的视频，你在分批出场并试图保持镇静。

John Carter（JC）：当然，我记得那笔交易。我之前有过一些大笔交易，但不像那次那样发生在一天之内。那是在2014年1月。我记得那天我醒来并且做了两笔不是很好的交易，都被止损出局了。我交易的是大约150万美元的账户，所以它是一个规模可观的账户。我损失了大约10万美元，所以我想，那不是我想要的，但是我已经做交易者很长时间了，所以我没有慌乱。我坐在那里处于空仓状态。我的头寸被止损出局。那天的早些时候我注意到TSLA（特斯拉）下跌了10美元，但是那个时候我注意到它突然上涨了5美元。发生了什么？早前跌10美元，现在涨5美元。所以，我查看了Twitter，埃隆·马斯克发布了一个使空头恐慌的消息。我知道这只股票空头行情很高，大约45%，所以如果空头被吓坏了，会有很多股票被困在交易的错误一方。这确实是我在寻找的东西。如果有很多人看空，典型的是超过20%，然后你得到了一些意外的利好，他们会被迫平仓。而且还会有新的买家，所以通常这一天会有很大的行情，比几乎任何其他可能的事情甚至财报都要大。所以，想着特斯拉已经下跌了10美元却又上涨了5美元，我看着图表，没有什么真正的阻力，价格这时大约是150美元。达到170美元没有阻力，在那时成交量超出了正常水平的5倍。这是一笔真正的交易。空头纯粹地恐慌，而且他们整天都会受到打击。我买入100个看涨期权，它们持续表现良好。我在6美元买入它们，对一个150万美元的账户来说，那是一个小头寸。我不断地买入，因为行情对我有利，然后到达了1000个看涨期权，这是一个相当大的头寸。我甚至还买了一些股票。在这天开始时下跌了10万美元之后，我的利润在交易之后的一个小时上涨到了30万美元。我认为这是一笔惊人的交易，然后我开始考虑退出，把这天称为美妙的一天。但是我看着这个想：行情没有任何停止的迹象。成交量在大量增加，但是显然没有股票会直线上涨或下跌，它开始回调。我看着我的利润从上涨的30万美元在10分钟之内下降到20万美元。

现在我们就在那个每个交易者都担心的时刻，担心它变成一笔亏损的交易，但是我认为我看到了很多潜力，所以我从电脑前离开并去洗了个澡。我不得不离开。我已经开始停止客观地思考了。当我回来的时候，特斯拉下跌了一点儿。然后它趋于平稳，所以我的利润回到了之前的水平，上涨到30万美元。我是在家里开始那天的交易的。我整理了一下去了办公室，这需要20分钟的路程。当我到办公室的时候，我的利润上涨了60万美元。哇！行情没有慢下来的迹象。

当时我也在我们的交易室里回答问题，这是在锻炼多任务处理能力。股票在收盘前最后一小时筑底，这是一个很好的迹象，表明它将：①飙升至收盘；②在第二天早上跳空高开。随着它开始飙升，还剩10分钟收盘，我在这笔交易中的利润已经涨到了100万美元。这很疯狂。我想持有一些过夜，但我不能全部持有，否则我将恐慌发作，所以我了结了大约一半的头寸。当然，那天晚上我基本不可能睡着。我在距市场开盘前3小时起床，然后看到特斯拉在盘前交易中上涨了10美元。那太棒了。当然，当你交易期权时，在现金交易开始之前你不能卖掉它们。我一直关注盘前价格走势，也试着通过查看我的Facebook订阅源和电子邮件来分散自己的注意力，消磨时间。现金交易开盘时股价跳空高开10个点，这样我的利润又上涨了50万美元。股票开始被抛售，我下单退出一些期权，然后它反转并反弹到更高的价格，我在下一次卖出中得到了很好的价格。在那之后我逐步退出了这笔交易。你很可能看到这个视频，因为我在我们的交易室里直播并录制了下来。这是一笔惊人的交易并且很难坚持住。这很有趣，因为回头看的时候我会分析一下，说："为什么在它下降10美元的时候我不买入？"在一个完美的世界里，我在这笔交易上会做得好得多。但重点是，你能在一笔交易中赚很多钱，而且根本不需要完美。成交量的爆炸，结合很高的空头行情，是关键的信号。

像那样在有盈利的时候能够坐得住吗？这很难，这是训练自己在交易中并且情绪过度活跃的时候如何表现。这正是你要学会认识到的东西：行情发动了，成交量在涌入。交易者被困，每个回调都被买走。这将在哪里结束？坚持下去。在交易中有一些时刻，你所有的训练都汇集在一起，那一次就属于这样的时刻。在那之后，我再也没有单日交易百万美元，主要是因为我认为在那笔交易中，我的头寸规模有点儿过分。我抓住的其他一些行情里，我会交易几百份合约而不是一千份。在有了特斯拉的经验之后更容易管理了，而且那些其他的定式也不和特斯拉完全一样。空头行情没那么高，逆转没那么突然。这就是一个特别时刻，你意识到发生了什么，开始行动，坚持住。

AF：我觉得这笔交易非常吸引人的部分就是，你几乎确信应该在这笔交易中增大头寸规模。你说当交易开始之后，你只是不断地增加头寸。你是怎么知道要在这个交易上增大规模呢？

JC：其中很大一部分原因是认识到我说的"一个特殊的情况"。我们看到过股票开始下跌5美元然后突然下跌30美元。主要看成交量，它很容易监控。如果成交量在那天的那个时间超出平常几倍，一些不寻常的事情正在发生。成交量表明一些有趣的事情正在发生——一些不寻常的事情。我能描述的最简单方式是，那是一个特殊的情况。当一只股票突破时，尤其是当每个人都认为应该发生某些事却没有发生时，事情会变得有趣。特斯拉在下跌，下跌，下跌。每个人都觉得它被高估了。新闻是负面的，对冲基金在做空它。人们写文章说它完了。然后突然它开始有了这个巨大的反转。最大的行情出现在许多人都错了并且都困在了这个反转的错误的一方。在很多人都对的时候最大的行情不会出现。在那种情况下，事情只会进展缓慢。当很多人错误，而且他们必须离开那个头寸的时候，是引发大行情的时候。所以，特斯拉出现了这个反转；因为有许多人错了，他们被迫平仓。当你认识到这个情况时，你可以利用它。你知道，人是很顽固的。他们不断地坚持再坚持,然后他们开始恐慌并且必须出局。市场就是这样运作的。当有许多人在错误的一方并且他们都意识到他们要出局时,大行情就出现了。这就是特斯拉发生的事,而你学会了识别这些机会。

这次交易之后你做了什么改变

Aaron Fifield(AF):这次特别的交易有什么地方使你之后的交易方式有所改变吗?有什么地方是你特别想复制的吗?

John Carter(JC):我之后的交易方式最大的改变很可能就是最近我很少会有 18 个不同的头寸了。我宁愿等待一笔大的潜在交易出现。我宁愿有 3~4 个大的头寸也不愿意有 18 个小的。传统的智慧会说,好吧,如果你有 18 个小的头寸,你是分散化的。我忘了是谁说的这话,也许是沃伦·巴菲特(Warren E. Buffett),但是本质上分散化适合那些不知道他们在做什么的人。如果你分散化了,你的账户就不会发生变化。你会有一些看涨的头寸,也会有一些看跌的头寸。如果你看到了自己喜欢的东西,那就进入并专注在上面。在篮子里放入一些鸡蛋并看着篮子,它真的让我的视野变得更专注。不要买入许多不同的头寸然后试着追踪它们,这很令人分心和疲惫。照看 3 个孩子比照看 18 个孩子容易得多。有较少的头寸就像"让我们耐心等待,让我们放过那些不重要的事情,但是当事情发生时,让我们集中注意力"。这不是说每次有好的定式时都买 1000 份合约。远非如此。我刚刚了结了一笔我们有 300 份合约的 Facebook 的交易。它是一笔很好的交易,我们赚了 8 万美元。这很棒!它不是特斯拉交易,但它也不是同时交易 18 个不同的头寸。每次只关注几笔交易,缩小你的关注点,我想这就是关键。

AF:说得好。最后一个问题是,在经历了 25 年之后,你在交易上的目标和见解与早期相比有了怎样的变化?

JC:早些年,我有很大的压力,要做大交易,就好像是我必须做一笔大交易,那会带来自由,这样我就可以辞职了。在我做了一段时间之后,我发现最主要的区别是,你开始对你的水平感到自信,所以不像是"好吧,我今天没赚到钱,我最好认输",而是认识到这是这个过程的一部分,这没关系,市场明天还在那儿。专注于你的下一笔交易,像专业人士一样行事。我有更多自信,知道什么时候该撤退而且什么都不做,而不是硬要做点儿什么。

在某个时刻,我也意识到做大交易不是全部。如果需要妥协,我很乐意晚上在开曼群岛当服务生而在白天交易,每个月的目标是赚1万美元。重要的是认识到更多不一定更好。我认为交易者,包括我自己,进入交易是因为钱很有吸引力,而且它能填补我们内心的空洞。我们很可能甚至不理解它与自我价值或其他什么有关系。这只是一套技巧。交易,像高尔夫一样,是一门技术。就像打高尔夫球一样,你必须专注于每一次挥杆,否则你会把球打入长草区。交易也是一样——专注于你面前的交易,磨炼你的技能,出神入化然后尝试去做。我尊敬任何想以交易为生的人,因为交易是那种需要你在结果总是不确定、经常失败的情况下建立自信的职业之一。你需要达到能够驾驭它的程度,适应不舒服。这也是很好的人生经验。交易显然主要是关于货币,但是我认为要真正做好,你也需要哲学的方法,那是对我有效的方法。

| 第22章 |

正确的技术对交易非常重要

作者：达雷尔·古姆（Darrell Gum）

简　介

我们生活的每个方面都被技术环绕。我们随身携带由电池驱动的超级电脑，这些电脑可以和整合人类所有知识的财富联结。通过敲击键盘，我们可以和我们喜爱的名人交谈，可以给远方的亲戚送去生日祝福，可以在全球任何一个我们选择的市场进行交易。历史上从未像现在这样联通，要把这一切都弄懂会让人非常混乱。我们将在本章深入挖掘作为一个交易者需要知道的一些最重要的东西，以便你能获得在交易中需要优化的技术。我们将会涵盖你交易中需要的各个方面，包括交易需要用的电脑，怎样配置网络，怎样优化交易平台，怎样在日益危险的互联网世界保持安全。交易是一门生意。正如在商业技术中，交易可以看作一个成本中心。但是不走捷径并且不忽略这个基本的支撑对你的交易旅程来说是至关重要的。一个减少50美元花费的措施，比如带一个插线板而不是一个备用电池，存在将会立刻导致你在交易账户里损失一大笔钱的可能。认真对待你的技术，它反过来也会好好对待你。

台式机、手持移动设备还是笔记本

有三种主要的方式访问你的交易账户：台式机、手持移动设备（智能手机或者平板电脑）、笔记本。这三种方式各有明显的优势和劣势。

交易者首选的工作站仍然是传统的台式机。它体积大、功能强大、高度可定制，物超所值，显然是从初学者到专业人士最青睐的选择。台式机可以运行你交易平台的最强大的版本，并使用多台显示器，这使你可以同时按照你的交易计划扫描定式，绘图并执行订单。然而，现在越来越多的交易者正在转向移动平台，用智能手机或者平板电脑下单。

由于可用警报数量的增加和这些设备"始终在您的口袋中"的因素，毫不奇怪，我们比以往更多地使用移动交易平台。然而在我写作本书的时候，移动平台图表工具还落后于台式机。移动设备通常缺乏对第三方指标的支持（就像本书中讨论的那些），而且只有较小屏幕空间来识别定式（需要多次更改标签页或查看同一图表的不同时间周期或不同的指标）。

笔记本电脑是比较折中的方案，既可以装在背包里跟着你穿越整个国家，又可以连接多台显示器并且给你完整的桌面交易平台的体验，笔记本电脑可能是旅行交易者的最好选择。但一台对交易来说足够强大的笔记本电脑可能很重，并且你可能需要添加两个外置显示器配合使用。携带一个带着外置显示器和其他外设的交易笔记本经常需要一个完整的行李箱。

大多数交易者会在他们交易旅程中的不同时间点使用所有这三种计算设备，因此尽力让这些设备同步很重要。使用很多流行交易平台上具有的共享/保存功能（接下来会详细介绍），在所有不同的设备间获得你的交易计划所需要的交易定式比以前容易多了。

计算机硬件

对于台式机交易平台，你将需要一些东西。首先，你想要它足够强大来运行你的交易平台和券商账户。你同时需要一些支持多显示器的设备（2到16个显示器我们都试过，但这是一个个人偏好问题）。你想要一些强大的东西（记住，这里目标不是节省开支）。大多数计算机品牌都有一个"游戏"机型，这可以作为配置的起点。对于桌面显示器，要选择分辨率好的（推荐1920×1200或者更高）。分辨率越高，你可以在一个屏幕内显示的图越多。

对于笔记本交易平台，你需要决定你是否因为经常旅行而偏好特别便携的设备，还是只是偶尔需要旅行，对便携性的要求不是特别高。有两个因素影响便携性：屏幕大小和重量。对于可携带的交易笔记本，好的屏幕尺寸可以是14英寸[⊖]或者15英寸。你会发现有很多屏幕更小的笔记本，但是对于交易来说，屏幕为王。如果你主要是把笔记本放在桌上用，仅在需要时带着它，选择一个17英寸的比较好。它们很大并且很重，但是通常更强大并且比相同配置下的更小尺寸的笔记本要便宜。你可能也需要考虑外置显示器。对于笔记本，你可以选择USB 3.0（最近是USB-C）旅行显示器，他们通常把电源和数据都封装在一根连接显示器和笔记本的线里。

你可能已经注意到我还没讨论任何特定的计算机品牌。有相当多品牌可以供我们选择：Dell、Falcon、EZ、Apple、HP、Lenovo、Acer、Asus、Samsung、MSI等。从我的经验看，品牌不像质量和服务那么重要。几乎所有的著名品牌质量都不错，它们的区别在于产品支持和保修选项。你可以查看在线的评论来确定某个具体型号的情况。

对于详细的型号，我可以给你一个清单，但是当你看到这本书的时候，它们可能已经过时了。相反，我将会给出一般性建议而不是特定的型号代码。

中央处理器（CPU）

对于中央处理器（CPU），从Intel或者AMD最新一代中选择一个。这两个主要的处理器制造商使用一个分等级的命名结构（i3、i5、i7、i9或Ryzen 3、Ryzen

---

⊖ 1英寸= 2.54厘米。

5、Ryzen 7 等）。在最上面的两个等级中选择，内核越多越好。更多的处理器核心就意味着在处理器的高速公路上有更多的车道，这样当你进行交易和多任务处理时，在 4 台显示器上打开 6 张图表时不会有什么困难。

图形处理器（GPU）或者显卡

对于图形处理器（GPU）或显卡，选择那些可以满足所需的显示器输出数量的。两家主要制造商（AMD 和 Nvidia）的 GPU 价格从 50 美元的双显示器解决方案，到 600 美元的支持 8 个输出的显卡不等。确保连接设备符合你的显示器需要（相同类型的插头，如 HDMI 或显示端口）和分辨率（1080p、4K 等）。

存储驱动器

对于你的存储驱动器，使用固态驱动器（SSD）而不是硬盘驱动器（HDD）。SSD 比硬盘更快、更可靠。SSD 没有移动部件，所以如果联邦运输安全管理局（TSA）在安检时摔了你的电脑，SSD 就不太可能坏掉。SSD 也更省电。如果你的电脑在交易过程中锁死，然后重新启动了，每一秒都很重要。忽略这一点会导致你的电脑开机多花一分钟的时间，想想期权价格一分钟能变化多少。

作为一个交易者，你所需要的存储空间不是很大，即使你的电脑不打算仅仅用来交易，选择一个较小存储的 SSD，大约 256GB，也仍然可以储存你所有的交易平台、指标、工作区、操作系统、更新，除此之外还有几百 GB 的空间来存储你的照片、音乐等。如果你需要更多的存储空间，成本也不高，我建议你使用比你认为需要的更多的存储空间。

随机存取内存（RAM）

对于随机存取内存（RAM），买你能够合理负担得起的最大容量。在我的 IT 职业生涯中，我从未听到过这样一句话："我的内存太多了。"在你的电脑里有两种存储方式，一种是存储文件的大型存储设备，另一种是存储活动进程的更小、更快的存储设备。把你的电脑想象成你的办公室。RAM 是你桌面上的空间——所有你正在处理的文件和纸张都在你的指尖上,你可以快速地移动和使用。

存储器[硬盘驱动器(HDD)或固态硬盘驱动器(SSD)]就像你办公室后面房间里的一个大文件柜。它比你的桌面大得多,但每次你需要一个文件时,你必须站起来,走过办公室,拿到文件,然后走回你办公桌前。这就是每次你让电脑为你执行一项任务时,它会做的事情。随着计算机上运行的程序越来越多,占用的内存也越来越大,计算机的内存可能会越来越不够用,程序运行的速度随着时间的推移而变慢。

电池备份和过载保护

电池备份和过载保护对交易计算机配置也非常重要。如果可以的话,你还需要将调制解调器和路由器与它连接。如果它们离你的桌面不近,那给它们也配一个,相信我。对于一般的交易电脑,备份电池在电力耗尽后将给你 15～20 分钟的运行时间。这可能看起来并不多,但足以让你安全地平仓你的日内头寸或设置能在你的移动设备上接收的警报。当你使用电池供电时,你可能想要尽快关闭电脑,以防止电池耗尽时产生的直接崩溃。这些将防止可能导致您的计算机需要深度修复的严重宕机或稳定性问题的发生。一个合适的 1500 VA UPS(不间断电源)大约花费 150 美元。它可以物超所值。

计算机安全

简单来说,计算机安全可以保护你的设备和文件不受心怀不满的员工、黑客和任何夜间发生的意外事件的影响,但还不只这些。计算机安全有助于确保你的计算机、网络和外围设备始终按预期工作,并且确保你的数据在硬盘崩溃或因电子风暴导致断电时是安全的。计算机安全也确保你的数据不会受到任何损害,而且除非你允许,否则没有人能够读取它。

——布鲁斯·施奈尔(Bruce Schneier)

安全技术主要有 5 个部分。它们是硬件层、网络层、信息层、反恶意软件层和数据备份。

硬件层

计算机安全和技术保护的第一部分是硬件层。这可以像锁门一样简单，用一个好的计算机的登录密码（稍后将详细介绍），并确保在不使用计算机时注销。老实说，没有什么好的方法可以保护您的硬件不被其他可以访问它的人访问。如果有人可以在物理上接触到你的机器，并且想要进入，任何人都可以。有一些方法可以让这变得更困难，比如在 Windows 上启用 Bitlocker，或者在 mac 上启用 FileVault，但它们会让你的系统变慢，设置起来也会很复杂。保护你的电脑不受他人的物理访问，应该被认为与晚上锁上你的前门一样；它不会阻止任何真的想进入的人进入，但如果你能使它足够困难，让他们转向一个更容易的目标，那么你将是安全的。

网络层

计算机安全技术保护的第二部分是网络层。最近进行的一项调查显示，超过 60% 的用户没有更改无线路由器上的默认用户名或密码。这听起来很复杂（就是加密密钥和 IP 地址，哦，天哪），但它不是。你可以在网上找到大量的指南，大多数路由器甚至会包含一个手册，指导你一步一步地完成这个过程，确保只有可信的设备连接到您的网络。

不要打开任何客户网络或留下任何没有密码的东西。如果你想确保你受到保护，但是又不想自己来完成整个过程，有公司（像我大约 10 年前的雇主，极客团队）可以提供服务来确保你的网络安全，通常一个简单的配置（无线路由器和一些设备）要花 100 美元左右，或者如果你想要额外的功能，如打印机和设备之间的文件共享，则费用高一些。

信息层

计算机安全技术保护的第三部分是信息层。你的信息的第一道防线是使用强密码。当你想到强密码时,你可能会想到 10 个字符,包括大小写字母、数字和符号。这并不一定是创建强密码的最佳方法,因为它会导致人们记住一两个密码,然后在他们使用的每个站点上反复使用。

这里有一个快速、安全、非常简单的方法来创建非常强的密码:使用一个句子。"我真的很喜欢蓝莓"是一个比 $DqfQ4}2 更强的密码。结合大小写字母、数字和符号的组合的 8 个字符的密码有 457 163 239 653 376 种可能。一台速度相当快的电脑需要几天时间才能强行破解它。上面给出的密码句子有 29 098 125 988 731 506 183 153 025 616 435 306 561 536 种可能的组合(不包括大写字母或标点符号)。除非量子计算在不久的将来变得司空见惯,否则没有计算机能够对这样的密码进行强力攻击。

除单独密码之外还有一个建议的步骤。通过使用额外的设备,你可以确保只有你自己才能访问你的账户。双重身份验证(简称 2FA)已经存在了很长一段时间,但直到最近才变得无处不在。最常见的方法是接收带有代码的文本消息,然后在登录时输入代码以验证是你本人。这个方法还可以,但是你可以做得更好。

查看 FIDO 2FA 设备。它们和闪存盘一样小,非常容易安装和使用。当你想在网上的某个地方登录时,你只需把它们插上电源,输入密码后点击设备上的一个按钮。通过使用单独的硬件设备,你可以防止对你的智能手机的可能攻击(如果其他人收到你的信息,他们可以进入你的账户,如果这是唯一的方法)。现在几乎所有的服务都提供 2FA,安装起来又快又容易。如果你在我写的所有关于计算机安全的文章中只做一件事,请设置 2FA!

反恶意软件层

计算机安全与技术保护的第四个部分是反恶意软件层。恶意软件现在形式多样,各种方式和危害程度的都有;它不仅仅是一个"病毒"或"蠕虫"(尽管它们仍然存在）。有许多程序可以帮助你保护、防御和修复你的系统免受恶意软件攻击。有些软件比其他的好，而且似乎有点周期性：我多年前喜欢的软件现在的评分比我曾经讨厌的软件低。我不能告诉你现在用什么，因为这取决于你什么时候读这本书，某个软件可能很棒，也可能很糟糕。

不过我可以告诉你去哪里找出哪个是现在"最好的"反恶意软件保护。现在几乎所有的问题，你只需要问谷歌。快速搜索一下"防病毒评论2018"（或者随便哪一年），看看知名出版商，如 *PC Magazine*、*Tech Radar*、*Tom's Guide*、*Consumer Reports* 等。其中大多数都有一个全面的利弊列表，以及主编的选择，你可以从这里开始了解。

数据备份

计算机安全和技术保护的第五个也是最后一个支柱是备份数据。如果你没有在"云"中以多个版本完全备份数据，那么你就没有备份数据。大多数人认为，在他们的计算机系统旁边有一个外接硬盘，每月备份一次就足够了。我来告诉你为什么不是：

1. 它不能保护你的电脑免受火灾、盗窃、水损坏或其他任何物理上发生的事情。

2. 它一点也不冗余；你只有一个副本（根据最后一次备份的时间，它可能拥有你需要的所有内容，也可能没有）。

3. 很容易忘记备份。

我们都有自满的时候，尤其是当一切都很顺利的时候。我喜欢对我的文件使用多层方法。我对最重要的文件使用 Dropbox（个人使用免费）。它将自动保存每个文件的两个版本（以防其中一个被勒索软件攻击加密，或者你不小心覆盖了 word 文档）。它也适用于你所有的设备——mac、Windows、Linux、iOS、Android，使文件共享非常快速和容易。我还有一个在线备份，可以把我本地硬盘上的所有东西都存储在网上。注册后的初始备份可能需要一段时间（有时是一个月，即使你像我一样有很多数据要上传），但一旦备份完成，程序就会移动有更改的文件，这使得备份非常高效。拥有这样的备份对于在计算机之间的转换也非常有用。当我得到一台新电脑时，我所要做的就是安装备份软件，然后点击"恢复"，所有的数据就会被放回原处。我用的软件是 Carbonite，但是还有其他的。你可以问谷歌现在哪个是最好的。

交易平台

你的交易平台是你交易技术的另一个关键部分。拥有一个最新的、快速的平台可以帮助你避免滑点和错过交易。任何软件中总会有新的错误修复和安全补丁发布，如果你因为"它仍然好用"而不更新，你可能会错过新功能，或者更重要的是，让自己面临更大的风险。一些平台，比如 thinkorswim 和 tastyworks，会自动更新，只允许你在使用最新更新后才能登录。其他一些平台，如 TradeStation、Infinity 或 Ninja trader，将提示你进行更新，但是你需要实际单击"yes"按钮才能运行更新。如果你收到一个"更新正在等待"的通知，并且你有几分钟的时间，那么运行它！如果你正在进行交易，或者需要立即在平台上做些什么，那么给自己写个便笺提醒自己在交易结束后来更新。大多数需要手动更新的平台都在主平台窗口顶部的帮助菜单中列出了该选项。

现在，当我说保持你的平台是最新的，我并不是说总是运行最新的版本。TradeStation 目前提供 9.1、9.5 和 10 的版本。Ninja Trader 目前提供了 7 和 8 版本。平台的最新版本有时会有一些错误，或者与你的指标或策略不兼容。我通常会保留一个版本，并确保该版本有最新的更新。

如果你使用在线平台，比如 TradingView、Schwab 或 fidelelity.com，它们会为你处理更新和版本控制。我喜欢在线平台，但有个主要的例外是它们几乎都是不可定制的。如果你使用一个简单的策略，只涉及最基本的技术指标，那么它们会做得很好，但是如果你真的想深入技术分析的世界中，你就需要一个更强大的平台。

现在大多数平台也提供移动版本，这样你就可以在智能手机或平板电脑上进行交易。与在线平台一样，它们在图表选项（特别是高级指标）方面也非常有限。正因为如此，它们不太适合识别交易入场点，但它们非常擅长让你在不使用计算机的情况下修改或退出头寸。如果你想在你的智能手机或平板电脑上获得完整的桌面平台体验，有一个很好的我每天使用的解决方案。有一款名为TeamViewer的程序可供个人免费使用，它可以让你从智能手机或平板电脑登录到台式电脑，使用任何程序，就像你自己坐在电脑前一样。

无论你使用哪个平台，都应该假设有一天会遇到问题。无论问题是软件故障、电脑死机、互联网中断、断电，还是账户问题等，你都需要备份。拿一张便笺，写下你经纪人的交易桌上的电话号码，贴在你交易办公室附近的某个地方。当你做这个的时候，也把你经纪人的电话号码输入你的智能手机。这将花费你大约5分钟的时间，但如果你有技术问题需要退出或修改一个仓位，这将为你节省大量的时间。

| 第 23 章 |

当你怎么做都不对时能用到的窍门和手段

> 不要怪神创造了老虎,而要感激他毕竟没有给老虎创造出双翼。
>
> ——印度谚语

> 每个困难当中都有机遇的小岛;错过它,你也快完蛋了。
>
> ——DESPAIR.COM

用情绪赚钱

交易者面临的最大问题是控制情绪。我不断地看到这种情况:交易者清楚他们要遵守的定式,但情绪常席卷而来,把交易搞砸。通过更细致地回顾并检查这一过程,交易者就能够学会利用他们的情绪反应作为自己的交易指标。通过恰当调整,这些情绪信号可以作为进出股市的良好触发点,而不再导致犯错。这是从业余玩家到专业交易者转变的一部分——不再任由情绪指引着陷入错误的交易,而是利用情绪的触发器与错误对抗；如果情绪让你做一件事情，那么就与它反着来。

四季酒店交易

当我在一个按计划执行的交易中，开始感到兴奋过头、有一种要追加头寸的冲动时，我反而会把这种情绪作为我设置一个"双重止损命令"的开关。比如，假设我有 10 份 E 迷你标准普尔的看涨合约，市场呼啸着上涨，我发现自己开始盘算这一笔利润能让我在毛利的四季酒店住几晚。我警觉到自己的这种情绪，立即启用"四季酒店触发器"：我为 20 份合约设置了 2 个点的追踪止损，恰好是我当前头寸 2 倍的规模。（记住：尽快卖出当前头寸，并且买入反方向的头寸。）

我要做的是：只要合约一直上涨，我就继续持有当前头寸；但是一旦市场转向，我不仅以不错的收益获利了结初始头寸，同时立即做空 10 份合约。这一过程以非常清晰的方式利用了人类情绪推动下的市场运动：卖出的合约将由那些终于向情绪低头而买在高点的交易者接盘，他们要么因为担心错过市场波动而恐惧，要么因为持有正在盈利的合约而狂喜。一旦市场真正反转，也正是这些交易者将为市场的下跌提供动能，因为他们将由于再也承受不了输钱的痛苦而开始甩卖其头寸。这就是一个利用情绪为你赢钱而不是让情绪与你作对的典型例子。

谢谢，先生，可以再来一份吗

当我在交易中时，我会想象一个交易新手在做什么，或者我刚开始交易时会怎么做。"如果我从这个点进去，我的痛点是多少？"我发现在标准普尔合约上，对大多数交易者来说，一个没有任何有意义的回撤 6 个点的波动就是最大的"崩溃点"了。每当我看到一个没有回撤的 6 个点波动，我就想象交易新手们的样子，并试着感受他们的痛苦。6 个点之后，我知道他们要承受不住痛苦了，这时我开始进场，并选择当前行情的反方向，恰在这时这些新手开始甩卖他们的头寸，并朝电脑屏幕扔卷心菜。一个交易者的止损撤退恰是另一个交易者的进场点位。

作为专业交易者，你永远都要使用止损，这样你就会发现自己再也不会陷于这种真实、频繁而不幸的境地。利用你的情绪来感知其他交易者的痛苦，想象他们将在什么情况下向自己的情绪认输。

我用 Tick，你用 Tick，大家都用 Tick

更有技术性的衡量情绪的方法是观察 ticks 值。这和我们在第 9 章讨论的定式是相同的。不过，这一次，如果你正在观望市场，而行情飙升或速降，你不要闭着眼睛冲进去，而要先看看 ticks 值。ticks 值达到 +1000 了吗？随着大批业余交易者在市场势头及好运的诱惑下不断买入，也许 ticks 值正在接近 +1000。手中没有头寸时观望市场所导致的肾上腺素激增可以通过看一眼 ticks 值而迅速得到缓和。

下潜，船长，下潜

我和交易伙伴开了一家网上交易室，全世界的人都可以登录。我们都喜欢干的一件事就是观察那些交易新手对市场行为的反应。他们会发出一些"噪声"而交易室的人可以利用这一点。一个典型行为是当市场不断下跌、下跌、下跌，交易室的一个免费试用用户就会发帖子说他要做空，于是一个"潜水艇下潜，下潜，下潜"的噪声形成了。得知这一消息，我立即意识到是时候把空头头寸了结并开始反向做多了。交易室里其他有经验的交易者也知道这一点，于是我们都进入市场做交易。通常市场会很快反转，而一旦这个新手说他们的做空合约被强制平仓了，我们就迅速了结自己的多头头寸。这是一个基于情绪交易的绝佳例子。当然，交易结束后，我们会跟那个交易新手分享这一交易模式。等到他们的水平赶上来，我们就不得不等待下一个免费试用交易室的新手出现。

作为一个交易者，如果你发现自己经常低点卖出、高点买入，那么就请想象一个交易新手在想要做空时念叨着"快按下潜，下潜，下潜键"时的兴奋劲儿。你是想和这样的交易者同向交易还是逆向而行呢？

击掌吧，伙计

任何时候，只要一起工作的交易者，有时就是我自己，因为一个正在获得可观盈利的敞口交易开始互相拥抱庆祝，我就会立即启动警报，迅速了结当前头寸。因为这是极端情绪的结果，而极端情绪是不可持续的。我将其称为"击掌时卖出信号"。

任何时候，当你因为交易表现很好而开始大叫大跳时，它都向你发出一个清醒信号，提醒你赶快变回一个专业交易人士。

发现你的人格类型，看它是否拖你后腿

本书我讨论的一个主题是找到最符合交易者个性的正确市场和正确定式的重要性。人类看待他们从事的交易是通过人类共有的三种主要人格特征之一来进行的。很自然地，一些人的个性比另外一些人更适合交易。不幸的是，还有一些有个性的人不管做什么都不会在交易中盈利。但是仍有一线希望。这些特定个性的人亏损是因为他们并不清楚让他们不断亏损和感到挫败的正是他们的个性。一旦交易者意识到这一点，他们就可以利用它来扭转自己的交易局面。

下面 20 个问题的小测试可以帮助你来判断自己的主要人格特征。这些问题没有正确答案，对你而言有些问题似乎有 2 个正确答案。只要选择对你来说最有意义的那个答案就好了。不要想太长时间。你越快完成，你的解读就越准确，你越能从中得到更好的信息来改善交易。我让跟我合作的交易者都做过这个人格测试，这样我就可以更好地了解他们的个性，并更清楚哪种市场或定式最适合他们。

下面开始测试：

1. 当我回想自己最棒的一次度假时，我最先回忆起的是假日的哪一部分？（　　）

    A. 风景和那个地方的样子

    B. 我经历的奇异声音

    C. 在那里度假时我感受到的东西

2. 当我回想起一个吸引了我的人时，他真正吸引我的第一个东西是什么？（　　）

    A. 他的外表

    B. 他对我说的话

    C. 在他身边时我的感受

3. 开车时，我怎么认路？（　　）

    A. 看路标或者跟着地图走

    B. 寻找能指引我正确方向的熟悉的声音

    C. 跟着感觉走，凭本能找到自己在哪儿

4. 玩最喜欢的运动时，我最享受的是（　　）。

    A. 这项运动看起来的样子，以及我运动时的样子

    B. 这项运动的声音，比如球棒打中球时"梆"的声音，或者粉丝的欢呼声

    C. 这项运动的感觉，比如手握网球拍的感觉，或者在球场上跑来跑去的感觉

5. 什么情况下更容易做决定？（　　）

    A. 我能在脑海中看到所有的选项

    B. 我能在脑海中听到两方的讨论

    C. 我能感受到做出每个选择后自己的感觉

6. 下面的选项里我最喜欢的是（　　）。

    A. 摄影、绘画、读书、素描、电影

    B. 音乐、乐器、大海的声音、风铃、音乐会

    C. 打球、木工、按摩、冥想、抚触

7. 买衣服时，看完第一眼后，下一步要做什么？（　　）

A. 再好好地看看衣服或者想象自己穿上这件衣服的样子

B. 与售货员仔细交谈或者自己评价一下买下这件衣服的利弊

C. 感受一下、摸一下衣服，看看自己会不会喜欢穿它

8. 当我回想前一个恋人的时候，忆起的第一件事是（　　）。

A. 在脑海中清楚地回忆起他的样子

B. 在脑海中听到他的声音

C. 想起关于他的特殊感受

9. 在健身房或户外锻炼的时候，我的满足感来自（　　）。

A. 在镜子里看到我的体态改善

B. 听到周围的人赞美我的形象大有提高

C. 感到自己的身体变得更强壮，感觉自己的体形更健美

10. 做数学题的时候，我这样检查答案（　　）。

A. 看答案，检查数字是否看起来正确

B. 在脑子里数数

C. 用手掌和手指感觉自己对不对

11. 写完单词，我这样检查拼写（　　）。

A. 用眼睛看单词

B. 大声读单词，或者在脑子里读

C. 靠直觉感受单词拼得对不对

12. 爱一个人时，我马上感受到（　　）。

A. 两个人在一起的时候充满爱意的眼睛

B. 听到或自己说"我爱你"

C. 对那个人的一种温暖的感觉

13. 不喜欢一个人时，我立即感到不高兴的时刻是（　　）。

A. 看到那个人向我走来

B. 那个人开始和我交谈

C. 知道那个人在我附近

14. 在沙滩上时，让我开心的第一件事是（　　）。

    A. 看到金色的沙滩、美丽的阳光和平静的水面

    B. 听到浪花拍打、海风怒吼的声音，或远处的低语声

    C. 摸到沙子，带咸味的空气拂过嘴唇，感到平静

15. 关于事业，通过什么方式我知道自己的道路是正确的？（　　）

    A. 可以清晰地看到自己坐在总经理办公室的前景

    B. 听到总裁说"你是我们公司的一个明星"

    C. 获得晋升时感到满足

16. 为了睡个好觉，最关键的是（　　）。

    A. 房间要暗，没有或只有很少光线从外边透进来

    B. 房间要静，没有任何让人分神的噪声

    C. 床让人感到特别柔软舒适

17. 我在焦虑时注意到的第一件事是（　　）。

    A. 世界看起来不同了

    B. 各种声音和噪声开始让我感到恼怒

    C. 我不再感到放松平静

18. 当我开始专注并积极行动时，我立即（　　）。

    A. 从一个全新的、乐观的角度看事情

    B. 告诉自己这种新的状态将打开新世界的大门

    C. 感到自己的身心都兴奋起来

19. 如果有人告诉我"我爱你"，我的第一反应是（　　）。

    A. 想象我们俩在一起或那个人爱我的样子

    B. 内心深处听到"这太棒了"之类的话

    C. 感到特别满意和满足

20. 对我来说，死亡最接近于（　　）。

A. 再也看不到世界了，或者用全新的方法看到世界

B. 再也听不到了，或者用全新的方式聆听世界

C. 再也感受不到了，或者用全新的方式感触世界

如果你已经做完了测试，数数你得了几个 A，几个 B，几个 C。比如，你的测试结果可能是：6 个 A，4 个 B，10 个 C。这个结果能告诉你你的主导人格特征是什么类型。通常，人们便是通过该类型对周围的世界做出反应和解释的。现在得到分数后，我们继续讨论。在继续下面的讨论前，请读者先完成这个测试，这样下面要讨论的内容才不会影响你的答案。我们的目标是让你的个性获得一个诚实的评估，从而知道在交易中你应该怎样最好地利用它。

人格类型与交易：不了解自己会损害你的交易

大约有 60% 的人在测试中回答"A"最多。这说明这些人感知世界的主要方式是通过视觉。

我们尚不清楚为什么会这样，但专家认为可能与视觉是最强的感觉，而我们大多数人从出生就被教育要依赖眼睛来走好人生之路有关。此外，今天，我们的输入是通过电视、电影、电脑屏幕、印刷品等——所有这些都严重依赖眼睛。

视觉系的人们喜欢日光，极端易变，很容易在那些允许视觉表达的行业里找到他们。没有比娱乐行业更容易观察到视觉系的人的地方了。视觉系的人通常是"有权势、有影响力的人"，喜欢快速行动。他们被这个行业和相关领域吸引，因为那是他们个性的自然表达。这种类型的人天然被吸引到绘画、摄影、设计等行业。他们也容易成为优秀的狙击手、消防员、飞行员等。

说到交易，视觉系的人适应这一行业最快，这是因为他们主要依赖于面前电脑屏幕上的视觉内容做决定。这并不是说他们一定会做正确的决定，但是他们是对交易的世界适应最自然的人。如果他们没有受过市场运行方面的训练，他们就会和其他人犯同样的错误。但是，一旦他们具备了经验，他们就更倾向于在入场

之前耐心等待某个定式图表出现。然而，如何离场则只有经验能教给他们。一个视觉系交易者的最大弱点在于整个交易日都在观察 P&L 波动。对他来讲，也许把图表遮起来（拿一张名片贴到电脑屏幕的一角就有很好的效果）从而只关注在定式上会更好。此外，视觉系的人还倾向于只注意到价格图表而把其他的东西都忽视掉。这对他们的交易可能是一个损害。这就是为什么在出现很高的 tick 值时设置声音警报以及在交易中听一些噪声会有帮助，因为通过这些东西视觉系交易者就不会陷入他们在图表上看到的极端价格表现。

如果在测试中你的答案里"B"最多，那么你的主导人格特征是听觉系的。我的会计师就是高度听觉系的，我注意到办公室周围的声音经常能吸引他的注意。听觉系个性类型的人通过事物的声音与世界联系，在很多方面他们对声音的敏感度要超过视觉系的人对光线的敏感度。听觉系的人能轻易被毫无恶意的声音分神，看起来就像他们在交谈时不注意听别人讲话一样。但其实他们是强大的语言沟通者，只不过他们听到了四面八方的声音，有时候这会让他们分神。他们既享受与别人交谈，也享受大声地自说自话。因为他们天生具有将思想转化为语言的这种内在能力，专家们相信大多数孤僻的人都属于这种个性类型。由于他们对声音的高度敏感，听觉系的人不会像其他人那样容忍刺耳的或不和谐的声音。对他们来说消防车、救护车的警笛声让他们感到莫大的冒犯，因此通过观察街角有哪个人在救护车经过时会捂住耳朵，你就很容易认出一个听觉系的人。此外，他们有一种不可思议的能力，能仔细聆听，并在大脑里迅速将数据吸收、处理，完全不需要先转化为图像。由于这种天赋，听觉系的人倾向于被那些需要这份聆听或交流的超级能力的领域所吸引。

关于交易，听觉系个性的人具有一个强大的优势——他们能在电脑前连续几天独自枯坐而不会发疯。这是交易的重要部分，这种能够耐心等待而不感到孤独的能力也是交易者必须具有的。听觉系个性的人在交易中的缺点是对听觉系交易者来说，图表的用处不大，因此他们经常会一不注意就错过定式。反之视觉系的交易者可以数小时盯着图表，因为那些红色的、绿色的亮光对视觉系的人有极大的吸引力，而对听觉系的人就需要额外进行提醒。声音警报和背景噪声对听觉系的交易者是重要工具。我知道有些听觉系的交易者甚至都不看价格表。他们只听声音警报，然后就进行交易。

如果你的测试答案里"C"最多，那么你主要通过自己的感觉与周围的世界发生关联。具有这种主导性人格特征的人渴望能通过与他们的感觉保持联系而被理解、被尊重。他们倾向于因为与一个人相处时的感觉而喜欢上一个人，或者因为在观影时的感觉而喜欢一部电影。当他们大笑时，他们放松自己，感受自己的大笑声，让正与他们交谈的人觉得他们完全理解和同意谈话中那么有趣的东西。C型人格的人能够把视觉形象和声音数据都转化为与他们自己和周围的人相关的感觉。C型人格的人享受交流，但原因与视觉系和听觉系的人不同。他们通过对话来把文字、声音、图像转化为感觉。当视觉系和听觉系的人忙于用图像或声音交流时，C型人格的人忙着处理他巨大的感觉仓库并对其他人刚刚说的话赋予感官上的意义。

由于他们高度的感受力，也许你会认为C型人格的人多性格内向，但事实恰恰相反。而且由于他们超凡的触觉，C型人格的人能成为超级运动员。任何需要手工活的职业对这一人格类型的人都很简单。典型的适合他们的职业通常多多少少都需要自己动手或感觉。如心理学家、木工、制陶师、外科医生、演员、各种类型的技师，其他基于感觉或感官的职业在C型人格的人中都很常见。

对交易者而言，C型人格的人将经受最多挣扎，在他们搞清楚自己的个性是如何与交易作对之前，他们通常是不会赚钱的。一个C型人格的交易者将会一直等待直到他感知到事情是好或坏，或者直到他明确感到他将要做的事情是好或坏。这样的交易者将会在感觉好的时候入场，在感觉差的时候离场。而这种行为几乎总是让他们在一个波动马上要结束时入场，而在趋势马上反转时止损离场。对于C型人格的交易者，在市场抛售到达转折点时买入令他们感到非常糟糕。他们宁愿等着看到反弹，这样他们才"感觉良好"，觉得交易会很顺利。当然，当反弹真的到来时，他们其实应该平仓而不是开始买入头寸。解决这一点既难也简单。如果你是 C 型人格,只要意识到你的感觉需要被反向对待……如果你对做多很兴奋,感觉很好,那么就应该看看要不要做空,反之亦然。如果你是个 C 型人格,也别绝望。能忽略自己感觉的 C 型交易者相对于其他人将有特别的优势。而不了解这一点的 C 型人在交易时将永远面临逆境。

说到个性,没有人是百分百的某种类型。我首先是视觉系的,然后"感觉"占的也不少,最后则是听觉在我整个的人格里补齐了一小点儿。我已经学会设置图表来最大限度地利用我主要的视觉系人格,倾听我的感觉来了解业余交易者在做什么并且忽略我的感觉,设置声音警报来确保眼睛不是我进行交易的唯一依据。了解自己的类型及相关知识让我成为更好的交易者。

交易真的没有那么容易:启动程序的其他替代方式

严酷的事实是,交易并不适合每一个人。但问题是,除非试一试,否则你不知道那个不合适的人是不是你。要做到以交易为生需要直觉、勇气以及长达数年的努力来磨炼得足够好。我的建议是从小钱开始。不管开始用多少钱交易,那都是你的学费——你注定要把它亏掉,这就是你进入交易世界的入场券。善待自己,先用小钱交易,直到你能够与你的定式保持一致。如果几年过去,你还是做不到这点,而同时你已经开始得溃疡了,或者你已经清楚你宁愿去打高尔夫,那么也别勉强,去干点别的吧。

首先,通过读书学习交易就和通过读书学打高尔夫一样徒劳。二者都需要复杂的执行技巧。读书只能帮助理解,不能帮助操作。其他相似的例子还有:

- 学习母语或第二外语。
- 开车。
- 运动(打棒球、踢足球、打冰球等)。
- 滑雪、滑水。

- 演奏乐器。

- 数学。

- 道德规范。

- 编程。

- 打扑克、打桥牌。

- 开飞机、考飞行员执照。

- 交易、投资。

- 调钢琴、修理汽车发动机。

- 做医生、做律师。

99%的人都是用同样的方法学习掌握那些需要复杂的执行技巧的活动。那是什么方法呢？他们都必须有至少一位教师在旁边教他们一段时间。

对于交易，这通常不太现实。一个人练习很容易，找到一个真懂交易并且允许你在他旁边待一段时间的人却很难。需要人在身边，这就是斯德哥尔摩综合征会发生的原因。与绑架者的身体接触会改变被绑架者的角度，因为被绑架者将从绑架者的角度去感受，最后会模仿绑架者的规则、情绪、行为等。这是人类学习和实践的方式。人类看到周围的人，发现他们在做什么事情、为什么做、怎么做的，然后人们开始学习和模仿。与绑架者没有这种真实接触的人可以阅读、理解绑架的动机，但与那些被扣为人质的受害者脑中发生的变化相比这一点就不足为道了。

至于我，我必须花时间并和别的交易者同坐才可能接近达到一致性。坐在别的交易者旁边，听他们谈论他们在做什么、为什么这么做是有好处的，但这只构成我学到的40%。我学会的其他东西与他们没有说的、没有做的有关。他们不会因为错过一个波动而懊丧。他们不会在交易时去接电话。此外，他们还有许多直到我向他们指出来他们才意识到的事情和习惯。正是我学会的这些无意识的交易习惯给了我巨大的帮助——我只是观察并学会了一个专业的交易者怎样度过自己的一天。为此，如果你真的要交易，我鼓励你找一个有经验的交易者，拿出一周的时间坐在他身边观察。这就是让我转变的地方。如果你找不到这样的人，我们一年会举办几次直播，还有在线课程。在直播时，交易者可以与我们的交易者和其他的交易者在一起，在那几天里沉浸在交易的实战操作层面。

  我还是一个把每一笔交易截屏保存的狂热粉丝——每次我入场和离场都会截屏。我使用软件 Snagit 或免费的截屏工具，大多数电脑都有。我看到某个定式就会写几行字：我怎么想的，后来发生了什么。通过这种方式我获得了过去关于交易决策的动态图像。这不仅令我时刻保持警惕、不断前进，还帮助我对那些生效的定式加固了记忆，这样下一次出现时我就可以更快地把它认出来。我鼓励每个人这样做。它让交易者不断"生动地"回顾自己的交易。这就像一个四分卫球员看比赛录像，试图更好地理解他和队友做了什么，对方的球员又是怎样对抗他们的。这对交易者来说是很有用的信息：能够回顾、客观看待自己的错误，找到提高的办法。想更耐心点儿吗？是不是不想追高？这是进阶到更高一层的好办法。

> 训练不会造就完美。完美的训练才能造就完美。
>
> ——文斯·伦巴第

> 没人通过为国捐躯而赢得战争。他赢是因为他让其他可怜的蠢货为他的国家捐躯。
>
> ——乔治·巴顿将军

> 有件事是确定的。在赚钱上面祈祷好运是无效的。如果真有幸运女神，那么她乖张古怪，偏偏选择造访那些不怎么需要她的人，而忽视那些在她的神殿里绝望地祈祷的人。我发现最好的方法就是别理她。要"对她刻薄点儿，让她想着你"。
>
> ——FELIX DENIS，《百万富翁》出版商

| 第24章 |

驾驭交易

业余交易者期望，职业交易者窃取

职业交易者从业余交易者那里赚钱，因为业余交易者闭着眼睛做发财梦，不知不觉中就被职业交易者掏空账户。

我的交易经验可以总结为：我学到了做一个职业交易者的关键是在交易中保持特定的心态。如果他们的操作没有可以参照的交易系统，就不可能持续稳定地盈利。我认识的所有成功交易者在持续盈利之前都至少爆仓一次。与此相关联，为了能够保持职业交易者的心态，我制定出40条的"交易提示"清单。这些提示不是为了让交易者保守或者犹豫。相反，交易需要勇气，这些提示就像能让交易者拥抱风险的钥匙，为了追逐资本盈利而承担适度的风险。或者说，交易者会更迫切地去承担风险，因为他们知道为了保护资本必须战斗。他们不会被吓住了而束手无策地让账户任人宰割。

这个清单是我专门为自己订立的。当我用"你"这个词时，是在指"我"。为了适应你自己的交易风格和个性，你可以随意修改或者添加这些提示。

我家养了一只美洲驼，名叫雌雄一体（Shim）。因为当我们得到它时，它的毛多得让人无法分辨雌雄，后来我们发现它是雌驼。我的办公室有一张和 Shim 的合影，用以提醒我市场的真面目。Shim 可以看起来温顺友好，但是如果你盯着它的眼睛太久，或者突然动作，它就会朝着你的脸吐最恶心的液体。它的目标非常精准。在市场上永远不要放松警惕，不然 Shim 就会正面击中你。

保持职业交易者心态的 40 条交易提示

1. 交易不复杂，但是不容易。如果你想在市场中存活下去，把期望留在门外，集中精力在各种定式上，坚持止损位。

2. 如果你是日内交易者，留心与你的交易反向的 800 的读数，这意味着你是错的。这可能帮助你在止损位达到之前出场。

3. 交易是无趣的，像工厂做工一样；如果交易有一个保证的话，那就是追逐兴奋的交易者和冲动交易者都会把账户碾碎成计时停车场的零钱。

4. 当一个业余交易者停止寻找"下一个好的技术指标"，并且开始控制风险的时候，他就转变成职业交易者了。

5. 你所交易的是其他交易者，而不是实际的股票或者期货合约。谁是你交易的对手方？是追涨的业余交易者，还是全天都在耐心等待入场点的职业交易者？你必须明了交易双方的心理和情绪。

6. 要非常关注你自己的情绪，不理智的行为是任何交易者的陷阱。如果你正对着电脑屏幕吼叫，希望股票按照你想的方向发展，你必须问问自己："这符合理智吗？"轻松地进，轻松地出，保持止损，不要吼叫。那个吼叫的人应该是你交易的对手。

7. 如果你变得太兴奋那就要小心了——兴奋模糊了判断，因而增加了风险。如果你感到极度兴奋，那么很可能意味着这个趋势就要完结。缩小止损位准备市场反转。

8. 不要过度交易,耐心等待 3～5 笔好的交易。

9. 如果你抱着发财的想法去交易,你将注定失败。这个想法在绝大多数情况下要对账户破灭负责。

10. 注意力不要放在钱上,而是放在正确执行交易上。如果你理智地开始和结束交易,赚钱是水到渠成的。

11. 如果你的注意力在钱上,那么为了满足你的财务需求,你会试图把自己的意愿强加到市场上。这只会导致一个后果:你的钱将转移到那些集中注意力在风险控制以及让盈利股票继续奔跑的交易者那里。

12. 减少风险的最佳方式是不去交易,这尤其适用于那些平淡的交易时间,美国东部时间上午 11:30 到下午 2:30。如果你的股票或者其他交易市场表现失常,那就不要交易。坐着观察市场,试着学到一些东西。这样做就是积极地减少风险、保护资本。失败的交易者最通常的问题是他们觉得自己一定要参与交易。

13. 没必要一周交易 5 天。一周交易 4 天会帮助你在交易的时候保持清醒的头脑。

14. 拒绝损害你的股本。这意味着坚持你的止损,必要时不参与市场。

15. 保持放松的心情。下个订单,设置止损。如果你被止损出局,这意味着你做了自己该做的工作,你在积极地保护自己的资本。职业交易者积极地承担小的损失,业余交易者用期望或者是祷告来拯救交易。现实生活中期望是积极有力的,而交易中,求助于期望就像在皮肤上泼酸,酸在皮肤上越久,情况就越糟糕。

16. 永远不要让日内交易变成隔夜交易。隔夜交易应该是在交易之前就计划如此。

17. 只要盈利的股票走势符合你的想法,就坚持持有。让市场在你的目标价格达到时带你出场,或者是设置移动止盈。不要冲动离场,每一次离场都要有一个基于清楚定义的参数的理由。

18. 不要过度重视你的交易。你越过度重视,当交易不按你的想法进行时你就会在交易中掺杂更多的期望。记住,交易中的期望就像皮肤上的酸。

19. 止损时不要犹豫。再次入场只不过是一次交易费用的代价。

20. 职业交易者止损。错了而不止损会损伤你的自信心，导致你怀疑自己的能力。在止损这件事情上，如果你不信任自己，你能去信任谁呢？

21. 一旦止损，你就会自然忘记这笔交易而继续向前了。承担小的损失能帮助你保持清醒，抓住任何这样的机会吧。

22. 一般来讲，你永远都不应该让仓位损失达到总资本的2%。很多定式在更宽的止损下发挥更好。与其用一个点的止损交易20份迷你合约，不如用2个点的止损交易10份合约，或者用4个点的止损交易5份合约。止损额在这些情况下是完全一致的，但是在某个定式下总有一套组合会比其他的更有效。你应该找出某一种对你的操作定式最有效果的参数组合。

23. 通过"自上而下"的方法体会市场走势。了解市场短期的走势最好的方法是先看月线图，然后是周线图、日线图、60分钟图、15分钟图和5分钟图。总是从大的时间周期开始直到更小的时间周期。

24. 如果当你看到明显的交易信号的时候却犹豫是否进场，这说明你不信任自己，内心深处你觉得可以放弃这笔交易。但是，你只要按预先设置的参数入场就好。交易者每天都在交易中亏损，你只要保证亏损额度小。你需要的信心不是来自你的交易是否正确，而是来自知道你每一次都按照设置的定式一致地操作，始终没有偏离计划。作为一个交易者，你越是完全按参数执行你的计划，就越有信心。

25. 向下平摊仓位就像一艘无奈的不断进水的沉船。这很愚昧可笑，不要这样。

26. 试着迅速达到全仓。如果你先进了半仓，除非交易按你的预想进行，否则不要加至全仓。

27. 对前半仓设置稳妥机械的目标并且按计划出场，给后半仓更多余地赢得利润。

28. 肾上腺素标志着你的情绪和自我已经达到模糊你的判断力的地步。在这种状态下，如果你尚未交易，就不要开始新的交易；如果你在交易中坚持你的参数立场；如果你的交易已经穿过止损位，就立即止损出场。

29. 你应该在市场突破之前拥有股票，然后在突破后卖给追逐强势的交易者。如果你是突破买入，你要意识到职业交易者正在把他们的仓位转交给你来测试趋势的强度。他们通常都会在突破点之下买回——这通常是你突破买入的止损位。利用这个信息从那些突破买入的业余交易者手中获利。

30. 沉迷于自己的观点会导致财务灾难。当你发现你在价格走低时试图解释说，"他们不过是在筛出不坚定分子"，或者，"做市商正在降低喊价"，那么你就是在沉迷于自己的观点。不要对亏损的股票不肯脱手，你总是有机会重新入场。

31. 不幸的是，你只有在一个交易账户归零的时候才会学习到纪律。在那之前，你通常认为那不会发生在你身上。正是那个态度导致你坚持持有亏损的股票并且一直自欺地拿到他们归于尘土。如果你发现自己在说，"我的 EXDS 股票还算是好的投资"，那么是时候重新考虑你是否可以以交易为事业了。

32. 每个月把交易利润取出放入长期存款账户。这样做会让你保持正确的态度，提醒你这是一个生意场而不是追逐兴奋的地方。如果你想追逐兴奋，那么去迪士尼乐园吧。

33. 职业交易者每一次交易都只承担资产一小部分的风险，业余交易者在一次交易中就冒失去大笔资产的风险。这样的情形产生的情绪足以摧毁业余交易者的账户。

34. 职业交易者的注意力集中在风险控制和保护资本上，业余交易者的注意力集中在每一笔交易能挣多少钱上。职业交易者总是可以从业余交易者手中攫取财富。

35. 金融市场上英雄会被碾压。向下平摊一个亏损的仓位就是一个看似"英雄的举动"，就像超人吃一勺氪石来证明自己一样。股市不是盲目勇敢，无论是在高位还是低位买一只死亡股都不会得到任何回报。等待定式出现，这关乎精准。不要做一个英雄。

36. 交易者从来不相信他们会摧毁一个账户。如果你不严格执行你的交易规则，那么你将成为摧毁账户的候选人。

37. 市场会加强坏习惯。如果早期的时候，你坚持持有一只浮亏 20% 的股票，然后能全身而退不亏损，你会注定失败，因为市场已经加强了这个坏习惯。下一次你让股票浮亏 20% 的时候，你会坚定持有，因为你从市场中领会到如果有耐心而且持有时间足够长，你就会全身而退。

38. 永远无法成功的业余交易者的标志是他们对失败的交易总是可以找到除自己以外的其他任何理由。这包括但并不局限于说一些这样的话：

- 分析师是骗子。

- 做市商正在引诱止损。

- 我正在讲电话，市场突然崩了。

- 我的邻居给了我错误的点子。

- 信息论坛让这只股票暴涨暴跌。

- 投机者在玩欺骗。

然而职业交易者则会说：

- 这是我的错误，我的账户不足以支撑这么大的仓位。

- 这是我的错误，我没有坚持预先设定的止损位。

- 这是我的错误，我的情绪主宰了我的交易。

- 这是我的错误，我在交易中没有纪律。

- 这是我的错误，我知道持有这笔交易到盈利有风险，但是我在交易时没有充分领悟到风险。

职业和业余的明显区别在于是否自己承担责任。对业余交易者而言，市场总是在"他们的控制之外"。这不是理性思维，也许只是因为这些人在他们人生中第一次必须面对"真我"，而不是他们心中理想化了的自己。这也叫作"生活在迷雾中"。人们在自己的私人世界里生活，在那里他们不会出错。不幸的是，市场撕下了这个面具，因为你不能和发生在你的账户的事实争论。这叫作"面对现实"。对很多人而言，当他们开始交易，他们突然要在人生中第一次面对现实。仅仅是按照这个世界的本来面目去看待这个世界需要一辈子的训练；交易股票是很多人在这个过程中的第一步。有人说交易者是天生的而不是训练的，这不对。如果你按照世界的本来面目来看待世界，那么你明天就能开始成功的交易。

39. 业余交易者总是在想："这笔交易我可以挣多少钱？"职业交易者总是在想："这笔交易我能亏损多少钱？"能进行风险控制的交易者可以从那些想着去买红色宝马的交易者那里赚钱。

40. 交易者迟早会意识到没有人能精确预测股市走向，也永远无法知道一笔交易究竟能盈利多少。所以，唯一能做的事情就是决定他们愿意承担多少风险来知道他们做对了没有。交易成功的关键是专注于资产风险，而不是潜在盈利。

坚持这样做的时间越长，我就越对我的交易资本有保护意识。当交易和我计划的一模一样时，我就会更加惊奇，这使得交易的每一天都很有趣。

在交易旅程中求生存

策略会失败，因为交易者只需连续几笔的亏损交易就会把整套系统弃之门外，重新回到靠感觉交易状态。一旦处在这种情形中，他们很快就会进入恶性循环。人类的情感导致在超高位入场，在超低位出场，因为人们始终在高点出于贪婪而买入，在低点出于恐惧而卖出。或者，在做空市场时，出于贪婪卖在低点，出于恐惧在高点平仓。这个循环一直都在发生，也永远不会停止。

金融市场自然地从人类的本性取利，尤其是贪婪、偏见和恐惧。关键是要记住当交易者普遍"感觉想买"的时候，市场上不会有大的行情。只有当各类别的交易者都同时被套牢，被迫平仓时才会发生大的行情。事实上，交易者不是在交易股票、期货，或者期权，他们是在和其他交易者交易。盈利的交易者学会了解在他交易另一面的对手的心理和情感状态。普通交易者只了解自己这一边的交易，超级交易者知道交易双方的状况并且知道怎样利用这种会伤害大多数交易者的情形。他们知道怎样利用人性的弱点，从而能够将大多数交易者像生肉一样碾碎。交易的实质是胜利者从失败者一方偷钱。

我的合作伙伴和我将金融市场戏称为"电子海洛因"，目的当然是让交易者养成职业交易者的心态，防止像吸毒上瘾者一样屈从于诱惑。交易者不应该成为市场起伏的原因，而应该做出转变跟随起伏走向盈利。

好的滑雪者很少为路线担忧。他们一路向前，自信能够在路上遇到变化时及时反应。交易也是如此，交易者对他们的技术有信心。这就是在一天交易开始之前掌握正确心态的美妙之处——这让交易者感觉像一名优秀的滑雪者，从容优雅地面对下一个无法预料的弯道。

在交易之前

交易者生活繁忙，外界因素每天都在干扰着他们的感观。这些外在力量让交易者分心，一旦发生分心，交易者就开始在亏损仓位加仓，并且撤掉止损。这将让交易者走上自己设置的毁灭性损失的黑暗之旅。生活中没有什么是可以保证的，但是我保证这一点：如果交易者让外界因素影响了他们的纪律性，他们就将遭受到毁灭性损失。也许不是今天，不是下周，但是发生一次就足以致命。使用期货期权这样的杠杆产品会发生得更快，一个激进的交易者去一趟厕所的时间就可能遭受巨大损失。一旦账户遭到这样的致命打击，一个让人难以想象的可怕现实就会出现——必须出门找一份工作。

屏蔽干扰

成功的交易者必须管理好日常干扰。无论交易者需要什么样的安静和独处，生活不会停下脚步。想要在这个超凡的职业里持久存活，交易者必须维持纪律，无论周遭发生了什么。

你永远不会知道

交易时间越长，我越能逐渐领悟到，不管一个交易者做了什么，无论他细致地研究了多少指标或者时间周期，他永远不可能百分之百地预测市场下一步的走势。

一旦意识到这一点，交易中一件有趣的事情就发生在我身上：我不再压力过大。一天下来我不再感到精疲力竭，我能够足够放松，享受和孩子们在一起的时间，通常也还可以出去逛逛。这和以前那些疲惫不堪的日子形成鲜明对比。那时候我总是努力地观察每一个跳动，希望市场走势对我有利。交易结束后我太疲倦了，不得不喝几罐啤酒，逃到电影或者是单人射击游戏中得到缓解。

市场只会做它自己乐意的事情，不会顾虑交易者在某笔交易中投入的希望和梦想，也完全不理会一个交易者在某笔交易中有多少看似会增加胜率的确认信号。

交易者唯一能做的就是在每一笔交易中都控制风险，遵守纪律，保持耐心，在每一笔交易之前都提醒自己这些。如果交易有一个秘密，那就是，下一笔交易以提高交易技能为目的，而不是以挣钱为目的。这样交易者才能以交易为生，才能避免毁灭性的损失。

结论和最后的思考

完成一本书一定和送孩子上大学类似，不同的是我对此并不感到伤感。写书是一个很棒的过程，它甚至帮助我明了我自己的一些交易理念……但是写书是很辛苦的事情。如果这本书能帮助你成为更好的交易者，那么我写书花费的时间就很值得。这本书切实地讨论了我到目前为止知道的关于交易的所有内容。如果你还对这本书以外的资源感兴趣，你可以访问我们的网站 www.simplertrading.com。我们用这个网站来发布我们在股票、期货、期权、外汇和虚拟货币上的研究。

当我开始写到这本书第 23 章完结的时候，我提到中等交易者通常分为下面三类：

- 对交易定式了如指掌，但是因为交易方法不对而无法获利。
- 熟悉交易定式胜过对他们伴侣的坏习惯的了解，但是因为将定式运用在错误的市场上而无法获利。
- 熟悉交易定式胜过"权力的游戏"中各种不同的情节线索，但是因为无法坚持自己的规则而无法获利。

我想表达的当然是强调用一种全方位的方法建立交易定式的重要性。成功的交易不仅仅是"我的入场点在哪里，止损在哪里"。除了实际的定式，需要有一个实施定式的基础。这个基础由以下几个部分组成：正确的定式、正确的市场、正确的时间周期。所有这些都和交易者的个性密切相关——最终所有这些因素都汇集到交易管理上。你怎么知道你掌握了这一切呢？第一个线索是这和你怎样感受无关，而和结果有关。我分享了一些对我可行的定式。找出这本书中的两个定式，在特定的时间周期、特定的市场里运用它们，坚持自己的规则，把它们变成你自己的定式。一旦这两个定式能够持续稳定地奏效，你就开始寻找加入第三个定式。你没有理由急着这么做，要花时间掌握每一步。记住，能用一个简单定式、一个市场、一个时间窗口谋生也足够好了。

如我在介绍中所说，没有规则的交易者就像一只受伤的羚羊，暴露在一群狮子的中央。羚羊会比在黑手党中新发现的 FBI 卧底更快被击倒，这不是一个"是否"的问题，而是一个"时间"的问题。对于不遵守交易规则、没有纪律的交易者，他们遭遇金融毁灭不是一个"是否"的问题，只是一个"时间"问题。

我一直和各种交易者一起工作。那些能扭转局面并最终开始以交易为职业的人学会了怎样遵守交易规则。这通常是一个痛苦的过程。在这个行业中我只能给你一个保证：如果你不遵守你制定的规则，如果你总是找到理由，比你的规则更早或者更晚开始或者结束一笔交易，你永远不会成为一个成功的交易者。

作为一个历史系的毕业生，我不得不说，这个时代是历史上最激动人心的时代。过去要历经百年才会发生的变化，逐渐以十年，然后是年为单位变化，现在则是每一天都在发生变化。我最喜欢的一本小说是詹姆斯·克拉韦尔（James Clavell）的《大班》。这本书讲述了19世纪40年代在中国香港做生意的竞争者德克·斯特劳恩（Dirk Straun）和泰勒·布洛克（Tyler Brock）的故事。他们不得不用三个月前伦敦印发的报价来做出买卖大量的香料、棉花和茶叶的决定。你能想象用延迟了三个月的报价来交易吗？在150年前人们还只能这样做。今天，当我在香港出差的时候，我能和在伦敦的交易者用WhatsApp实时沟通并实时得到回复。不要留恋"真想回到过去的好日子"那样的无稽之谈。当我在2018年5月27日写这本书的时候，交易市场上负面新闻非比寻常。但是，记住，这只是新闻，也就是他们选择去报道的角度，负面新闻是卖点，恐惧是卖点。外界有很多其他信息来源在讲述着世界上正在发生的所有令人惊叹的事情。变化就是生活，生活就是变化。对于交易者而言，无论市场上涨、下跌，还是横盘，无论经济是在增长还是我们身处大萧条之中，总有交易机会存在。

我希望你在读完这本书之后，为成功的全职交易计划奠定了一个更好的基础：被市场验证过的定式、适合这些定式的市场，以及一整套能运用这些定式的规则。这基本上是一个交易者生存并且成功需要的所有内容。

访问 www.simplertrading.com/masteringthetrade，这里罗列了我们特意为这本书整理到一起的所有链接和视频。从这个页面你能够点击进入所有为这本书准备的免费视频。

我希望这本书能帮助你在交易中更上一层楼，祝你的交易旅程一切都好。交易不适合胆小怯懦的人，但是它绝对能塑造勇敢坚韧的品质。

死亡的好处，是你明白了不要浪费生命去活在别人的选择之中。

——史蒂夫·乔布斯

推荐阅读

序号	书号	书名	序号	书号	书名
1	30250	江恩华尔街45年（珍藏版）	42	41880	超级强势股：如何投资小盘价值成长股
2	30248	如何从商品期货贸易中获利（珍藏版）	43	39516	股市获利倍增术（珍藏版）
3	30247	漫步华尔街（原书第9版）（珍藏版）	44	40302	投资交易心理分析
4	30244	股市晴雨表（珍藏版）	45	40430	短线交易秘诀（原书第2版）
5	30251	以交易为生（珍藏版）	46	41001	有效资产管理
6	30246	专业投机原理（珍藏版）	47	38073	股票大作手利弗莫尔回忆录
7	30242	与天为敌：风险探索传奇（珍藏版）	48	38542	股票大作手利弗莫尔谈如何操盘
8	30243	投机与骗局（珍藏版）	49	41474	逆向投资策略
9	30245	客户的游艇在哪里（珍藏版）	50	42022	外汇交易的10堂必修课
10	30249	彼得·林奇的成功投资（珍藏版）	51	41935	对冲基金奇才：常胜交易员的秘籍
11	30252	战胜华尔街（珍藏版）	52	42615	股票投资的24堂必修课
12	30604	投资新革命（珍藏版）	53	42750	投资在第二个失去的十年
13	30632	投资者的未来（珍藏版）	54	44059	期权入门与精通（原书第2版）
14	30633	超级金钱（珍藏版）	55	43956	以交易为生II：卖出的艺术
15	30630	华尔街50年（珍藏版）	56	43501	投资心理学（原书第5版）
16	30631	短线交易秘诀（珍藏版）	57	44062	马丁·惠特曼的价值投资方法：回归基本面
17	30629	股市心理博弈（原书第2版）（珍藏版）	58	44156	巴菲特的投资组合（珍藏版）
18	30835	赢得输家的游戏（原书第5版）	59	44711	黄金屋：宏观对冲基金顶尖交易者的掘金之道
19	30978	恐慌与机会	60	45046	蜡烛图精解（原书第3版）
20	30606	股市趋势技术分析（原书第9版）（珍藏版）	61	45030	投资策略实战分析
21	31016	艾略特波浪理论:市场行为的关键（珍藏版）	62	44995	走进我的交易室
22	31377	解读华尔街（原书第5版）	63	46567	证券混沌操作法
23	30635	蜡烛图方法：从入门到精通（珍藏版）	64	47508	驾驭交易（原书第2版）
24	29194	期权投资策略（原书第4版）	65	47906	赢得输家的游戏
25	30628	通向财务自由之路（珍藏版）	66	48513	简易期权
26	32473	向最伟大的股票作手学习	67	48693	跨市场交易策略
27	32872	向格雷厄姆学思考，向巴菲特学投资	68	48840	股市长线法宝
28	33175	艾略特名著集（珍藏版）	69	49259	实证技术分析
29	35212	技术分析（原书第4版）	70	49716	金融怪杰：华尔街的顶级交易员
30	28405	彼得·林奇教你理财	71	49893	现代证券分析
31	29374	笑傲股市（原书第4版）	72	52433	缺口技术分析：让缺口变为股票的盈利
32	30024	安东尼·波顿的成功投资	73	52601	技术分析（原书第5版）
33	35411	日本蜡烛图技术新解	74	54332	择时与选股
34	35651	麦克米伦谈期权（珍藏版）	75	54670	交易择时技术分析：RSI、波浪理论、斐波纳契预测及复合指标的综合运用（原书第2版）
35	35883	股市长线法宝（原书第4版）（珍藏版）	76	55569	机械式交易系统：原理、构建与实战
36	37812	漫步华尔街（原书第10版）	77	55876	技术分析与股市盈利预测：技术分析科学之父沙巴克经典教程
37	38436	约翰·聂夫的成功投资（珍藏版）	78	57133	憨夺型投资者
38	38520	经典技术分析（上册）	79	57116	高胜算操盘：成功交易员完全教程
39	38519	经典技术分析（下册）	80	57535	哈利·布朗的永久投资组合：无惧市场波动的不败投资法
40	38433	在股市大崩溃前抛出的人：巴鲁克自传（珍藏版）	81	57801	华尔街之舞：图解金融市场的周期与趋势
41	38839	投资思想史			